JOSEPH RATZINGER
BENEDIKT XVI.

JESUS
VON
NAZARETH

INHALTSVERZEICHNIS

Vorwort	9
Einführung: Ein erster Blick auf das Geheimnis Jesu	25
1. Kapitel DIE TAUFE JESU	35
2. Kapitel DIE VERSUCHUNGEN JESU	53
3. Kapitel DAS EVANGELIUM VOM REICH GOTTES	75
4. Kapitel DIE BERGPREDIGT	93
1 Die Seligpreisungen	100
2 Die Tora des Messias	131
Es ist gesagt worden – Ich aber sage euch	131
Der Streit um den Sabbat	138
Das 4. Gebot – die Familie, das Volk und die Jüngergemeinde Jesu	145
Kompromiss und prophetische Radikalität	155
5. Kapitel DAS GEBET DES HERRN	161
Vater unser in den Himmeln	169
Geheiligt werde dein Name	176
Dein Reich komme	179

Dein Wille geschehe, wie im Himmel
so auf Erden 182
Unser tägliches Brot gib uns heute 185
Und vergib uns unsere Schuld, wie auch wir
unseren Schuldnern vergeben haben 191
Und führe uns nicht in Versuchung 195
Sondern erlöse uns von dem Bösen 200

6. Kapitel
DIE JÜNGER 205

7. Kapitel
DIE BOTSCHAFT DER GLEICHNISSE 221
  1 Wesen und Ziel der Gleichnisse 222
  2 Drei große lukanische Gleichnis-Erzählungen 234
    Das Gleichnis vom barmherzigen Samariter
    (Lk 10,25–37) 234
    Das Gleichnis von den zwei Brüdern
    (dem verlorenen und dem daheimgebliebenen
    Sohn) und dem gütigen Vater (Lk 15,11–32) 242
    Das Gleichnis vom reichen Prasser und
    vom armen Lazarus (Lk 16,19–31) 252

8. Kapitel
DIE GROSSEN JOHANNEISCHEN BILDER 259
  1 Einführung: Die johanneische Frage 260
  2 Die großen Bilder des Johannes-Evangeliums 281
    Das Wasser 281
    Weinstock und Wein 291
    Das Brot 307
    Der Hirte 317

9. Kapitel
Zwei wichtige Markierungen auf dem Weg Jesu:
PETRUSBEKENNTNIS UND
VERKLÄRUNG *333*
  1 Das Petrusbekenntnis *334*
  2 Die Verklärung *353*

10. Kapitel
SELBSTAUSSAGEN JESU *367*
  1 Der Menschensohn *371*
  2 Der Sohn *386*
  3 „Ich bin es" *397*

Literaturhinweise *409*

ANHANG DES VERLAGS
  Allgemeine Abkürzungen *417*
  Abkürzungen der biblischen Bücher *418*
  Glossar *420*
  Register der Bibelstellen *431*
  Register der Eigennamen *437*
  Thematisches Register *441*
  Editorische Hinweise, Impressum *448*

VORWORT

Zu dem Jesus-Buch, dessen ersten Teil ich hiermit der Öffentlichkeit vorlege, bin ich lange innerlich unterwegs gewesen. In meiner Jugendzeit – in den 30er und 40er Jahren – hatte es eine Reihe begeisternder Jesus-Bücher gegeben: von Karl Adam, Romano Guardini, Franz Michel Willam, Giovanni Papini, Daniel-Rops – um nur einige Namen zu nennen. In all diesen Büchern war von den Evangelien her das Bild Jesu Christi gezeichnet worden, wie er als Mensch auf Erden lebte, aber – ganz Mensch – doch zugleich Gott zu den Menschen trug, mit dem er als Sohn eins war. So wurde durch den Menschen Jesus Gott und von Gott her das Bild des rechten Menschen sichtbar.

Seit den 50er Jahren änderte sich die Situation. Der Riss zwischen dem „historischen Jesus" und dem „Christus des Glaubens" wurde immer tiefer, beides brach zusehends auseinander. Was aber kann der Glaube an Jesus den Christus, an Jesus den Sohn des lebendigen Gottes bedeuten, wenn eben der Mensch Jesus so ganz anders war, als ihn die Evangelisten darstellen und als ihn die Kirche von den Evangelien her verkündigt?

Die Fortschritte der historisch-kritischen Forschung führten zu immer weiter verfeinerten Unterscheidungen zwischen Traditionsschichten, hinter denen die Gestalt Jesu, auf den sich doch der Glaube bezieht, immer undeutlicher wurde, immer mehr an Kontur verlor. Zugleich freilich wurden die Rekonstruktionen dieses Jesus, der hinter den Traditionen der Evangelisten und ihrer Quellen gesucht werden musste, immer gegensätzlicher: vom antirömischen Revolutionär, der auf den Umsturz der bestehenden Mächte hinarbeitet und freilich scheitert, bis zum sanften Moralisten, der alles billigt und dabei unbegreiflicherweise selber unter die Räder kommt. Wer mehrere dieser Rekonstruktionen nebeneinander liest, kann alsbald feststellen, dass sie weit mehr Fotografien der Autoren und ihrer Ideale sind als Freilegung einer undeutlich gewordenen Ikone. Insofern ist inzwischen zwar Misstrauen gegenüber diesen Jesus-Bildern gewachsen, aber die Figur Jesu selbst hat sich nur umso weiter von uns entfernt.

Als gemeinsames Ergebnis all dieser Versuche ist der Eindruck zurückgeblieben, dass wir jedenfalls wenig Sicheres über Jesus wissen und dass der Glaube an seine Gottheit erst nachträglich sein Bild geformt habe. Dieser Eindruck ist inzwischen weit ins allgemeine Bewusstsein der Christenheit vorgedrungen. Eine solche Situation ist dramatisch für den Glauben, weil sein eigentlicher Bezugspunkt unsicher wird: Die innere Freundschaft mit Jesus, auf die doch alles ankommt, droht ins Leere zu greifen.

Der wohl bedeutendste deutschsprachige katholische Exeget der zweiten Hälfte des 20. Jahrhunderts, Rudolf Schnackenburg, hat in seinen späten Jahren offensichtlich die so entstandene Not des Glaubens sehr stark empfunden und angesichts des Ungenügens all der „historischen" Jesus-Bilder, die die Exegese inzwischen geschaffen hatte, sich ein letztes großes Werk abgerungen: *Die Person Jesu Christi im Spiegel der vier Evangelien* (Herder 1993). Das Buch soll ein Dienst sein für gläubige Christen, „die heute durch die wissenschaftliche Forschung ... verunsichert sind, um am Glauben an die Person Jesu Christi als des Heilbringers und Retters der Welt festzuhalten" (S. 6). Am Ende des Buches stellt Schnackenburg als Ergebnis lebenslangen Forschens fest, „dass sich eine zuverlässige Sicht auf die geschichtliche Gestalt Jesu von Nazareth durch wissenschaftliches Bemühen mit historisch-kritischen Methoden kaum oder nur unzulänglich erreichen lässt" (S. 348); dass wir durch „das Bemühen der wissenschaftlichen Exegese ... Traditionen zu sichten und auf das historisch Glaubwürdige zurückzuführen ... in eine ständige Diskussion der Traditions- und Redaktionsgeschichte hineingezogen [werden], die nie zur Ruhe kommt" (S. 349).

In seiner eigenen Darstellung der Gestalt Jesu bleibt von den Zwängen der Methode her, die er zugleich für verpflichtend und für ungenügend ansieht, eine gewisse Zwiespältigkeit bestehen: Schnackenburg zeigt uns das Christusbild der Evangelien, sieht es aber aus vielfältigen Traditionsschichten gebaut, durch die hindurch man nur von Weitem den „wirklichen" Jesus wahrnehmen kann. „Der historische Grund ist vorausgesetzt, wird aber in der Glaubenssicht der Evangelien überschritten", schreibt er (S. 353). Nun, daran zweifelt niemand, aber wie weit der „historische Grund" nun eigentlich reicht, bleibt undeutlich. Den entscheidenden Punkt hat Schnackenburg aber doch klar als auch wirklich historische Einsicht herausgestellt: die Gottbezogenheit und Gottverbundenheit Jesu (ebd.). „Ohne Verankerung in Gott bleibt die Person Jesu schemenhaft, unwirklich und unerklärlich" (S. 354).

Das ist auch der Konstruktionspunkt dieses meines Buches: Es sieht Jesus von seiner Gemeinschaft mit dem Vater her, die die eigentliche Mitte seiner Persönlichkeit ist, ohne die man nichts verstehen kann und von der her er uns auch heute gegenwärtig wird.

In der konkreten Darstellung der Gestalt Jesu habe ich freilich entschieden versucht, über Schnackenburg hinauszukommen. Das Problematische an Schnackenburgs Verhältnisbestimmung zwischen Traditionen und geschehener Geschichte erscheint für mich sehr deutlich in dem Satz: Die Evangelien „wollen den geheimnisvollen, auf Erden erschienenen Gottessohn gleichsam mit Fleisch umkleiden ..." (S. 354). Ich möchte dazu sagen: Sie brauchten ihn nicht mit Fleisch zu „umkleiden", er hatte wirklich Fleisch angenommen. Freilich – lässt sich dieses Fleisch finden, durch das Dickicht der Überlieferungen hindurch?

Schnackenburg sagt uns im Vorwort seines Buches, dass er sich der historisch-kritischen Methode verpflichtet weiß, für deren Anwendung in der katholischen Theologie 1943 die Enzyklika *Divino afflante Spiritu* die Tür aufgetan hatte (S. 5). Diese Enzyklika war in der Tat für die katholische Exegese ein wichtiger Markierungspunkt. Seitdem ist aber die Methodendiskussion innerhalb der katholischen Kirche wie außerhalb davon weitergegangen; wesentliche neue methodische Einsichten sind gewachsen – sowohl was die streng historische Arbeit als solche angeht als auch in Bezug auf das Zusammenspiel von Theologie und historischer Methode bei der Auslegung der Heiligen Schrift. Einen entscheidenden Schritt nach vorn brachte die Konzilskonstitution *Dei Verbum* über die „göttliche Offenbarung". Wichtige, im Ringen der Exegese gereifte Einsichten vermitteln darüber hinaus zwei Dokumente der Päpstlichen Bibelkommission: *Die Interpretation der Bibel in der Kirche* (Verlautbarungen des Apostolischen Stuhls, Nr. 115, Bonn 1994) und *Das jüdische Volk und seine Heilige Schrift in der christlichen Bibel* (ebd., Nr. 152, Bonn 2001).

Wenigstens in ganz großen Linien möchte ich die aus diesen Dokumenten resultierenden methodischen Orientierungen andeuten, die mich bei der Arbeit an meinem Buch geleitet haben. Da gilt zunächst, dass die historische Methode – gerade vom inneren Wesen der Theologie und des Glaubens her – eine unverzichtbare Dimension der exegetischen Arbeit ist und bleibt. Denn für den biblischen Glauben ist es wesentlich, dass er sich auf wirklich historisches Geschehen bezieht. Er erzählt nicht Geschichten als Symbole für übergeschichtliche Wahrheiten, sondern er gründet auf Geschichte, die sich auf dem Boden dieser Erde zugetragen hat. Das Factum historicum ist für ihn nicht eine auswechselbare symbolische Chiffre, sondern konstitutiver Grund: *Et incarnatus est* – mit diesem Wort bekennen wir uns zu dem tatsächlichen Hereintreten Gottes in die reale Geschichte.

Wenn wir diese Geschichte wegschieben, wird der christliche Glaube als solcher aufgehoben und in eine andere Religionsform umgeschmolzen. Wenn also Geschichte, Faktizität in diesem Sinn, wesentlich zum christlichen Glauben gehört, dann muss er sich der historischen Methode aussetzen – der Glaube selbst verlangt das. Die erwähnte Konzilskonstitution über die göttliche Offenbarung sagt das in Nummer 12 ganz deutlich und benennt dabei auch einzelne konkrete methodische Elemente, die bei der Auslegung der Schrift zu beachten sind. Weit ausführlicher ist das Dokument der Bibelkommission über die Interpretation der Heiligen Schrift in dem Kapitel *Methoden und Zugänge für die Interpretation*.

Die historisch-kritische Methode – wiederholen wir es – bleibt von der Struktur des christlichen Glaubens her unverzichtbar. Aber zweierlei müssen wir hinzufügen: Sie ist eine der grundlegenden Dimensionen der Auslegung, aber sie schöpft den Auftrag der Auslegung für den nicht aus, der in den biblischen Schriften die eine Heilige Schrift sieht und sie als von Gott inspiriert glaubt. Darauf müssen wir gleich ausführlicher zurückkommen.

Zunächst ist – als Zweites – wichtig, dass die Grenzen der historisch-kritischen Methode selbst erkannt werden. Ihre erste Grenze besteht für den, der in der Bibel sich heute angeredet sieht, darin, dass sie ihrem Wesen nach das Wort in der Vergangenheit belassen muss. Als historische Methode sucht sie den damaligen Geschehenszusammenhang auf, in dem die Texte entstanden sind. Sie versucht, die Vergangenheit möglichst genau – so wie sie in sich selber war – zu erkennen und zu verstehen, um so auch zu ermitteln, was der Autor zu jenem Zeitpunkt, im Kontext seines Denkens und Geschehens, hatte sagen können und wollen. Soweit die historische Methode sich treu bleibt, muss sie das Wort nicht nur als vergangenes aufsuchen, sondern auch im Vergangenen stehenlassen. Sie kann darin Berührungen mit der Gegenwart, Aktualität ahnen, Anwendungen auf die Gegenwart versuchen, aber „heutig" machen kann sie es nicht – da überschritte sie ihr Maß. Gerade die Genauigkeit in der Auslegung des Gewesenen ist ihre Stärke wie ihre Grenze.

Damit hängt ein Weiteres zusammen. Als historische Methode setzt sie die Gleichmäßigkeit des Geschehenszusammenhangs der Geschichte voraus, und deshalb muss sie die ihr vorliegenden Worte als Menschenworte behandeln. Sie kann bei sorgfältigem Bedenken wohl den „Mehrwert" erahnen, der in dem Wort steckt, eine höhere Dimension sozusagen durch das Menschenwort irgendwie hindurchhören und so die Selbsttranszendierung der Methode eröffnen, aber ihr eigentlicher Gegenstand ist das Menschenwort als menschliches.

Schließlich sieht sie die einzelnen Bücher der Schrift in ihrem historischen Zeitpunkt und teilt sie dann auch noch weiter nach ihren Quellen auf, aber die Einheit all dieser Schriften als „Bibel" ist für sie kein unmittelbar historisches Datum. Natürlich kann sie die Entwicklungsgänge sehen, das Wachsen der Überlieferungen, und insofern wieder über die Einzelbücher hinaus das Zugehen auf die eine „Schrift" wahrnehmen, aber zunächst wird sie notwendigerweise auf den Ursprung der einzelnen Texte zurückgehen und sie insofern zuerst in ihre Vergangenheit versetzen, um freilich dann dieses Zurückgehen durch ein Vorwärtsgehen der sich bildenden Texteinheiten zu ergänzen.

Es ist als Grenze allen Bemühens um das Erkennen von Vergangenheit festzuhalten, dass dabei der Raum der Hypothese nicht überschritten werden kann, weil wir nun einmal die Vergangenheit nicht in die Gegenwart hereinholen können. Sicher, es gibt Hypothesen von hohem Gewissheitsgrad, aber insgesamt sollten wir uns der Grenze unserer Gewissheiten bewusst bleiben – die Geschichte gerade auch der modernen Exegese macht diese Grenze augenscheinlich.

Mit alledem ist zum einen die Bedeutung der historisch-kritischen Methode angedeutet, zum anderen auch ihre Grenze beschrieben. Zugleich mit der Grenze wurde – wie ich hoffe – sichtbar, dass die Methode aus ihrem eigenen Wesen heraus über sich hinausweist und eine innere Offenheit auf ergänzende Methoden in sich trägt. Im vergangenen Wort wird die Frage nach seinem Heute vernehmbar; im Menschenwort klingt Größeres auf; die einzelnen Schriften verweisen irgendwie auf den lebendigen Prozess der einen Schrift, der sich in ihnen zuträgt.

Gerade von dieser letzten Wahrnehmung her hat sich vor etwa 30 Jahren in Amerika das Projekt der „kanonischen Exegese" entwickelt, deren Absicht im Lesen der einzelnen Texte im Ganzen der einen Schrift besteht, wodurch alle einzelnen Texte in ein neues Licht rücken. Die Offenbarungs-Konstitution des Zweiten Vatikanischen Konzils hatte dies bereits klar als ein Grundprinzip theologischer Exegese herausgestellt: Wer die Schrift in dem Geist verstehen will, in dem sie geschrieben ist, müsse auf Inhalt und Einheit der ganzen Schrift achten. Das Konzil fügt hinzu, man müsse dabei auch der lebendigen Überlieferung der ganzen Kirche und der Analogie des Glaubens (den inneren Entsprechungen im Glauben) Rechnung tragen (*Dei Verbum*, Nr. 12).

Bleiben wir zunächst bei der Einheit der Schrift stehen. Sie ist ein theologisches Datum, aber doch nicht einfach von außen einem in sich heterogenen Ensemble von Schriften aufgesetzt. Durch die moderne Exegese wurde sichtbar, wie sich die Schriftwerdung der in der Bibel überlieferten Worte in immer neuen „Relectures" zuträgt: Die alten Texte werden in neuer Situation neu aufgenommen, neu verstanden, neu gelesen. Im Neulesen, Fortlesen, in stillen Korrekturen, Vertiefungen und Ausweitungen trägt sich die Schriftwerdung als ein Prozess des Wortes zu, das allmählich seine inneren Potentialitäten entfaltet, die irgendwie wie Samen bereitlagen, aber erst in der Herausforderung neuer Situationen, in neuen Erfahrnissen und Erleidnissen sich öffnen.

Wer von Jesus Christus her diesen – gewiss nicht linearen, oft dramatischen und doch vorangehenden – Prozess betrachtet, kann erkennen, dass eine Richtung im Ganzen liegt; dass Altes und Neues Testament zusammengehören. Gewiss, die christologische Hermeneutik, die in Jesus Christus den Schlüssel des Ganzen sieht und von ihm her die Bibel als Einheit zu verstehen lernt, setzt einen Glaubensentscheid voraus und kann nicht aus purer historischer Methode hervorkommen. Aber dieser Glaubensentscheid trägt Vernunft – historische Vernunft – in sich und ermöglicht es, die innere Einheit der Schrift zu sehen und so auch ihre einzelnen Wegstücke neu zu verstehen, ohne ihnen ihre historische Originalität wegzunehmen.

„Kanonische Exegese" – Lesen der einzelnen Texte der Bibel in deren Ganzheit – ist eine wesentliche Dimension der Auslegung, die zur historisch-kritischen Methode nicht in Widerspruch steht, sondern sie organisch weiterführt und zu eigentlicher Theologie werden lässt.

Noch zwei weitere Aspekte theologischer Exegese möchte ich herausstellen. Die historisch-kritische Auslegung des Textes sucht den genauen Anfangssinn der Worte zu ermitteln, wie sie an ihrem Ort und in ihrem Zeitpunkt gemeint waren. Das ist gut und wichtig. Aber – abgesehen von der nur relativen Gewissheit solcher Rekonstruktionen – ist es wichtig, gegenwärtig zu halten, dass schon jedes Menschenwort von einigem Gewicht mehr in sich trägt, als dem Autor in seinem Augenblick unmittelbar bewusst geworden sein mag. Erst recht gilt dieser innere Mehrwert des Wortes, das seinen Augenblick überschreitet, von den Worten, die im Prozess der Glaubensgeschichte gereift sind. Da spricht der Autor nicht einfach aus sich selbst und für sich selbst. Er redet aus einer gemeinsamen Geschichte heraus, die ihn trägt und in der zugleich die Möglichkeiten ihrer Zukunft, ihres weiteren Weges schon im Stillen gegenwärtig sind. Der Prozess der Fortlesungen und Entfaltungen von Worten wäre nicht möglich gewesen, wenn nicht in den Worten selbst solche innere Öffnungen schon gegenwärtig gewesen wären.

An dieser Stelle können wir sozusagen auch historisch ahnen, was Inspiration bedeutet: Der Autor spricht nicht als privates, in sich geschlossenes Subjekt. Er spricht in einer lebendigen Gemeinschaft und so in einer lebendigen geschichtlichen Bewegung, die er nicht macht und die auch vom Kollektiv nicht gemacht wird, sondern in der eine größere führende Kraft am Werk ist. Es gibt Dimensionen des Wortes, die die alte Lehre von den vier Schriftsinnen im Kern durchaus sachgemäß angedeutet hat. Die vier Schriftsinne sind nicht nebeneinanderstehende Einzelbedeutungen, sondern eben Dimensionen des einen Wortes, das über den Augenblick hinausreicht.

Damit ist der zweite Aspekt schon angeklungen, auf den ich noch zu sprechen kommen wollte. Die einzelnen Bücher der Heiligen Schrift wie diese als Ganze sind nicht einfach Literatur. Die Schrift ist in und aus dem lebendigen Subjekt des wandernden Gottesvolkes gewachsen und lebt in ihm. Man könnte sagen, dass die Bücher der Schrift auf drei ineinanderwirkende Subjekte verweisen. Zunächst steht da der einzelne Autor oder die Autorengruppe, der wir eine Schrift verdanken. Aber diese Autoren sind keine autonomen Schriftsteller im modernen Sinn, sondern sie gehören dem gemeinsamen Subjekt des Gottesvolkes zu, aus dem heraus und zu dem sie sprechen, das so recht eigentlich der tiefere „Autor" der Schriften ist. Und wiederum: Dieses Volk steht nicht in sich selbst, sondern weiß sich geführt und angeredet durch Gott selber, der im Tiefsten – durch Menschen und ihre Menschlichkeit hindurch – da redet.

Der Zusammenhang mit dem Subjekt „Volk Gottes" ist für die Schrift vital. Einerseits ist dieses Buch – die Schrift – der von Gott herkommende Maßstab und die weisende Kraft für das Volk, aber andererseits lebt die Schrift doch nur eben in diesem Volk, das sich in der Schrift selbst überschreitet und so – in letzter Tiefe vom fleischgewordenen Wort her – eben Volk *Gottes* wird. Das Volk Gottes – die Kirche – ist das lebendige Subjekt der Schrift; in ihr sind die biblischen Worte immer Gegenwart. Freilich gehört dazu, dass dieses Volk sich selbst von Gott her, zuletzt vom leibhaftigen Christus her, empfängt und sich von ihm ordnen, führen und leiten lässt.

Diese methodischen Hinweise glaubte ich den Lesern schuldig zu sein, weil sie den Weg meiner Auslegung der Gestalt Jesu im Neuen Testament bestimmen (vgl. auch die einleitenden Worte zum Literaturverzeichnis). Für meine Darstellung Jesu bedeutet dies vor allem, dass ich den Evangelien traue. Natürlich ist alles das vorausgesetzt, was uns das Konzil und die moderne Exegese über literarische Gattungen, über Aussageabsicht, über den gemeindlichen Kontext der Evangelien und ihr Sprechen in diesem lebendigen Zusammenhang sagen. Dies alles – so gut ich konnte – aufnehmend, wollte ich doch den Versuch machen, einmal den Jesus der Evangelien als den wirklichen Jesus, als den „historischen Jesus" im eigentlichen Sinn darzustellen. Ich bin überzeugt und hoffe, auch die Leser können sehen, dass diese Gestalt viel logischer und auch historisch betrachtet viel verständlicher ist als die Rekonstruktionen, mit denen wir in den letzten Jahrzehnten konfrontiert wurden. Ich denke, dass gerade dieser Jesus – der der Evangelien – eine historisch sinnvolle und stimmige Figur ist.

Nur wenn Außergewöhnliches geschehen war, wenn die Gestalt und Worte Jesu das Durchschnittliche aller Hoffnungen und Erwartungen radikal überschritten, erklärt sich seine Kreuzigung und erklärt sich seine Wirkung. Schon etwa 20 Jahre nach Jesu Tod finden wir im großen Christus-Hymnus des Philipper-Briefs (2,6–11) eine voll entfaltete Christologie, in der über Jesus gesagt wird, dass er Gott gleich war, aber sich entäußerte, Mensch wurde, sich erniedrigte bis zum Tod am Kreuz, und dass ihm nun die kosmische Huldigung, die Anbetung zukommt, die Gott beim Propheten Jesaja (45,23) als ihm allein gebührend ankündigte.

Die kritische Forschung stellt sich mit Recht die Frage: Was ist in diesen 20 Jahren seit der Kreuzigung Jesu geschehen? Wie kam es zu dieser Christologie? Das Wirken anonymer Gemeindebildungen, deren Träger man ausfindig zu machen versucht, erklärt in Wirklichkeit nichts. Wieso konnten unbekannte kollektive Größen so schöpferisch sein? So überzeugen und sich durchsetzen? Ist es nicht auch historisch viel logischer, dass das Große am Anfang steht und dass die Gestalt Jesu in der Tat alle verfügbaren Kategorien sprengte und sich nur vom Geheimnis Gottes her verstehen ließ? Freilich, zu glauben, dass er wirklich als Mensch Gott *war* und dies in Gleichnissen verhüllt und doch immer unmissverständlicher zu erkennen gab, überschreitet die Möglichkeiten der historischen Methode. Umgekehrt – wenn man von dieser Glaubensüberzeugung her die Texte mit historischer Methode und ihrer inneren Offenheit für Größeres liest, öffnen sie sich, und es zeigt sich ein Weg und eine Gestalt, die glaub-würdig sind. Dann wird auch das in den neutestamentlichen Schriften sich zeigende vielschichtige Ringen um die Gestalt Jesu und der bei allen Unterschieden bestehende tiefe Einklang dieser Schriften deutlich.

Es ist offenkundig, dass ich mit dieser Sicht der Jesusgestalt über das hinausgehe, was zum Beispiel Schnackenburg repräsentativ für einen großen Teil der gegenwärtigen Exegese sagt. Ich hoffe, dass den Lesern aber deutlich wird, dass dieses Buch nicht gegen die moderne Exegese geschrieben ist, sondern in großer Dankbarkeit für das viele, das sie uns geschenkt hat und schenkt. Sie hat uns eine Fülle von Material und von Einsichten erschlossen, durch die uns die Gestalt Jesu in einer Lebendigkeit und Tiefe gegenwärtig werden kann, die wir uns vor wenigen Jahrzehnten noch gar nicht vorzustellen vermochten. Ich habe lediglich versucht, über die bloß historisch-kritische Auslegung hinaus die neuen methodischen Einsichten anzuwenden, die uns eine eigentlich theologische Interpretation der Bibel gestatten und so freilich den Glauben einfordern, aber den historischen Ernst ganz und gar nicht aufgeben wollen und dürfen.

Gewiss brauche ich nicht eigens zu sagen, dass dieses Buch in keiner Weise ein lehramtlicher Akt ist, sondern einzig Ausdruck meines persönlichen Suchens „nach dem Angesicht des Herrn" (vgl. Ps 27,8). Es steht daher jedermann frei, mir zu widersprechen. Ich bitte die Leserinnen und Leser nur um jenen Vorschuss an Sympathie, ohne den es kein Verstehen gibt.

Wie ich zu Beginn dieses Vorworts gesagt habe, bin ich lange innerlich auf dieses Buch zugegangen. Die ersten Arbeiten dafür habe ich im Sommerurlaub 2003 machen können. Im August 2004 habe ich dann den Kapiteln 1 bis 4 ihre endgültige Form gegeben. Nach meiner Wahl auf den Bischofssitz zu Rom habe ich alle freien Augenblicke genutzt, um das Buch voranzubringen.

Da ich nicht weiß, wie lange mir noch Zeit und Kraft geschenkt sein werden, habe ich mich nun entschlossen, die ersten zehn Kapitel, die von der Taufe am Jordan bis zum Petrusbekenntnis und zur Verklärung reichen, als ersten Teil des Buches zu veröffentlichen.

Mit dem zweiten Teil hoffe ich dann auch das Kapitel über die Kindheitsgeschichten nachliefern zu können, das ich zunächst zurückgestellt habe, weil es mir vor allem vordringlich schien, Gestalt und Botschaft Jesu in seinem öffentlichen Wirken darzustellen und dazu zu helfen, dass lebendige Beziehung zu ihm wachsen kann.

Rom, am Fest des heiligen Hieronymus,
30. September 2006

Joseph Ratzinger – Benedikt XVI.

EINFÜHRUNG
EIN ERSTER BLICK
AUF DAS
GEHEIMNIS JESU

Im Buch Deuteronomium findet sich eine Verheißung, die von der messianischen Hoffnung anderer Bücher des Alten Testaments durchaus verschieden, aber für das Verständnis der Gestalt Jesu von entscheidender Bedeutung ist. Es wird nicht ein König Israels und der Welt, ein neuer David verheißen, sondern ein neuer Mose; Mose selbst aber wird als Prophet gedeutet. Dabei wird die Kategorie des Propheten in Abhebung von der Welt der Religionen ringsum als etwas durchaus Eigenes und Anderes angesehen, das es so gerade nur in Israel gibt; dies Neue und Andersartige folgt aus der Einzigartigkeit des Gottesglaubens, der Israel geschenkt wurde.

Zu allen Zeiten hat der Mensch nicht nur nach seinem letzten Woher gefragt; fast mehr noch als das Dunkel seines Ursprungs beschäftigt den Menschen die Verschlossenheit der Zukunft, auf die er zugeht. Er will den Vorhang aufreißen; er will wissen, was geschehen wird, um dem Unheil ausweichen und dem Heil entgegengehen zu können. Auch die Religionen sind nicht nur der Frage nach dem Woher zugeordnet; alle Religionen versuchen irgendwie, den Schleier der Zukunft zu heben. Sie erscheinen bedeutend gerade dadurch, dass sie Wissen über das Kommende vermitteln und dem Menschen auf diese Weise den Weg zeigen können, den er nehmen muss, um nicht zu scheitern. Deswegen haben praktisch alle Religionen Formen der Zukunftsschau entwickelt.

Das Buch Deuteronomium nennt in unserem Text die verschiedenen Formen der „Öffnung" zur Zukunft, die im Umkreis Israels geübt wurden: „Kommst du in das Land, das dir der Herr, dein Gott, verleiht, so sollst du die Gräuel dieser Völker nicht nachahmen; niemand finde sich bei dir, der seinen Sohn oder seine Tochter durchs

Feuer gehen lässt; niemand, der Wahrsagekünste, Zeichendeuterei, Geheimkünste und Zauberei betreibt; niemand, der Bannungen vornimmt, einen Totengeist oder Wahrsagegeist befragt oder Auskunft bei den Toten sucht. Denn ein Gräuel vor dem Herrn ist jeder, der solches tut ..." (18,9–12).

Wie schwer ein solcher Verzicht durchzustehen, wie schwer er zu ertragen war, zeigt die Geschichte vom Ende Sauls: Er selbst hat dieses Gebot durchzusetzen und alle Zauberei zu bannen versucht, aber vor der gefährlichen Schlacht mit den Philistern, die ihm bevorsteht, wird ihm das Schweigen Gottes unerträglich, und er begibt sich zu einer Totenbeschwörerin in Endor, die ihm den Geist Samuels rufen muss, um ihm den Blick in die Zukunft zu eröffnen: Wenn der Herr nicht spricht, dann soll ein anderer den Schleier vom Morgen wegreißen ... (1 Sam 28).

Das 18. Kapitel des Deuteronomium, das all diese Formen, der Zukunft habhaft zu werden, als „Gräuel" vor den Augen Gottes brandmarkt, setzt diesem Wahrsagewesen den anderen Weg Israels – den Weg des Glaubens – entgegen, und dies in Form einer Verheißung: „Einen Propheten wie mich wird der Herr, dein Gott, aus deiner Mitte heraus ... erstehen lassen, auf ihn sollt ihr hören" (18,15). Zunächst scheint dies nur die Ankündigung der Institution des Prophetismus in Israel zu sein, und dem Propheten scheint dabei die Deutung von Gegenwart und Zukunft zugewiesen. Die Kritik an den falschen Propheten, die sich in den prophetischen Büchern immer wieder mit großer Härte findet, zeigt die Gefahr auf, dass praktisch Propheten die Rolle von Wahrsagern einnehmen, sich wie solche gebärden und befragt werden, womit Israel genau in das zurückfällt, was zu verhindern der eigentliche Auftrag der Propheten gewesen wäre.

Der Schluss des Deuteronomium kommt noch einmal auf die Verheißung zurück und gibt ihr eine überraschende Wende, die weit über die Institution des Prophetismus hinausreicht und so auch der Gestalt des Propheten ihren eigentlichen Sinn gibt. Da wird gesagt: „Fortan ist kein Prophet mehr in Israel aufgetreten wie Mose, mit dem der Herr von Angesicht zu Angesicht verkehrt hatte ..." (34,10). Über diesem Abschluss des 5. Mose-Buches liegt eine merkwürdige Melancholie: Die Verheißung „einen Propheten wie mich ..." ist bisher nicht in Erfüllung gegangen. Und nun wird klar, dass mit jenem Wort nicht einfach die Einsetzung des Prophetenstandes gemeint war, den es ja gab, sondern anderes und weit mehr: die Ankündigung eines neuen Mose. Es war sichtbar geworden, dass die Landnahme in Palästina nicht der Einzug ins Heil gewesen war; dass Israel immer noch seiner eigentlichen Befreiung harrte; dass ein Exodus radikalerer Art nötig war und dass es dafür eines neuen Mose bedurfte.

Nun wird auch gesagt, was den Mose auszeichnete, was das Einzigartige und Wesentliche dieser Gestalt bildete: Er hatte mit dem Herrn „von Angesicht zu Angesicht" verkehrt; wie der Freund mit dem Freund redet, so hatte er mit Gott gesprochen (Ex 33,11). Das Entscheidende an der Gestalt des Mose sind nicht all die Wundertaten, die von ihm berichtet werden, nicht all die Werke und Erleidnisse auf dem Weg vom „Sklavenhaus Ägypten" durch die Wüste bis an die Schwelle des Gelobten Landes. Das Entscheidende ist, dass er mit Gott geredet hat wie ein

Freund: Nur von dorther konnten seine Werke kommen; nur von dort konnte das Gesetz kommen, das Israel den Weg durch die Geschichte weisen sollte.

Und nun wird ganz klar, dass der Prophet nicht die israelitische Variante des Wahrsagers ist, wie es faktisch weithin angesehen wurde und wie sich viele scheinbare Propheten selbst verstanden, sondern dass er ganz anderes bedeutet: Er ist nicht dazu da, um Ereignisse von morgen oder übermorgen mitzuteilen und so der menschlichen Neugier oder dem menschlichen Sicherheitsbedürfnis zu dienen. Er zeigt uns das Gesicht Gottes, und damit zeigt er uns den Weg, den wir zu nehmen haben. Die Zukunft, um die es in seiner Weisung geht, reicht weiter als das, was man von Wahrsagern zu erfragen sucht. Sie ist Wegweisung in den eigentlichen „Exodus" hinein, der darin besteht, dass in allen Wegen der Geschichte der Weg zu Gott als die eigentliche Richtung gesucht und gefunden werden muss. Prophetie in diesem Sinn steht in strenger Entsprechung zum Ein-Gott-Glauben Israels, ist seine Umsetzung ins konkrete Leben einer Gemeinschaft vor Gott und zu Gott hin.

„Fortan ist kein Prophet mehr in Israel aufgestanden wie Mose ..." Diese Diagnose gibt der Verheißung: „einen Propheten wie mich wird der Herr, dein Gott ... erstehen lassen" eine eschatologische Wende. Israel darf auf einen neuen Mose hoffen, der noch nicht erschienen ist, aber zur rechten Stunde erstehen wird. Und das eigentliche Kennzeichen dieses „Propheten" wird es sein, dass er mit Gott von Gesicht zu Gesicht wie ein Freund mit dem Freund verkehren wird. Sein Kennzeichen ist die Unmittelbarkeit zu Gott, so dass er Gottes Willen und Wort unverfälscht, aus erster Hand mitteilen kann. Und das ist das Rettende, worauf Israel – worauf die Menschheit – wartet.

An dieser Stelle müssen wir uns aber einer anderen merkwürdigen Geschichte über das Gottesverhältnis des Mose erinnern, die im Buch Exodus erzählt wird. Da wird uns von der Bitte des Mose an Gott berichtet: „Zeige mir doch deine Herrlichkeit" (Ex 33,18). Die Bitte wird nicht gewährt: „... Mein Angesicht kannst du nicht schauen" (33,20). Mose erhält in Gottes Nähe in einer Felsenhöhle einen Platz zugewiesen, an dem Gott mit seiner Herrlichkeit vorüberzieht. Gott bedeckt ihn während seines Vorbeiziehens mit seiner eigenen Hand, die er schließlich zurückzieht: „So kannst du meinen Rücken schauen, doch mein Angesicht darfst du nicht sehen" (33,23).

Dieser geheimnisvolle Text hat in der Geschichte der jüdischen und christlichen Mystik eine wesentliche Rolle gespielt; von ihm her versuchte man zu unterscheiden, wie weit die Berührung mit Gott in diesem Leben gehen kann und wo die Grenzen mystischen Schauens verlaufen. Für unsere jetzige Frage bleibt, dass die Unmittelbarkeit des Mose zu Gott, die ihn zum großen Offenbarungsmittler, zum Mittler des Bundes macht, ihre Grenzen hat. Das Gesicht Gottes schaut er nicht, auch wenn er in die Wolke der Gottesnähe eintauchen und mit Gott als Freund reden darf. So trägt die Verheißung eines „Propheten wie mich" unausgesprochen noch eine größere Erwartung in sich: dass dem letzten Propheten, dem neuen Mose, geschenkt werde, was dem ersten Mose versagt blieb – wirklich und unmittelbar Gottes Angesicht zu sehen und so vollends aus dem Schauen und nicht bloß vom Hinsehen auf den Rücken Gottes her sprechen zu können. So ist damit dann auch von selbst die Erwartung verbunden, dass der neue

Mose Mittler eines höheren Bundes sein werde als der, den Mose vom Sinai bringen konnte (vgl. Hebr 9,11–24).

In diesem Zusammenhang muss man den Schluss des Johannes-Prologs lesen: „Niemand hat Gott je gesehen. Der Einzige, der Gott ist und am Herzen des Vaters ruht, er hat Kunde gebracht" (Joh 1,18). In Jesus ist die Verheißung des neuen Propheten erfüllt. Bei ihm ist nun vollends verwirklicht, was von Mose nur gebrochen galt: Er lebt vor dem Angesicht Gottes, nicht nur als Freund, sondern als Sohn; er lebt in innerster Einheit mit dem Vater.

Nur von diesem Punkt her kann man die Gestalt Jesu wirklich verstehen, wie sie uns im Neuen Testament begegnet; alles, was uns an Worten, Taten, Leiden, an Herrlichkeit Jesu erzählt wird, ist hier verankert. Wenn man diese eigentliche Mitte auslässt, geht man am Eigentlichen der Gestalt Jesu vorbei; dann wird sie widersprüchlich und letzten Endes unverständlich. Die Frage, die sich jeder Leser des Neuen Testaments stellen muss – woher denn Jesus seine Lehre genommen habe, von wo sich sein Auftreten erkläre –, ist nur von hier aus wirklich zu beantworten. Die Reaktion seiner Hörer war klar: Diese Lehre stammt aus keiner Schule. Sie ist radikal anders als das, was man in Schulen lernen kann. Sie ist nicht Auslegung nach der Weise der Interpretation, wie sie in Schulen vermittelt wird. Sie ist anders; sie ist Auslegung „in Vollmacht": Wir werden beim Bedenken der Worte Jesu auf diese Diagnose seiner Hörer zurückkommen und ihre Bedeutung weiter vertiefen müssen.

Die Lehre Jesu kommt nicht aus menschlichem Lernen, welcher Art auch immer. Sie kommt aus der unmittelbaren Berührung mit dem Vater, aus dem Dialog von

„Gesicht zu Gesicht" – aus dem Sehen dessen heraus, der an der Brust des Vaters ruhte. Sie ist Sohneswort. Ohne diesen inneren Grund wäre sie Vermessenheit. Als solche haben die Gelehrten zur Zeit Jesu sie beurteilt, eben weil sie den inneren Grund, das Sehen und Erkennen von Gesicht zu Gesicht, nicht annehmen mochten.

Für das Verständnis Jesu sind die immer wiederkehrenden Notizen grundlegend, dass Jesus sich „auf den Berg" zurückzog und dort nächtelang betete, „allein" mit dem Vater. Diese kurzen Notizen öffnen ein wenig den Schleier des Geheimnisses, lassen uns in die Sohnes-Existenz Jesu, in den Quellgrund seines Tuns und Lehrens und Leidens hineinblicken. Dieses „Beten" Jesu ist das Reden des Sohnes mit dem Vater, in das das menschliche Bewusstsein und Wollen, die menschliche Seele Jesu hineingezogen wird, so dass menschliches „Beten" Teilnahme an der Sohnesgemeinschaft mit dem Vater werden darf.

Adolf von Harnacks berühmte Feststellung, die Botschaft Jesu sei Botschaft vom Vater, in die der Sohn nicht hineingehöre, und die Christologie sei demgemäß der Botschaft Jesu nicht zugehörig – diese These korrigiert sich hier von selbst. Jesus kann vom Vater nur so reden, wie er es tut, weil er der Sohn ist und in der Sohnesgemeinschaft mit dem Vater steht. Die christologische Dimension, das heißt das Geheimnis des Sohnes als Offenbarer des Vaters, die „Christologie" ist in allem Reden und Tun Jesu anwesend.

Noch etwas Wichtiges wird hier sichtbar: Wir sagten, dass in die Sohnesgemeinschaft Jesu mit dem Vater die menschliche Seele Jesu im Akt des Betens mit hineingezogen werde. Wer Jesus sieht, sieht den Vater (Joh 14,9).

Der Jünger, der mit Jesus mitgeht, wird so mit ihm in die Gottesgemeinschaft hineingezogen. Und dies ist das eigentlich Erlösende: die Überschreitung der Schranken des Menschseins, die durch die Gottebenbildlichkeit als Erwartung und als Möglichkeit im Menschen schon von der Schöpfung her angelegt ist.

1. KAPITEL
DIE TAUFE JESU

Das öffentliche Wirken Jesu beginnt mit seiner Taufe im Jordan durch Johannes den Täufer. Während Matthäus dieses Ereignis nur formelhaft mit den Worten datiert: „in jenen Tagen", stellt Lukas es ganz bewusst in den großen weltgeschichtlichen Zusammenhang hinein, der eine recht präzise Datumsangabe ermöglicht. Allerdings bietet Matthäus insofern auch eine Art Datierung, als er seinem Evangelium den Stammbaum Jesu voranstellt, der als ein Abrahams- und als ein Davidsstammbaum gebaut ist und Jesus als den Erben der Abrahamsverheißung wie als den Erben der Zusagen Gottes an David darstellt, dem Gott ein – durch alle Sünden Israels und alle Züchtigungen Gottes hindurch – ewiges Königtum verheißen hatte. Die Geschichte gliedert sich nach diesem Stammbaum in dreimal 14 Generationen – 14 ist der Zahlenwert des Namens David –: Sie teilt sich in die Periode von Abraham bis David, von David bis zum Babylonischen Exil, und dann folgt noch einmal eine 14er-Periode. Eben dies, dass abermals 14 Generationen vergangen sind, zeigt an, dass nun die Stunde des endgültigen David, des erneuerten davidischen Königtums als Aufrichten von Gottes eigenem Königtum gekommen ist.

Wie es dem judenchristlichen Evangelisten Matthäus entspricht, ist dies also ein jüdisch-heilsgeschichtlicher Stammbaum, der höchstens indirekt auf die Weltgeschichte hinblickt, insofern das Königtum des endgültigen David als Königtum Gottes natürlich die Welt als Ganze angeht. Auch die konkrete Datierung bleibt damit vage, weil ja auch die Generationenzählung weniger von einer geschichtlichen Struktur her als vom Dreischritt der Verheißung aus geformt ist und keine präzisen zeitlichen Fixierungen im Sinn hat.

Merken wir hier gleich an, dass Lukas seinen Stammbaum Jesu nicht an den Anfang des Evangeliums stellt, sondern ihn mit der Taufgeschichte als deren Abschluss verbindet. Er sagt uns, dass Jesus zu diesem Zeitpunkt etwa 30 Jahre alt war, also das Alter erreicht hatte, das zu öffentlichem Wirken berechtigte. Lukas wandert bei seinem Stammbaum – im Gegensatz zu Matthäus – von Jesus zurück in die vorangegangene Geschichte; Abraham und David erscheinen ohne besonderen Akzent – der Stammbaum geht zurück bis zu Adam, ja, zur Schöpfung, denn zu dem Namen Adam fügt Lukas hinzu: von Gott. So wird die universale Sendung Jesu herausgestellt: Er ist Sohn Adams – Menschensohn. Durch sein Menschsein gehören wir alle zu ihm, er zu uns; in ihm beginnt die Menschheit neu und kommt an ihr Ziel.

Zurück zur Täufergeschichte. Lukas hatte schon in den Kindheitserzählungen zwei wichtige Zeitangaben gemacht. Über den Lebensbeginn des Täufers sagt er uns, dass er „zur Zeit des Herodes, des Königs von Judäa" zu datieren sei (1,5). Während so die den Täufer betreffende Zeitangabe im Inneren der jüdischen Geschichte verbleibt, beginnt die Kindheitsgeschichte Jesu mit den Worten: „In jenen Tagen erließ Kaiser Augustus den Befehl…" (2,1). Die große Weltgeschichte, verkörpert durch das Römische Reich, steht im Hintergrund.

Diesen Faden nimmt Lukas bei der Einleitung der Täufergeschichte, dem Anfang von Jesu öffentlichem Wirken, wieder auf. Nun sagt er uns feierlich und genau: „Es war im 15. Jahr der Regierung des Kaisers Tiberius; Pontius Pilatus war Statthalter von Judäa, Herodes

Tetrarch von Galiläa, sein Bruder Philippus Tetrarch von Ituräa und Trachonitis, Lysanias Tetrarch von Abilene; Hohepriester waren Hannas und Kajaphas ..." (3,1f). Wieder wird mit der Nennung des römischen Kaisers der zeitliche Ort Jesu in der Weltgeschichte angegeben: Das Wirken Jesu ist nicht als ein mythisches Irgendwann anzusehen, das zugleich immer und nie bedeuten kann; es ist genau datierbares historisches Ereignis mit dem ganzen Ernst wirklich geschehener menschlicher Geschichte – mit ihrer Einmaligkeit, deren Weise von Gleichzeitigkeit mit allen Zeiten anders ist als die Zeitlosigkeit des Mythos.

Doch es geht nicht nur um Datierung: Der Kaiser und Jesus verkörpern zwei verschiedene Ordnungen der Wirklichkeit, die sich durchaus nicht ausschließen müssen, aber in ihrem Gegenüber den Zündstoff eines auf die Grundfragen der Menschheit und der menschlichen Existenz zielenden Konflikts in sich tragen. „Gebt Gott, was Gottes ist, und dem Kaiser, was des Kaisers ist", wird Jesus später sagen und so die wesentliche Verträglichkeit der beiden Sphären ausdrücken (Mk 12,17). Aber wenn das Kaisertum sich selbst als göttlich interpretiert, wie es schon in der Selbstdarstellung des Augustus als Bringer des Weltfriedens und als Retter der Menschheit angelegt ist, dann muss der Christ „Gott mehr gehorchen als den Menschen" (Apg 5,29); dann werden die Christen zu „Martyrern", zu Zeugen Christi, der selbst unter Pontius Pilatus am Kreuz gestorben ist als „der treue Zeuge" (Offb 1,5). Mit der Nennung des Namens Pontius Pilatus steht schon der Schatten des Kreuzes über dem Beginn von Jesu Wirken. Das Kreuz kündigt sich auch an in den Namen Herodes, Hannas, Kajaphas.

Aber noch etwas anderes zeigt sich in dem Nebeneinander zwischen dem Kaiser und den Fürsten, zwischen denen das Heilige Land aufgeteilt ist. Alle diese Fürstentümer hängen ab vom heidnischen Rom. Das Königtum Davids ist zerbrochen, seine „Hütte" zerfallen (Am 9,11f); der Nachfahre, der gesetzlich Vater Jesu ist, ist ein Handwerker in der mit heidnischer Bevölkerung durchsetzten Provinz Galiläa. Wieder einmal lebt Israel im Gottesdunkel, die Verheißungen an Abraham und David scheinen versunken im Schweigen Gottes. Wieder gilt die Klage: Wir haben keine Propheten mehr, Gott scheint sein Volk verlassen zu haben. Aber eben deshalb war das Land voller Unruhe.

Gegensätzliche Bewegungen, Hoffnungen und Erwartungen bestimmten das religiöse und politische Klima. Etwa zur Zeit der Geburt Jesu hatte Judas der Galiläer zu einem Aufstand aufgerufen, der von den Römern blutig erstickt wurde. Seine Partei, die Zeloten, bestand weiter, bereit zu Terror und Gewalt, um Israels Freiheit wiederherzustellen; möglich, dass der eine oder andere der zwölf Apostel Jesu – Simeon der Zelot und vielleicht auch Judas Iskariot – aus dieser Richtung kamen. Die Pharisäer, denen wir in den Evangelien immer wieder begegnen, versuchten mit größter Genauigkeit nach den Weisungen der Tora zu leben und der Anpassung an die hellenistisch-römische Einheitskultur zu entgehen, die sich im Raum des Römischen Reiches wie von selbst aufdrängte und nun Israel in die Lebensweise der heidnischen Weltvölker einzuebnen drohte. Die Sadduzäer, meist der Aristokratie und der Priesterklasse zugehörend, versuchten ein aufgeklärtes, dem geistigen Standard der Zeit gemäßes Judentum zu leben und daher sich auch mit der römischen

Herrschaft zu arrangieren. Sie sind nach der Zerstörung Jerusalems (70 n. Chr.) verschwunden, während die Lebensweise der Pharisäer in dem von Mischna und Talmud geprägten Judentum bleibende Gestalt gefunden hat. Wenn wir in den Evangelien die scharfen Gegensätze zwischen Jesus und den Pharisäern beobachten und sein Kreuzestod im strikten Gegensatz zum Programm der Zeloten stand, dürfen wir doch nicht vergessen, dass von allen Richtungen her Menschen zu Christus fanden und dass die frühe christliche Gemeinde nicht wenige Priester und ehemalige Pharisäer umfasste.

Ein Zufallsfund hat in Qumran in den Jahren nach dem Zweiten Weltkrieg Ausgrabungen in Gang gesetzt und Texte zutage gefördert, die von einigen Forschern mit einer weiteren Bewegung in Verbindung gebracht werden, die vorher unter dem Namen Essener nur aus literarischen Quellen bekannt gewesen war. Es war eine Gruppe, die sich vom herodianischen Tempel und seinem Kult abgewandt und in der judäischen Wüste klösterliche Gemeinschaften, aber auch ein religiös begründetes Zusammensein von Familien geschaffen und ein reiches Schrifttum wie eigene Rituale besonders auch mit liturgischen Waschungen und gemeinsamen Gebeten begründet hatte. Der gläubige Ernst dieser Schriften berührt uns; es scheint, dass Johannes der Täufer, aber vielleicht auch Jesus und seine Familie dieser Gemeinschaft nahestanden. Jedenfalls gibt es in den Schriften von Qumran vielfältige Berührungen mit der christlichen Botschaft. Es ist nicht auszuschließen, dass Johannes der Täufer einige Zeit in dieser Gemeinschaft gelebt und von ihr zum Teil seine religiöse Formung empfangen hat.

Dennoch war das Auftreten des Täufers etwas durchaus Neues. Seine Taufe, zu der er aufruft, unterscheidet sich von den üblichen religiösen Waschungen. Sie ist nicht wiederholbar und soll konkreter Vollzug einer das ganze Leben für immer neu bestimmenden Wendung sein. Sie ist verbunden mit einem flammenden Ruf zu einer neuen Weise des Denkens und des Tuns, verbunden vor allem mit der Ankündigung von Gottes Gericht und mit der Verkündigung des Größeren, der nach Johannes kommen wird. Das vierte Evangelium sagt uns, dass der Täufer diesen Größeren, dem er den Weg bereiten wollte, „nicht kannte" (Joh 1,30–33). Aber er weiß, dass er als Wegbereiter für den geheimnisvollen Anderen da ist; dass seine ganze Sendung auf ihn ausgerichtet ist.

In allen vier Evangelien wird diese seine Sendung mit einer Stelle aus Jesaja beschrieben: „Eine Stimme ruft in der Wüste: Bereitet dem Herrn den Weg! Ebnet ihm die Straße!" (Jes 40,3). Markus fügt noch eine Kombination aus Maleachi (3,1) und Exodus (33,2) hinzu, die uns an anderer Stelle auch bei Matthäus (11,10) und bei Lukas (1,76; 7,27) begegnet: „Ich sende meinen Boten vor dir her; er soll den Weg für dich bahnen." In all diesen alttestamentlichen Texten geht es um ein rettendes Eingreifen Gottes, der aus seiner Verborgenheit heraustritt, um zu richten und zu retten; diesem ist die Tür aufzutun, der Weg zu bereiten. Mit der Predigt des Täufers waren diese alten Hoffnungsworte Gegenwart geworden: Großes kündigte sich an.

Wir können uns den außerordentlichen Eindruck vorstellen, den Gestalt und Botschaft des Täufers in der brodelnden Atmosphäre jener geschichtlichen Stunde Jerusalems hervorrufen musste. Endlich war wieder ein Prophet da, den auch sein Leben als solchen auswies. Endlich kündigt sich wieder Handeln Gottes in der Geschichte an. Johannes tauft mit Wasser, aber der Größere, der mit Heiligem Geist und Feuer taufen wird, steht schon vor der Tür. So brauchen wir die Angabe des heiligen Markus durchaus nicht als Übertreibung anzusehen: „Ganz Judäa und alle Einwohner Jerusalems zogen zu ihm hinaus; sie bekannten ihre Sünden und ließen sich im Jordan von ihm taufen" (1,5). Zur Taufe des Johannes gehört die Beichte – das Bekenntnis der Sünden; das Judentum jener Zeit kannte mehr allgemein-formelhafte Sündenbekenntnisse, aber auch das ganz persönliche Bekenntnis, in dem die einzelnen sündigen Taten aufzuführen waren (Gnilka, a. a. O., S. 68). Es geht wirklich um Überwindung der bisherigen sündigen Existenz, um Aufbruch zu einem neuen, veränderten Leben.

Der Vorgang der Taufe versinnbildet das. Da ist einerseits die Todessymbolik des Untertauchens, hinter der die Todessymbolik der vernichtenden und zerstörenden Flut steht. Der Ozean erschien dem alten Denken wie die ständige Bedrohung des Kosmos, der Erde: die Urflut, die alles Leben begraben könnte. Im Untertauchen konnte auch der Fluss diese Symbolik in sich aufnehmen. Aber als Strom ist er vor allem Symbol des Lebens: Die großen Ströme – Nil, Euphrat, Tigris – sind die großen Lebensspender. Auch der Jordan ist für sein Umland Lebensquell – bis heute. Es geht um Reinigung, um Freiwerdung vom Schmutz der Vergangenheit, der auf dem Leben lastet und es entstellt – um Wiederbeginn, und das heißt: um Tod und Auferstehung, darum, das Leben von vorn und neu anzufangen. So könnte man sagen, es gehe um Wiedergeburt. All dies wird erst in der christlichen Tauftheologie ausdrücklich entwickelt werden, ist aber doch in dem Hinabsteigen in den Jordan und dem Wiederheraufkommen schon angelegt.

Ganz Judäa und Jerusalem pilgerten zur Taufe, haben wir eben gehört. Aber nun kommt etwas Neues: „In jenen Tagen kam Jesus aus Nazareth in Galiläa und ließ sich von Johannes im Jordan taufen" (Mk 1,9). Von Pilgern aus Galiläa war bis dahin nicht die Rede gewesen; alles schien sich auf den judäischen Raum zu beschränken. Aber das eigentlich Neue ist nicht, dass Jesus aus einer anderen geographischen Zone, sozusagen von weither kommt. Das eigentliche Neue ist, dass er – Jesus – sich taufen lassen will, dass er in die graue Menge der Sünder eintritt, die da an den Ufern des Jordans warten. Zur Taufe gehörte ein Sündenbekenntnis (wir hörten es eben). Sie war selbst ein Sündenbekenntnis und der Versuch, ein altes, missratenes Leben abzulegen und ein neues zu empfangen. Konnte Jesus das? Wie konnte er Sünden bekennen? Wie sich vom bisherigen Leben trennen auf ein neues hin? Diese Frage mussten sich die Christen stellen. Das Streitgespräch zwischen dem Täufer und Jesus, von dem uns Matthäus erzählt, drückte auch ihre eigene Frage an Jesus aus: „Ich müsste von dir getauft werden, und du kommst zu mir?" (Mt 3,14). Matthäus berichtet uns dazu: „Jesus antwortete ihm: Lass es für jetzt zu. Denn so geziemt es sich, dass die ganze Gerechtigkeit erfüllt werde. Da gab Johannes nach" (3,15).

Der Sinn dieser rätselhaft klingenden Antwort ist nicht leicht zu entschlüsseln. Jedenfalls steckt in dem Wörtchen *arti* – für jetzt – ein gewisser Vorbehalt: In einer bestimmten, vorläufigen Situation gilt eine bestimmte Weise des Handelns. Entscheidend für die Deutung der Antwort Jesu ist die Sinngebung des Wortes „Gerechtigkeit": Die ganze „Gerechtigkeit" muss erfüllt werden. Gerechtigkeit ist in der Welt, in der Jesus steht, die Antwort des Menschen auf die Tora, das Annehmen von Gottes ganzem Willen, das Tragen des „Joches von Gottes Reich", wie formuliert wurde. Die Johannes-Taufe ist von der Tora nicht vorgesehen, aber Jesus anerkennt sie mit diesem Wort als Ausdruck für das uneingeschränkte Ja zu Gottes Willen, als gehorsame Aufnahme seines Jochs.

Weil im Hinabsteigen in diese Taufe ein Bekenntnis der Schuld und Bitte um Vergebung zu neuem Anfang enthalten sind, liegt in diesem Ja zum ganzen Willen Gottes in einer von der Sünde gezeichneten Welt auch ein Ausdruck der Solidarität mit den Menschen, die schuldig geworden sind, sich aber nach der Gerechtigkeit ausstrecken. Erst von Kreuz und Auferstehung her ist die ganze Bedeutung dieses Vorgangs erkennbar geworden. Die Täuflinge bekennen im Hinabsteigen in das Wasser ihre Sünde und suchen dieser Last ihrer Schuldverfallenheit ledig zu werden. Was hat Jesus da getan? Lukas, der in seinem ganzen Evangelium ein waches Augenmerk auf das Beten Jesu richtet, ihn immer wieder als den Betenden – im Gespräch mit dem Vater – darstellt, sagt uns, dass Jesus betend die Taufe empfangen habe (3,21). Von Kreuz und Auferstehung her wurde der Christenheit klar, was geschehen war: Jesus hatte die Last der Schuld der ganzen Menschheit auf seine Schultern geladen; er trug sie den Jordan hinunter. Er eröffnet sein Wirken damit, dass er an den Platz der Sünder tritt. Er eröffnet es mit der Antizipation des Kreuzes. Er ist sozusagen der wahre Jona, der zu den Schiffsleuten gesagt hatte: „Nehmt mich und werft mich ins Meer" (Jona 1,12). Die ganze Bedeutung der Taufe Jesu, sein Tragen der „ganzen Gerechtigkeit", wird erst im Kreuz offenbar: Die Taufe ist Todesannahme für die Sünden der Menschheit, und die Taufstimme – „Dies ist mein geliebter Sohn" – ist Vorverweis auf die Auferstehung. So versteht es sich auch, dass in Jesu eigenen Reden das Wort Taufe Bezeichnung für seinen Tod ist (Mk 10,38; Lk 12,50).

Nur von da aus kann man die christliche Taufe verstehen. Die Antizipation des Kreuzestodes, die in der Taufe Jesu geschehen war, und die Antizipation der Auferstehung, die sich in der Himmelsstimme angekündigt hatte, sind nun Wirklichkeit geworden. So ist die Wassertaufe des Johannes aufgefüllt mit der Lebens- und Todestaufe Jesu. Der Einladung zur Taufe zu folgen, bedeutet nun, an den Ort der Taufe Jesu zu treten und so in seiner Identifikation mit uns unsere Identifikation mit ihm zu empfangen. Der Punkt seiner Antizipation des Todes ist nun für uns der Punkt unserer Antizipation der Auferstehung mit ihm geworden: Paulus hat in seiner Tauftheologie (Röm 6) diesen inneren Zusammenhang entwickelt, ohne ausdrücklich von der Taufe Jesu im Jordan zu sprechen.

Die Ostkirche hat in ihrer Liturgie und ihrer Ikonen-Theologie dieses Verstehen der Taufe Jesu weiter entfaltet und vertieft. Sie sieht einen tiefreichenden Zusammenhang zwischen dem Gehalt des Festes Epiphanie (Proklamation der Gottessohnschaft durch die Himmelsstimme; die Epiphanie ist der Tauftag des Orients) und Ostern. In dem Wort Jesu an Johannes „Es ziemt sich, alle Gerechtigkeit zu erfüllen" (Mt 3,15) sieht sie die Vorwegnahme des Getsemane-Wortes „Vater ... nicht mein Wille geschehe, sondern der deinige" (Mt 26,39): Die liturgischen Gesänge des 3. Januar entsprechen denen des Mittwoch in der Karwoche, die des 4. Januar denen des Gründonnerstag, die des 5. Januar denen von Karfreitag und Karsamstag.

Die Ikonographie nimmt diese Entsprechungen auf. Die Ikone der Taufe Jesu zeigt das Wasser wie ein flüssiges Grab, das die Form einer dunklen Höhle hat, die ihrerseits das ikonographische Zeichen für den Hades, die Unterwelt, die Hölle ist. Das Hinabsteigen Jesu in dieses flüssige Grab, in dieses Inferno, das ihn ganz umschließt, ist so Vorvollzug des Abstiegs in die Unterwelt: „Hinabgestiegen in die Wasser, hat er gebunden den Starken" (vgl. Lk 11,22), sagt Cyrill von Jerusalem. Johannes Chrysostomus schreibt: „Untertauchen und Auftauchen sind das Bild für Abstieg in die Hölle und Auferstehung." Die Troparien der byzantinischen Liturgie fügen noch einen weiteren symbolischen Bezug hinzu: „Der Jordan wich damals zurück vor dem Mantel des Elisäus [Elischa], die Wasser teilten sich und gaben einen trockenen Weg frei als wahrhaftiges Bild für die Taufe, durch die wir die Straße des Lebens durchschreiten" (Evdokimov, a. a. O., S. 246).

Die Taufe Jesu wird so als Repetition der ganzen Geschichte verstanden, in der das Vergangene aufgegriffen und das Zukünftige vorweggenommen wird: Das Eintreten in die Sünde der anderen ist Abstieg ins „Inferno" – nicht nur, wie bei Dante, zuschauend, sondern mit-leidend, um-leidend und damit umwandelnd, die Türen der Tiefe umstoßend und aufstoßend. Sie ist Hinabsteigen ins Haus des Bösen, Kampf mit dem Starken, der den Menschen gefangen hält (und wie sehr sind wir alle in der Tat gefangen von den Mächten, die uns namenlos manipulieren!). Dieser Starke und von den eigenen Kräften der Weltgeschichte her Unbesiegbare wird überwältigt und gebunden von dem Stärkeren, der als Gottgleicher alle Schuld der Welt aufnehmen kann und ausleidet – nichts auslassend im Hinabsteigen in die Identität mit den Gefallenen. Dieses Ringen ist die „Kehre" des Seins, die eine neue Beschaffenheit des Seins erwirkt, einen neuen Himmel und eine neue Erde vorbereitet. Das Sakrament – die Taufe – erscheint von da aus als Teil-Gabe an Jesu weltverwandelndem Ringen in der Wende des Lebens, die in seinem Hinabsteigen und Heraufsteigen geschehen ist.

Haben wir uns mit dieser kirchlichen Auslegung und Anverwandlung des Geschehens der Taufe Jesu zu weit von der Bibel entfernt? Es tut gut, in diesem Zusammenhang auf das vierte Evangelium zu hören, nach dem Johannes der Täufer beim Anblick Jesu die Worte gesprochen hat: „Seht das Lamm Gottes, das die Sünde der Welt hinwegnimmt" (1,29). Über dieses Wort, das in der römischen Liturgie vor der Kommunionspendung gesprochen wird, ist viel herumgerätselt worden. Was bedeutet „Lamm Gottes"? Wieso wird Jesus als „Lamm" benannt, und wieso trägt dieses „Lamm" die Sünden der Welt weg, überwindet sie ins Wesens- und Wirklichkeitslose hinein?

Joachim Jeremias hat die entscheidenden Hilfen geboten, um dieses Wort richtig zu verstehen und es – auch historisch – als wirkliches Täuferwort betrachten zu können. Zunächst sind zwei alttestamentliche Anspielungen darin zu erkennen. Das Gottesknechtslied Jes 53,7 vergleicht den leidenden Knecht Gottes mit einem Lamm, das man zum Schlachten führt; „wie ein Schaf angesichts seiner Scherer, so tat auch er seinen Mund nicht auf". Wichtiger noch ist, dass Jesus an einem Pascha-Fest gekreuzigt wurde und nun als das wirkliche Pascha-Lamm erscheinen musste, in dem sich erfüllte, was die Bedeutung des Pascha-Lammes beim Auszug aus Ägypten gewesen war: Befreiung aus der ägyptischen Todesherrschaft und Freigabe zum Exodus, zur Wanderung in die Freiheit der Verheißung hinein. Von Ostern her ist die Lamm-Symbolik für das Verständnis Christi grundlegend geworden; wir finden sie bei Paulus (1 Kor 5,7), bei Johannes (19,36), im Ersten Petrusbrief (1,19) und in der Apokalypse (zum Beispiel Offb 5,6).

Jeremias macht darüber hinaus darauf aufmerksam, dass dasselbe hebräische Wort *talia* sowohl „Lamm" wie „Knabe, Knecht" bedeutet (a. a. O., S. 343). So mag das Wort des Täufers zunächst auf den Knecht Gottes hingezeigt haben, der mit seinem stellvertretenden Büßen die Sünden der Welt „trägt"; aber darin gab es ihn doch zugleich als das wahre Pascha-Lamm zu erkennen, das sühnend die Sünde der Welt tilgt. „Geduldig wie ein Opferlamm ist der am Kreuz sterbende Heiland stellvertretend in den Tod gegangen; durch die Sühnekraft seines unschuldigen Sterbens hat er die Schuld ... der ganzen Menschheit getilgt ..." (ebd., S. 343f). Wenn in der Not der ägyptischen Unterdrückung das Blut des Pascha-Lammes für die Befreiung Israels entscheidend geworden war, so steht er, der Sohn, der Knecht wurde – der Hirte, der Lamm geworden ist –, nicht mehr bloß für Israel, sondern für die Befreiung der „Welt" – für die Menschheit im Ganzen.

Damit ist das große Thema der Universalität von Jesu Sendung angesprochen. Israel ist nicht für sich selber da, sondern seine Erwählung ist der Weg, auf dem Gott zu allen kommen will: Das Thema der Universalität wird uns als eigentliche Mitte der Sendung Jesu immer wieder begegnen; mit dem Wort vom Lamm Gottes, das der Welt Schuld trägt, erscheint es im vierten Evangelium gleich zu Beginn von Jesu Weg.

Das Wort vom Lamm Gottes interpretiert, wenn wir so sagen dürfen, den kreuzestheologischen Charakter von Jesu Taufe, von seinem Hinabsteigen in die Tiefe des Todes. Alle vier Evangelien berichten in unterschiedlicher Weise, dass beim Heraufsteigen Jesu aus dem Wasser der Himmel „aufriss" (Mk), sich öffnete (Mt und Lk); dass der Geist „wie eine Taube" auf ihn herabkam und dass dabei eine Stimme vom Himmel ertönte, die nach Markus und Lukas Jesus anredet „Du bist ...", nach Matthäus über ihn sagt: „Dieser ist mein geliebter Sohn, an dem ich Gefallen gefunden habe" (3,17). Das Bild von der Taube mag an das Schweben des Geistes über den Wassern erinnern, von dem der Schöpfungsbericht redet (Gen 1,2); es erscheint durch das Wörtchen „wie" (wie eine Taube) als „Vergleich für das im Grunde genommen Nicht-Beschreibbare ..." (Gnilka, a. a. O., S. 78). Derselben Himmelsstimme wie hier werden wir wieder bei der Verklärung Jesu begegnen, bei der allerdings der Imperativ hinzugefügt ist: „Auf ihn sollt ihr hören." Dort werden wir die Bedeutung dieser Worte näher bedenken müssen.

An dieser Stelle möchte ich nur drei Aspekte ganz kurz unterstreichen. Da ist zunächst das Bild vom aufgerissenen Himmel: Über Jesus steht der Himmel offen. Seine Willensgemeinschaft mit dem Vater, die „ganze Gerechtigkeit", die er erfüllt, eröffnet den Himmel, dessen

Wesen gerade ist, dass Gottes Wille dort ganz erfüllt ist. Dazu tritt dann die von Gott, vom Vater, herkommende Proklamation der Sendung Jesu, die aber nicht ein Tun, sondern sein Sein auslegt: Er *ist* der geliebte Sohn, auf ihm ruht Gottes Wohlgefallen. Endlich möchte ich darauf hinweisen, dass uns hier mit dem Sohn der Vater und der Heilige Geist begegnen: Das Geheimnis des trinitarischen Gottes deutet sich an, das sich freilich erst im Ganzen von Jesu Weg in seiner Tiefe enthüllen kann. Insofern reicht aber doch ein Bogen von diesem Anfang der Wege Jesu bis hin zu dem Wort, mit dem er als Auferstandener seine Jünger in die Welt senden wird: „Geht zu allen Völkern und ... tauft sie im Namen des Vaters und des Sohnes und des Heiligen Geistes ..." (Mt 28,19). Die Taufe, die die Jünger Jesu seitdem spenden, ist Eintreten in die Taufe Jesu – in die Wirklichkeit, die er damit vorweggenommen hat. So wird man Christ.

In einem breiten Strom der liberalen Forschung ist Jesu Taufe als Berufungserlebnis ausgelegt worden: Hier habe er, der bisher ein ganz gewöhnliches Leben in der galiläischen Provinz geführt hatte, eine grundstürzende Erfahrung gemacht; hier sei ihm das Bewusstsein einer besonderen Gottesbeziehung und seiner religiösen Sendung gekommen, die sich aus dem in Israel herrschenden und durch Johannes neu gestalteten Thema der Erwartungen wie aus seiner persönlichen Erschütterung durch den Taufvorgang ergeben habe. Aber davon steht nichts in den Texten. Wie gelehrt auch diese Auffassung dargeboten werden mag, so ist sie doch viel eher dem Genus des Jesus-Romans als wirklicher Auslegung der Texte zuzurechnen. Sie lassen uns ins Innere Jesu nicht hineinschauen – Jesus steht über unseren Psychologien (Romano Guardini). Aber sie lassen uns erkennen, wie Jesus im Zusammenhang von „Mose und den Propheten" steht; sie lassen uns die innere Einheit seines Weges vom ersten Augenblick seines Lebens bis hin zu Kreuz und Auferstehung erkennen. Jesus erscheint nicht als ein genialer Mensch mit seinen Erschütterungen, seinem Scheitern und Gelingen, womit er als Individuum einer vergangenen Periode letztlich in einer unüberbrückbaren Distanz zu uns bliebe. Er steht vor uns als „der geliebte Sohn", der so einerseits der ganz Andere ist, aber gerade deshalb auch uns allen gleichzeitig werden kann, einem jeden von uns innerlicher als wir uns selbst (vgl. Augustinus, *Confessiones* III,6,11).

2. KAPITEL
DIE VERSUCHUNGEN JESU

Das Herabsteigen des Geistes auf Jesus, mit dem die Taufszene endet, bedeutet so etwas wie eine formelle Einsetzung in sein Amt. Die Väter haben daher nicht zu Unrecht in diesem Vorgang eine Analogie zu der Salbung gesehen, mit der die Könige und Priester in Israel zu ihrem Amt bestellt worden waren. Das Wort Messias – Christus – bedeutet „der Gesalbte": Die Salbung war im Alten Bund als das sichtbare Zeichen der Ausstattung mit den Gaben des Amtes, mit dem Geist Gottes für das Amt angesehen worden. In Jes 11,1f wird daraus die Hoffnung auf einen wahrhaft „Gesalbten" entwickelt, dessen „Salbung" eben darin besteht, dass der Geist des Herrn sich auf ihn niederlässt, „der Geist der Weisheit und der Einsicht, der Geist des Rates und der Stärke, der Geist der Erkenntnis und der Gottesfurcht". Nach dem Bericht des heiligen Lukas hat Jesus sich und seine Sendung in der Synagoge von Nazareth mit einem verwandten Jesaja-Wort vorgestellt: „Der Geist des Herrn ruht auf mir, denn der Herr hat mich gesalbt" (Lk 4,18; Jes 61,1). Der Schluss der Taufszene sagt uns, dass Jesus diese wahre „Salbung" empfangen hat, dass er der erwartete Gesalbte ist – dass ihm in jener Stunde die königliche und die priesterliche Würde formell für die Geschichte und vor Israel verliehen wurde.

Von nun an steht er unter diesem Auftrag. Die drei synoptischen Evangelien erzählen uns zu unserer Überraschung, dass die erste Weisung des Geistes ihn in die Wüste führt, „damit er vom Teufel versucht werde" (Mt 4,1). Der Aktion geht die innere Sammlung voraus, und diese Sammlung ist notwendigerweise auch ein Ringen um den Auftrag, ein Ringen gegen die Entstellungen des Auftrags, die sich als dessen wirkliche Erfüllungen anbieten. Sie ist Hinabsteigen in die Gefährdungen des Menschen, denn nur so kann der gefallene Mensch aufgerichtet werden: Jesus muss – das gehört zum Kern seiner Sendung – in das Drama der menschlichen Existenz hineintreten, es bis in seine letzten Tiefen durchschreiten, um so das „verlorene Schaf" zu finden, auf die Schultern zu nehmen und heimzutragen.

Der Abstieg Jesu „in die Hölle", von dem das Glaubensbekenntnis spricht, hat sich nicht nur in seinem Tod und nach seinem Tod vollzogen, sondern gehört immerfort zu seinem Weg: Er muss die ganze Geschichte von ihren Anfängen her – von „Adam" an – aufgreifen, durchschreiten und durchleiden, um sie umwandeln zu können. Besonders der Hebräer-Brief hat mit Nachdruck betont, dass zu Jesu Sendung, zu seiner in der Taufe vorweg dargestellten Solidarität mit uns allen gehört, sich in die Bedrohungen und Gefährdungen des Menschseins einzulassen: „Darum musste er in allem seinen Brüdern gleich sein, um ein barmherziger und treuer Hohepriester vor Gott zu sein und die Sünden des Volkes zu sühnen. Denn da er selbst in Versuchung geführt wurde und gelitten hat, kann er denen helfen, die in Versuchung geführt werden" (2,17f). „Wir haben ja nicht einen Hohenpriester, der nicht mitfühlen könnte mit unseren Schwächen, sondern einen, der in allem wie wir in Versuchung geführt worden ist, aber nicht gesündigt hat" (4,15). Die Versuchungsgeschichte steht so in engem Zusammenhang mit der Taufgeschichte, in der Jesus in die Solidarität mit den Sündern eintritt. Neben ihr steht das Ringen des Ölbergs als nochmaliges großes Ringen Jesu um seine Sendung. Aber die „Versuchungen" begleiten den ganzen Weg Jesu, und die Versuchungsgeschichte erscheint insofern – ganz ähnlich wie die Taufe – als eine Antizipation, in der sich das Ringen des ganzen Weges verdichtet.

Markus hat in seinem kurzen Versuchungsbericht (1,13) die Parallele zu Adam – zum Durchleiden des menschlichen Dramas als solchem – herausgestellt: Jesus „lebte mit den wilden Tieren, und die Engel dienten ihm". Die Wüste – Gegenbild zum Garten – wird zum Ort der Versöhnung und Heilung; die wilden Tiere, die die konkreteste Gestalt der Bedrohung des Menschen durch die Rebellion der Schöpfung und durch die Macht des Todes darstellen, werden zu Freunden wie im Paradies. Jener Friede ist wiederhergestellt, den Jesaja für die Zeiten des Messias ankündigt: „Dann wohnt der Wolf beim Lamm, der Panther liegt beim Böcklein ..." (Jes 11,6). Wo die Sünde überwunden ist, wo der Einklang des Menschen mit Gott wiederhergestellt wird, folgt die Versöhnung der Schöpfung, wird die zerrissene Schöpfung wieder zum Ort des Friedens, wie Paulus es sagen wird, der vom Seufzen der Schöpfung spricht, die „sehnsüchtig auf das Auftreten der Gotteskinder wartet" (Röm 8,19).

Sind nicht die Oasen der Schöpfung, die zum Beispiel um die Benediktinerklöster des Abendlandes entstanden sind, Vorgriffe auf diese Versöhnung der Schöpfung, die von den Gotteskindern kommt, wie umgekehrt etwa Tschernobyl erschütternder Ausdruck der im Gottesdunkel verknechteten Schöpfung ist? Markus beschließt seine kurze Versuchungsgeschichte mit einem Wort, das man als Anspielung auf Psalm 91,11ff auffassen kann: „... Und die Engel dienten ihm". Das Wort steht auch am Schluss der ausführlichen Versuchungsgeschichte von Matthäus und wird nur aus dem dort gegebenen größeren Zusammenhang vollends verständlich.

Matthäus und Lukas erzählen von drei Versuchungen Jesu, in denen sich das Ringen um seinen Auftrag spiegelt, aber damit zugleich die Frage ansteht, worum es im Menschenleben überhaupt geht. Der Kern aller Versuchung – das wird hier sichtbar – ist das Beiseiteschieben Gottes, der neben allem vordringlicher Erscheinenden unseres Lebens als zweitrangig, wenn nicht überflüssig und störend empfunden wird. Die Welt aus Eigenem, ohne Gott, in Ordnung zu bringen, auf das Eigene zu bauen, nur die politischen und materiellen Realitäten als Wirklichkeit anzuerkennen und Gott als Illusion beiseitezulassen, das ist die Versuchung, die uns in vielerlei Gestalten bedroht.

Zum Wesen der Versuchung gehört ihre moralische Gebärde: Sie lädt uns gar nicht direkt zum Bösen ein, das wäre zu plump. Sie gibt vor, das Bessere zu zeigen: die Illusionen endlich beiseitezulassen und uns tatkräftig der Verbesserung der Welt zuzuwenden. Sie tritt zudem unter dem Anspruch des wahren Realismus auf: Das Reale ist das Vorkommende – Macht und Brot; die Dinge Gottes erscheinen demgegenüber als irreal, eine Sekundärwelt, derer es eigentlich nicht bedarf.

Es geht um Gott: Ist er der Wirkliche, die Wirklichkeit selbst, oder ist er es nicht? Ist er der Gute, oder müssen wir das Gute selber erfinden? Die Gottesfrage ist die Grundfrage, die uns an den Scheideweg der menschlichen Existenz stellt. Was muss der Retter der Welt tun oder nicht tun – das ist in den Versuchungen Jesu die Frage. Die drei Versuchungen sind bei Matthäus und Lukas identisch, nur die Abfolge ist anders. Folgen wir jener, die

Matthäus bietet, wegen der Konsequenz der Steigerung, in der sie gebaut ist.

Als Jesus „40 Tage und 40 Nächte gefastet hatte, hungerte ihn" (Mt 4,2). Die Zahl 40 war zur Zeit Jesu für Israel schon mit einem reichen Symbolgehalt gefüllt: Sie erinnert uns zunächst an die 40 Wüstenjahre Israels, die die Zeit seiner Versuchung wie die Zeit besonderer Gottesnähe waren. Sie lassen uns des Weiteren an die 40 Tage denken, die Mose auf dem Berg Sinai verbrachte, ehe er das Wort Gottes, die heiligen Bundestafeln, empfangen durfte. Sie mögen auch erinnern an die rabbinische Erzählung, wonach Abraham auf dem Weg zum Berg Horeb, wo er seinen Sohn opfern sollte, 40 Tage und Nächte weder Speise noch Trank zu sich nahm und sich durch den Anblick und die Rede des ihn begleitenden Engels nährte.

Die Väter haben in einer schon ein wenig spielerischen Ausweitung der Zahlensymbolik die Zahl 40 als kosmische Zahl, als Zahlzeichen dieser Welt überhaupt angesehen: Die vier Enden der Welt umschreiben das Ganze, und Zehn ist die Zahl der Gebote. Die kosmische Zahl mit der Zahl der Gebote multipliziert wird zur sinnbildlichen Aussage für die Geschichte dieser Welt überhaupt. Jesus durchwandert gleichsam noch einmal den Exodus Israels, und er durchwandert dann die Irrungen und Wirrungen der Geschichte überhaupt; die 40 Hungertage umfassen das Drama der Geschichte, das Jesus in sich aufnimmt und durchträgt.

„Wenn du Gottes Sohn bist, so befiehl, dass aus diesen Steinen Brot wird" (Mt 4,3) – so lautet die erste Versuchung. „Wenn du Gottes Sohn bist ..." – wir werden dieses Wort wieder von den Spöttern unter dem Kreuz hören: „Wenn du der Sohn Gottes bist, dann steig doch herab vom Kreuz ..." (Mt 27,40). Das Buch der Weisheit hat diese Situation schon vorausgesehen: „Wenn der Gerechte wirklich Gottes Sohn ist, dann nimmt sich Gott seiner an ..." (2,18). Spott und Versuchung gehen hier ineinander über: Christus soll den Beweis für seinen Anspruch antreten, um glaubhaft zu werden. Diese Beweisforderung geht durch die ganze Lebensgeschichte Jesu hindurch, in der ihm immer wieder vorgehalten wird, dass er sich nicht genügend ausgewiesen habe, dass er doch das große Wunder tun müsse, das alle Zweideutigkeit und allen Widerspruch aufhebt und für jeden unbestreitbar klarstellt, wer und was er ist oder nicht ist.

Und diese Forderung halten wir doch Gott und Christus und seiner Kirche die ganze Geschichte hindurch entgegen: Wenn es dich gibt, Gott, dann musst du dich zeigen. Dann musst du die Wolke deiner Verborgenheit aufreißen und uns die Klarheit geben, auf die wir Anspruch haben. Wenn du, Christus, wirklich der Sohn bist und nicht einer der Erleuchteten, wie sie immer wieder in der Geschichte auftraten, dann musst du es eben deutlicher zeigen, als du es tust. Und dann musst du deiner Kirche, wenn sie schon die deine sein soll, ein anderes Maß an Eindeutigkeit geben, als es ihr in Wirklichkeit eignet.

Wir werden auf diesen Punkt bei der zweiten Versuchung zurückkommen, deren eigentliches Zentrum er bildet. Der Gottesbeweis, den der Versucher bei der ersten Versuchung vorschlägt, besteht darin, die Steine der Wüste zu Brot zu machen. Zunächst geht es um den Hunger Jesu selbst – so hat Lukas es gesehen: „Sag zu diesem Stein, dass er Brot wird" (Lk 4,3). Aber Matthäus versteht die

Versuchung weiträumiger, so wie sie dann schon zu Lebzeiten des irdischen Jesus und die ganze Geschichte hindurch immer wieder an ihn herangetragen wurde und herangetragen wird.

Was ist tragischer, was widerspricht mehr dem Glauben an einen guten Gott und dem Glauben an einen Erlöser der Menschen als der Hunger in der Menschheit? Muss es nicht der erste Ausweis des Erlösers vor der Welt und für die Welt sein, dass er ihr Brot gibt und dass aller Hunger endet? In der Zeit der Wüstenwanderung hatte Gott das Volk Israel durch Brot vom Himmel, durch das Manna ernährt. Darin glaubte man ein Bild der messianischen Zeit erkennen zu dürfen: Musste nicht und muss nicht der Erlöser der Welt sich dadurch ausweisen, dass er allen zu essen gibt? Ist nicht das Problem der Welternährung – und allgemeiner: die sozialen Probleme – der erste und eigentliche Maßstab, an dem Erlösung gemessen werden muss? Kann jemand zu Recht Erlöser heißen, der diesem Maßstab nicht genügt? Der Marxismus hat genau dies – höchst begreiflicherweise – zum Kern seiner Heilsverheißung gemacht: Er werde dafür sorgen, dass aller Hunger endet und dass die „Wüste zu Brot wird" …

„Wenn du der Sohn Gottes bist …" – welche Herausforderung. Und muss man nicht dasselbe zur Kirche sagen: Wenn du Kirche Gottes sein willst, dann kümmere dich zuallererst um Brot für die Welt – das andere kommt hernach. Es ist schwer, auf diese Herausforderung zu antworten, gerade weil uns der Schrei der Hungernden so sehr in die Ohren und in die Seele dringt und dringen muss. Die Antwort Jesu kann man von der Versuchungsgeschichte allein her nicht verstehen. Das Brot-Thema durchdringt das ganze Evangelium und muss in seiner ganzen Erstreckung gesehen werden.

Es gibt noch zwei weitere große Brotgeschichten im Leben Jesu. Da ist die Brotvermehrung für die Tausenden, die dem Herrn in die Einsamkeit gefolgt sind. Warum wird nun getan, was vorher als Versuchung zurückgewiesen worden war? Die Menschen waren gekommen, um Gottes Wort zu hören, und hatten alles andere dafür liegengelassen. Und so, als Menschen, die ihr Herz für Gott und füreinander geöffnet haben, können sie das Brot in der rechten Weise empfangen. Zu diesem Brotwunder gehört also dreierlei: Die Suche nach Gott, nach seinem Wort, nach der rechten Weisung für das ganze Leben ist vorangegangen. Das Brot wird des Weiteren von Gott erbeten. Und endlich ist die gegenseitige Bereitschaft des Teilens ein wesentliches Element des Wunders. Das Hören auf Gott wird zum Leben mit Gott, und es führt vom Glauben zur Liebe, zur Entdeckung des anderen. Jesus ist gegenüber dem Hunger der Menschen, ihrem leiblichen Bedürfen, nicht gleichgültig, aber er stellt es in den rechten Zusammenhang und gibt ihm die rechte Ordnung.

Diese zweite Brotgeschichte weist damit voraus auf die dritte und ist Vorbereitung für sie: das Letzte Abendmahl, das zur Eucharistie der Kirche und zum immerwährenden Brotwunder Jesu wird. Jesus ist selbst zum gestorbenen Weizenkorn geworden, das reiche Frucht bringt (Joh 12,24). Er ist selbst Brot für uns geworden, und diese Brotvermehrung dauert unerschöpflich bis zum Ende der Zeiten. So verstehen wir jetzt das Wort Jesu, das er dem Alten Testament (Dtn 8,3) entnimmt, um damit den Versucher zurückzuweisen: „Der Mensch lebt nicht vom Brot allein, sondern von jedem Wort, das aus Gottes Munde kommt" (Mt 4,4). Es gibt dazu einen Satz des von den Nationalsozialisten hingerichteten deutschen Jesuiten Alfred Delp: „Brot ist wichtig, Freiheit ist wichtiger, am wichtigsten aber die ungebrochene Treue und die unverratene Anbetung."

Wo diese Ordnung der Güter nicht geachtet, sondern auf den Kopf gestellt wird, da entsteht nicht mehr Gerechtigkeit, da wird nicht mehr für den leidenden Menschen gesorgt, sondern da wird gerade auch der Bereich der materiellen Güter zerrüttet und zerstört. Wo Gott als sekundäre Größe angesehen wird, die man zeitweise oder überhaupt wichtigerer Dinge wegen beiseitelassen kann, da scheitern gerade diese vermeintlich wichtigeren Dinge. Nicht nur der negative Ausgang des marxistischen Experiments beweist das.

Die auf rein technisch-materiellen Prinzipien aufgebaute Entwicklungshilfe des Westens, die Gott nicht nur ausgelassen, sondern die Menschen von Gott abgedrängt hat mit dem Stolz ihrer Besserwisserei, hat erst die Dritte Welt zur Dritten Welt im heutigen Sinn gemacht. Sie hat die gewachsenen religiösen, sittlichen und sozialen Strukturen beiseitegeschoben und ihre technizistische Mentalität ins Leere hineingestellt. Sie glaubte, Steine in Brot verwandeln zu können, aber sie hat Steine für Brot gegeben. Es geht um den Primat Gottes. Es geht darum, ihn als Wirklichkeit anzuerkennen, als Wirklichkeit, ohne die nichts anderes gut sein kann. Die Geschichte kann nicht abseits von Gott durch bloß materielle Strukturen geregelt werden. Wenn das Herz des Menschen nicht gut ist, dann kann nichts anderes gut werden. Und die Güte des Herzens kann letztlich nur von dem kommen, der die Güte – das Gute – selbst ist.

Natürlich kann man fragen, warum Gott nicht eine Welt gemacht hat, in der seine Gegenwart offenkundiger ist; warum Christus nicht einen anderen, jeden unwiderstehlich treffenden Glanz seiner Gegenwart zurückgelassen hat. Das ist das Geheimnis von Gott und Mensch, das wir nicht durchdringen können. Wir leben in dieser Welt, in der Gott eben nicht die Evidenz des Greifbaren hat, sondern nur durch den Aufbruch des Herzens, den „Exodus" aus „Ägypten", gesucht und gefunden werden kann. In *dieser* Welt müssen wir uns den Täuschungen falscher Philosophien widersetzen und erkennen, dass wir nicht vom Brot allein leben, sondern zuallererst vom Gehorsam gegen Gottes Wort. Und erst wo dieser Gehorsam gelebt wird, wächst die Gesinnung, die auch Brot für alle zu schaffen vermag.

Kommen wir zur zweiten Versuchung Jesu, deren exemplarische Bedeutung in mancher Hinsicht am schwersten zu verstehen ist. Die Versuchung ist als eine Art Vision aufzufassen, in der wiederum Wirklichkeit, eine besondere Gefährdung des Menschen und des Auftrags Jesu zusammengefasst ist. Zunächst ist da etwas Auffälliges. Der Teufel zitiert die Heilige Schrift, um Jesus in seine Falle zu locken. Er zitiert den Psalm 91,11f, der von dem Schutz spricht, den Gott dem gläubigen Menschen gewährt: „Denn er befiehlt seinen Engeln, dich zu hüten auf allen deinen Wegen. Sie tragen dich auf ihren Händen, damit dein Fuß nicht an einen Stein stößt." Dieses Wort gewinnt dadurch noch besonderes Gewicht, dass es in der Heiligen Stadt, an heiligem Ort gesprochen ist. In der Tat ist der zitierte Psalm an den Tempel gebunden; sein Beter erhofft sich Schutz im Tempel, denn die Wohnung

Gottes muss als besondere Stätte göttlichen Schutzes gelten. Wo sollte der Mensch, der an Gott glaubt, sich sicherer wissen dürfen als im heiligen Bereich des Tempels? (ausführlicher dazu Gnilka, *Das Matthäusevangelium* 1, a. a. O., S. 88f). Der Teufel erweist sich als Schriftkenner, der den Psalm genau zu zitieren weiß; das ganze Gespräch der zweiten Versuchung erscheint förmlich wie ein Streit zweier Schriftgelehrter: Der Teufel tritt als Theologe auf, bemerkt Joachim Gnilka dazu.

Wladimir Solowjew hat dieses Motiv in seiner *Kurzen Erzählung vom Antichrist* aufgenommen: Der Antichrist empfängt von der Universität Tübingen den Ehrendoktor der Theologie; er ist ein großer Bibelgelehrter. Solowjew hat mit dieser Darstellung seine Skepsis gegenüber einem gewissen Typ exegetischer Gelehrsamkeit seiner Zeit drastisch ausgedrückt. Das ist kein Nein zur wissenschaftlichen Bibelauslegung als solcher, aber eine höchst heilsame und notwendige Warnung vor ihren möglichen Irrwegen. Bibelauslegung kann in der Tat zum Instrument des Antichrist werden. Das sagt uns nicht erst Solowjew, das ist die innere Aussage der Versuchungsgeschichte selbst. Aus scheinbaren Ergebnissen der wissenschaftlichen Exegese sind die schlimmsten Bücher der Zerstörung der Gestalt Jesu, der Demontage des Glaubens geflochten worden.

Heute wird die Bibel weithin dem Maßstab des sogenannten modernen Weltbildes unterworfen, dessen Grunddogma es ist, dass Gott in der Geschichte gar nicht handeln kann – dass also alles, was Gott betrifft, in den Bereich des Subjektiven zu verlegen sei. Dann spricht die Bibel nicht mehr von Gott, dem lebendigen Gott, sondern dann sprechen nur noch wir selber und bestimmen, was Gott tun kann und was wir tun wollen oder sollen. Und der Antichrist sagt uns dann mit der Gebärde hoher Wissenschaftlichkeit, dass eine Exegese, die die Bibel im Glauben an den lebendigen Gott liest und ihm selbst dabei zuhört, Fundamentalismus sei; nur *seine* Exegese, die angeblich rein wissenschaftliche, in der Gott selbst nichts sagt und nichts zu sagen hat, sei auf der Höhe der Zeit.

Das theologische Streitgespräch zwischen Jesus und dem Teufel ist ein alle Zeiten betreffender Disput um die rechte Schriftauslegung, deren grundlegende hermeneutische Frage die Frage nach dem Gottesbild ist. Der Streit um die Auslegung ist letztlich ein Streit darum, wer Gott ist. Dieses Ringen um das Gottesbild, um das es im Disput um die gültige Schriftauslegung geht, entscheidet sich aber konkret am Bild Christi: Ist er, der ohne weltliche Macht geblieben ist, wirklich der Sohn des lebendigen Gottes?

So führt die strukturelle Frage des merkwürdigen Schriftgesprächs zwischen Christus und dem Versucher direkt in die inhaltliche Frage hinein. Worum geht es da? Man hat diese Versuchung mit dem Motiv von „Brot und Spiele" zusammengebracht: Nach dem Brot müsse die Sensation geboten werden. Da die bloße körperliche Sättigung ganz offensichtlich dem Menschen nicht ausreicht, müsse der, der Gott nicht in die Welt und in den Menschen einlassen will, den Kitzel spannender Erregungen bieten, deren Schauer die religiöse Ergriffenheit ersetzt und verdrängt. Aber das kann an dieser Stelle wohl nicht gemeint sein, da in der Versuchung anscheinend keine Zuschauer vorausgesetzt werden.

Der Punkt, um den es geht, erscheint in der Antwort Jesu (Mt 4,7), die wiederum dem Deuteronomium (6,16) entnommen ist: „Du sollst den Herrn, deinen Gott, nicht versuchen!" Das ist im Deuteronomium eine Anspielung auf die Geschichte, wie Israel vor Durst in der Wüste umzukommen drohte. Es kommt zur Rebellion gegen Mose, die eine Rebellion gegen Gott wird. Gott muss zeigen, dass er Gott ist. Diese Rebellion gegen Gott wird in der Bibel so beschrieben: „Sie stellten den Herrn auf die Probe, indem sie sagten: Ist der Herr in unserer Mitte oder nicht?" (Ex 17,7). Es geht also um das, was vorhin schon angeklungen war: Gott muss sich dem Experiment stellen. Er wird „erprobt", wie man Waren ausprobiert. Er muss sich den Bedingungen unterwerfen, die wir für unsere Gewissheit als nötig erklären. Wenn er jetzt den von Psalm 91 zugesagten Schutz nicht gewährt, dann ist er eben nicht Gott. Dann hat er sein eigenes Wort und so sich selbst falsifiziert.

Die ganze große Frage, wie man Gott erkennen und wie man ihn nicht erkennen kann, wie der Mensch zu Gott stehen und wie er ihn verlieren kann, steht hier vor uns. Der Hochmut, der Gott zum Objekt machen und ihm unsere Laborbedingungen auflegen will, kann Gott nicht finden. Denn er setzt bereits voraus, dass wir Gott als Gott leugnen, weil wir uns über ihn stellen. Weil wir die ganze Dimension der Liebe, des inneren Hörens ablegen und nur noch das Experimentierbare, das in unsere Hand gegeben ist, als wirklich anerkennen. Wer so denkt, macht sich selbst zu Gott und erniedrigt dabei nicht nur Gott, sondern die Welt und sich selber.

Von dieser Szene auf der Tempelzinne aus öffnet sich aber auch der Blick auf das Kreuz hin. Christus hat sich nicht von der Tempelzinne gestürzt. Er ist nicht in die Tiefe gesprungen. Er hat Gott nicht versucht. Aber er ist in die Tiefe des Todes hinabgestiegen, in die Nacht der Verlassenheit, in die Ausgesetztheit der Wehrlosen. Er hat *diesen* Sprung gewagt als Akt der Liebe von Gott her für die Menschen. Und deshalb wusste er, dass er bei diesem Sprung zuletzt nur in die gütigen Hände des Vaters fallen konnte. So erscheint der wirkliche Sinn von Psalm 91 her, das Recht zu jenem letzten und unbegrenzten Vertrauen, von dem darin die Rede ist: Wer dem Willen Gottes folgt, der weiß, dass er in allen Schrecknissen, die ihm widerfahren, einen letzten Schutz nicht verliert. Der weiß, dass der Grund der Welt Liebe ist und dass er daher auch da, wo kein Mensch ihm helfen kann oder will, im Vertrauen auf den weitergehen darf, der ihn liebt. Solches Vertrauen, zu dem die Schrift uns ermächtigt und zu dem der Herr, der Auferstandene, uns einlädt, ist aber etwas ganz anderes als die abenteuerliche Herausforderung Gottes, die Gott zu unserem Knecht machen möchte.

Kommen wir zur dritten und letzten Versuchung, dem Höhepunkt der ganzen Geschichte. Der Teufel führt den Herrn visionär auf einen hohen Berg. Er zeigt ihm alle Königreiche der Erde und deren Glanz und bietet ihm das Weltkönigtum an. Ist das nicht genau die Sendung des Messias? Soll er nicht der Weltkönig sein, der die ganze Erde in einem großen Reich des Friedens und des Wohlstands vereinigt? Wie es zur Brotversuchung zwei merkwürdige Gegenstücke in der Geschichte Jesu gibt, die Brotvermehrung und das Letzte Abendmahl, so ist es auch hier.

Der auferstandene Herr versammelt die Seinen „auf dem Berg" (Mt 28,16). Und nun sagt er tatsächlich: „Mir ist alle Macht gegeben im Himmel und auf Erden" (28,18). Zweierlei ist hier neu und anders: Der Herr hat Macht im

Himmel und auf Erden. Und nur wer diese ganze Macht hat, hat die wirkliche, die rettende Macht. Ohne den Himmel bleibt irdische Macht immer zweideutig und brüchig. Nur Macht, die sich unter das Maß und unter das Gericht des Himmels, das heißt Gottes stellt, kann Macht zum Guten werden. Und nur Macht, die unter dem Segen Gottes steht, kann verlässlich sein.

Dazu kommt das andere: Jesus hat diese Macht als Auferstandener. Das heißt: Diese Macht setzt das Kreuz voraus, setzt seinen Tod voraus. Sie setzt den anderen Berg voraus – Golgotha, wo er, von den Menschen verspottet und von den Seinigen verlassen, am Kreuz hängt und stirbt. Das Reich Christi ist anders als die Königreiche der Erde und ihr Glanz, den Satan vorführt. Dieser Glanz ist, wie das griechische Wort *doxa* besagt, Schein, der sich auflöst. Solchen Glanz hat Christi Reich nicht. Es wächst durch die Demut der Verkündigung in denen, die sich zu seinen Jüngern machen lassen, die getauft werden auf den dreifaltigen Gott und die seine Gebote halten (Mt 28,19f).

Aber kehren wir zurück zur Versuchung. Ihr wahrer Gehalt wird sichtbar, wenn wir sehen, wie sie die Geschichte hindurch immer neue Gestalt annimmt. Das christliche Kaisertum versuchte alsbald, den Glauben zum politischen Faktor der Reichseinheit zu machen. Das Reich Christi soll nun doch die Gestalt eines politischen Reiches und seines Glanzes erhalten. Der Ohnmacht des Glaubens, der irdischen Ohnmacht Jesu Christi soll durch politische und militärische Macht aufgeholfen werden. In allen Jahrhunderten ist in vielfältigen Formen diese Versuchung immer neu aufgestanden, den Glauben durch

Macht sicherzustellen, und immer wieder drohte er gerade in den Umarmungen der Macht erstickt zu werden. Der Kampf um die Freiheit der Kirche, der Kampf darum, dass Jesu Reich mit keinem politischen Gebilde identisch sein kann, muss alle Jahrhunderte geführt werden. Denn der Preis für die Verschmelzung von Glauben und politischer Macht besteht zuletzt immer darin, dass der Glaube in den Dienst der Macht tritt und sich ihren Maßstäben beugen muss.

In der Passionsgeschichte des Herrn erscheint die Alternative, um die es hier geht, in erregender Gestalt. Auf dem Höhepunkt des Prozesses stellt Pilatus Jesus und Barabbas zur Wahl. Einer von beiden wird freigegeben werden. Wer aber war Barabbas? Wir haben gewöhnlich nur die Formulierung des Johannes-Evangeliums im Ohr: „Barabbas aber war ein Räuber" (18,40). Aber das griechische Wort für Räuber konnte in der politischen Situation von damals in Palästina eine spezifische Bedeutung bekommen. Es besagte dann so viel wie „Widerstandskämpfer". Barabbas hatte an einem Aufstand teilgenommen (Mk 15,7) und war darüber hinaus – in diesem Zusammenhang – des Mordes angeklagt (Lk 23,19.25). Wenn Matthäus sagt, Barabbas sei ein „berühmter Gefangener" gewesen, so zeigt dies, dass er einer der herausragenden Widerstandskämpfer, wohl der eigentliche Anführer jenes Aufstands gewesen ist (27,16).

Mit anderen Worten: Barabbas war eine messianische Figur. Die Wahl Jesus – Barabbas ist nicht zufällig; zwei messianische Gestalten, zwei Formen des Messianismus stehen sich gegenüber. Das wird noch deutlicher, wenn wir bedenken, dass Bar-Abbas „Sohn des Vaters" heißt.

Es ist eine typisch messianische Benennung, der Kultname eines herausragenden Anführers der messianischen Bewegung. Der letzte große messianische Krieg der Juden im Jahr 132 wurde von Bar-Kochba – „Sternensohn" – geführt. Das ist dieselbe Namensbildung; dieselbe Absicht wird dargestellt.

Von Origenes erfahren wir noch ein weiteres interessantes Detail: In vielen Handschriften der Evangelien bis ins 3. Jahrhundert hieß der Mann, um den es geht, „Jesus Barabbas" – Jesus Sohn des Vaters. Er stellt sich als eine Art Doppelgänger zu Jesus dar, der freilich den gleichen Anspruch auf eine ganz andere Weise auffasst. Die Wahl steht also zwischen einem Messias, der den Kampf anführt, der Freiheit und das eigene Reich verspricht, und diesem geheimnisvollen Jesus, der das Sich-Verlieren als Weg zum Leben verkündet. Ist es ein Wunder, dass die Massen Barabbas den Vorzug gaben? (Ausführlicher dazu Vittorio Messori in seinem wichtigen Buch *Gelitten unter Pontius Pilatus?*, deutsche Ausgabe: Adamas, Köln 1997, S. 64–76.)

Wenn wir heute zu wählen hätten, hätte da Jesus aus Nazareth, der Sohn Marias, der Sohn des Vaters eine Chance? Kennen wir Jesus überhaupt? Verstehen wir ihn? Müssen wir ihn gestern wie heute nicht ganz neu kennenzulernen uns mühen? Der Versucher ist nicht grob genug, uns direkt die Anbetung des Teufels vorzuschlagen. Er schlägt uns nur vor, uns für das Vernünftige zu entscheiden, für den Vorrang einer geplanten und durchorganisierten Welt, in der Gott als Privatangelegenheit seinen Platz haben mag, aber in unsere wesentlichen Absichten uns nicht dreinreden darf. Solowjew schreibt dem Antichristen ein Buch zu, *Der offene Weg zu Frieden und Wohlfahrt der*

Welt, das sozusagen die neue Bibel wird und die Anbetung des Wohlstands und der vernünftigen Planung zum eigentlichen Inhalt hat.

Die dritte Versuchung Jesu erweist sich so als die grundlegende – die Frage danach, was ein Heiland der Welt tun muss. Sie durchzieht das ganze Leben Jesu. Sie tritt an einer entscheidenden Wende seines Weges noch einmal offen hervor. Petrus hatte im Namen der Jünger das Bekenntnis zu Jesus als dem Messias-Christus, dem Sohn des lebendigen Gottes, gesprochen und damit jenen Glauben formuliert, der die Kirche aufbaut und die neue, auf Christus gegründete Gemeinschaft des Glaubens eröffnet. Aber gerade an dieser entscheidenden Stelle, an der gegenüber der „Meinung der Leute" die scheidende und ent-scheidende Erkenntnis Jesu hervortritt und so sich seine neue Familie zu bilden anfängt, steht der Versucher da – die Gefahr, alles ins Gegenteil zu verkehren. Der Herr erklärt sofort, dass der Begriff des Messias von der Ganzheit der prophetischen Botschaft aus zu verstehen ist, dass er nicht weltliche Macht meint, sondern Kreuz und die durch das Kreuz hindurch entstehende ganz andere Gemeinschaft.

So hatte aber Petrus es nicht verstanden: „Da nahm ihn Petrus beiseite und machte ihm Vorwürfe; er sagte: Das soll Gott verhüten, Herr! Das darf nicht mit dir geschehen!" Wenn wir diese Worte auf dem Hintergrund der Versuchungsgeschichte lesen – als ihre Wiederkehr im entscheidenden Augenblick –, dann erst verstehen wir die unglaublich harte Antwort Jesu: „Weg mit dir, Satan! Du willst mich zu Fall bringen; denn du hast nicht das im Sinn, was Gott will, sondern was die Menschen wollen" (Mt 16,22f).

Aber sagen wir nicht alle immer wieder zu Jesus, dass seine Botschaft zum Widerspruch mit den herrschenden Meinungen führt und so der Misserfolg, das Leiden, die Verfolgung droht? Das christliche Kaisertum oder die weltliche Papstmacht sind heute keine Versuchungen mehr; aber Christentum als Rezept für den Fortschritt zu deuten und allgemeinen Wohlstand als das eigentliche Ziel aller Religion und so auch der christlichen anzuerkennen, das ist die neue Gestalt derselben Versuchung. Sie kleidet sich heute in die Frage: Was hat denn Jesus gebracht, wenn er nicht die bessere Welt heraufgeführt hat? Muss das nicht der Inhalt messianischer Hoffnung sein?

Im Alten Testament gehen zwei Hoffnungslinien noch ungeschieden ineinander über: die Erwartung der heilen Welt, in der der Wolf beim Lamm liegt (Jes 11,6), in der die Völker der Welt sich auf den Weg zum Berg Zion machen und in der gilt: „Dann schmieden sie Pflugscharen aus ihren Messern und Winzermesser aus ihren Lanzen" (Jes 2,2–4; Mi 4,1–3). Daneben aber steht die Aussicht auf den leidenden Gottesknecht, einen Messias, der durch Verachtung und Leiden hindurch rettet. Während seines ganzen Weges und von Neuem in den nachösterlichen Gesprächen musste Jesus seinen Jüngern zeigen, dass Mose und die Propheten von ihm, dem äußerlich Machtlosen, dem Leidenden, dem Gekreuzigten, dem Auferstandenen redeten; er musste zeigen, dass gerade so die Verheißungen sich erfüllen. „O ihr Unverständigen, wie schwer fällt es euch mit eurem schwerfälligen Herzen, all das zu glauben, was die Propheten sagten" – so redet der Herr die Emmausjünger an (Lk 24,25), und so muss er auch zu uns immer wieder sagen alle Jahrhunderte hindurch, denn immer wieder meinen wir, er hätte das Goldene Zeitalter bringen müssen, wenn er der Messias sein wollte.

Aber Jesus sagt auch zu uns, was er dem Satan entgegengehalten hat und was er zu Petrus gesagt und was er den Jüngern von Emmaus von Neuem erläutert hat: dass kein Reich dieser Welt das Reich Gottes ist, der Heilszustand der Menschheit schlechthin. Menschenreich bleibt Menschenreich, und wer behauptet, er könne die heile Welt errichten, der stimmt dem Betrug Satans zu, der spielt ihm die Welt in die Hände.

Da steht nun freilich die große Frage auf, die uns durch dieses ganze Buch hindurch begleiten wird: Aber was hat Jesus dann eigentlich gebracht, wenn er nicht den Weltfrieden, nicht den Wohlstand für alle, nicht die bessere Welt gebracht hat? Was hat er gebracht?

Die Antwort lautet ganz einfach: Gott. Er hat Gott gebracht. Er hat den Gott, dessen Antlitz zuvor sich von Abraham über Mose und die Propheten bis zur Weisheitsliteratur langsam enthüllt hatte – den Gott, der nur in Israel sein Gesicht gezeigt hatte und der unter vielfältigen Verschattungen freilich in der Völkerwelt geehrt worden war –, diesen Gott, den Gott Abrahams, Isaaks und Jakobs, den wahren Gott, hat er zu den Völkern der Erde gebracht.

Er hat Gott gebracht: Nun kennen wir sein Antlitz, nun können wir ihn anrufen. Nun kennen wir den Weg, den wir als Menschen in dieser Welt zu nehmen haben. Jesus hat Gott gebracht und damit die Wahrheit über unser Wohin und Woher; den Glauben, die Hoffnung und die Liebe. Nur unserer Herzenshärte wegen meinen wir, das sei wenig. Ja, Gottes Macht ist leise in dieser Welt, aber es ist die wahre, die bleibende Macht. Immer wieder scheint die Sache Gottes wie im Todeskampf zu liegen. Aber immer wieder erweist sie sich als das eigentlich Beständige und Rettende. Die Reiche der Welt, die Satan damals dem Herrn zeigen konnte, sind inzwischen alle versunken. Ihre Herrlichkeit, ihre „Doxa", hat sich als Schein erwiesen. Aber die Herrlichkeit Christi, die demütige und leidensbereite Herrlichkeit seiner Liebe, ist nicht untergegangen und geht nicht unter.

Im Kampf gegen Satan hat Jesus gesiegt: Der verlogenen Vergöttlichung der Macht und des Wohlstands, der verlogenen Verheißung einer durch Macht und Wirtschaft allen alles gewährenden Zukunft hat er das Gottsein Gottes entgegengestellt – Gott als das wahre Gut des Menschen. Der Einladung, die Macht anzubeten, setzt der Herr ein Wort aus dem Deuteronomium entgegen – demselben Buch, das auch der Teufel zitiert hatte: „Den Herrn, deinen Gott, sollst du anbeten und ihm allein dienen" (Mt 4,10; Dtn 6,13). Das Grundgebot Israels ist auch das Grundgebot für die Christen: Gott allein ist anzubeten. Wir werden bei der Betrachtung der Bergpredigt sehen, dass gerade dieses unbedingte Ja zur ersten Tafel des Dekalogs auch das Ja zur zweiten Tafel – die Ehrfurcht vor dem Menschen, die Liebe zum Nächsten – mit einschließt. Wie bei Markus, so schließt auch bei Matthäus die Versuchungsgeschichte mit der Aussage: „Engel kamen und dienten ihm" (Mt 4,11; Mk 1,13). Nun erfüllt sich Psalm 91,11: Die Engel dienen ihm; er hat sich als der Sohn erwiesen, und deswegen steht über ihm, dem neuen Jakob, dem Stammvater eines universal gewordenen Israel, der Himmel offen (Joh 1,51; Gen 28,12).

3. KAPITEL
DAS EVANGELIUM VOM REICH GOTTES

Nachdem „man Johannes ins Gefängnis geworfen hatte, ging Jesus wieder nach Galiläa; er verkündete das Evangelium Gottes und sprach: Die Zeit ist erfüllt, das Reich Gottes ist nahe. Kehrt um und glaubt an das Evangelium" – mit diesen Worten schildert der Evangelist Markus den Beginn des Wirkens Jesu und benennt zugleich den wesentlichen Inhalt seiner Verkündigung (1,14f). Auch Matthäus fasst das Wirken Jesu in Galiläa so zusammen: „Er zog in ganz Galiläa umher, lehrte in den Synagogen, verkündete das Evangelium vom Reich und heilte im Volk alle Krankheiten und Leiden" (4,23; 9,35). Beide Evangelisten bezeichnen die Verkündigung Jesu als „Evangelium" – was ist das eigentlich?

Neuerdings hat man das mit „gute Nachricht" übersetzt; das klingt schön, bleibt aber doch hinter der Größenordnung weit zurück, die mit dem Wort Evangelium gemeint ist. Dieses Wort gehört der Sprache der römischen Kaiser zu, die sich als Herren der Welt und als ihre Retter, als ihre Erlöser verstanden. Die Botschaften, die vom Kaiser ausgingen, hießen „Evangelium", unabhängig davon, ob ihr Inhalt besonders fröhlich und angenehm war. Was vom Kaiser kommt – das war die Idee –, das ist rettende Botschaft, das ist nicht bloß Nachricht, sondern Veränderung der Welt zum Guten hin.

Wenn die Evangelisten dieses Wort aufgreifen, so dass es zum Gattungsbegriff für ihre Schriften wird, so wollen sie sagen: Was die Kaiser, die sich für Gott ausgeben, zu Unrecht beanspruchen, das geschieht hier: vollmächtige Botschaft, die nicht nur Rede ist, sondern Wirklichkeit. Im heutigen sprachtheoretischen Vokabular würde man sagen: Das Evangelium ist nicht bloß informative, sondern performative Rede – nicht bloß Mitteilung, sondern

Aktion, wirksame Kraft, die heilend und verwandelnd in die Welt eintritt. Vom „Evangelium Gottes" spricht Markus – nicht die Kaiser können die Welt retten, sondern Gott. Und hier erscheint Gottes Wort, das Tatwort ist; hier geschieht wirklich, was die Kaiser nur behaupten, ohne es einlösen zu können. Denn hier tritt der wirkliche Herr der Welt in Aktion – der lebendige Gott.

Der zentrale Inhalt des „Evangeliums" lautet: Das Reich Gottes ist nahe. Es wird eine Markierung in der Zeit gesetzt, Neues geschieht. Und es wird eine Antwort der Menschen auf dieses Geschenk verlangt: Bekehrung und Glaube. Das Zentrum dieser Ansage ist die Botschaft vom Nahesein von Gottes Reich. Diese Ankündigung bildet tatsächlich die Mitte von Jesu Wort und Wirken. Ein statistischer Hinweis kann das unterstreichen: Das Wort „Reich Gottes" kommt im Neuen Testament insgesamt 122-mal vor; davon finden sich 99 Stellen in den drei synoptischen Evangelien, und davon wiederum gehören 90 Texte Worten Jesu zu. Im Johannes-Evangelium und in den übrigen neutestamentlichen Schriften spielt das Wort nur noch eine geringe Rolle. Man kann sagen: Während die Achse der vorösterlichen Predigt Jesu die Botschaft von Gottes Reich ist, bildet die Christologie die Mitte der apostolischen Predigt nach Ostern.

Bedeutet das nun einen Abfall von der wirklichen Verkündigung Jesu? Stimmt es, was Rudolf Bultmann sagt, dass der historische Jesus nicht in die Theologie des Neuen Testaments hineingehört, sondern noch als ein jüdischer Lehrer angesehen werden muss, der zwar zu den wesentlichen Voraussetzungen für das Neue Testament zu zählen, ihm aber nicht selber zuzurechnen ist?

Eine andere Variante solcher Auffassungen über den Graben zwischen Jesus und der apostolischen Verkündigung findet sich in dem berühmt gewordenen Wort des katholischen Modernisten Alfred Loisy, der so formuliert hat: Jesus verkündigte das Reich Gottes, und gekommen ist die Kirche. In diesem Wort mag man Ironie sehen, aber doch auch Trauer: Anstelle der großen Erwartung von Gottes eigenem Reich, von der neuen, durch Gott selbst verwandelten Welt, ist etwas ganz Anderes – und wie Armseliges! – gekommen: die Kirche.

Stimmt das? Bedeutet die Gestaltwerdung des Christentums in der apostolischen Verkündigung, in der von ihr gebauten Kirche in der Tat einen Absturz von einer nicht erfüllten Erwartung in etwas anderes hinein? Ist der Subjektwechsel von „Reich Gottes" zu Christus (und von daher: das Werden der Kirche) tatsächlich der Zusammenbruch einer Verheißung – das Hervortreten von etwas anderem?

Alles hängt daran, wie wir Jesu Wort vom Reich Gottes zu verstehen haben, wie das Verkündete zu ihm, zu dem Verkündiger steht: Ist er nur ein Bote, der eine von ihm letztlich unabhängige Sache zu vertreten hat, oder ist der Bote selbst die Botschaft? Die Frage nach der Kirche ist nicht die primäre Frage; die Grundfrage ist in der Tat die nach dem Verhältnis von Reich Gottes und Christus – davon hängt es dann ab, wie wir die Kirche zu verstehen haben.

Bevor wir uns in die Worte Jesu vertiefen, um seine Ansage – sein Tun und sein Leiden – zu verstehen, mag es nützlich sein, einen kurzen Blick darauf zu werfen, wie in der Kirchengeschichte das Wort vom „Reich" aufgefasst wurde. Bei den Vätern können wir drei Dimensionen in der Auslegung dieses Schlüsselwortes erkennen.

Zum einen ist da die christologische Dimension. Origenes hat Jesus – von der Lektüre seiner Worte her – als die *autobasileia* bezeichnet, das heißt als das Reich in Person. Jesus selbst ist das „Reich"; das Reich ist nicht eine Sache, nicht ein Herrschaftsraum wie weltliche Reiche. Es ist Person: *Er* ist es. Das Wort „Reich Gottes" wäre so selber eine verhüllte Christologie: Auf das Ungeheure, dass in ihm Gott selber da ist unter den Menschen, dass er Gottes Gegenwart ist, führt er die Menschen hin durch die Weise, wie er vom „Reich Gottes" redet.

Eine zweite Sicht auf die Bedeutung von „Reich Gottes" könnten wir die „idealistische" oder auch die mystische Deutung nennen, die das Reich Gottes wesentlich in der Innerlichkeit des Menschen angesiedelt sieht. Auch diese Richtung des Verstehens ist von Origenes eröffnet worden. In seiner Schrift über das Gebet sagt er: „Wer um die Ankunft von Gottes Reich betet, betet unzweifelhaft um das Reich Gottes, das er in sich selber trägt, und er betet darum, dass dieses Reich Frucht trage und zu seiner Fülle gelange. Denn in jedem der heiligen Menschen herrscht Gott [ist Herrschaft, Reich Gottes] ... Wenn wir also wollen, dass Gott in uns herrsche [dass sein Reich in uns sei], dann darf auf keine Weise die Sünde in unserem sterblichen Leib herrschen (Röm 6,12) ... Dann soll in uns wie in einem geistlichen Paradies Gott lustwandeln [Gen 3,8] und allein in uns herrschen mit seinem Christus ..." (PG 11, S. 495f). Der Grundgedanke ist klar: Das „Reich Gottes" findet sich nicht irgendwo auf der Landkarte. Es ist kein Reich nach Art weltlicher Reiche; sein Ort ist die

Inwendigkeit des Menschen. Dort wächst es, und von dort aus wirkt es.

Eine dritte Dimension in der Auslegung von Gottes Reich könnten wir die ekklesiastische nennen: Reich Gottes und Kirche werden in unterschiedlicher Weise in Beziehung zueinander gesetzt und mehr oder weniger nahe aneinandergerückt.

Diese letzte Richtung hat sich – soweit ich sehen kann – vor allem in der katholischen Theologie der Neuzeit immer mehr durchgesetzt, auch wenn die Auslegung auf die Innerlichkeit des Menschen hin und der Zusammenhang mit Christus nie ganz aus dem Blick geraten sind. Aber in der Theologie des 19. und auch des frühen 20. Jahrhunderts sprach man gern von der Kirche als dem Reich Gottes auf Erden; die Kirche wurde als die Verwirklichung des Reiches innerhalb der Geschichte angesehen. Inzwischen hatte aber die Aufklärung in der protestantischen Theologie zu einem Umbruch in der Exegese und so besonders auch zu einem neuen Verständnis der Botschaft Jesu vom Reich Gottes geführt; allerdings zerfiel diese neue Auslegung alsbald in ganz verschiedene Richtungen.

Für die liberale Theologie zu Beginn des 20. Jahrhunderts steht Adolf von Harnack, der in der Reich-Gottes-Botschaft Jesu eine doppelte Revolution gegenüber dem Judentum seiner Zeit sah. Während im Judentum alles auf das Kollektiv, auf das Volk der Erwählung abgestellt sei, sei Jesu Botschaft streng individualistisch: Er richte sich an den Einzelnen und habe eben den unendlichen Wert des Einzelnen erkannt und zur Grundlage seiner Lehre gemacht. Ein zweiter Gegensatz ist bei Harnack grundlegend. Im Judentum habe das Kultische (und mit ihm das Priestertum) dominiert; Jesus habe das Kultische beiseitegeschoben, seine Botschaft sei streng moralisch ausgerichtet. Er setze nicht auf kultische Reinigung und Heiligung, sondern auf die Seele des Menschen: Das moralische Handeln des Einzelnen, seine Werke der Liebe würden entscheiden, ob der Einzelne ins Reich eingeht oder davon ausgeschlossen wird.

Diese Entgegensetzung von Kult und Moral, von Kollektiv und Individuum hat noch lange weitergewirkt und ist etwa von den 30er Jahren an weitgehend auch von der katholischen Exegese übernommen worden. Harnack hatte sie freilich auch mit seiner Gegenüberstellung der drei großen Gestalten des Christentums – des Romanisch-Katholischen, des Griechisch-Slawischen und des Germanisch-Protestantischen – verbunden, welch Letzteres die Botschaft Jesu in seiner Reinheit wiederhergestellt habe. Allerdings gab es gerade im protestantischen Bereich auch entschiedene Gegenpositionen: Nicht der Einzelne als Einzelner stehe unter der Verheißung, sondern die Gemeinde, als deren Glied der Einzelne das Heil erlange. Nicht auf die ethische Leistung des Menschen komme es an; das Gottesreich stehe vielmehr „jenseits der Ethik" und sei reine Gnade, wie sich besonders in den Sündermählern Jesu zeige (vgl. z. B. K. L. Schmidt, ThWNT I, S. 587f).

Die große Zeit der liberalen Theologie ging mit dem Ersten Weltkrieg und mit der radikalen Änderung des geistigen Klimas zu Ende, die ihm folgte. Aber ein Umbruch hatte sich schon viel früher angekündigt. Sein erstes deutliches Signal war das Buch von Johannes Weiß: *Die Predigt Jesu vom Reiche Gottes* (1892). In die gleiche Richtung gingen die frühen exegetischen Arbeiten von Albert Schweitzer: Nun wurde gesagt, Jesu Botschaft sei radikal eschatologisch gewesen, seine Verkündigung von der Nähe des Reiches Gottes sei Verkündigung des nahen Weltendes, des Einbrechens der neuen Welt Gottes, eben seiner Herrschaft gewesen. Die Reich-Gottes-Verkündigung müsse also streng endzeitlich aufgefasst werden. Auch Texte, die dem augenscheinlich widersprechen, wurden mit einiger Gewalt in diesem Sinn ausgelegt, so zum Beispiel die Wachstums-Gleichnisse vom Sämann (Mk 4,3–9), vom Senfkorn (Mk 4,30–32), vom Sauerteig (Mt 13,33 / Lk 13,20f), von der selbstwachsenden Saat (Mk 4,26–29). Nun wurde gesagt: Nicht auf das Wachstum komme es an, sondern Jesus wolle sagen: Jetzt ist das Geringe da, aber plötzlich – mit einem Schlag – wird das Andere da sein. Es ist offensichtlich, dass da die Theorie stärker war als das Zuhören auf den Text. Die Weisen, wie man die für uns ja nicht unmittelbar nachzuvollziehende naheschatologische Sicht ins heutige Christenleben umzusetzen sich mühte, waren verschieden. Bultmann zum Beispiel versuchte es mit der Philosophie Martin Heideggers – es komme auf eine Haltung der Existenz, auf die „Stetsbereitschaft" an; Jürgen Moltmann entwickelte im Anschluss an Ernst Bloch eine „Theologie der Hoffnung", die Glauben als aktives Eintreten in die Gestaltung von Zukunft verstehen wollte.

Inzwischen hat sich in breiten Kreisen, besonders auch der katholischen Theologie, eine säkularistische Umdeutung des Reichsgedankens entwickelt, die eine neue Sicht des Christentums, der Religionen und der Geschichte im Allgemeinen entfaltet und mit dieser tiefgehenden Umgestaltung die angebliche Botschaft Jesu wieder aneignungsfähig machen will. Es wird gesagt, vor dem Konzil habe Ekklesiozentrik geherrscht, die Kirche sei als der Mittelpunkt des Christentums hingestellt worden. Dann sei man zur Christozentrik übergegangen und habe Christus als die Mitte des Ganzen gelehrt. Aber – so sagt man – nicht nur die Kirche trennt, auch Christus gehört eben nur den Christen. So sei man von der Christozentrik zur Theozentrik aufgestiegen und sei damit schon näher an die Gemeinschaft der Religionen herangerückt. Aber noch sei damit das Ziel nicht erreicht, weil ja auch Gott trennend zwischen den Religionen und zwischen den Menschen stehen kann.

Deshalb müsse nun der Schritt zur Regno-Zentrik, zur Zentralität des Reiches getan werden. Das sei ja schließlich die Mitte von Jesu Botschaft gewesen, und das sei der richtige Weg, um endlich die positiven Kräfte der Menschheit im Zugehen auf die Zukunft der Welt zu bündeln. „Reich" – das bedeute einfach eine Welt, in der Friede, Gerechtigkeit und Bewahrung der Schöpfung herrschen. Um nichts anderes gehe es. Dieses „Reich" müsse als das Ziel der Geschichte hergestellt werden. Und das sei der wahre Auftrag der Religionen: für das Kommen des „Reiches" zusammenzuarbeiten ... Sie könnten im Übrigen durchaus ihre Traditionen bewahren, jede ihre Identität leben, aber sie müssten mit ihren je verschiedenen Identitäten zusammenwirken für eine Welt, in der Friede, Gerechtigkeit und Respekt vor der Schöpfung bestimmend sind.

Das klingt gut: Auf diesem Weg scheint es möglich, dass Jesu Botschaft endlich universal angeeignet wird, ohne dass man die anderen Religionen missionieren muss; nun scheint sein Wort endlich einen praktischen Inhalt gewonnen zu haben und so die Verwirklichung des „Reiches" zur gemeinsamen Aufgabe zu werden und damit in die Nähe zu rücken. Aber wenn man näher hinsieht, wird man doch stutzig: Wer sagt uns eigentlich, was Gerechtigkeit ist? Was in der konkreten Situation der Gerechtigkeit dient? Wie Friede geschaffen wird? Bei näherem Hinsehen erweist sich das alles als utopistisches Gerede ohne realen Inhalt, sofern man nicht im Stillen Parteidoktrinen als von jedermann anzunehmenden Inhalt dieser Begriffe voraussetzt.

Vor allem aber zeigt sich: Gott ist verschwunden, es handelt nur noch der Mensch. Der Respekt vor den religiösen „Überlieferungen" ist nur scheinbar. Sie werden in Wirklichkeit als eine Menge von Gewohnheiten angesehen, die man den Menschen lassen soll, obwohl sie im Letzten überhaupt nicht zählen. Der Glaube, die Religionen werden finalisiert auf politische Ziele hin. Nur das Einrichten der Welt zählt. Religion zählt so weit, wie sie dabei behilflich sein kann. Die Nähe dieser nachchristlichen Vision von Glaube und Religion zur dritten Versuchung Jesu ist beunruhigend.

So kommen wir zum Evangelium, kommen wir zum wirklichen Jesus zurück. Unsere zentrale Kritik an dieser säkular-utopischen Idee von Reich hatte gelautet: Gott ist verschwunden. Er wird nicht mehr gebraucht oder stört sogar. Jesus aber hat das Reich Gottes, nicht irgendein Reich verkündet. Matthäus spricht allerdings vom „Reich der Himmel" (Himmelreich), aber das Wort „Himmel" ist die Umschreibung für das Wort „Gott", das man im Judentum aus Ehrfurcht vor dem Geheimnis Gottes im

Blick auf das Zweite Gebot weitgehend vermieden hat. Demgemäß ist bei dem Wort „Himmelreich" nicht einseitig etwas Jenseitiges angesagt, sondern es ist von Gott die Rede, der ebenso diesseitig wie jenseitig ist – der unsere Welt unendlich überschreitet, aber auch ihr ganz innerlich ist.

Noch eine sprachliche Beobachtung ist wichtig: Das zugrundeliegende hebräische Wort *malkut* „ist ein nomen actionis und meint – wie das griechische Wort *basileia* auch – die Herrschaftsfunktion, das Herrsein (des Königs)" (Stuhlmacher I, a. a. O., S. 67). Es ist nicht von einem bevorstehenden oder einzurichtenden „Reich" die Rede, sondern von der Regentschaft Gottes über die Welt, die auf neue Weise in der Geschichte Ereignis wird.

Wir können noch einfacher sagen: Jesus verkündet, indem er vom Reich Gottes spricht, ganz einfach Gott, und zwar Gott als den lebendigen Gott, der in der Welt und in der Geschichte konkret zu handeln imstande ist und eben jetzt handelt. Er sagt uns: Gott gibt es. Und: Gott ist wirklich Gott, das heißt er hält die Fäden der Welt in Händen. In diesem Sinn ist Jesu Botschaft sehr einfach, durch und durch theo-zentrisch. Das Neue und ganz Spezifische seiner Botschaft besteht darin, dass er uns sagt: Gott handelt jetzt – es ist die Stunde, in der sich Gott in einer alles Bisherige überschreitenden Weise in der Geschichte als deren Herr, als der lebendige Gott zeigt. Insofern ist die Übersetzung „Reich Gottes" unzulänglich, besser würde man vom Herrsein Gottes oder von der Herrschaft Gottes sprechen.

Aber nun müssen wir den Inhalt der „Reichsbotschaft" Jesu von ihrem geschichtlichen Kontext her doch noch etwas näher zu bestimmen versuchen. Die Ankündigung von Gottes Herrschaft gründet – wie die ganze Botschaft Jesu – im Alten Testament, das er in seiner progressiven Bewegung von den Anfängen bei Abraham bis in seine Stunde hinein als Ganzheit liest, die – gerade wenn man die Ganzheit dieser Bewegung begreift – direkt auf Jesus zuführt.

Da sind zunächst die sogenannten Thronbesteigungs-Psalmen, die das Königtum Gottes (JHWH) proklamieren – ein Königtum, das kosmisch-universal verstanden wird und das Israel in der Weise der Anbetung annimmt (Ps 47; 93; 96; 97; 98; 99). Seit dem 6. Jahrhundert wird angesichts der Katastrophen in Israels Geschichte das Königtum Gottes Ausdruck der Zukunftshoffnung. Im Daniel-Buch – wir stehen im 2. Jahrhundert vor Christus – ist vom gegenwärtigen Herrsein Gottes die Rede, vor allem aber verkündet es uns eine Zukunftshoffnung, für die nun die Gestalt des „Menschensohns" wichtig wird, der die Herrschaft heraufführen soll. Im Judentum zur Zeit Jesu begegnet uns der Begriff der Gottesherrschaft im Jerusalemer Tempelkult und in der synagogalen Liturgie; er begegnet uns im Rabbinat wie auch in den Schriften von Qumran. Der fromme Jude betet täglich das *Sch^ema Israel:* „Höre, Israel, JHWH, unser Gott ist einzig. Darum sollst du den Herrn, deinen Gott, lieben mit ganzem Herzen, mit ganzer Seele und mit ganzer Kraft ..." (Dtn 6,4f; vgl. 11,13; Num 15,37–41). Das Rezitieren dieses Gebetes wurde als Auf-sich-Nehmen des Joches der Gottesherrschaft interpretiert: Dieses Beten ist nicht nur Wort; darin nimmt der Betende das Herrentum Gottes an, das so durch den Akt des Betenden in die Welt hereintritt, von ihm mitgetragen wird und durch das Gebet hindurch die Weise seines Lebens, seinen Alltag bestimmt, also an dieser Stelle gegenwärtig wird in der Welt.

So sehen wir: Die Gottesherrschaft, das Herrsein Gottes über die Welt und die Geschichte, überschreitet den Augenblick, überschreitet die Geschichte als Ganze und reicht über sie hinaus; seine innere Dynamik führt die Geschichte über sich hinaus. Aber es ist doch zugleich etwas durchaus Gegenwärtiges – gegenwärtig in der Liturgie, in Tempel und Synagoge als Antizipation der kommenden Welt; gegenwärtig als lebensgestaltende Macht durch das Beten und Sein des Gläubigen, der Gottes Joch trägt und so auch an der künftigen Welt im Voraus Anteil erhält.

Gerade an dieser Stelle kann man sehr gut sehen, dass Jesus ein „wahrer Israelit" (vgl. Joh 1,47) gewesen ist und zugleich das Judentum – im Sinn der inneren Dynamik seiner Verheißungen – überschritten hat. Nichts von den Inhalten, die wir eben gefunden haben, ist verloren. Dennoch ist da etwas Neues, das sich vor allem in den Worten „Das Reich Gottes ist nahe gekommen" (Mk 1,15), ist „schon zu euch gekommen" (Mt 12,28), ist „mitten unter euch" (Lk 17,21) ausspricht. Hier wird ein Vorgang des Kommens ausgesprochen, der jetzt im Gange ist und die ganze Geschichte trifft. Es sind diese Worte, die die These der Naherwartung herausforderten, sie als das Spezifische Jesu erscheinen ließen. Aber diese Deutung ist keineswegs zwingend, ja, wenn man das ganze Gefüge der Jesusworte zusammennimmt, ist sie sogar eindeutig auszuschließen: Das sieht man daran, dass die Vertreter der apokalyptischen Auslegung von Jesu Reichsbotschaft (im Sinne der Naherwartung) ihm einfach von ihrem Maßstab her einen Großteil seiner Worte zu diesem Thema absprechen und andere gewaltsam zurechtbiegen müssen.

Zur Reichsbotschaft Jesu gehören – wir sahen es schon – Aussagen, die die Armseligkeit dieses Reiches in der Geschichte ausdrücken: Es ist wie ein Senfkorn, das Kleinste unter allen Samenkörnern. Es ist wie Sauerteig, eine geringe Menge im Vergleich zur Masse des ganzen Teiges, aber bestimmend dafür, was aus ihm wird. Es wird immer wieder der Saat verglichen, die in den Acker der Welt gelegt wird und dort unterschiedliche Geschicke erleidet – weggepickt durch die Vögel, erstickt unter den Dornen oder aber zu reicher Frucht reifend. Ein anderes Gleichnis spricht davon, dass die Saat des Reiches wächst, aber dass von einem Feind Unkraut dazwischengesät wird, das nun mitwächst, und erst am Ende kommt die Scheidung (Mt 13,24–30).

Wieder ein anderer Aspekt dieser geheimnisvollen Wirklichkeit der „Herrschaft Gottes" erscheint, wenn Jesus sie mit einem Schatz vergleicht, der im Acker vergraben wurde. Der Finder vergräbt ihn erneut und verkauft alles, um den Acker kaufen zu können und so in den Besitz des Schatzes zu gelangen, der alle Erfüllungen gewähren kann. Parallel dazu steht das Gleichnis von der kostbaren Perle, deren Finder gleichfalls alles dahingibt, um dieses alles überragende Gut zu erlangen (Mt 13,44ff). Noch einmal eine andere Seite der Wirklichkeit „Herrschaft Gottes" (Reich) erscheint, wenn Jesus in einem schwer deutbaren Wort sagt, das „Himmelreich" leide Gewalt, „und die Gewalttätigen reißen es an sich" (Mt 11,12). Es ist methodisch unzulässig, nur einen Aspekt des Ganzen als „jesuanisch" anzuerkennen und von einer solchen willkürlichen Aussage her alles andere zurechtzubiegen. Wir müssen vielmehr sagen: Die Realität, die Jesus „Reich Gottes, Herrschaft Gottes" nennt, ist äußerst komplex, und nur im Annehmen des Ganzen können wir auf seine Botschaft zugehen und uns von ihr führen lassen.

Sehen wir uns wenigstens einen Text mehr aus der Nähe an, der bezeichnend ist für die Schwierigkeit, die immer wieder geheimnisvoll verschlüsselte Botschaft Jesu zu verstehen. Lk 17,20f sagt uns: „Als Jesus von den Pharisäern gefragt wurde, wann das Reich Gottes komme, antwortete er: Das Reich Gottes kommt nicht so, dass man dabei zuschauen kann [als neutraler Zuschauer!]. Man wird nicht sagen können: Hier ist es oder dort – denn siehe da: das Reich ist unter euch!" Bei den Auslegungen dieses Textes begegnen wir den unterschiedlichen Richtungen wieder, in denen das „Reich Gottes" überhaupt verstanden wurde – je nach Vorentscheidung und Grundanschauung der Wirklichkeit, die der Ausleger mitbringt.

Es gibt die „idealistische" Auslegung, die uns sagt: Das Reich Gottes ist kein äußeres Gebilde, sondern es hat seinen Ort in der Innerlichkeit des Menschen – denken wir an das, was wir bereits von Origenes hörten. Daran ist Wahres, aber auch vom Sprachlichen her ist diese Auslegung nicht genügend. Dann gibt es die Auslegung im Sinn der Naherwartung, die erklärt, das Reich Gottes komme nicht langsam, so dass es beobachtet werden könnte; es sei ganz plötzlich da. Aber diese Interpretation hat keine Grundlage in der Formulierung des Textes. Immer mehr neigt man daher jetzt dazu, dass Christus mit diesem Wort auf sich selbst verweise: Er, der in unserer Mitte steht, ist das Reich Gottes, nur kennen wir ihn nicht (vgl. Joh 1,30f). Mit einer etwas anderen Nuance weist ein anderes Jesuswort in dieselbe Richtung: „Wenn ich die Dämonen durch den Finger Gottes austreibe, dann ist das Reich Gottes zu euch gekommen" (Lk 11,20). Hier ist es (wie ja auch im vorigen Text) nicht einfach die physische Gegenwart Jesu, in der das „Reich" da wäre, sondern durch sein im Heiligen Geist geschehendes Wirken ist es da. In diesem Sinn wird in ihm und durch ihn Reich Gottes jetzt und hier Gegenwart, „kommt nahe herbei".

So drängt sich in einer jetzt noch vorläufigen, im ganzen Gang unseres Zuhörens auf die Schrift zu entfaltenden Weise die Antwort auf: Die neue Nähe des Reiches, von der Jesus spricht und deren Ausrufen das Unterscheidende seiner Botschaft ist – diese neue Nähe besteht in ihm selbst. Durch seine Gegenwart und sein Wirken ist Gott als Handelnder ganz neu jetzt und hier in die Geschichte hereingetreten. Darum ist jetzt erfüllte Zeit (Mk 1,15); darum ist jetzt auf einzigartige Weise Zeit der Umkehr und Buße wie auch Zeit der Freude, weil in Jesus Gott auf uns zugeht. In ihm ist Gott nun der Handelnde und Herrschende – herrschend auf göttliche Art, das heißt ohne weltliche Macht, herrschend durch die „bis ans Ende" (Joh 13,1), bis ans Kreuz gehende Liebe. Von dieser Mitte her fügen sich die verschiedenen, scheinbar widersprüchlichen Aspekte zusammen. Von da aus verstehen wir die Aussagen über die Niedrigkeit und die Verborgenheit des Reiches; von da das grundlegende Bild des Samens, das uns noch vielfältig beschäftigen wird; von da auch die Einladung zum Mut der Nachfolge, die all das andere lässt. Er selbst ist der Schatz, die Gemeinschaft mit ihm die kostbare Perle.

Von da aus klärt sich nun auch die Spannung zwischen Ethos und Gnade, zwischen striktestem Personalismus und Ruf in eine neue Familie hinein. Bei der Betrachtung der Tora des Messias in der Bergpredigt werden wir sehen, wie nun die Freiheit vom Gesetz, das Geschenk der Gnade, die von den Jüngern Jesu verlangte „größere Gerechtigkeit", der „Überfluss" an Gerechtigkeit gegenüber der Gerechtigkeit der Pharisäer und Schriftgelehrten (Mt 5,20) ineinandergehen. Sehen wir uns einstweilen nur ein Beispiel an: die Geschichte vom Pharisäer und Zöllner, die beide auf sehr unterschiedliche Weise im Tempel beten (Lk 18,9–14).

Der Pharisäer kann sich beträchtlicher Tugenden rühmen; er erzählt Gott nur von sich selbst und glaubt Gott zu loben, indem er sich selber lobt. Der Zöllner weiß um seine Sünden, weiß, dass er sich vor Gott nicht rühmen kann, und betet im Bewusstsein seiner Schuld um Gnade. Heißt das nun, dass der eine das Ethos verkörpert und der andere Gnade ohne Ethos oder gegen das Ethos? In Wirklichkeit geht es nicht um die Frage: Ethos – ja oder nein?, sondern um zwei Weisen des Stehens zu Gott und zu sich selber. Der eine schaut eigentlich Gott gar nicht an, sondern nur sich selbst; er braucht eigentlich Gott gar nicht, denn er macht selber alles recht. Es ist gar keine wirkliche Beziehung zu Gott da, der letztlich überflüssig ist – das eigene Tun genügt. Der Mensch macht sich selbst gerecht. Der andere hingegen sieht sich von Gott her. Er hat auf Gott hingeschaut, und darin ist ihm der Blick auf sich selbst aufgegangen. So weiß er, dass er Gott braucht und dass er von seiner Güte lebt, die er nicht herbeizwingen, die er sich nicht selbst verschaffen kann. Er weiß, dass er Erbarmen braucht und wird so vom Erbarmen Gottes lernen, um selbst ein Erbarmender und darin Gott ähnlich zu werden. Er lebt aus der Beziehung, aus dem Beschenktwerden; er wird immer das Geschenk der Güte, der Vergebung brauchen, aber er wird immer daraus lernen, es auch weiterzugeben. Die Gnade, um die er betet, entbindet ihn nicht vom Ethos. Sie macht ihn erst zum wirklichen Tun des Guten fähig. Er braucht Gott, und weil er das erkennt, fängt er an, von Gottes Güte her selbst gut zu werden. Das Ethos wird nicht verneint, es wird nur von der Verkrampfung des Moralismus befreit und in den Zusammenhang einer Beziehung der Liebe – der Beziehung zu Gott – gerückt; so kommt es wahrhaft zu sich selbst.

Das Thema „Reich Gottes" durchzieht die ganze Verkündigung Jesu. Verstehen können wir es daher nur von der Ganzheit seiner Botschaft her. Wenn wir uns nun einem Herzstück der Verkündigung Jesu – der Bergpredigt – zuwenden, so werden wir dort die hier nur flüchtig angerissenen Themen tiefer entfaltet finden. Vor allem wird uns dabei aufgehen, dass Jesus immer als der Sohn spricht, dass immer die Beziehung von Vater und Sohn im Hintergrund seiner Botschaft steht. In diesem Sinn ist immer zentral von Gott die Rede; aber eben weil Jesus selbst Gott – der Sohn – ist, darum ist seine ganze Verkündigung Botschaft seines eigenen Geheimnisses, die Christologie, das heißt Rede von der Anwesenheit Gottes in seinem eigenen Tun und Sein. Und wir werden sehen, wie dies der Punkt ist, der zur Entscheidung fordert und wie dies daher der Punkt ist, der zu Kreuz und Auferstehung hinführt.

4. KAPITEL
DIE BERGPREDIGT

An die Geschichte von der Versuchung Jesu schließt sich bei Matthäus ein Kurzbericht über Jesu erstes Wirken an, wobei ausdrücklich Galiläa als „das Galiläa der Heiden" – als der von den Propheten (Jes 8,23; 9,1) angekündigte Ort für das Aufgehen des „großen Lichtes" – dargestellt wird (Mt 4,15f). Matthäus antwortet so auf die Überraschung, dass der Retter nicht aus Jerusalem und Judäa kommt, sondern aus einem Landstrich, der schon als halb heidnisch angesehen wurde: Gerade das, was in den Augen vieler *gegen* die messianische Sendung Jesu spricht – sein Herkommen aus Nazareth, aus Galiläa –, ist in Wirklichkeit der *Erweis* seiner göttlichen Sendung. Matthäus beansprucht von Anfang an das Alte Testament für Jesus bis in die scheinbar geringsten Details hinein. Was der lukanische Bericht über den Weg Jesu mit den Emmausjüngern grundsätzlich sagt, ohne es im Einzelnen auszuführen (Lk 24,25ff) – dass nämlich alle Schriften sich auf ihn beziehen –, das versucht Matthäus für alle Einzelheiten von Jesu Weg nachzuweisen.

Auf drei Elemente des ersten Summariums über Jesu Wirken (Mt 4,12–25) werden wir noch zurückkommen müssen. Da ist zunächst die grundsätzliche Inhaltsangabe der Predigt Jesu, die das Ganze seiner Botschaft zusammenfassen soll: „Bekehrt euch: Das Reich (die Herrschaft) der Himmel ist nahe gekommen" (4,17). Als Zweites steht da die Berufung der Zwölf, mit der Jesus in einer symbolischen Geste und zugleich in einer ganz konkreten Aktion die Erneuerung des Zwölf-Stämme-Volkes, die neue Sammlung Israels ankündigt und in die Wege leitet. Schließlich wird gleich hier sichtbar, dass Jesus nicht nur Lehrer, sondern Erlöser des ganzen Menschen ist: Der lehrende Jesus ist zugleich der heilende Jesus.

So stellt Matthäus in ganz wenigen Strichen – in 14 Versen (4,12–25) – ein erstes Bild von Jesu Gestalt und Werk vor seine Hörer hin. Darauf folgt in drei Kapiteln die „Bergpredigt". Was ist das? Matthäus stellt uns mit dieser großen Redekomposition Jesus als den neuen Mose vor, und zwar in dem tiefgehenden Sinn, der uns vorhin im Anschluss an die Prophetenverheißung des Buches Deuteronomium aufgegangen ist.

Der einleitende Vers Mt 5,1 ist weit mehr als ein mehr oder minder zufälliger Rahmen: „Als Jesus die Scharen sah, stieg er auf den Berg. Nachdem er sich gesetzt hatte, traten seine Jünger zu ihm heran. Er öffnete seinen Mund und lehrte sie ..." Jesus setzt sich – Ausdruck der Vollmacht des Lehrenden. Er nimmt auf der „Kathedra" des Berges Platz. Später wird er von den Rabbinen sprechen, die auf der Kathedra – dem „Lehrstuhl" – des Mose sitzen (Mt 23,2) und darum Autorität haben, deren Lehre eben deshalb gehört und angenommen werden muss, obwohl ihr Leben dagegensteht; obwohl sie selbst nicht Autorität sind, aber Autorität von dem anderen empfangen. Jesus sitzt auf der „Kathedra" als Lehrer Israels und als Lehrer der Menschen überhaupt. Denn – wir werden es bei der Betrachtung des Textes sehen – mit dem Wort „Jünger" grenzt Matthäus den Kreis der Adressaten dieser Rede nicht ein, sondern weitet ihn aus. Jeder, der hört und das Wort annimmt, kann ein „Jünger" werden.

Auf das Hören und Nachfolgen kommt es in Zukunft an, nicht auf die Abstammung. Jüngerschaft ist jedem möglich, Berufung für alle: So bildet sich vom Hören her ein umfassenderes Israel – ein erneuertes Israel, das das alte nicht ausschließt oder aufhebt, aber überschreitet ins Universale hinein.

Jesus sitzt auf der „Kathedra" des Mose, aber nicht wie die Lehrmeister, die in der Schule zu solchen gebildet werden; er sitzt dort als der größere Mose, der den Bund ausweitet auf alle Völker hin. So wird auch die Bedeutsamkeit des Berges klar. Der Evangelist sagt uns nicht, um welchen der Hügel Galiläas es sich handelt. Aber dadurch, dass er der Ort der Predigt Jesu ist, ist er einfach „der Berg" – der neue Sinai. „Der Berg" ist der Ort des Betens Jesu – seines Aug'-in-Aug' mit dem Vater; gerade darum ist er auch der Ort seiner Lehre, die aus diesem innersten Austausch mit dem Vater kommt. „Der Berg" ist so von selbst auch als der neue, der endgültige Sinai ausgewiesen.

Freilich – wie anders ist dieser „Berg" als das gewaltige Felsmassiv in der Wüste! Die Überlieferung hat eine Anhöhe nördlich des Sees von Genezareth als Berg der Seligpreisungen ausgemacht: Wer einmal dort war, den weiten Blick über die Wasser des Sees, den Himmel und die Sonne, die Bäume und Wiesen, die Blumen und den Gesang der Vögel mit der Seele wahrgenommen hat, kann die wundervolle Atmosphäre des Friedens, der Schönheit der Schöpfung nicht vergessen, die ihm dort in einem leider so friedlosen Lande begegnet ist.

Welche Höhe auch immer „der Berg der Seligpreisungen" war – etwas von diesem Frieden und dieser Schönheit hat ihn ausgezeichnet. Die Wendung der Sinai-Erfahrung, die Elija gegeben worden war, der Gottes Vorbeiziehen nicht im Sturm noch im Erdbeben oder im Feuer, sondern im sanften und leisen Wehen empfangen hatte (1 Kön 19,1–13) – sie ist hier vollständig geworden. Die Macht Gottes offenbart sich nun in seiner Sanftmut, seine Größe in seiner Einfachheit und Nähe. Freilich – sie ist nicht weniger abgründig. Was vorher sich in Sturm, Erdbeben und Feuer ausgedrückt hatte, nimmt nun die Gestalt des Kreuzes an, des leidenden Gottes, der uns in dieses geheimnisvolle Feuer, das Feuer der gekreuzigten Liebe hineinruft: „Selig seid ihr, wenn sie euch schmähen und verfolgen ..." (Mt 5,11). Vor der Gewalt der Sinai-Offenbarung war das Volk so erschrocken, dass es zu Mose sagte: „Rede du mit uns, wir wollen darauf hören. Aber Gott soll mit uns nicht reden, sonst müssen wir sterben" (Ex 20,19).

Nun spricht Gott ganz nahe, als Mensch zu den Menschen. Nun steigt er bis in die Tiefe ihrer Leiden hinab, aber gerade auch das wird dazu führen und führt immer wieder dazu, dass die Hörer sagen – die Hörer, die doch Jünger zu sein meinen –: „Diese Rede ist hart, wer kann sie hören?" (Joh 6,60). Auch die neue Güte des Herrn ist kein Zuckerwasser. Der Skandal des Kreuzes ist vielen unerträglicher als einst der Donner des Sinai den Israeliten. Ja, die hatten schon Recht, als sie sagten, wenn Gott mit uns redete, dann „müssen wir sterben" (Ex 20,19). Ohne ein „Sterben", ohne einen Untergang des bloß Eigenen, gibt es keine Gottesgemeinschaft und keine Erlösung: Die Meditation über die Taufe hat es uns schon gezeigt – Taufe lässt sich nicht auf bloßes Ritual reduzieren.

Wir haben vorgegriffen auf das, was erst im Bedenken des Textes vollends sichtbar werden kann. Es sollte klar geworden sein, dass die „Bergpredigt" die neue Tora ist, die Jesus bringt. Mose hatte seine Tora nur aus dem Eintauchen in das Gottesdunkel des Berges bringen können; auch bei der Tora Jesu ist das Eintauchen in die Gemeinschaft mit dem Vater, sind die inneren Aufstiege seines Lebens vorausgesetzt, die sich in den Abstiegen in die Lebens- und Leidensgemeinschaft mit den Menschen fortsetzen.

Der Evangelist Lukas überliefert uns eine kürzere Fassung der Bergpredigt mit anderen Akzenten. Ihm, der für Heidenchristen schreibt, geht es weniger darum, Jesus als den neuen Mose und sein Wort als die endgültige Tora darzustellen. So ist zunächst schon der äußere Rahmen anders gestaltet. Der Bergpredigt geht bei ihm unmittelbar die Berufung der zwölf Apostel voraus, die Lukas als Frucht einer im Gebet durchwachten Nacht darstellt und auf den Berg als den Ort des Betens Jesu verlegt. Nach diesem für den Weg Jesu so grundlegenden Ereignis steigt der Herr mit den eben erwählten und namentlich vorgestellten Zwölfen den Berg herab und bleibt auf einem ebenen Platz stehen. Für Lukas ist das Stehen Ausdruck der Hoheit und der Vollmacht Jesu, der ebene Platz Ausdruck für die Weite, in die Jesus hineinspricht, die Lukas dann unterstreicht, wenn er uns sagt, dass – außer den Zwölfen, mit denen er vom Berg her gekommen war – eine große Schar seiner Jünger sowie eine Menge Volkes aus Judäa, Jerusalem und aus dem Küstengebiet von Tyrus und Sidon zusammengeströmt war, um ihn zu hören und von ihm geheilt zu werden ... (6,17ff). An der universalen Bedeutung der Predigt, die in diesem Szenario sichtbar wird, ist aber doch wieder spezifisch, dass Lukas – ähnlich wie Matthäus – dann sagt: „Er richtete die Augen auf seine Jünger und sprach ..." (6,20). Beides gilt: Die Bergpredigt ist in die Weite der Welt, Gegenwart und Zukunft hinein gerichtet, aber sie verlangt doch Jüngerschaft und kann nur in der Nachfolge Jesu, im Mitgehen mit ihm verstanden und gelebt werden.

In den folgenden Überlegungen kann es natürlich nicht um eine Auslegung der Bergpredigt Vers für Vers gehen; ich möchte drei Stücke auswählen, in denen die Botschaft Jesu und seine Gestalt, wie mir scheint, besonders deutlich vor uns hintreten können. Da sind zuerst die Seligpreisungen. An zweiter Stelle möchte ich die Neufassung der Tora bedenken, die uns Jesus bietet. Hier steht Jesus im Gespräch mit Mose, im Gespräch mit den Überlieferungen Israels. Der große jüdische Gelehrte Jacob Neusner hat sich in einem wichtigen Buch sozusagen unter die Hörer der Bergpredigt eingereiht und im Anschluss daran ein Gespräch mit Jesus versucht, unter dem Titel: *Ein Rabbi spricht mit Jesus*. Dieser ehrfürchtig und freimütig geführte Disput des gläubigen Juden mit Jesus, dem Sohn Abrahams, hat mir mehr als andere Auslegungen, die ich kenne, die Augen geöffnet für die Größe von Jesu Wort und für die Entscheidung, vor die uns das Evangelium stellt. So möchte ich in einem Abschnitt als Christ in das Gespräch des Rabbi mit Jesus mit eintreten, um von ihm her das authentisch Jüdische und das Geheimnis Jesu besser zu verstehen. Schließlich ist ein wichtiger Teil der Bergpredigt – wie könnte es anders sein – dem Gebet gewidmet; dieser Teil gipfelt im Vaterunser, mit dem Jesus die Jünger aller Zeiten beten lehren will, sie vor das Angesicht Gottes stellen und sie so auf den Weg des Lebens führen möchte.

1

DIE SELIGPREISUNGEN

Die Seligpreisungen werden nicht selten als das neutestamentliche Gegenüber zum Dekalog, sozusagen als die höhere Ethik der Christen gegenüber den alttestamentlichen Geboten hingestellt. Mit einer solchen Auffassung verkennt man den Sinn dieser Worte Jesu vollständig. Jesus hat die Gültigkeit des Dekalogs immer selbstverständlich vorausgesetzt (vgl. z. B. Mk 10,19; Lk 16,17); in der Bergpredigt werden die Gebote der zweiten Tafel aufgenommen und vertieft, aber nicht aufgehoben (Mt 5,21–48); das widerspräche auch diametral dem Grundsatz, der diesem Gespräch über den Dekalog vorausgeht: „Glaubt nicht, ich sei gekommen, das Gesetz oder die Propheten aufzulösen; ich bin nicht gekommen, aufzulösen, sondern zu erfüllen. Wahrlich, ich sage euch: Ehe denn Himmel und Erde vergehen, wird nicht ein einziges Jota oder ein einziges Häkchen vom Gesetz vergehen, bis alles erfüllt ist" (5,17f). Auf diesen Satz, der nur scheinbar im Widerspruch zur paulinischen Botschaft steht, werden wir nach dem Dialog zwischen Jesus und dem Rabbi zurückkommen müssen. Einstweilen genügt es zu sehen, dass Jesus nicht daran denkt, den Dekalog außer Kraft zu setzen – im Gegenteil: Er verstärkt ihn.

Aber was sind die Seligpreisungen dann? Sie reihen sich zunächst in eine lange Tradition alttestamentlicher Botschaften ein, wie wir sie zum Beispiel im Psalm 1 und im Paralleltext Jer 17,7f finden: „Selig der Mann, der auf den Herrn vertraut …" Es sind Verheißungsworte, die zugleich zur Unterscheidung der Geister dienen und so zu Wegweisungen werden. Die Rahmung, die Lukas der Bergpredigt gibt, verdeutlicht die besondere Richtung der Seligpreisungen Jesu: „Er richtete seine Augen auf seine Jünger ..." Die einzelnen Glieder der Seligpreisungen ergeben sich aus dem Blick auf die Jünger; sie beschreiben sozusagen den Ist-Zustand der Jünger Jesu: Sie sind Arme, Hungernde, Weinende, gehasst und verfolgt (Lk 6,20ff). Es sind praktische, aber auch theologische Qualifikationen der Jünger gemeint – derer, die in die Nachfolge Jesu getreten und seine Familie geworden sind.

Aber die bedrohliche empirische Situation, in der Jesus die Seinen sieht, wird zur Verheißung, wenn der Blick auf sie vom Vater her erleuchtet wird. Im Blick auf die Jüngergemeinde Jesu sind die Seligpreisungen Paradoxien – die weltlichen Maßstäbe werden umgestürzt, sobald die Dinge in der rechten Perspektive gesehen werden, nämlich von Gottes Wertung her, die anders ist als die Wertungen der Welt. Gerade die weltlich Armen und als verloren Angesehenen sind die wahrhaft Glücklichen, die Gesegneten, und dürfen in all ihren Leiden sich freuen und jubeln. Die Seligpreisungen sind Verheißungen, in denen das neue Bild von Welt und Mensch aufleuchtet, das Jesus eröffnet, die „Umwertung der Werte". Sie sind eschatologische Zusagen; aber das darf nicht in dem Sinn verstanden werden, als ob die darin angekündigte Freude in eine endlos entfernte Zukunft oder ausschließlich ins Jenseits verschoben wäre. Wenn der Mensch anfängt, von Gott her zu sehen und zu leben, wenn er in der Weggemeinschaft mit Jesus steht, dann lebt er von neuen Maßstäben her, und dann wird etwas vom „Eschaton", vom Kommenden, jetzt schon präsent. Von Jesus her kommt Freude in die Drangsal.

Die Paradoxien, die Jesus in den Seligpreisungen vorstellt, drücken die wahre Situation des Glaubenden in der Welt aus, wie sie Paulus aus seiner Lebens- und Leidenserfahrung als Apostel wiederholt beschrieben hat: „Wir gelten als Betrüger und sind doch wahrhaftig, wir werden verkannt und doch anerkannt; wir sind wie Sterbende, und siehe: wir leben; wir werden gezüchtigt und doch nicht getötet; uns wird Leid zugefügt und doch sind wir jederzeit fröhlich; wir sind arm und machen doch viele reich; wir haben nichts und haben doch alles" (2 Kor 6,8–10). „Von allen Seiten werden wir in die Enge getrieben und finden doch Raum; wir wissen weder aus noch ein und verzweifeln dennoch nicht; wir werden gehetzt und sind doch nicht verlassen; wir werden niedergestreckt und doch nicht vernichtet …" (2 Kor 4,8–10). Was in den Seligpreisungen des Lukas-Evangeliums Zuspruch und Verheißung ist, ist bei Paulus die gelebte Erfahrung des Apostels. Er fühlt sich „auf den letzten Platz gestellt", wie ein Todgeweihter und zum Spektakel geworden für die Welt, heimatlos, beschimpft, geschmäht (1 Kor 4,9–13). Und doch macht er die Erfahrung einer unendlichen Freude; gerade als der Ausgelieferte, der sich selbst weggegeben hatte, um Christus zu den Menschen zu bringen, erfährt er den inneren Zusammenhang von Kreuz und Auferstehung: Wir werden dem Tod ausgeliefert, „damit auch das Leben Jesu in unserem sterblichen Leib offenbar wird" (2 Kor 4,11). In seinen Boten leidet Christus immer noch, ist immer noch das Kreuz sein Ort. Aber er ist doch unwiderruflich der Auferstandene. Und wenn auch der Bote Jesu in dieser Welt noch in der Leidensgeschichte Jesu steht, so ist darin der Glanz der Auferstehung dennoch spürbar und schafft eine Freude, eine „Seligkeit", die größer ist als das Glück, das er vorher auf weltlichen Wegen erfahren haben mochte. Jetzt weiß er erst, was wirklich „Glück", was wahre „Seligkeit" ist und erkennt dabei, wie armselig das war, was von den üblichen Maßstäben her als Befriedigung und Glück angesehen werden muss.

In den Paradoxien der Lebenserfahrung des heiligen Paulus, die den Paradoxien der Seligpreisungen entsprechen, zeigt sich so das Gleiche, was noch einmal anders Johannes ausgedrückt hatte, indem er das Kreuz des Herrn als „Erhöhung", als Inthronisation in die Höhe Gottes hinein bezeichnete. Johannes zieht Kreuz und Auferstehung, Kreuz und Erhöhung in einem Wort zusammen, weil für ihn in der Tat das eine untrennbar ist vom anderen. Das Kreuz ist der Akt des „Exodus", der Akt der Liebe, die bis zum Äußersten Ernst macht und bis „ans Ende" geht (Joh 13,1), und darum ist es der Ort der Herrlichkeit – der Ort der eigentlichen Berührung und Einung mit Gott, der die Liebe ist (1 Joh 4,7.16). So ist in dieser johanneischen Vision in letzter Weise verdichtet und unserem Verstehen nahegebracht, was die Paradoxien der Bergpredigt bedeuten.

Der Blick auf Paulus und auf Johannes hat uns zwei Dinge sichtbar gemacht: Die Seligpreisungen drücken aus, was Jüngerschaft bedeutet. Sie werden umso konkreter und umso realer, je vollständiger die Hingabe an den Dienst des Jüngers ist, wie wir sie in Paulus exemplarisch erleben können. Was sie bedeuten, ist nicht rein theoretisch auszusagen; es wird angesagt im Leben und Leiden und in der geheimnisvollen Freude des Jüngers, der sich ganz in die Nachfolge des Herrn hineingegeben hat. So wird ein Zweites deutlich: der christologische Charakter der Seligpreisungen. Der Jünger ist an das Geheimnis Christi gebunden. Sein Leben ist eingetaucht in die Gemeinschaft mit Christus: „nicht mehr ich lebe, sondern Christus lebt in mir" (Gal 2,20). Die Seligpreisungen sind Umsetzung von Kreuz und Auferstehung in die Jüngerexistenz. Aber sie gelten für den Jünger, weil sie zuallererst urbildlich in Christus selbst verwirklicht sind.

Das wird noch deutlicher, wenn wir uns nun der Matthäus-Fassung der Seligpreisungen zuwenden (Mt 5,3–12). Wer den Matthäus-Text aufmerksam liest, wird inne, dass die Seligpreisungen wie eine verhüllte innere Biographie Jesu, wie ein Porträt seiner Gestalt dastehen. Er, der keinen Ort hat, wo er sein Haupt hinlegen kann (Mt 8,20), ist der wahrhaft Arme; er, der von sich sagen kann: Kommt zu mir, denn ich bin sanftmütig und demütig von Herzen (Mt 11,29), ist der wahrhaft Sanftmütige; er ist es, der reinen Herzens ist und daher Gott immerfort schaut. Er ist der Friedensstifter, er ist der um Gottes willen Leidende: In den Seligpreisungen erscheint das Geheimnis Christi selbst, und sie rufen uns in die Gemeinschaft mit Christus hinein. Aber eben wegen ihres verborgenen christologischen Charakters sind die Seligpreisungen auch Wegweisung für die Kirche, die in ihnen ihr Maßbild erkennen muss – Wegweisungen für die Nachfolge, die jeden Einzelnen berühren, wenn auch – gemäß der Vielfalt der Berufungen – in je verschiedener Weise.

Sehen wir uns nun die einzelnen Glieder der Seligpreisungskette etwas näher an. Da ist zunächst das vielumrätselte Wort von den „Armen im Geist". Dieses Wort erscheint in den Qumranrollen, in denen es die Selbstbezeichnung der Frommen ist. Sie nennen sich auch „die Armen der Gnade", „die Armen deiner Erlösung" oder einfach „die Armen" (Gnilka, a. a. O., S. 121). Sie drücken mit dieser Selbstbezeichnung ihr Bewusstsein aus, das wahre Israel zu sein; sie greifen damit in der Tat Traditionen auf, die tief im Glauben Israels verwurzelt sind. Zur Zeit der Eroberung Judäas durch die Babylonier mussten 90 Prozent der Judäer zu den Armen gerechnet werden; aufgrund der persischen Steuerpolitik war nach dem Exil erneut eine dramatische Armutssituation gegeben. Die alte Vision, dass es dem Gerechten gut geht und dass Armut Folge schlechten Lebens sei (Tun-Ergehens-Zusammenhang), ließ sich nun nicht mehr aufrechterhalten. Nun erkennt sich Israel gerade in seiner Armut als Gott nahe, erkennt, dass gerade die Armen in ihrer Demut Gottes Herzen nahestehen im Gegensatz zum Hochmut der Reichen, die nur auf sich selbst bauen.

In vielen Psalmen drückt sich die Frömmigkeit der Armen aus, die so gewachsen ist; sie erkennen sich als das wahre Israel. In der Frömmigkeit dieser Psalmen, in der tiefen Zuwendung zur Güte Gottes, in der menschlichen Güte und Demut, die sich dabei bildete, im wartenden Ausschauen auf Gottes rettende Liebe hat sich jene Offenheit der Herzen entwickelt, die für Christus die Tür aufgetan hat. Maria und Josef, Simeon und Anna, Zacharias und Elisabeth, die Hirten von Bethlehem, die zwölf vom Herrn zur engsten Jüngerschaft Gerufenen gehören diesen Kreisen zu, die sich von den Pharisäern und Sadduzäern, aber auch trotz mancher seelischer Nähe von Qumran abheben – sie sind es, in denen das Neue Testament beginnt, das sich ganz und gar in Einheit mit dem zu immer größerer Reinheit reifenden Glauben Israels weiß.

Hier ist im Stillen auch schon jene Haltung vor Gott gereift, die Paulus in seiner Rechtfertigungstheologie entfaltet hat: Es sind Menschen, die nicht mit ihren Leistungen vor Gott prunken. Sie kommen sich nicht wie eine Art gleichberechtigte Geschäftspartner vor Gott vor, die für ihre Taten Anspruch auf den entsprechenden Lohn erheben. Es sind Menschen, die sich auch inwendig arm wissen, Liebende, die sich einfach von Gott beschenken lassen wollen und gerade so in innerer Übereinstimmung mit Gottes Wesen und Wort leben. Das Wort der heiligen Therese von Lisieux, sie werde einmal mit leeren Händen vor Gott stehen und sie ihm offen hinhalten, beschreibt den Geist dieser Armen Gottes: Sie kommen mit leeren Händen, nicht mit Händen, die greifen und festhalten, sondern mit Händen, die sich öffnen und schenken und so bereit sind für Gottes schenkende Güte.

Weil es so steht, gibt es auch keinen Gegensatz zwischen Matthäus, der von den Armen dem Geiste nach spricht, und Lukas, bei dem der Herr einfach die „Armen" anredet. Man hat gesagt, Matthäus habe den bei Lukas ursprünglich ganz materiell und real verstandenen Begriff von Armut vergeistigt und so seiner Radikalität beraubt. Wer das Lukas-Evangelium liest, weiß genau, dass gerade Lukas uns die „Armen im Geiste" vorstellt, die sozusagen die soziologische Gruppe waren, in der der irdische Weg Jesu und seiner Botschaft seinen Anfang nehmen konnte. Und es ist umgekehrt klar, dass Matthäus ganz in der Tradition der Psalmenfrömmigkeit und so in der Vision des wahren Israel verbleibt, die sich darin Ausdruck geschaffen hatte.

Die Armut, von der da die Rede ist, ist nie ein bloß materielles Phänomen. Die bloße materielle Armut rettet nicht, auch wenn gewiss die Benachteiligten dieser Welt in ganz besonderer Weise mit Gottes Güte rechnen dürfen. Aber das Herz der Nichtsbesitzenden kann verhärtet, vergiftet, böse sein – inwendig voller Gier nach der Habe, Gottes vergessend und nach dem äußeren Besitz sich verzehrend.

Andererseits ist die Armut, von der da geredet wird, nun doch auch keine bloß geistige Haltung. Gewiss, die Radikalität, die uns von so vielen wahren Christen – vom Mönchsvater Antonius bis zu Franz von Assisi und bis in die exemplarisch Armen unseres Jahrhunderts – vorgelebt wurde und wird, ist nicht allen aufgetragen. Aber die Kirche braucht, um Gemeinschaft der Armen Jesu zu sein, immer wieder die großen Verzichtenden; sie braucht die ihnen folgenden Gemeinschaften, die Armut und Einfachheit leben und uns so die Wahrheit der Seligpreisungen zeigen, um alle wachzurütteln, Besitz nur als Dienst zu verstehen, sich der Kultur des Habens in einer Kultur der inneren Freiheit entgegenzustellen und so auch die Voraussetzungen für soziale Gerechtigkeit zu schaffen.

Die Bergpredigt ist als solche kein Sozialprogramm, das ist wahr. Aber nur wo die große Orientierung, die sie uns gibt, in der Gesinnung und im Tun lebendig bleibt, nur wo vom Glauben die Kraft des Verzichts und der Verantwortung für den Nächsten wie für das Ganze kommt, kann auch soziale Gerechtigkeit wachsen. Und die Kirche als Ganze muss sich bewusst bleiben, dass sie als die Gemeinschaft der Armen Gottes erkennbar bleiben muss. Wie das Alte Testament sich auf die Er-Neuerung zum Neuen Bund von den Armen Gottes her geöffnet hat, so kann auch jede Erneuerung der Kirche immer nur von denen ausgehen, in denen die gleiche entschiedene Demut und dienstbereite Güte lebt.

Mit alledem haben wir bisher nur die erste Hälfte der ersten Seligpreisung „Selig die vom Geist her Armen" bedacht; bei Matthäus wie bei Lukas lautet die ihnen zugeordnete Verheißung: euer (ihrer) ist das Reich Gottes (das Reich der Himmel) (Lk 6,20; Mt 5,3). „Reich Gottes" ist die Grundkategorie der Botschaft Jesu; sie tritt hier in die Seligpreisungen herein: Zum rechten Verständnis dieses vielumstrittenen Begriffs ist dieser Zusammenhang wichtig. Wir haben dies bereits gesehen, als wir der Bedeutung des Wortes „Reich Gottes" näher nachgegangen sind, und werden uns auch bei den weiteren Überlegungen noch öfter daran zu erinnern haben.

Aber vielleicht ist es gut, dass wir – bevor wir in der Meditation des Textes fortfahren – uns noch einmal für einen Augenblick der Gestalt der Glaubensgeschichte zuwenden, in der diese Seligpreisung am dichtesten in menschliche Existenz übersetzt worden ist: Franz von Assisi. Die Heiligen sind die wahren Ausleger der Heiligen Schrift. Was ein Wort bedeutet, wird am meisten in jenen Menschen verständlich, die ganz davon ergriffen wurden und es gelebt haben. Auslegung der Schrift kann keine rein akademische Angelegenheit sein und kann nicht ins rein Historische verbannt werden. Die Schrift trägt überall ein Zukunftspotential in sich, das sich erst im Durchleben und Durchleiden ihrer Worte öffnet. Franz von Assisi hat die Verheißung dieses Wortes in letzter Radikalität ergriffen. Bis dahin, dass er sogar seine Kleider weggab und sich vom Bischof als dem Vertreter der Vatergüte Gottes, die die Lilien des Feldes schöner kleidet, als Salomo es war (Mt 6,28f), neu einkleiden ließ. Diese äußerste Demut war für ihn vor allem Freiheit des Dienens, Freiheit zur Sendung, letztes Vertrauen zu Gott, der nicht nur für die Blumen des Feldes, sondern gerade für seine Menschenkinder sorgt; Korrektiv zur Kirche seiner Zeit, die mit dem feudalen System die Freiheit und die Dynamik des missionarischen Unterwegsseins verloren hatte; innerste Offenheit für Christus, mit dem er in der Verwundung durch die Wundmale ganz gleichgestaltet wurde, so dass nun wirklich nicht mehr er selber sein Selbst lebte, sondern er als der Wiedergeborene ganz von und in Christus existierte. Er wollte ja keinen Orden gründen, sondern einfach das Volk Gottes neu sammeln auf ein Hören des Wortes, das sich nicht mit gelehrten Kommentaren aus dem Ernst des Anrufs stiehlt. Aber mit der Schaffung des Dritten Ordens hat er dann doch die Unterscheidung angenommen zwischen dem radikalen Auftrag und dem notwendigen Leben in der Welt. Dritter Orden bedeutet, gerade den Auftrag des weltlichen Berufs und seiner Anforderungen in Demut anzunehmen, an dem je eigenen Standort, aber dabei doch hinzuleben auf die tiefe innere Gemeinschaft mit Christus, in der er uns voranging. „Haben, als hätte man nicht" (1 Kor 7,29ff): Diese innere Spannung als die vielleicht schwerere Forderung zu erlernen und sie im Mitgetragensein durch die Menschen der radikalen Nachfolge immer wieder neu wirklich leben zu können, das ist der Sinn der Dritten Orden, und darin erschließt sich, was die Seligpreisung für *alle* meinen kann. Vor allem wird an Franz auch deutlich, was „Reich Gottes" heißt. Franziskus stand ganz in der Kirche; und zugleich wächst in solchen Gestalten die Kirche in ihr künftiges und doch schon gegenwärtiges Ziel hinein: Reich Gottes kommt nahe ...

Überspringen wir einstweilen die zweite Seligpreisung des Matthäus-Evangeliums und gehen über zur dritten, die eng mit der ersten verbunden ist: „Selig die Milden (Sanftmütigen), denn sie werden das Land erben" (Mt 5,5). Die deutsche Einheitsübersetzung der Heiligen Schrift hat das hier stehende griechische Wort *praeîs* (von: *praýs*) übersetzt: „die keine Gewalt anwenden". Das ist eine Verengung des griechischen Wortes, das eine reiche Fracht an Überlieferung in sich trägt. Die Seligpreisung ist praktisch ein Psalmzitat: „Die Sanftmütigen (Milden) werden das Land erben" (Ps 37,11). Das Wort „die Sanftmütigen – Milden" ist in der griechischen Bibel die Übersetzung des hebräischen Wortes *anawim*, womit die Armen Gottes bezeichnet wurden, von denen wir bei der ersten Seligpreisung gesprochen haben. So gehen die erste und die dritte Seligpreisung weitgehend ineinander über; die dritte verdeutlicht noch einmal einen wesentlichen Aspekt dessen, was mit der von Gott her und auf Gott hin gelebten Armut gemeint ist.

Aber das Spektrum weitet sich doch aus, wenn wir einige andere Texte beachten, in denen dasselbe Wort vorkommt. In Num 12,3 heißt es: „Mose aber war ein überaus sanftmütiger Mann, sanftmütiger (milder) als alle Menschen auf der Erde." Wer müsste dabei nicht an das Wort Jesu denken: „Nehmt mein Joch auf euch und lernt von mir, denn ich bin sanftmütig und demütig von Herzen" (Mt 11,29). Christus ist der neue, der wahre Mose (dies ist der durchgehende Gedanke der Bergpredigt) – in ihm wird jene reine Güte gegenwärtig, die gerade dem Großen, dem Herrscher geziemt.

Noch tiefer werden wir geführt, wenn wir ein weiteres Beziehungsgefüge zwischen Altem und Neuem Testament ins Auge fassen, in dessen Mitte wieder das Wort *praýs* – sanftmütig, milde – steht. Beim Propheten

Sacharja (9,9f) findet sich die folgende Heilsverheißung: „Juble laut, Tochter Zion! Jauchze, Tochter Jerusalem! Siehe, dein König kommt zu dir. Er ist gerecht und hilft; er ist sanftmütig und reitet auf einem Esel, auf einem Fohlen, dem Jungen einer Eselin. Er vernichtet die Streitwagen ... Vernichtet wird der Kriegsbogen. Er verkündet den Völkern den Frieden; seine Herrschaft reicht von Meer zu Meer ..." Hier wird ein armer König angekündigt – einer, der nicht durch politische und militärische Macht herrscht. Sein innerstes Wesen ist die Demut, Sanftmut Gott und den Menschen gegenüber. Dieses sein Wesen, durch das er im Gegensatz zu den großen Königen der Welt steht, wird anschaulich dadurch, dass er auf einer Eselin einzieht – dem Reittier der Armen, das Gegenbild zu den Kriegswagen ist, die er abschafft. Er ist der Friedenskönig – er ist es von der Macht Gottes her, nicht aus eigenem Vermögen.

Und ein Weiteres kommt dazu: Sein Königtum ist universal, es umfasst die Erde. „Von Meer zu Meer" – das Bild der von Wassern rings umgebenen Erdscheibe steht dahinter und lässt uns die weltumspannende Weite seiner Herrschaft ahnen. So kann Karl Elliger zu Recht sagen, dass für uns „durch alle Nebel hindurch merkwürdig deutlich die Gestalt dessen sichtbar wird ... der wirklich für alle Welt den Frieden gebracht hat, der über alle Vernunft ist, indem er im Sohnesgehorsam auf alle Gewaltanwendung verzichtete und litt, bis er durch den Vater aus dem Leiden gerettet wurde, und der nun immerfort sein Reich baut einfach durch das Wort des Friedens ..." (a. a. O., S. 151). So erst verstehen wir die ganze Tragweite des Berichts vom Palmsonntag, verstehen, was es heißt, wenn Lukas (19,30) – und ähnlich Johannes – uns erzählt, dass

Jesus die Jünger eine Eselin samt ihrem Fohlen zu besorgen heißt: „Das geschah, damit sich erfüllte, was durch den Propheten gesagt worden ist: Sagt der Tochter Zion: Siehe, dein König kommt zu dir. Er ist sanftmütig und er reitet auf einer Eselin ..." (Mt 21,4f; vgl. Joh 12,15).

Leider hat die deutsche Übersetzung diese Zusammenhänge verwischt, indem sie für *praýs* jedes Mal andere Wörter gebraucht. In dem weiten Bogen dieser Texte – von Num 12 über Sach 9 zu den Seligpreisungen und zum Bericht vom Palmsonntag – wird die Vision vom Friedenskönig Jesus erkennbar, der die Grenzen aufsprengt, die die Völker trennen, und einen Friedensraum „von Meer zu Meer" schafft. Durch seinen Gehorsam ruft er uns in diesen Frieden hinein, pflanzt ihn ein in uns. Das Wort „sanftmütig, milde" gehört einerseits dem Vokabular des Gottesvolkes zu, dem in Christus weltumspannend gewordenen Israel, aber es ist zugleich ein Königswort, das uns das Wesen des neuen Königtums Christi aufschließt. In diesem Sinn könnten wir sagen, es sei sowohl ein christologisches wie ein ekklesiologisches Wort; auf jeden Fall ruft es uns in die Nachfolge dessen, dessen Einzug in Jerusalem auf einer Eselin das ganze Wesen seines Königtums sichtbar werden lässt.

Mit dieser dritten Seligpreisung ist im Text des Matthäus-Evangeliums die Landverheißung verbunden: „Selig die Milden, denn sie werden das Land besitzen." Was ist damit gemeint? Die Hoffnung auf das Land gehört zum Urbestand der Abrahamsverheißung. Bei der Wüstenwanderung Israels steht immer das verheißene Land als Ziel der Wanderung im Blickfeld. Im Exil wartet Israel auf die Heimkehr in sein Land. Aber wir dürfen auch nicht übersehen, dass die Landverheißung deutlich über den bloßen Gedanken des Besitzes von einem Stück Land oder eines nationalen Territoriums hinausgeht, wie es einem jeden Volk zusteht.

Im Ringen um die Freigabe Israels zum Auszug aus Ägypten steht zunächst das Recht auf die Freiheit der Anbetung, des eigenen Gottesdienstes im Vordergrund, und die Landverheißung hat im Voranschreiten der Geschichte immer deutlicher den Sinn, dass das Land gegeben wird, damit da eine Stätte des Gehorsams sei, damit ein für Gott offener Raum da sei und das Land von den Gräueln des Götzendienstes befreit werde. Im Begriff der Freiheit und des Landes ist der Begriff des Gehorsams Gott gegenüber und so der rechten Formung der Erde ein wesentlicher Inhalt. So konnte von da aus auch das Exil, der Entzug des Landes, verstanden werden: Das Land war selbst zu einem Raum des Götzendienstes, des Ungehorsams geworden, und der Landbesitz war auf diese Weise ins Widersprüchliche geraten.

Von da aus konnte ein neues, positives Verständnis der Diaspora wachsen: Israel war über die Welt verstreut, um überall Raum zu schaffen für Gott und damit den Sinn der Schöpfung zu erfüllen, den der erste Schöpfungsbericht (Gen 1,1–2,4) andeutet: Der Sabbat ist das Ziel der Schöpfung, er gibt ihr Wozu an: Sie ist da, weil Gott einen Raum der Antwort auf seine Liebe, einen Raum des Gehorsams und der Freiheit schaffen wollte. Stufenweise ist so im Annehmen und Erleiden der Geschichte Israels mit Gott eine Ausweitung und Vertiefung der Idee des Landes gewachsen, die immer weniger auf nationalen Besitz und immer mehr auf die Universalität von Gottes Anspruch auf die Erde abzielte.

Natürlich kann man in dem Zusammenspiel von „Sanftmut" und Landverheißung zunächst auch eine ganz normale Weisheit der Geschichte erblicken: Die Eroberer kommen und gehen. Es bleiben die Einfachen, die Demütigen, die das Land bebauen und Saat und Ernte unter Schmerzen und Freuden weiterführen. Die Demütigen, die Einfachen, sind auch rein geschichtlich gesehen beständiger als die Gewalttäter. Aber es geht doch um mehr. Die allmähliche Universalisierung des Landbegriffs von den theologischen Grundlagen der Hoffnung her entspricht auch dem universalen Horizont, den wir in der Sacharja-Verheißung gefunden haben: Das Land des Friedenskönigs ist nicht ein Nationalstaat – es reicht „von Meer zu Meer" (Sach 9,10). Der Friede zielt auf die Überwindung der Grenzen und auf eine durch den von Gott her kommenden Frieden erneuerte Erde. Die Erde gehört am Ende den „Sanftmütigen", den Friedfertigen, sagt uns der Herr. Sie soll das „Land des Friedenskönigs" werden. Darauf hinzuleben, lädt uns die dritte Seligpreisung ein.

Jede eucharistische Versammlung ist für uns Christen eine solche Stelle der Herrschaft des Friedenskönigs. Die weltumspannende Gemeinschaft der Kirche Jesu Christi ist so ein Vorentwurf für die „Erde" von morgen, die ein Land des Friedens Jesu Christi werden soll. Auch hier klingt die dritte Seligpreisung ganz eng mit der ersten zusammen: Was „Reich Gottes" bedeutet, wird ein Stück weit von da aus sichtbar, auch wenn der Anspruch dieses Wortes über die Landverheißung hinausreicht.

Damit haben wir nun auch schon auf die siebte Seligpreisung vorgegriffen: „Selig, die Frieden stiften, denn sie werden Söhne Gottes heißen" (Mt 5,9) Ein paar stichwortartige Hinweise zu diesem grundlegenden Jesuswort mögen daher genügen. Zunächst kann man da den weltgeschichtlichen Hintergrund wahrnehmen. Lukas hatte in der Kindheitsgeschichte Jesu das Gegenüber zwischen diesem Kind und dem allgewaltigen Kaiser Augustus anklingen lassen, der als „Heiland des allgemeinen Menschengeschlechts" und als der große Friedensbringer gerühmt wurde. Vorher schon hatte Caesar den Titel „Friedensstifter der Ökumene" in Anspruch genommen. Für die Gläubigen in Israel steigt die Erinnerung an Salomo auf, in dessen Namen das Wort „Friede" *(schalom)* enthalten ist. Der Herr hatte dem David verheißen: „In seinen Tagen darf Israel in Frieden und Ruhe leben ... Er wird für mich Sohn sein, und ich werde für ihn Vater sein" (1 Chr 22,9f). Damit erscheint ein Zusammenhang von Gottessohnschaft und Königtum des Friedens: Jesus ist der Sohn, und er ist es wirklich. Er ist daher erst der wahre „Salomo" – der Bringer des Friedens. Frieden zu stiften, gehört vom Wesen her zur Sohnschaft. So lädt diese Seligpreisung dazu ein, zu sein und zu tun, was der Sohn tut, um so selbst „Söhne Gottes" zu werden.

Das gilt zunächst im Kleinen des jeweiligen Lebensraumes. Es beginnt in jener Grundentscheidung, die Paulus mit Leidenschaft im Namen Gottes erbittet: „Wir bitten euch um Christi willen: Lasst euch versöhnen mit Gott" (2 Kor 5,20). Die Zerfallenheit mit Gott ist der Ausgangspunkt aller Vergiftungen des Menschen, ihre Überwindung die Grundbedingung für den Frieden in der Welt. Nur der mit Gott versöhnte Mensch kann auch mit sich selbst versöhnt und im Einklang sein, und nur der mit Gott und sich selbst versöhnte Mensch kann Frieden stiften um sich herum und in die Weite der Welt hinein. Der politische

Kontext, der in der Kindheitsgeschichte des Lukas wie hier in den Seligpreisungen des Matthäus durchklingt, zeigt aber die ganze Reichweite dieses Wortes an. Dass Friede sei auf der Erde (Lk 2,14), ist Wille Gottes und so zugleich ein Auftrag an den Menschen. Der Christ weiß, dass das Bestehen von Frieden an das Stehen der Menschen in der „Eudokia" Gottes, in seinem „Wohlgefallen" gebunden ist. Das Ringen um das Stehen im Frieden mit Gott ist ein unerlässlicher Teil des Ringens um den „Frieden auf Erden"; von dorther kommen die Maßstäbe und die Kräfte für dieses Ringen. Dass da, wo Gott den Menschen außer Sichtweite gerät, auch der Friede verfällt und die Gewalt mit vorher ungeahnten Grausamkeiten überhandnimmt, sehen wir heute nur allzu deutlich.

Kehren wir zurück zur zweiten Seligpreisung: „Selig die Trauernden, denn sie werden getröstet werden." Ist es gut, zu trauern und die Traurigkeit seligzupreisen? Es gibt zwei Arten von Traurigkeit: eine Traurigkeit, die die Hoffnung verloren hat, der Liebe nicht mehr traut und der Wahrheit und daher den Menschen von innen zersetzt und zerstört; aber auch die Traurigkeit, die aus der Erschütterung durch die Wahrheit kommt, den Menschen zur Umkehr bringt, zum Widerstand gegen das Böse. Diese Traurigkeit heilt, weil sie den Menschen neu zu hoffen und zu lieben lehrt. Für die erste Traurigkeit steht Judas, der – vom Erschrecken über seinen eigenen Fall getroffen – nicht mehr zu hoffen wagt und in der Verzweiflung sich selbst erhängt. Für die zweite Art von Traurigkeit steht Petrus, der, vom Blick des Herrn getroffen, in Tränen ausbricht, die heilend sind: Sie pflügen das Erdreich seiner Seele um. Er beginnt von Neuem und wird neu.

Für diese positive Art von Traurigkeit, die eine Gegenmacht zur Herrschaft des Bösen ist, bietet uns Ez 9,4 ein eindrucksvolles Zeugnis. Sechs Männer werden da beauftragt, das Strafgericht an Jerusalem zu vollziehen – an dem Land, das voller Blutschuld, an der Stadt, die voller Unrecht war (9,9). Aber zuvor muss ein in Linnen gekleideter Mann den althebräischen Buchstaben *taw* (eine Art Kreuzzeichen) auf die Stirn all derjenigen zeichnen, „die über die in der Stadt begangenen Gräueltaten seufzen und stöhnen" (9,4), und die so Bezeichneten sind vom Strafgericht ausgenommen. Es sind Menschen, die nicht mit den Wölfen heulen, die sich nicht in das Mitläufertum mit dem selbstverständlich gewordenen Unrecht hineinziehen lassen, sondern darunter leiden. Auch wenn es nicht in ihrer Macht steht, die Situation im Ganzen zu ändern, so setzen sie der Herrschaft des Bösen doch den passiven Widerstand des Leidens entgegen – die Traurigkeit, die der Macht des Bösen eine Grenze zieht.

Die Überlieferung hat noch ein anderes Bild heilender Traurigkeit gefunden: Maria, die mit ihrer Schwester – der Frau des Klopas – und mit Maria von Magdala und mit Johannes unter dem Kreuz steht (Joh 19,25ff). Wieder finden wir – wie in der Ezechiel-Vision – in einer Welt voller Grausamkeit und Zynismus oder furchtsamen Mitläufertums die kleine Schar von Menschen vor uns, die treu bleiben; sie können das Unglück nicht wenden, aber in ihrem Mit-leiden stellen sie sich auf die Seite des Verurteilten, und mit ihrem Mit-lieben stehen sie auf der Seite Gottes, der Liebe ist. Dieses Mitleiden lässt an das großartige Wort des heiligen Bernhard von Clairvaux in seinem Hohelied-Kommentar (s. 26, n. 5, a. a. O.) denken: ... *impassibilis est Deus, sed non incompassibilis* –

Gott kann nicht leiden, aber er kann mit-leiden. Unter dem Kreuz Jesu versteht man am allermeisten das Wort: „Selig die Trauernden, denn sie werden getröstet werden." Wer sein Herz nicht verhärtet vor dem Schmerz, vor der Not des anderen, wer dem Bösen nicht die Seele öffnet, sondern unter seiner Macht leidet und so der Wahrheit, d. h. Gott recht gibt, der öffnet die Fenster der Welt, dass Licht hereinkommt. Den so Trauernden ist der große Trost verheißen. Insofern hängt die zweite Seligpreisung ganz eng mit der achten zusammen: „Selig, die um der Gerechtigkeit willen verfolgt werden, denn ihrer ist das Himmelreich."

Die Traurigkeit, von der der Herr spricht, ist der Nonkonformismus mit dem Bösen, sie ist eine Weise des Widerspruchs gegen das, was alle tun und was sich dem Einzelnen als Verhaltensmuster aufdrängt. Diese Art von Widerstand erträgt die Welt nicht, sie verlangt das Mitmachen. Ihr erscheint diese Traurigkeit als eine Anklage, die der Betäubung der Gewissen entgegentritt, und sie ist es auch. Deshalb werden die Trauernden zu Verfolgten um der Gerechtigkeit willen. Den Trauernden wird Tröstung, den Verfolgten das Reich Gottes verheißen; es ist dieselbe Verheißung, die den vom Geist her Armen gilt. Die beiden Verheißungen stehen ganz nah beieinander: Das Reich Gottes, das Stehen im Schutz von Gottes Macht und das Geborgensein in seiner Liebe – das ist die wahre Tröstung.

Und umgekehrt: Erst dann wird der Leidende wahrhaft getröstet sein, erst dann werden seine Tränen vollends versiegen, wenn keine mörderische Gewalt ihn und die machtlosen Menschen dieser Welt mehr bedrohen kann; erst dann ist der Trost vollendet, wenn auch die unverstandenen Leiden der Vergangenheit ins Licht Gottes gehoben und von seiner Güte her zu einem versöhnenden Sinn geführt werden; erst dann ist der wahre Trost erschienen, wenn „der letzte Feind", der Tod (1 Kor 15,26), mit all seinen Helfershelfern entmachtet ist. So hilft uns das Wort vom Trost verstehen, was mit „Reich Gottes" (der Himmel) gemeint ist, und „Reich Gottes" wiederum gibt uns eine Vorstellung davon, welchen Trost der Herr für alle Trauernden und Leidenden dieser Welt bereithält.

Noch einen Hinweis müssen wir hier einfügen: Für Matthäus und seine Leser und Hörer hatte das Wort von den Verfolgten um der Gerechtigkeit willen eine prophetische Bedeutung. Es war für sie der Vorverweis des Herrn auf die Lage der Kirche, die sie erlebten. Die Kirche war zur verfolgten Kirche geworden, verfolgt „um der Gerechtigkeit willen". „Gerechtigkeit" ist in der Sprache des Alten Bundes der Ausdruck für die Treue zur Tora, die Treue zum Wort Gottes, wie sie immer wieder von den Propheten angemahnt worden war. Sie ist das Einhalten des von Gott gezeigten rechten Weges, dessen Mitte die Zehn Gebote sind. Die neutestamentliche Entsprechung zum alttestamentlichen Begriff der Gerechtigkeit ist der „Glaube": Der Gläubige ist der „Gerechte", der auf Gottes Wegen geht (Ps 1; Jer 17,5–8). Denn der Glaube ist das Mitgehen mit Christus, in dem das ganze Gesetz erfüllt ist, er eint uns mit der Gerechtigkeit Christi selbst.

Die um der Gerechtigkeit willen verfolgten Menschen sind diejenigen, die aus der Gerechtigkeit Gottes – aus dem Glauben – leben. Weil das Streben des Menschen immer wieder darauf zielt, sich von Gottes Willen zu emanzipieren und nur sich selber zu folgen, darum wird der Glaube immer wieder als Widerspruch zur „Welt" – zu den jeweils herrschenden Mächten – erscheinen, und darum wird es in allen Perioden der Geschichte Verfolgung um der Gerechtigkeit willen geben. Der verfolgten Kirche aller Zeiten ist dieses Trostwort zugesprochen. In ihrer Ohnmacht und in ihren Leiden weiß sie, dass sie dort steht, wo das Reich Gottes kommt.

Wenn wir demnach wieder wie bei den vorigen Seligpreisungen in der Verheißung eine ekklesiologische Dimension, eine Auslegung des Wesens von Kirche finden dürfen, so begegnen wir ebenso auch wiederum dem christologischen Grund dieser Worte: Der gekreuzigte Christus ist der verfolgte Gerechte, von dem die prophetischen Worte des Alten Bundes, besonders die Gottesknechtslieder sprechen, den aber auch Platon vorausgeahnt hatte (*Politeia* II 361e–362a). Und so gerade ist er selbst die Ankunft von Gottes Reich. Die Seligpreisung ist eine Einladung zur Nachfolge des Gekreuzigten – an den Einzelnen wie an die Kirche im Ganzen.

Die Seligpreisung der Verfolgten erhält im abschließenden Satz der Makarismen eine Variante, die uns Neues sehen lässt. Jesus verheißt denen Freude, Jubel, großen Lohn, „die um meinetwillen beschimpft und verfolgt und auf alle mögliche Weise verleumdet werden" (v. 11). Nun wird sein Ich, das Stehen zu seiner Person, zum Maßstab der Gerechtigkeit und des Heils. Wenn in den anderen Seligpreisungen die Christologie gleichsam verhüllt dasteht, so tritt hier die Botschaft von ihm selber als Mittelpunkt der Geschichte offen hervor. Jesus schreibt seinem Ich eine Maßstäblichkeit zu, die kein Lehrer Israels und auch kein Lehrer der Kirche für sich in Anspruch nehmen darf. Der so spricht, ist nicht mehr Prophet im herkömmlichen Sinn, Botschafter und Treuhänder für einen anderen; er ist selbst Bezugspunkt des rechten Lebens, selbst Ziel und Mitte.

Wir werden diese direkte Christologie bei unseren weiteren Meditationen als konstitutiv für die Bergpredigt im Ganzen erkennen. Was hier einstweilen nur angeklungen ist, wird sich im Mitgehen mit ihrem Wort weiter entfalten.

Hören wir jetzt noch die zweite bisher nicht behandelte Seligpreisung: „Selig sind, die hungern und dürsten nach der Gerechtigkeit, denn sie werden gesättigt werden" (v. 6). Dieser Lobpreis ist von innen her dem Wort über die Trauernden verwandt, die Tröstung finden werden: Wie dort diejenigen Verheißung empfangen, die sich nicht dem Diktat der herrschenden Meinungen und Gewohnheiten beugen, sondern im Leiden dagegen Widerstand leisten, so geht es auch hier um die Menschen, die Ausschau halten, die auf der Suche nach dem Großen, nach der wahren Gerechtigkeit, dem wahren Gut sind. Ein Wort, das sich in einem Strang der Texte des Daniel-Buches findet, wurde für die Überlieferung die Zusammenfassung der Haltung, um die es hier geht. Dort wird Daniel als *vir desideriorum,* als „Mann der Sehnsucht" (Dan 9,23 Vg) beschrieben. Der Blick richtet sich auf die Menschen, die sich nicht mit dem Vorhandenen begnügen und die Unruhe des Herzens nicht ersticken, die den Menschen auf Größeres verweist, so dass er sich inwendig auf den Weg macht – gleichsam wie die Weisen aus dem Morgenland, die Jesus suchen, den Stern, der den Weg zur Wahrheit, zur Liebe, zu Gott zeigt. Es sind Menschen einer inneren Sensibilität, die sie hör- und sehfähig macht für die leisen

Zeichen, die Gott in die Welt hineinsendet und die so die Diktatur der Gewöhnlichkeit zerbrechen.

Wer würde dabei nicht an die demütigen Heiligen denken, in denen der Alte Bund sich für den Neuen öffnet und in ihn hineinverwandelt? An Zacharias und Elisabeth, an Maria und Josef, an Simeon und Anna, die je auf ihre Weise mit innerer Wachheit auf das Heil Israels warten und mit ihrer demütigen Frömmigkeit, der Geduld ihres Wartens und Sehnens dem Herrn „die Wege bereiten"? Aber denken wir auch an die zwölf Apostel – an Menschen (wir werden es sehen) aus ganz verschiedenen geistigen und sozialen Herkünften, die aber mitten in ihrer Arbeit und ihrem Alltag sich das offene Herz bewahrt hatten, das sie dem Ruf des Größeren öffnete? Oder auch an die Leidenschaft eines Paulus für die Gerechtigkeit, die auf dem falschen Weg ist, aber ihn doch dafür bereitet, von Gott niedergeworfen und so zu neuer Hellsicht gebracht zu werden? So könnten wir die ganze Geschichte hindurch fortfahren. Edith Stein hat einmal gesagt, wer redlich und leidenschaftlich nach der Wahrheit suche, der sei auf dem Weg zu Christus. Von solchen Menschen spricht die Seligpreisung – von diesem Durst und Hunger, der selig ist, weil er den Menschen zu Gott, zu Christus führt und deshalb die Welt dem Reich Gottes öffnet.

Mir scheint, dass dies die Stelle ist, an der sich vom Neuen Testament her etwas über das Heil derer sagen lässt, die Christus nicht kennen. Die heutige Theorie geht dahin, dass jeder seine Religion leben solle oder vielleicht auch den Atheismus, in dem er sich vorfindet. Auf diese Weise werde er das Heil finden. Eine solche Meinung setzt ein sehr seltsames Gottesbild und eine seltsame Vorstellung vom Menschen und dem rechten Weg des Menschseins voraus. Versuchen wir, uns das durch ein paar praktische Fragen deutlich zu machen. Wird jemand deshalb selig und von Gott als recht erkannt werden, weil er den Pflichten der Blutrache gewissenhaft nachgekommen ist? Weil er sich kräftig für und im „Heiligen Krieg" engagiert hat? Oder weil er bestimmte Tieropfer dargebracht hat? Oder weil er rituelle Waschungen und sonstige Observanzen eingehalten hat? Weil er seine Meinungen und Wünsche zum Gewissensspruch erklärt und so sich selbst zum Maßstab erhoben hat? Nein, Gott verlangt das Gegenteil: das innere Wachwerden für seinen stillen Zuspruch, der in uns da ist und uns aus den bloßen Gewohnheiten herausreißt auf den Weg zur Wahrheit; Menschen, die „hungern und dürsten nach der Gerechtigkeit" – das ist der Weg, der jedem offensteht; es ist der Weg, der bei Jesus Christus endet.

Es bleibt noch der Makarismus „Selig, die reinen Herzens sind, denn sie werden Gott schauen" (Mt 5,8). Das Organ, mit dem man Gott sehen kann, ist das Herz: Der bloße Verstand genügt nicht; damit der Mensch wahrnehmungsfähig werde für Gott, müssen die Kräfte seiner Existenz zusammenwirken. Der Wille muss rein sein, und schon vorher der affektive Grund der Seele, der Verstand und Willen die Richtung vorgibt. Mit „Herz" ist gerade dieses innere Zusammenspiel der Wahrnehmungskräfte des Menschen gemeint, bei dem auch das rechte Ineinander von Leib und Seele mit im Spiel ist, das zur Ganzheit dieses Geschöpfes „Mensch" gehört. Die affektive Grundgestimmtheit des Menschen hängt gerade auch von dieser Einheit von Seele und Leib ab und davon, dass der Mensch sein Leibsein und sein Geistsein zusammen annimmt; den Leib in die Zucht des Geistes stellt, aber dabei nicht Verstand oder Willen isoliert, sondern sich selbst von Gott her annimmt und so auch die Leibhaftigkeit seiner Existenz als Reichtum für den Geist erkennt und lebt. Das Herz – die Ganzheit des Menschen – muss rein sein, inwendig offen und frei, damit der Mensch Gott sehen kann. Theophil von Antiochien († um 180) hat das im Disput mit fragenden Menschen einmal so ausgedrückt: „Wenn du aber … sagst: Zeige mir deinen Gott!, so möchte ich dir sagen: Zeige mir den Menschen in dir … Gott wird nämlich von denen gesehen, die im Stande sind, ihn zu sehen, wenn sie nämlich die Augen ihres Geistes offen haben … Der Mensch muss eine Seele haben, so rein wie ein blankpolierter Metallspiegel …" (*Ad Autolycum* I 2,7).

So entsteht die Frage: Wie wird das innere Auge des Menschen rein? Wie kann der Star gelöst werden, der seinen Blick trübt oder schließlich ganz erblinden lässt? Die mystische Tradition vom aufsteigenden „Weg der Reinigung" hin zur „Einung" hat auf diese Frage Antwort zu geben versucht. Die Seligpreisungen müssen wir aber zuallererst im biblischen Kontext lesen. Da treffen wir das Thema vor allem im Psalm 24 an, der Ausdruck einer alten Tor-Liturgie ist: „Wer darf hinaufsteigen zum Berg des Herrn, wer darf stehen an seiner heiligen Stätte? Der reine Hände hat und ein lauteres Herz, der nicht betrügt und keinen Meineid schwört" (v. 3f). Vor dem Tor des Tempels entsteht die Frage, wer dort in der Nähe des lebendigen Gottes stehen darf: „Reine Hände und ein lauteres Herz" sind die Bedingung.

Der Psalm erklärt den Inhalt dieser Bedingung für den Zutritt zur Wohnstätte Gottes auf mehrfache Weise. Eine unerlässliche Voraussetzung ist es, dass Menschen, die zu Gott eintreten wollen, nach ihm fragen, sein Antlitz suchen (v. 6): Als Grundbedingung erscheint so wieder dieselbe Haltung, die wir vorhin in den Stichworten „Hunger und Durst nach Gerechtigkeit" beschrieben fanden. Das Fragen nach Gott, das Suchen nach seinem Gesicht – das ist die erste und grundlegende Bedingung für den Aufstieg, der in die Begegnung mit Gott führt. Vorher aber schon wird als Inhalt der reinen Hände und des lauteren Herzens angegeben, dass der Mensch nicht betrügt und keinen Meineid schwört: also die Redlichkeit, die Wahrhaftigkeit, die Gerechtigkeit dem Mitmenschen und der Gemeinschaft gegenüber – das, was wir das soziale Ethos nennen könnten, das aber wirklich bis in den Herzensgrund hinunterreicht.

Psalm 15 führt das noch weiter aus, so dass man sagen kann, dass einfach der wesentliche Inhalt des Dekalogs die Einlassbedingung zu Gott ist – mit der Betonung der inneren Suche nach Gott, des Unterwegsseins zu ihm (erste Tafel), und der Nächstenliebe, der Gerechtigkeit zum Einzelnen und zur Gemeinschaft (zweite Tafel). Es sind gar keine spezifisch auf der Offenbarungserkenntnis beruhenden Bedingungen genannt, sondern das „Fragen nach Gott" und die Grundweisen der Gerechtigkeit, die ein waches – eben durch die Suche nach Gott wachgerütteltes – Gewissen einem jeden sagt. Was wir vorhin über die Heilsfrage bedachten, bestätigt sich hier noch einmal.

Aber im Mund Jesu erreicht das Wort doch eine neue Tiefe. Das Wesen seiner Gestalt ist es eben, dass er Gott sieht, dass er Aug' in Auge mit ihm steht, im immerwährenden inneren Austausch mit ihm – dass er in der Sohnesexistenz lebt. So ist dies ein zutiefst christologisches Wort. Gott sehen werden wir, wenn wir in die „Gesinnungen Christi" eintreten (Phil 2,5). Die Reinigung des Herzens erfolgt in der Nachfolge Christi, im Einswerden mit ihm. „Nicht mehr ich lebe, sondern Christus lebt in mir …" (Gal 2,20). Und hier erscheint nun etwas Neues: Der Aufstieg zu Gott ereignet sich gerade im Abstieg des demütigen Dienens, im Abstieg der Liebe, die das Wesen Gottes ist und daher die wahrhaft reinigende Kraft, die den Menschen fähig macht, Gott wahrzunehmen und ihn zu sehen. In Jesus Christus hat Gott sich selbst im Absteigen offenbart: „Er war Gott gleich, hielt aber nicht daran fest, wie Gott zu sein, sondern er entäußerte sich und wurde wie ein Sklave und den Menschen gleich … Er erniedrigte sich und war gehorsam bis zum Tod, bis zum Tod am Kreuz. Darum hat Gott ihn über alles erhöht …" (Phil 2,6–9).

Diese Worte markieren eine entscheidende Wende in der Geschichte der Mystik. Sie zeigen das Neue der christlichen Mystik an, das aus der Neuheit der Offenbarung in Jesus Christus kommt. Gott steigt ab, bis zum Tod am Kreuz. Und gerade so offenbart er sich in seiner wahren Göttlichkeit. Der Aufstieg zu Gott geschieht im Mitgehen bei diesem Abstieg. Die Tor-Liturgie von Psalm 24 erhält so eine neue Bedeutung: Das reine Herz ist das liebende Herz, das sich in die Gemeinschaft des Dienens und des Gehorsams mit Jesus Christus begibt. Die Liebe ist das Feuer, das Verstand, Willen, Gefühl reinigt und einigt, den Menschen eins mit sich selbst macht, indem es ihn eins macht von Gott her, so dass er Diener der Vereinigung der Getrennten wird: So betritt der Mensch die

Wohnstätte Gottes und kann ihn sehen. Und eben das heißt: selig sein.

Nach diesem Versuch, etwas tiefer in die innere Vision der Seligpreisungen einzudringen – das hier nicht angesprochene Thema der „Barmherzigen" wird im Zusammenhang mit dem Gleichnis vom barmherzigen Samariter behandelt werden –, müssen wir uns kurz noch zwei Fragen stellen, die zum Verständnis des Ganzen gehören. Bei Lukas folgen auf die vier Seligpreisungen, die er überliefert, vier Wehe-Rufe: Weh euch, die ihr reich seid ... Weh euch, die ihr jetzt satt seid ... Weh euch, die ihr jetzt lacht ... Weh euch, wenn euch alle Menschen loben ... (Lk 6,24–26). Diese Worte erschrecken uns. Was sollen wir davon halten?

Nun, zunächst kann man feststellen, dass Jesus damit dem Schema folgt, das wir auch in Jer 17 und Psalm 1 finden: Der Schilderung des rechten Weges, der den Menschen ins Heil führt, wird die Warntafel gegenübergestellt, die falsche Verheißungen und Angebote demaskiert und den Menschen davon abhalten soll, sich auf einen Pfad zu begeben, der in einem tödlichen Absturz enden müsste. Dasselbe werden wir wieder in dem Gleichnis vom reichen Prasser und dem armen Lazarus finden.

Wer die Wegweiser der Hoffnung recht verstanden hat, die uns in den Seligpreisungen begegnet sind, erkennt hier einfach die gegenteiligen Haltungen, die den Menschen ins Scheinbare, ins Vorläufige, in den Verlust seiner Höhe und Tiefe und so in den Verlust Gottes und der Nächsten hinein fixieren und damit verderben. So aber wird auch die eigentliche Absicht dieser Warntafel verständlich: Die Weherufe sind keine Verdammungen; sie sind kein Ausdruck von Hass oder Neid oder Feindseligkeit. Es geht nicht um Verurteilung, sondern um Warnung, die retten will.

Aber nun steht die Grundfrage auf: Stimmt denn die Richtung, die der Herr uns in den Seligpreisungen und in den entgegengesetzten Warnungen zeigt? Ist es denn wirklich schlimm, reich zu sein – satt zu sein – zu lachen – gelobt zu werden? Friedrich Nietzsche hat seine zornige Kritik des Christentums gerade an diesem Punkt angesetzt. Nicht die christliche Lehre sei es, was man kritisieren müsse: Die Moral des Christentums müsse man als „Kapitalverbrechen am Leben" bloßstellen. Und mit „Moral des Christentums" meint er genau die Richtung, in die uns die Bergpredigt weist. „Welches war hier auf Erden bisher die größte Sünde? War es nicht das Wort dessen, der sprach ‚Wehe denen, die hier lachen!'?" Und den Verheißungen Christi entgegen sagt er: Wir wollen gar nicht das Himmelreich. „Männer sind wir worden – so wollen wir das Erdenreich."

Die Vision der Bergpredigt erscheint als eine Religion des Ressentiments, als der Neid der Feigen und Untüchtigen, die dem Leben nicht gewachsen sind und sich dann mit der Seligpreisung ihres Versagens und der Beschimpfung der Starken, der Erfolgreichen, der Glücklichen rächen wollen. Dem weiten Blick Jesu wird eine saftige Diesseitigkeit entgegengestellt – der Wille, die Welt und die Angebote des Lebens jetzt auszuschöpfen, den Himmel hier zu suchen und sich dabei von keinen Skrupeln hemmen zu lassen.

Vieles von alledem ist ins moderne Bewusstsein eingegangen und bestimmt weithin das Lebensgefühl von heute. So stellt die Bergpredigt die Frage nach der christlichen Grundoption, und als Kinder dieser Zeit spüren wir den inneren Widerstand gegen diese Option – auch wenn die Preisung der Milden, der Erbarmenden, der Friedensstifter, der lauteren Menschen uns dennoch anrührt. Nach den Erfahrungen der totalitären Regime, nach der brutalen Art, mit der sie Menschen zertreten, die Schwachen verhöhnt, geknechtet, geschlagen haben, verstehen wir auch wieder die nach Gerechtigkeit Hungernden und Dürstenden; entdecken wir die Seele der Trauernden und ihr Recht auf Tröstung wieder. Angesichts des Missbrauchs ökonomischer Macht, angesichts der Grausamkeiten eines Kapitalismus, der den Menschen zur Ware degradiert, sind uns auch die Gefährdungen des Reichtums aufgegangen und verstehen wir wieder neu, was Jesus mit der Warnung vor dem Reichtum, vor der den Menschen zerstörenden Gottheit Mammon meinte, die große Teile der Welt in ihrem grausamen Würgegriff hält. Ja, die Seligpreisungen stehen unserem spontanen Daseinsgefühl, unserem Hunger und Durst nach Leben entgegen. Sie verlangen „Bekehrung" – eine innere Umkehr von der spontanen Richtung, in die wir gehen möchten. Aber in dieser Umkehr kommt das Reine und Höhere zum Vorschein, ordnet sich unser Dasein recht.

Die griechische Welt, deren Lebensfreude in den homerischen Epen so wundervoll erscheint, hat doch tief darum gewusst, dass die eigentliche Sünde des Menschen, seine tiefste Gefährdung, die Hybris ist – die anmaßende Selbstherrlichkeit, in der der Mensch sich zur Gottheit erhebt, selbst sein eigener Gott sein will, um das Leben ganz und gar zu besitzen und auszuschöpfen, was es nur immer zu bieten hat. Dieses Bewusstsein, dass die wahre

Bedrohung des Menschen in der auftrumpfenden Selbstherrlichkeit liegt, die zunächst so einleuchtend erscheint, ist in der Bergpredigt von der Gestalt Christi her zu seiner ganzen Tiefe geführt.

Wir haben gesehen, dass die Bergpredigt eine verborgene Christologie ist. Hinter ihr steht die Gestalt Christi, des Menschen, der Gott ist, aber gerade darum absteigt, sich entäußert, bis zum Tod am Kreuz. Die Heiligen haben von Paulus über Franz von Assisi bis zu Mutter Teresa diese Option gelebt und uns damit das rechte Bild des Menschen und seines Glücks gezeigt. Mit einem Wort: die wahre „Moral" des Christentums ist die Liebe. Und die steht freilich der Selbstsucht entgegen – sie ist Auszug aus sich selber, aber gerade auf diese Weise kommt der Mensch zu sich selber. Dem versucherischen Glanz von Nietzsches Menschenbild entgegen erscheint dieser Weg zunächst als armselig, geradezu unzumutbar. Aber er ist der wirkliche Höhenweg des Lebens; nur auf dem Weg der Liebe, deren Pfade in der Bergpredigt beschrieben sind, erschließt sich der Reichtum des Lebens, die Größe der menschlichen Berufung.

2

DIE TORA DES MESSIAS

Es ist gesagt worden – Ich aber sage euch

Vom Messias wurde erwartet, dass er eine erneuerte Tora – seine Tora – bringen werde. Möglicherweise spielt Paulus im Galater-Brief darauf an, wenn er vom „Gesetz Christi" spricht (6,2): Seine große und leidenschaftliche Verteidigung der Freiheit vom Gesetz gipfelt im 5. Kapitel in den Sätzen: „Zur Freiheit hat uns Christus befreit. Bleibt daher fest und lasst euch nicht von Neuem das Joch der Knechtschaft auflegen" (5,1f). Aber wenn er dann in 5,13 noch einmal den Satz wiederholt „Ihr seid zur Freiheit berufen", fügt er hinzu: „Nur nehmt die Freiheit nicht zum Vorwand für das Fleisch, sondern dient einander in Liebe!" Und nun entfaltet er, was Freiheit ist – nämlich Freiheit zum Guten, Freiheit, die sich vom Geist Gottes führen lässt; und eben dieses Sich-führen-Lassen durch den Geist Gottes ist die Weise des Freiwerdens vom Gesetz. Unmittelbar darauf gibt uns Paulus an, worin die Freiheit des Geistes inhaltlich besteht und was mit ihr unvereinbar ist.

Das „Gesetz Christi" ist die Freiheit – das ist die Paradoxie der Botschaft des Galater-Briefs. Diese Freiheit hat also Inhalte, hat eine Richtung und ist daher Widerspruch zu dem, was den Menschen nur scheinbar befreit, in Wahrheit aber zum Sklaven macht. Die „Tora des Messias" ist ganz neu, anders – aber eben so „erfüllt" sie die Tora des Mose.

Der größte Teil der Bergpredigt (Mt 5,17–7,27) ist dem gleichen Thema gewidmet: Nach der programmatischen Einführung durch die Seligpreisungen bietet sie uns sozusagen die Tora des Messias dar. Auch hinsichtlich der Adressaten und der bestehenden Absichten des Textes gibt es eine Analogie zum Galater-Brief: Paulus schreibt an Heidenchristen, die angesichts des Einspruchs von Judenchristen gegen die paulinische Verkündigung unsicher geworden waren, ob nicht doch die Tora im alten Verständnis auch von ihnen voll eingehalten werden müsse.

Diese Unsicherheit betraf vor allem die Beschneidung, die Speisegebote, den ganzen Bereich der Reinheitsvorschriften und die Weise, den Sabbat zu halten. Paulus sieht in diesen Vorstellungen einen Rückfall hinter die Neuheit der messianischen Wende, bei dem das Wesentliche dieser Wende verlorengeht – die Universalisierung des Gottesvolkes, kraft deren nun Israel die Weite der Völker der Welt umspannen kann, der Gott Israels wirklich – den Verheißungen gemäß – zu den Völkern getragen worden ist, sich als ihrer aller Gott, als der eine Gott zeigt.

Nicht mehr das „Fleisch" ist entscheidend – die leibliche Abkunft von Abraham –, sondern der „Geist": die Zugehörigkeit zum Glaubens- und Lebenserbe Israels durch die Gemeinschaft mit Jesus Christus, der das Gesetz „vergeistigt" und so zum Lebensweg aller gemacht hat. In der Bergpredigt spricht Jesus zu seinem Volk, zu Israel, als dem Erstträger der Verheißung. Aber indem er ihm die neue Tora übergibt, öffnet er es, so dass nun aus Israel und den Völkern eine neue große Gottesfamilie entstehen kann.

Matthäus hat sein Evangelium für Judenchristen und darüber hinaus in die jüdische Welt hineingeschrieben, um diesen großen Impuls, der von Jesus gekommen war, neu zur Geltung zu bringen. Durch sein Evangelium spricht Jesus neu und immerfort zu Israel. Er spricht im historischen Augenblick des Matthäus ganz besonders zu Judenchristen, die dadurch Neuheit und Kontinuität der bei Abraham beginnenden Gottesgeschichte mit der Menschheit und ihrer durch Jesus vollzogenen Wende erkennen; so sollen sie den Weg des Lebens finden.

Aber wie sieht nun diese Tora des Messias aus? Da steht gleich zu Beginn sozusagen als Überschrift und Auslegungsschlüssel ein uns immer wieder überraschendes Wort, das die Treue Gottes zu sich selbst und die Treue Jesu zum Glauben Israels unmissverständlich klar hinstellt: „Denkt nicht, ich sei gekommen, um das Gesetz und die Propheten aufzuheben. Ich bin nicht gekommen, um aufzuheben, sondern um zu erfüllen. Amen, das sage ich euch: Bis Himmel und Erde vergehen, wird auch nicht der kleinste Buchstabe des Gesetzes vergehen, bevor nicht alles geschehen ist. Wer auch nur eines von den kleinsten Geboten aufhebt und die Menschen entsprechend lehrt, der wird im Himmelreich der Kleinste sein. Wer sie aber hält und halten lehrt, der wird groß sein im Himmelreich" (Mt 5,17–19).

Es geht nicht um Aufhebung, sondern um Erfüllung, und diese Erfüllung verlangt ein Mehr, nicht ein Weniger an Gerechtigkeit, wie Jesus gleich anschließend sagt: „Wenn eure Gerechtigkeit nicht weit größer ist als die der Schriftgelehrten und Pharisäer, werdet ihr nicht in das Himmelreich kommen" (5,20). Geht es also nur um einen verschärften Rigorismus des Gesetzesgehorsams? Oder was sonst ist diese größere Gerechtigkeit?

Wenn so am Anfang der „Relecture" – der neuen Lesung wesentlicher Teile der Tora – die Betonung der äußersten Treue, der ungebrochenen Kontinuität steht, fällt beim weiteren Zuhören auf, dass Jesus das Verhältnis der Mose-Tora zur Tora des Messias in Antithesen darstellt: Den Alten ist gesagt worden – ich aber sage euch. Das Ich Jesu tritt mit einem Rang hervor, den sich kein Gesetzeslehrer erlauben darf. Die Menge spürt das – Matthäus sagt uns ausdrücklich, dass das Volk „erschrak" ob seiner Weise zu lehren. Er lehrt, nicht wie die Rabbinen es tun, sondern als einer, der „Vollmacht" hat (7,29; vgl. Mk 1,22; Lk 4,32). Damit ist natürlich nicht eine rhetorische Qualität von Jesu Reden gemeint, sondern der offenkundige Anspruch, selbst auf der Höhe des Gesetzgebers – auf der Höhe Gottes – zu stehen. Das „Erschrecken" (die Einheitsübersetzung mildert das leider in „Betroffenheit" ab) ist genau das Erschrecken darüber, dass ein Mensch mit der Hoheit Gottes selbst zu sprechen wagt. Entweder vergreift er sich damit an der Majestät Gottes, was furchtbar wäre – oder aber, was kaum fassbar scheint, er steht wirklich auf der Höhe Gottes.

Wie sollen wir nun diese Tora des Messias verstehen? Welchen Weg zeigt sie uns? Was sagt sie uns über Jesus, über Israel, über die Kirche, über uns selbst und zu uns selbst? Auf der Suche nach Antwort ist mir das schon erwähnte Buch des jüdischen Gelehrten Jacob Neusner zu einer großen Hilfe geworden: *A Rabbi talks with Jesus* (Verlag Doubleday, New York 1993; deutsch: *Ein Rabbi spricht mit Jesus. Ein jüdisch-christlicher Dialog*, Claudius Verlag, München 1997 [Neuausgabe: Verlag Herder, Freiburg 2007]).

Neusner, gläubiger Jude und Rabbi, ist in Freundschaft mit katholischen und evangelischen Christen aufgewachsen, lehrt mit christlichen Theologen zusammen an der

Universität und steht dem Glauben seiner christlichen Kollegen mit tiefem Respekt gegenüber, bleibt aber doch zutiefst von der Gültigkeit der jüdischen Auslegung der Heiligen Schriften überzeugt. Seine Ehrfurcht vor dem christlichen Glauben und seine Treue zum Judentum haben ihn veranlasst, das Gespräch mit Jesus zu suchen.

Er setzt sich in diesem Buch unter die Schar der Jünger auf dem „Berg" in Galiläa. Er hört Jesus zu, vergleicht sein Wort mit den Worten des Alten Testaments und mit den rabbinischen Überlieferungen, wie sie in Mischna und Talmud niedergelegt sind: Er sieht in diesen Werken mündliche Überlieferung von den Anfängen her, die ihm den Deuteschlüssel zur Tora geben. Er hört zu, er vergleicht, und er redet mit Jesus selbst. Er ist angerührt von der Größe und von der Reinheit des Gesagten und doch zugleich beunruhigt über jene letzte Unvereinbarkeit, die er im Kern der Bergpredigt findet. Er wandert dann mit Jesus weiter auf dem Weg nach Jerusalem, hört, wie in den Worten Jesu dieselbe Thematik wiederkehrt und weiter entfaltet wird. Immerfort versucht er zu verstehen, immerfort bewegt ihn das Große, und wieder und wieder redet er mit Jesus. Aber am Ende entscheidet er sich, Jesus nicht zu folgen. Er bleibt – wie er sich ausdrückt – beim „ewigen Israel" (a. a. O., S. 162).

Der Dialog des Rabbi mit Jesus zeigt, wie der Glaube an das Wort Gottes in den Heiligen Schriften über die Zeiten hin Gleichzeitigkeit schafft: Von der Schrift her kann der Rabbi ins Heute Jesu eintreten, und von ihr her kommt Jesus in unser Heute. Dieser Dialog geschieht in großer Redlichkeit. Er lässt die ganze Härte der Unterschiede aufscheinen, aber er geschieht auch in großer Liebe: Der Rabbi nimmt das Anderssein der Botschaft Jesu an und verabschiedet sich in einer Trennung, die keinen Hass kennt, sondern in der Strenge der Wahrheit immer auch die versöhnende Kraft der Liebe gegenwärtig hält.

Versuchen wir, das Wesentliche dieses Gesprächs aufzunehmen, um Jesus zu erkennen und um unsere jüdischen Brüder besser zu verstehen. Der Zentralpunkt wird – wie mir scheint – sehr schön sichtbar in einer der beeindruckendsten Szenen, die Neusner in seinem Buch entwirft. Neusner war – in seinem inneren Dialog – Jesus den ganzen Tag über gefolgt und zieht sich nun zu Gebet und Torastudium mit den Juden einer kleinen Stadt zurück, um das Gehörte mit dem dortigen Rabbi – immer im Gedanken der Gleichzeitigkeit über Jahrtausende hin – zu besprechen. Der Rabbi zitiert aus dem Babylonischen Talmud: „‚Rabbi Simlaj trug vor: Sechshundertdreizehn Vorschriften sind Mose überliefert worden; dreihundertfünfundsechzig (Verbote) entsprechen den Tagen des Sonnenjahres, und zweihundertachtundvierzig (Gebote) entsprechen den Gliedern des Menschen. Hierauf kam David und brachte sie auf elf ... Hierauf kam Jesaja und brachte sie auf sechs ... Hierauf kam Jesaja abermals und brachte sie auf zwei ... Vielmehr, hierauf kam Habakuk und brachte sie auf eines, denn es heißt: Der Fromme wird durch seinen Glauben leben (Habakuk 2,4)'" (ebd., S. 113f).

In Neusners Buch folgt darauf der folgende Dialog: „‚Und dies', fragt der Meister, ‚hatte Jesus, der Gelehrte, zu sagen?' Ich: ‚Nicht genau, aber ungefähr.' Er: ‚Was hat er weggelassen?' Ich: ‚Nichts.' Er: ‚Was hat er dann hinzugefügt?' Ich: ‚Sich selbst.'" (S. 114). Dies ist der zentrale Punkt des Erschreckens vor Jesu Botschaft für den gläubigen Juden Neusner, und dies ist der zentrale Grund, warum er Jesus nicht folgen will, sondern beim „ewigen Israel" bleibt: die Zentralität des *Ich* Jesu in seiner Botschaft, die allem eine neue Richtung gibt. Neusner zitiert an dieser Stelle als Beleg für diese „Hinzufügung" das Wort Jesu an den reichen jungen Mann: „Wenn du vollkommen sein willst, geh, verkauf deinen Besitz, komm und folge *mir*" (vgl. Mt 19,20; S. 114). Die Vollkommenheit, das von der Tora verlangte Heiligsein, wie Gott heilig ist (Lev 19,2; 11,44), besteht jetzt darin, Jesus nachzufolgen.

Neusner spricht diese geheimnisvolle Gleichsetzung zwischen Jesus und Gott, die in den Reden der Bergpredigt vollzogen ist, nur mit großer Scheu und Ehrfurcht an, aber seine Analysen zeigen doch, dass dies der Punkt ist, durch den sich Jesu Botschaft grundlegend vom Glauben des „ewigen Israel" unterscheidet. Er tut dies von drei grundlegenden Geboten her, deren Behandlung durch Jesus er untersucht: Vom 4. Gebot aus – dem Gebot der Elternliebe – und vom 3. Gebot, dem Gebot der Sabbatheiligung her, und schließlich vom Heiligkeitsgebot aus, das wir eben berührt haben. Er kommt zu dem ihn beunruhigenden Ergebnis, dass Jesus ihn offenbar anleiten will, diesen drei grundlegenden Geboten Gottes nicht zu folgen und sich stattdessen ihm anzuschließen.

Der Streit um den Sabbat

Folgen wir dem Dialog Neusners, des gläubigen Juden, mit Jesus und beginnen wir mit dem Sabbat; ihn sorgsam einzuhalten, ist für Israel zentraler Ausdruck seiner Existenz als Leben im Bunde mit Gott. Auch dem oberflächlichen Leser der Evangelien ist bekannt, dass der Streit darum, was zum Sabbat gehört und was nicht, im Zentrum der Auseinandersetzung Jesu mit dem Volk Israel seiner Zeit steht. Die übliche Auslegung geht dahin, zu sagen, dass Jesus eine engstirnige legalistische Praxis aufgebrochen und stattdessen eine großzügigere, freiheitlichere Sicht geschenkt habe, die einem vernünftigen, situationsgemäßen Handeln die Tür auftue. Als Beleg dafür dient der Satz: „Der Sabbat ist um des Menschen willen da und nicht der Mensch um des Sabbats willen" (Mk 2,27), worin man eine anthropozentrische Sicht der ganzen Wirklichkeit findet, aus der sich eine „liberale" Auslegung der Gebote von selbst ergeben würde. So hat man gerade aus den Sabbat-Streitigkeiten das Bild des liberalen Jesus abgeleitet. Seine Kritik am Judentum seiner Zeit sei die Kritik des freiheitlichen und vernünftig gesonnenen Menschen an einem verknöcherten Legalismus, der im Tiefsten Heuchelei bedeute und Religion zu einem knechtischen System von letztlich unvernünftigen Verpflichtungen erniedrige, das den Menschen an der Entfaltung seines Werkes und seiner Freiheit hindere. Dass dabei kein sehr freundliches Bild des Judentums entstehen konnte, versteht sich von selbst; die moderne Kritik – beginnend mit der Reformation – sah freilich das so gesehene „Jüdische" im Katholizismus wiedergekehrt.

Jedenfalls steht hier die Frage nach Jesus – wer er wirklich war und was er wirklich wollte – und auch die ganze Frage nach der Wirklichkeit von Judentum und Christentum zur Debatte: War Jesus in Wirklichkeit ein liberaler Rabbi – ein Vorläufer des christlichen Liberalismus? Ist also der Christus des Glaubens und demnach der ganze Glaube der Kirche ein großer Irrtum?

Neusner schiebt diese Art von Auslegung überraschend schnell beiseite; er darf es, weil er überzeugend den wirklichen Streitpunkt bloßlegt. Zu dem Streit über das Ährenraufen der Jünger sagt er nur: „Was mich beunruhigt, ist folglich nicht der Verstoß der Jünger gegen das Gebot, den Sabbat zu halten. Das wäre trivial und ginge am Kern der Sache vorbei" (a. a. O., S. 87). Gewiss, wenn wir den Streit um die Heilungen am Sabbat und die Berichte über die zornige Trauer des Herrn ob der Herzenshärte der Vertreter der herrschenden Sabbatauslegung lesen, sehen wir, dass in diesen Auseinandersetzungen die tieferen Fragen um den Menschen und um die rechte Weise, Gott zu ehren, im Spiel sind. Insofern ist auch diese Seite des Konflikts gewiss nicht einfach „trivial". Aber Neusner hat doch recht, wenn er in der Antwort Jesu beim Streit um das Ährenraufen am Sabbat den tiefsten Kern des Konflikts offengelegt findet.

Jesus verteidigt die Vorgehensweise, in der die Jünger ihren Hunger stillen, zuerst mit dem Hinweis auf David, der mit seinen Begleitern im Haus Gottes heilige Brote aß, „die weder er noch seine Begleiter, sondern nur die Priester essen durften." Dann fährt er fort: „Oder habt ihr nicht im Gesetz gelesen, dass am Sabbat die Priester im Tempel den Sabbat entweihen, ohne sich schuldig zu machen? Ich sage euch: Hier ist einer, der größer ist als der Tempel. Wenn ihr begriffen hättet, was es heißt ‚Barmherzigkeit will ich, nicht Opfer' (Hos 6,6 [vgl. auch 1 Sam 15,22]), dann hättet ihr nicht Unschuldige verurteilt; denn der Menschensohn ist Herr über den Sabbat (Mt 12,1–8)" (ebd., S. 76). Dazu Neusner: „Er (Jesus) und seine Jünger können am Sabbat das tun, was sie tun, weil sie an die Stelle der Priester im Tempel getreten sind: Der heilige Ort hat sich verlagert, er besteht jetzt aus dem Kreis des Meisters und seiner Jünger" (S. 86f).

Hier müssen wir einen Augenblick innehalten, um zu sehen, was der Sabbat für Israel bedeutete, und so auch zu begreifen, was bei diesem Disput auf dem Spiel steht. Gott hat am siebten Tage geruht – so sagt uns der Schöpfungsbericht. „An diesem Tag feiern wir die Schöpfung", folgert Neusner mit Recht (S. 77). Und weiter: „Denn am Sabbat nicht zu arbeiten bedeutet mehr, als ein Ritual peinlich genau zu erfüllen. Es ist eine Art Nachahmung Gottes" (S. 78). So gehört zum Sabbat nicht nur negativ das Nichttun von äußeren Aktivitäten, sondern positiv die „Ruhe", die sich auch räumlich ausdrücken muss: „Um den Sabbat einzuhalten, muss man folglich zu Hause bleiben. Der Verzicht auf jegliche Arbeit allein genügt nicht, man muss auch ruhen, und das bedeutet soviel, dass an einem Tag in der Woche der Kreis von Familie und Haus wiederhergestellt wird, indem jeder zu Hause und alles an seinem Platz ist" (S. 84). Der Sabbat ist nicht nur eine Frage der persönlichen Frömmigkeit, er ist Kern einer Sozialordnung: „Dieser Tag macht das ewige Israel zu dem, was es ist, zu dem Volk, das sich wie Gott nach der Schöpfung am siebten Tage von seiner Schöpfung ausruht" (S. 77).

Hier könnte man wohl darüber nachdenken, wie heilsam es auch für unsere gegenwärtige Gesellschaft wäre, wenn an einem Tag die Familien beieinanderbleiben, das Heim zum Haus und zur Erfüllung der Gemeinschaft in der Ruhe Gottes machen würden. Aber versagen wir uns an dieser Stelle solche Überlegungen und bleiben wir beim Dialog zwischen Jesus und Israel, der unausweichlich ein Dialog auch zwischen Jesus und uns wie unser Dialog mit dem jüdischen Volk heute ist.

Das Stichwort von der „Ruhe" als konstitutivem Element des Sabbat stellt für Neusner die Verbindung her zu dem Ruf Jesu, der im Matthäus-Evangelium der Geschichte vom Ährenraufen der Jünger vorangeht. Es ist der sogenannte messianische Jubelruf, der so beginnt: „Ich preise dich, Vater, Herr des Himmels und der Erde, weil du all das den Weisen und Klugen verborgen, den Unmündigen aber offenbart hast ..." (Mt 11,25–30). In unserer gewohnten Auslegung scheinen dies zwei ganz verschiedene Texte zu sein: Der eine spricht von der Göttlichkeit Jesu, der andere vom Streit um den Sabbat. Bei Neusner wird sichtbar, dass die zwei Texte ganz eng zueinandergehören, denn beide Male geht es um das Geheimnis Jesu – um den „Menschensohn", den „Sohn" schlechthin.

Die Sätze, die unmittelbar der Sabbatgeschichte vorausgehen, lauten so: „Kommt alle zu mir, die ihr euch plagt und schwere Lasten zu tragen habt. Ich werde euch Ruhe verschaffen. Nehmt mein Joch auf euch und lernt von mir; denn ich bin gütig und von Herzen demütig: So werdet ihr Ruhe finden für eure Seelen. Denn mein Joch drückt nicht, und meine Last ist leicht" (Mt 11,28–30). Gewöhnlich wird dies von der Idee des liberalen Jesus her, also moralistisch ausgelegt: Die liberale Gesetzesauffassung Jesu erleichtert das Leben gegenüber dem „jüdischen Legalismus". Sehr überzeugend ist freilich diese Auslegung in der Praxis nicht, denn die Nachfolge Christi ist nicht bequem – gerade das hatte Jesus auch nie behauptet. Aber was dann?

Neusner zeigt uns, dass es nicht um eine Form von Moralismus geht, sondern um einen hoch-theologischen, oder sagen wir es genauer: um einen christologischen Text. Durch das Thema der Ruhe und das damit zusammenhängende Thema von Mühsal und Last ist der Text der Sabbatfrage zugeordnet. Die Ruhe, um die es geht, hat nun mit Jesus zu tun. Jesu Lehre vom Sabbat erscheint nun gerade im Zusammenklang dieses Rufes und des Wortes vom Menschensohn als dem Herrn des Sabbat.

Neusner fasst den Inhalt des Ganzen so zusammen: „Mein Joch ist leicht, ich gebe euch Ruhe, der Menschensohn ist wahrhaftig Herr über den Sabbat, denn der Menschensohn ist jetzt der Sabbat Israels – so handeln wir wie Gott" (S. 90).

Jetzt kann Neusner noch klarer als vorher sagen: „Kein Wunder also, dass der Menschensohn Herr über den Sabbat ist! Er ist es nicht deshalb, weil er die Beschränkungen des Sabbats liberal auslegt ... Jesus war kein rabbinischer Reformator, der den Menschen das Leben ‚leichter' machen wollte ... Nein, es geht hier nicht um die Erleichterung einer Last ... Jesu Autorität steht auf dem Spiel ..." (S. 89). „Jetzt steht Christus auf dem Berg und nimmt den Platz der Tora ein" (S. 91). Das Gespräch des gläubigen Juden mit Jesus kommt hier an den entscheidenden Punkt. Nun fragt er in seiner noblen Scheu nicht Jesus selbst, sondern den Jünger Jesu: „‚Ist dein Meister, der Menschensohn, wirklich Herr über den Sabbat?' Und wieder frage ich: ‚Ist dein Meister Gott?'" (S. 92).

Damit ist der eigentliche Kernpunkt des Streits bloßgelegt. Jesus versteht sich selbst als die Tora – als das Wort Gottes in Person. Der gewaltige Prolog des Johannes-Evangeliums „Im Anfang war das Wort und das Wort war bei Gott und das Wort war Gott" sagt nichts anderes, als was der Jesus der Bergpredigt und der Jesus der synoptischen Evangelien sagt. Der Jesus des vierten Evangeliums und der Jesus der Synoptiker ist ein und derselbe: der wahre „historische" Jesus.

Der Kern der Sabbat-Streitigkeiten ist die Frage nach dem Menschensohn – die Frage nach Jesus Christus selbst. Wieder sehen wir, wie weit Harnack und die ihm folgende liberale Exegese irrte mit der Meinung, ins Evangelium Jesu gehöre der Sohn, gehöre Christus nicht hinein: Er ist immerfort die Mitte darin.

Aber nun müssen wir noch auf einen weiteren Aspekt der Frage achten, der uns beim 4. Gebot deutlicher begegnen wird: Was Rabbi Neusner an Jesu Botschaft über den Sabbat stört, ist nicht nur die Zentralität Jesu selbst; er stellt sie klar heraus und streitet doch letztlich nicht darüber, sondern über das, was die Folge davon für das konkrete Leben Israels ist: Der Sabbat verliert seine große soziale Funktion. Er gehört zu den wesentlichen Elementen, die Israel als Israel zusammenhalten. Die Zentrierung um Jesus bricht dieses heilige Gefüge auf und gefährdet ein wesentliches Element im Zusammenhalt des Volkes.

Mit dem Anspruch Jesu selbst ist es verbunden, dass die Jüngergemeinschaft Jesu das neue Israel ist. Muss das nicht den beunruhigen, dem das „ewige Israel" am Herzen liegt? Mit der Frage nach dem Anspruch Jesu, selbst die Tora und der Tempel in Person zu sein, ist auch das Thema Israels – die Frage der lebendigen Gemeinschaft des Volkes – verbunden, in dem sich Gottes Wort verwirklicht. Neusner hat im größeren Teil seines Buches gerade diesen zweiten Aspekt unterstrichen, wie wir im Folgenden sehen werden.

Nun stellt sich hier auch schon für den Christen die Frage: War es gut, die große soziale Funktion des Sabbat zu gefährden, Israels heilige Ordnung aufzubrechen zugunsten einer Jüngergemeinschaft, die sozusagen allein von der Gestalt Jesu her definiert wird? Diese Frage könnte und kann sich erst in der sich entfaltenden Jüngergemeinschaft – der Kirche – klären. Dieser Entfaltung können wir hier nicht nachgehen. Die Auferstehung Jesu „am ersten Tag der Woche" brachte es mit sich, dass nun für die Christen dieser „erste Tag" – der Schöpfungsbeginn – zum „Herrentag" wurde, auf den dann – in der Tischgemeinschaft mit Jesus – von selbst die wesentlichen Elemente des alttestamentlichen Sabbat übergingen.

Dass die Kirche dabei auch die soziale Funktion des Sabbat – immer ausgerichtet auf den „Menschensohn" – neu übernommen hat, zeigte sich deutlich, als Konstantin bei seiner christlich inspirierten Rechtsreform mit diesem Tag auch Freiheiten für die Sklaven verband und also den Herrentag als einen Tag der Freiheit und der Ruhe in das christlich geformte Rechtssystem einführte. Ich finde es äußerst bedenklich, dass moderne Liturgiker diese soziale Funktion des Sonntags, die in der Kontinuität mit der Tora Israels steht, als konstantinische Verirrung wieder beiseiteschieben wollen. Aber da steht natürlich das ganze Problem des Verhältnisses von Glaube und Sozialordnung, von Glaube und Politik auf. Darauf müssen wir im nächsten Abschnitt unser Augenmerk richten.

Das 4. Gebot – die Familie, das Volk und die Jüngergemeinde Jesu

Ehre deinen Vater und deine Mutter, damit du lange lebst in dem Land, das der Herr, dein Gott, dir gibt" – so lautet das 4. Gebot in der Version des Exodus-Buches (20,12). Das Gebot wendet sich an die Söhne und spricht von den Eltern, richtet also den Zusammenhang der Generationen und die Gemeinschaft der Familie als eine von Gott gewollte und geschützte Ordnung auf. Es spricht vom Land und von der Beständigkeit des Lebens im Land, verbindet also das Land als Lebensraum des Volkes mit der Grundordnung der Familie, bindet das Bestehen von Volk und Land an das im Gefüge der Familie sich bildende Miteinander der Generationen.

Nun sieht Rabbi Neusner mit Recht in diesem Gebot den Kern der sozialen Ordnung, den Zusammenhalt des „ewigen Israel" verankert – diese „wirkliche, lebendige und gegenwärtige Familie von Abraham und Sara, Isaak und Rebekka, Jakob, Lea und Rahel" (a. a. O., S. 59; vgl. S. 73). Genau diese Familie Israels sieht Neusner durch die Botschaft Jesu bedroht, die Grundlagen seiner sozialen Ordnung beiseitegeschoben durch den Primat seiner Person: „Wir beten zu dem Gott, den wir – am Anfang – durch das Zeugnis unserer Familie kennen, zum Gott Abrahams, Saras, Isaaks und Rebekkas, Jakobs, Leas und

Rahels. Um zu erklären, wer wir, das ewige Israel, sind, verweisen die Gelehrten auf unsere Abstammung, auf fleischliche Bande, auf den Zusammenhalt der Familie als Grundlage für die Existenz Israels" (S. 59f).
Genau diesen Zusammenhang stellt Jesus in Frage. Ihm wird gesagt, dass seine Mutter und seine Brüder draußen stehen und ihn sprechen wollen. Seine Antwort darauf: Wer ist meine Mutter, und wer sind meine Brüder? Und er streckte die Hand über seine Jünger aus und sagte: „Das hier sind meine Mutter und meine Brüder. Denn wer den Willen meines himmlischen Vaters erfüllt, der ist für mich Bruder und Schwester und Mutter" (Mt 12,46–50).

Angesichts dieses Textes fragt Neusner: „Lehrt mich Jesus nicht, gegen eines der beiden Gebote zur sozialen Ordnung zu verstoßen?" (S. 60). Der Vorwurf ist dabei ein doppelter: Zunächst geht es um den scheinbaren Individualismus der Botschaft Jesu. Während die Tora eine präzise Sozialordnung vorlegt, dem Volk seine Rechts- und Sozialgestalt für Krieg und Frieden, für rechte Politik und für das tägliche Leben gibt, ist nichts davon bei Jesus zu finden. Die Nachfolge Jesu bietet keine politisch konkret realisierbare Sozialstruktur. Auf die Bergpredigt könne man keinen Staat und keine Sozialordnung aufbauen, wird mit Recht immer wieder gesagt. Ihre Botschaft scheint auf einer anderen Ebene angesiedelt. Israels Ordnungen, die seinen Bestand die Jahrtausende hindurch und durch alle Wirrnisse der Geschichte hinweg gewährleistet haben, werden beiseitegeschoben. Von dieser neuen Interpretation des 4. Gebotes ist nicht nur das Eltern-Kind-Verhältnis betroffen, sondern der gesamte Bereich der Sozialstruktur des Volkes Israel.

Diese Umschichtung auf der Ebene des Sozialen findet ihren Grund und ihre Rechtfertigung im Anspruch Jesu, mit seiner Jüngergemeinschaft Ursprung und Mitte eines neuen Israel zu sein: Wir stehen wieder vor dem Ich Jesu, der auf der Höhe der Tora selbst, auf der Höhe Gottes spricht. Die beiden Sphären – Änderung der Sozialstruktur, Aufbrechen des „ewigen Israel" in eine neue Gemeinde hinein und der göttliche Anspruch Jesu – sind unmittelbar miteinander verknüpft.

Neusner macht es sich dabei mit seiner Kritik nicht leicht. Er erinnert daran, „dass auch Schüler der Tora von ihren Lehrern von Haus und Familie weggerufen würden und Frau und Kinder für lange Zeit den Rücken kehren müssten, um sich ganz dem Studium der Tora zu widmen" (S. 62). „Die Tora tritt damit an die Stelle der Abstammung, und der Meister der Tora erhält einen neuen Familienstamm" (S. 65). So scheint Jesu Forderung, eine neue Familie zu eröffnen, sich durchaus im Rahmen dessen zu bewegen, was in der Schule der Tora – im „ewigen Israel" – möglich ist.

Und doch besteht ein grundlegender Unterschied. Im Fall Jesu ist es nicht die alle verbindende Anhängerschaft gegenüber der Tora, die eine neue Familie bildet, sondern es geht um die Anhängerschaft an Jesus selbst, seiner Tora gegenüber. Bei den Rabbinen bleiben alle durch die gleichen Beziehungen einer dauerhaften sozialen Ordnung verbunden, bleiben alle durch die Unterwerfung unter die Tora in der Gleichheit des ganzen Israel. So konstatiert Neusner am Ende: „... jetzt ist mir klar, dass das, was Jesus von mir fordert, allein Gott von mir verlangen kann" (S. 70).

Es zeigt sich das Gleiche wie oben bei der Analyse des Sabbatgebotes. Das christologische (theologische) und das soziale Argument sind unlösbar ineinander verknotet. Wenn Jesus Gott ist, kann und darf er so mit der Tora umgehen, wie er es tut. Nur dann darf er die mosaische Ordnung der Gottesgebote so radikal neu interpretieren, wie es allein der Gesetzgeber – Gott selbst – tun kann.

Aber nun ist die Frage: War es denn gut und richtig, eine solche neue Jüngergemeinde zu schaffen, die ganz auf ihn gegründet war? War es gut, die Sozialordnungen des „ewigen Israel", das von Abraham, Isaak und Jakob her durch Fleischesbande gegründet ist und besteht, beiseitezuschieben, es (wie Paulus sagen wird) zu „Israel dem Fleische nach" zu erklären? Welchen erkennbaren Sinn konnte dies alles haben?

Nun, wenn wir die Tora mit dem gesamten alttestamentlichen Kanon, den Propheten und den Psalmen und der Weisheitsliteratur zusammen lesen, dann wird etwas sehr deutlich, was sich der Sache nach auch in der Tora schon ankündigt: Israel ist nicht einfach nur für sich selber da, um in den „ewigen" Ordnungen des Gesetzes zu leben – es ist da, um Licht der Völker zu werden: In den Psalmen wie in den Prophetenbüchern hören wir mit wachsender Deutlichkeit die Verheißung, dass das Heil Gottes zu allen Völkern kommen wird. Wir hören immer deutlicher, dass der Gott Israels, der ja der einzige Gott selber ist, der wahre Gott, der Schöpfer des Himmels und der Erde, der Gott aller Völker und aller Menschen, in dessen Händen das Geschick der Völker steht – dass dieser Gott die Völker nicht sich selbst überlassen will. Wir hören, dass alle ihn erkennen werden, dass Ägypten und Babel – die beiden Israel entgegengesetzten Weltmächte –

Israel die Hände reichen und mit ihm den einen Gott anbeten werden. Wir hören, dass die Grenzen fallen werden und dass der Gott Israels von allen Völkern als ihr Gott, als der eine Gott anerkannt und verehrt werden wird.

Gerade von jüdischer Seite wird – durchaus zu Recht – immer wieder gefragt: Was hat denn euer „Messias" Jesus gebracht? Er hat nicht den Weltfrieden gebracht und das Elend der Welt nicht überwunden. So kann er doch wohl der wahre Messias nicht sein, von dem gerade dies erwartet wird. Ja, was hat Jesus gebracht? Der Frage sind wir schon begegnet, und auch die Antwort kennen wir bereits: Er hat den Gott Israels zu den Völkern getragen, so dass alle Völker nun zu ihm beten und in den Schriften Israels sein Wort, des lebendigen Gottes Wort erkennen. Er hat die Universalität geschenkt, die die eine große und prägende Verheißung an Israel und an die Welt ist. Die Universalität, der Glaube an den einen Gott Abrahams, Isaaks und Jakobs in der neuen Familie Jesu über alle Völker hin und über die fleischlichen Bande der Abstammung hinaus – das ist die Frucht von Jesu Werk. Das ist es, was ihn als den „Messias" ausweist und der messianischen Verheißung eine Deutung gibt, die in Mose und den Propheten gründet und sie freilich auch ganz neu aufschließt.

Das Vehikel dieser Universalisierung ist die neue Familie, die als ihre einzige Voraussetzung die Gemeinschaft mit Jesus, die Gemeinschaft im Willen Gottes hat. Denn das Ich Jesu steht nun eben doch nicht als ein eigenwilliges, in sich kreisendes Ego da. „Wer den Willen meines Vaters erfüllt, der ist für mich Bruder und Schwester und Mutter" (Mk 3,34f): Das Ich Jesu verkörpert die Willensgemeinschaft des Sohnes mit dem Vater. Es ist ein hörendes und gehorchendes Ich. Die Gemeinschaft mit ihm ist Sohnesgemeinschaft mit dem Vater – ist auf neuer und höchster Ebene Ja zum 4. Gebot. Sie ist Eintreten in die Familie derer, die zu Gott Vater sagen und es sagen können im Wir derjenigen, die mit Jesus und – durch das Hören auf ihn – dem Willen des Vaters geeint sind und so im Kern jenes Gehorsams stehen, den die Tora meint.

Diese Einheit mit dem Willen des Vatergottes durch die Gemeinschaft mit Jesus, dessen Speise es ist, den Willen des Vaters zu tun (vgl. Joh 4,34), eröffnet nun auch den neuen Blick auf die Einzelbestimmungen der Tora. Die Tora hatte in der Tat die Aufgabe, Israel eine konkrete Rechts- und Sozialordnung zu geben, diesem besonderen Volk, das einerseits ein ganz bestimmtes, durch Abstammung und Generationenfolge ineinandergebundenes Volk ist, aber andererseits von Anfang an und seinem Wesen nach Träger einer universalen Verheißung ist. In der neuen Familie Jesu, die man später „die Kirche" nennen wird, können diese einzelnen Sozial- und Rechtsordnungen in ihrer historischen Wörtlichkeit nicht allgemein gelten: Das war genau die Frage am Anfang der „Kirche aus allen Völkern" und der Streit zwischen Paulus und den sogenannten Judaisten. Die Sozialordnung Israels wörtlich auf Menschen in allen Völkern zu übertragen, hätte bedeutet, die Universalität der wachsenden Gottesgemeinschaft faktisch zu negieren. Das hat Paulus mit aller Klarheit gesehen. Das konnte die Tora des Messias nicht sein. Und sie ist es nicht, wie uns die Bergpredigt und das ganze Gespräch des gläubigen und wahrhaft aufmerksam hörenden Rabbi Neusner zeigt.

Hier geschieht freilich ein ganz wichtiger Vorgang, der in seiner vollen Tragweite erst in der Neuzeit erfasst und dann freilich auch gleich wieder einseitig verstanden und verfälscht worden ist. Die konkreten Rechts- und Sozialgestalten, die politischen Ordnungen werden nicht mehr als sakrales Recht buchstäblich für alle Zeiten und damit für alle Völker festgelegt. Entscheidend ist die grundlegende Willensgemeinschaft mit Gott, die durch Jesus geschenkt ist. Von ihr her sind die Menschen und die Völker nun frei, zu erkennen, was in politischer und sozialer Ordnung dieser Willensgemeinschaft gemäß ist, um so selbst die rechtlichen Ordnungen zu gestalten. Das Fehlen der ganzen Sozialdimension in Jesu Predigt, das Neusner aus jüdischer Sicht durchaus einsichtig kritisiert, birgt und verbirgt zugleich einen weltgeschichtlichen Vorgang, der als solcher in keinem anderen Kulturraum stattgefunden hat: Die konkreten politischen und sozialen Ordnungen werden aus der unmittelbaren Sakralität, aus der gottesrechtlichen Gesetzgebung entlassen und der Freiheit des Menschen übertragen, der durch Jesus im Willen Gottes gegründet ist und von ihm aus das Recht und das Gute sehen lernt.

So sind wir wieder bei der Tora des Messias, beim Galater-Brief angelangt: „Zur Freiheit seid ihr berufen" (Gal 5,13) – nicht zu einer blinden und willkürlichen Freiheit, zu einer „fleischlich verstandenen Freiheit", würde Paulus sagen, sondern zu einer sehenden Freiheit, die ihre Verankerung in der Willensgemeinschaft mit Jesus und so mit Gott selber hat, zu einer Freiheit also, die aus einem neuen Sehen heraus eben das baut, worum es in der Tora zutiefst geht, sie von innen heraus mit Jesus universalisiert und sie daher wirklich „erfüllt".

Inzwischen ist freilich diese Freiheit ganz aus dem Blick auf Gott und aus der Gemeinschaft mit Jesus her-

ausgerissen worden. Die Freiheit zur Universalität und
damit zur rechten Profanität des Staates ist in eine absolute Profanität – in „Laizismus" – umgewandelt worden,
für die die Gottvergessenheit und die Bindung allein an
den Erfolg konstitutiv geworden scheinen. Für den gläubigen Christen bleiben die Weisungen der Tora durchaus
ein Bezugspunkt, auf den er immer hinschaut; für ihn
bleibt vor allem die Suche nach dem Willen Gottes in der
Gemeinschaft mit Jesus eine Wegweisung für die Vernunft, ohne die sie immer in der Gefahr der Verblendung,
der Erblindung steht.

Noch eine Beobachtung ist wesentlich. Diese Universalisierung von Israels Glauben und Hoffen, die damit verbundene Freigabe des Buchstabens in die neue Gemeinschaft
mit Jesus, ist gebunden an die Autorität Jesu und an seinen
Anspruch als Sohn. Sie verliert ihr historisches Gewicht
und ihren tragenden Grund, wenn man Jesus bloß als einen liberalen Reform-Rabbi abinterpretiert. Eine liberale
Auslegung der Tora wäre eine bloß persönliche Meinung
eines Lehrers – sie könnte nicht geschichtsbildend sein.
Dabei würde im Übrigen auch die Tora, ihre Herkunft aus
Gottes Willen, relativiert; für alles Gesagte bliebe nur eine menschliche Autorität: die Autorität eines Gelehrten.
Daraus entsteht keine neue Gemeinschaft des Glaubens.
Der Sprung in die Universalität, die dafür notwendige
neue Freiheit, kann nur durch einen größeren Gehorsam
ermöglicht werden. Er kann als geschichtsbildende Kraft
nur wirksam werden, wenn die Autorität dieser neuen
Auslegung nicht geringer ist als die des ursprünglichen
Textes selbst: Es muss eine göttliche Autorität sein. Die
neue, universale Familie ist das Wozu der Sendung Jesu,

aber seine göttliche Autorität – das Sohnsein Jesu in der Gemeinschaft mit dem Vater – ist die Voraussetzung, damit dieser Ausbruch ins Neue und Weite ohne Verrat und ohne Eigenmacht möglich wird.

Wir haben gehört, dass Neusner Jesus fragt: Willst du mich zur Übertretung von zwei oder drei Geboten Gottes verführen? Wenn Jesus nicht in der Vollmacht des Sohnes spricht, wenn seine Auslegung nicht Anfang einer neuen Gemeinschaft eines neuen freien Gehorsams ist, dann bleibt nur dies übrig: Dann verführt Jesus zum Ungehorsam gegen Gottes Gebot.

Für die Christenheit aller Zeiten ist es grundlegend, den Zusammenhang von Überschreitung (etwas anderes als „Übertretung") und Erfüllung sorgsam im Auge zu haben. Neusner kritisiert – wir sahen es – bei aller Ehrfurcht vor Jesus mit großer Entschiedenheit die Auflösung der Familie, die er in Jesu Aufforderung zum „Übertreten" des 4. Gebotes gegeben sieht; desgleichen die Bedrohung des Sabbat, der einen Angelpunkt der Sozialordnung Israels darstellt. Nun, Jesus will weder die Familie noch die Schöpfungsintention des Sabbat aufheben, aber er muss für beides einen neuen, weiteren Raum schaffen. Mit seiner Einladung, durch den gemeinsamen Gehorsam zum Vater mit ihm Glied einer neuen, universalen Familie zu werden, sprengt er zwar zunächst die soziale Ordnung Israels. Aber für die nun werdende und gewordene Kirche war es von Anfang an grundlegend, die Familie als Kern aller Sozialordnung zu verteidigen, für das 4. Gebot in der ganzen Breite seiner Bedeutung einzutreten: Wir sehen es, wie heute der Kampf der Kirche darum geht. Und ebenso wurde schnell deutlich, dass der wesentliche

Gehalt des Sabbat am Herrentag neu zur Entfaltung kommen musste. Auch der Kampf um den Sonntag gehört zu den großen Anliegen der Kirche in der Gegenwart mit all ihren Auflösungen eines die Gemeinschaft tragenden Rhythmus der Zeit.

Das rechte Ineinander von Altem und Neuem Testament war und ist für die Kirche konstitutiv: Gerade die Reden des Auferstandenen legen Wert darauf, dass Jesus nur im Kontext von „Gesetz und Propheten" zu verstehen ist und dass seine Gemeinschaft nur in diesem rechtverstandenen Kontext leben kann. Zwei gegensätzliche Gefahren haben die Kirche in dieser Sache von Anfang an bedroht und werden sie immer bedrohen. Auf der einen Seite ein falscher Legalismus, gegen den Paulus kämpft und den man in der ganzen Geschichte leider unter den unglücklichen Namen „Judaismus" gestellt hat. Auf der anderen Seite steht die Abstoßung von Mose und Propheten – des „Alten Testaments" –, die zuallererst Marcion im 2. Jahrhundert formuliert hatte; sie gehört zu den großen Versuchungen der Neuzeit. Es ist nicht zufällig, dass Harnack als führender Vertreter der liberalen Theologie verlangte, nun endlich das Erbe Marcions zu vollstrecken und die Christenheit von der Last des Alten Testaments zu befreien. Die heute weitverbreitete Versuchung, das Neue Testament rein spirituell auszulegen und es von jeder sozialen und politischen Relevanz zu lösen, geht in diese Richtung.

Umgekehrt bedeuten politische Theologien aller Art die Theologisierung eines einzelnen politischen Weges, die der Neuheit und der Weite der Botschaft Jesu widerspricht. Dennoch wäre es falsch, derlei Tendenzen als Judaisierung des Christentums zu bezeichnen, weil

Israel seinen Gehorsam gegen die konkreten Sozialordnungen der Tora auf die Abstammungsgemeinschaft des „ewigen Israel" bezieht und nicht zu einem universalen politischen Rezept erklärt. Insgesamt wird es der Christenheit guttun, ehrfürchtig auf diesen Gehorsam Israels hinzuschauen und so die großen Imperative des Dekalogs besser wahrzunehmen, die die Christenheit in den Raum der universalen Gottesfamilie übertragen muss und die Jesus uns als „neuer Mose" geschenkt hat. In ihm sehen wir die Mose-Verheißung erfüllt: „Einen Propheten wie mich wird der Herr, dein Gott, aus deiner Mitte heraus erstehen lassen ..." (Dtn 18,15).

Kompromiss und prophetische Radikalität

Wir sind im Mitdenken und Mitreden beim Dialog des jüdischen Rabbi mit Jesus schon ein gutes Stück über die Bergpredigt hinaus auf dem Weg Jesu nach Jerusalem mitgegangen; nun müssen wir noch einmal zu den Antithesen der Bergpredigt zurückkehren, in denen Jesus Fragen aus dem Bereich der zweiten Dekalogtafel aufnimmt und alten Weisungen der Tora eine neue Radikalität der Gerechtigkeit vor Gott gegenüberstellt: Nicht nur nicht töten, sondern dem unversöhnten Bruder zur Versöhnung entgegengehen. Keine Ehescheidung mehr; nicht nur Gleichheit im Recht (Aug' um Auge, Zahn um Zahn), sondern sich schlagen lassen, ohne zurückzuschlagen; nicht bloß den Nächsten lieben, sondern auch den Feind.

Die Höhe des Ethos, die sich hier ausdrückt, wird immer wieder Menschen aller Herkünfte erschüttern und als Gipfel sittlicher Größe anrühren; denken wir nur an Mahatma Gandhis Zuwendung zu Jesus, die gerade auf diesen Texten beruhte. Aber ist das Gesagte auch realistisch – soll man, ja, darf man wirklich so handeln? Zerstört nicht einiges davon – wie Neusner einwendet – jede konkrete soziale Ordnung? Kann man so eine Gemeinschaft, ein Volk aufbauen?

Die neuere exegetische Forschung hat zu dieser Frage wichtige Erkenntnisse gewonnen, indem sie die innere Struktur der Tora und ihrer Gesetzgebung genau untersucht hat. Für unsere Frage ist dabei besonders die Analyse des sogenannten Bundesbuches Ex 20,22–23,19 wichtig. In diesem Gesetzeskodex kann man zweierlei Arten von Recht unterscheiden: Das sogenannte kasuistische und das apodiktische Recht.

Das sogenannte kasuistische Recht bringt Regelungen für ganz konkrete Rechtsfragen: Rechtsordnungen bezüglich der Sklavenhaltung und -freilassung, Körperverletzung durch Menschen oder durch Tiere, Ersatz bei Diebstahl usw. Hier werden keine theologischen Motivationen gegeben, aber konkrete Sanktionen – proportional zum geschehenen Unrecht – festgelegt. Diese Rechtsnormen sind aus der Praxis gewachsen und auf die Praxis bezogenes Recht, das dem Aufbau einer realistischen Sozialordnung dient und sich an den konkreten Möglichkeiten einer Gesellschaft in einer bestimmten historischen und kulturellen Situation misst.

Es ist in diesem Sinn auch historisch bedingtes Recht, das durchaus kritikfähig, oft auch – jedenfalls aus unserer ethischen Sicht heraus – kritikbedürftig ist und innerhalb der alttestamentlichen Gesetzgebung selbst weiterentwickelt wird: Jüngere Vorschriften widersprechen älteren über den gleichen Gegenstand. Das so Vorgesehene steht zwar im grundsätzlichen Zusammenhang des Glaubens an den offenbarenden Gott, der am Sinai gesprochen hat, ist aber nicht selbst direkt Gottesrecht, sondern vom grundlegenden Maß des Gottesrechtes her entwickeltes und daher weiterhin entwicklungsfähiges, korrigierbares Recht.

In der Tat gehört zu einer Sozialordnung auch Entwicklungsfähigkeit; sie muss sich unterschiedlichen historischen Situationen stellen und sich am Möglichen orientieren, ohne dabei den ethischen Maßstab als solchen aus dem Auge zu verlieren, der dem Recht seinen Rechtscharakter gibt. Die prophetische Kritik eines Jesaja, Hosea, Amos, Micha trifft in gewisser Hinsicht – wie zum Beispiel Olivier Artus gezeigt hat – auch kasuistisches Recht, das in der Tora steht, aber praktisch zu Unrecht geworden ist und in konkreten wirtschaftlichen Situationen Israels nicht mehr dem Schutz der Armen, der Witwen und der Waisen dient, den die Propheten als die höchste Intention der von Gott kommenden Rechtssetzung ansehen.

Dieser prophetischen Kritik verwandt sind aber Teile des Bundesbuches selbst, die man als „apodiktisches Recht" anspricht (Ex 22,20; 23,9–12). Dieses „apodiktische Recht" wird im Namen Gottes selbst ausgesprochen; konkrete Sanktionen werden hier nicht angegeben. „Einen Fremden sollst du nicht ausnutzen oder ausbeuten, denn ihr selbst seid in Ägypten Fremde gewesen. Ihr sollt keine Witwe oder Waise ausnutzen" (Ex 22,20f). An diesen großen Normen hat die Kritik der Propheten ihren Anhalt gefunden, von solchen Normen her hat sie immer wieder konkrete Rechtsbräuche in Frage gestellt, um den wesentlichen göttlichen Kern des Rechts als Maßstab und Richtschnur aller Rechtsentwicklung und aller Sozialordnung zur Geltung zu bringen. Frank Crüsemann, dem wir wesentliche Erkenntnisse in dieser Materie verdanken, hat die Weisungen des „apodiktischen Rechts" als „Metanormen" bezeichnet, die eine kritische Instanz gegenüber den Regeln des kasuistischen Rechts darstellen. Das Verhältnis zwischen kasuistischem und apodiktischem Recht könne man mit dem Begriffspaar „Regeln" und „Prinzipien" bestimmen.

So gibt es innerhalb der Tora selbst durchaus unterschiedliche Stufen von Autorität; es gibt in ihr – wie Artus es ausdrückt – einen fortwährenden Dialog zwischen historisch bestimmten Normen und Metanormen. Letztere drücken die immerwährenden Anforderungen des Bundes aus. Die Grundoption der „Metanormen" ist das Einstehen Gottes für die Armen, die leicht zu Rechtlosen werden und sich nicht selbst Recht schaffen können.

Damit hängt ein Weiteres zusammen: In der Tora erscheint als die grundlegende Norm, an der allein alles hängt, zunächst die Durchsetzung des Glaubens an den *einen* Gott: Nur er, JHWH, darf angebetet werden. Aber nun, in der prophetischen Entwicklung, erhält die Verantwortung für die Armen, die Witwen und die Waisen immer mehr den gleichen Rang wie die Einzigkeit der Anbetung des einen Gottes: Sie verschmilzt mit dem Gottesbild, definiert es ganz konkret. Die soziale Wegweisung ist eine theologische Wegweisung, und die theologische Wegweisung hat sozialen Charakter – Gottes- und Nächstenliebe sind nicht trennbar, und Nächstenliebe erfährt hier als Wahrnehmung der direkten Gegenwart Gottes im Armen und Schwachen eine sehr praktische Definition.

All dies ist für das rechte Verständnis der Bergpredigt wesentlich. Im Inneren der Tora selbst und dann im Dialog zwischen Gesetz und Propheten sehen wir schon das Gegenüber von wandelbarem kasuistischem Recht, das die jeweilige Sozialstruktur formt, und den wesentlichen Prinzipien des Gottesrechtes selbst, an denen die praktischen Normen immer wieder zu messen, zu entwickeln und zu korrigieren sind.

Jesus tut nichts Unerhörtes und ganz Neues, wenn er den in der Tora entwickelten praktischen, kasuistischen Normen den reinen Gotteswillen entgegenstellt als die von den Gotteskindern zu erwartende „größere Gerechtigkeit" (Mt 5,20). Er nimmt die von den Propheten weiterentwickelte innere Dynamik der Tora selbst auf und gibt ihr als der Erwählte, mit Gott selbst Aug' in Aug' stehende Prophet (Dtn 18,15) ihre radikale Gestalt. So versteht es sich von selbst, dass in diesen Worten nicht eine Sozialordnung formuliert wird; wohl aber werden den sozialen Ordnungen ihre grundlegenden Maßstäbe vorgestellt, die freilich in keiner Sozialordnung je als solche rein zur Verwirklichung kommen können. Die Dynamisierung der konkreten Rechts- und Sozialordnungen, die Jesus damit vollzieht, ihr Herausnehmen aus dem direkten Gottesbereich und das Übertragen der Verantwortung an eine sehend gewordene Vernunft, entspricht der inneren Struktur der Tora selbst.

Jesus steht in den Antithesen der Bergpredigt weder als Rebell noch als Liberaler vor uns, sondern als der prophetische Interpret der Tora, der sie nicht aufhebt, sondern erfüllt und sie gerade erfüllt, indem er der geschichtlich handelnden Vernunft den Raum ihrer Verantwortung zuweist. So wird auch die Christenheit immer wieder Sozialordnungen, eine „christliche Soziallehre" neu ausarbeiten und formulieren müssen. Sie wird in je neuen Entwicklungen Vorgegebenes korrigieren. Sie findet in der inneren Struktur der Tora, in ihrer Fortentwicklung durch die prophetische Kritik und in der beides aufnehmenden Botschaft Jesu zugleich die Weite für die nötigen historischen Entwicklungen wie den festen Grund, der die Menschenwürde von der Gotteswürde her garantiert.

5. KAPITEL
DAS GEBET DES HERRN

Die Bergpredigt entwirft, wie wir gesehen haben, ein umfassendes Bild vom rechten Menschsein. Sie will uns zeigen, wie das geht: ein Mensch zu sein. Ihre grundlegenden Einsichten könnte man in der Aussage zusammenfassen: Der Mensch ist nur von Gott her zu verstehen, und nur wenn er in der Beziehung zu Gott lebt, wird sein Leben recht. Gott aber ist nicht ein ferner Unbekannter. Er zeigt uns in Jesus sein Gesicht; in seinem Tun und in seinem Willen lernen wir die Gedanken Gottes und Gottes Willen selber kennen.

Wenn Menschsein wesentlich Beziehung zu Gott bedeutet, so ist klar, dass dazu das Reden mit Gott und das Hören auf Gott gehört. Deswegen gehört zur Bergpredigt auch eine Lehre vom Gebet; der Herr sagt uns, wie wir beten sollen.

Bei Matthäus geht dem Herrengebet eine kurze Katechese über das Gebet voraus, die uns vor allem vor den Fehlformen des Betens warnen will. Gebet darf nicht Schaustellung vor den Menschen sein; es verlangt die Diskretion, die einer Beziehung der Liebe wesentlich ist. Gott redet jeden Einzelnen mit seinem Namen an, den sonst niemand kennt, sagt uns die Schrift (Offb 2,17). Gottes Liebe zu jedem Einzelnen ist ganz persönlich und trägt dieses Geheimnis der Einmaligkeit in sich, die nicht vor den Menschen ausgebreitet werden kann.

Diese wesentliche Diskretion des Betens schließt das gemeinsame Beten nicht aus: Das Vaterunser selbst ist ein Wir-Gebet, und nur im Mitsein mit dem Wir der Kinder Gottes können wir überhaupt die Grenze dieser Welt überschreiten und zu Gott hinaufreichen. Aber dieses Wir weckt doch das Innerste meiner Person auf;

im Beten müssen sich dieses ganz Persönliche und das Gemeinschaftliche immer durchdringen, wie wir bei der Auslegung des Vaterunser näher sehen werden. Wie es im Verhältnis von Mann und Frau das ganz Persönliche gibt, das den Schutzraum der Diskretion braucht, und zugleich beider Verhältnis in Ehe und Familie auch vom Wesen her öffentliche Verantwortung einschließt, so auch in der Gottesbeziehung: Das Wir der betenden Gemeinschaft und das Persönlichste des nur Gott Mitteilbaren durchdringen sich.

Die andere Fehlform des Betens, vor der uns der Herr warnt, ist das Geplapper, der Wortschwall, in dem der Geist erstickt. Wir alle kennen die Gefahr, dass wir gewohnte Formeln hersagen und dabei der Geist ganz woanders ist. Am aufmerksamsten sind wir, wenn wir Gott aus innerster Not um etwas bitten oder ihm aus freudigem Herzen für erfahrenes Gutes danken. Das Wichtigste aber ist – über solche Augenblickssituationen hinaus –, dass die Beziehung zu Gott auf dem Grund unserer Seele anwesend ist. Damit das geschieht, muss diese Beziehung immer neu wachgerufen werden und müssen die Dinge des Alltags immer wieder auf sie zurückbezogen werden. Wir werden umso besser beten, je mehr in der Tiefe unserer Seele die Ausrichtung auf Gott da ist. Je mehr sie der tragende Grund unserer ganzen Existenz wird, desto mehr werden wir Menschen des Friedens sein. Desto mehr können wir den Schmerz tragen, desto mehr die anderen verstehen und uns ihnen öffnen. Diese unser ganzes Bewusstsein durchprägende Orientierung, das stille Anwesendsein Gottes auf dem Grund unseres Denkens, Sinnens und Seins, nennen wir das „immerwährende Gebet". Sie ist letztlich auch das, was wir mit Gottesliebe meinen, die zugleich die innerste Bedingung und Triebkraft der Nächstenliebe ist.

Dieses eigentliche Gebet, das stille innere Mitsein mit Gott, bedarf der Nahrung, und dazu dient das konkrete Gebet mit Worten oder Vorstellungen oder Gedanken. Je mehr Gott in uns da ist, desto mehr werden wir in den Gebetsworten wirklich bei ihm sein können. Aber umgekehrt gilt auch, dass das aktive Beten unser Mitsein mit Gott verwirklicht und vertieft. Dieses Beten kann und soll vor allem aus unserem Herzen, aus unseren Nöten, Hoffnungen, Freuden, Erleidnissen, aus der Beschämung über die Sünde wie aus dem Dank für das Gute aufsteigen und so ganz persönliches Beten sein. Aber wir brauchen auch immer Anhalt an Gebetsworten, in denen die Gottesbegegnung der ganzen Kirche wie der einzelnen Menschen in ihr Gestalt gefunden hat. Denn ohne diese Gebetshilfen wird unser eigenes Beten und unser Gottesbild subjektiv und spiegelt zuletzt mehr uns selbst als den lebendigen Gott. In den Gebetsworten, die zuerst aus dem Glauben Israels und dann aus dem Glauben der Beter der Kirche aufgestiegen sind, lernen wir Gott und lernen wir uns selbst kennen. Sie sind Schule des Betens und so Verwandlungen und Öffnungen unseres Lebens.

Der heilige Benedikt hat in seiner Regel die Formel geprägt: ... *mens nostra concordet voci nostrae* – Unser Geist muss im Einklang stehen mit unserer Stimme (*Reg* 19,7). Normalerweise geht der Gedanke dem Wort voran, sucht und formt das Wort. Aber beim Psalmengebet, beim liturgischen Gebet überhaupt ist es umgekehrt: Das Wort, die Stimme geht uns voraus, und unser Geist muss sich dieser Stimme einfügen. Denn aus Eigenem wissen wir Menschen nicht, wie „wir in rechter Weise beten sollen" (Röm 8,26) – zu weit sind wir von Gott entfernt, zu geheimnisvoll und groß ist er für uns. Und so ist uns Gott zu Hilfe gekommen: Er gibt uns selbst die Gebetsworte vor und lehrt uns beten, schenkt uns, in den von ihm kommenden Gebetsworten, uns auf den Weg zu ihm zu machen und ihn durch das Beten mit den Geschwistern, die er uns schenkte, allmählich kennenzulernen, ihm nahe zu werden.

Bei Benedikt bezieht sich der vorhin zitierte Satz unmittelbar auf die Psalmen, das große Gebetbuch des Gottesvolkes im Alten und Neuen Bund: Dies sind Worte, die der Heilige Geist Menschen geschenkt hat, Wort gewordener Geist Gottes. So beten wir „im Geist", mit dem Heiligen Geist. Noch mehr gilt das natürlich vom Vaterunser: Wir beten mit von Gott gegebenen Worten zu Gott, wenn wir das Vaterunser beten, sagt der heilige Cyprian. Und er fügt hinzu: Wenn wir das Vaterunser beten, erfüllt sich in uns die Verheißung Jesu von den wahren Anbetern, die den Vater „in Geist und Wahrheit" anbeten (Joh 4,23). Christus, der die Wahrheit ist, hat uns diese Worte geschenkt, und in ihnen schenkt er uns Heiligen Geist (*De dom or* 2, a. a. O., S. 267f). So wird hier auch etwas von der eigenen Weise der christlichen Mystik sichtbar. Sie ist nicht zuerst Versenkung in sich selbst, sondern Begegnung mit dem Geist Gottes in dem uns vorausgehenden Wort, Begegnung mit dem Sohn und dem Heiligen Geist und so Einswerden mit dem lebendigen Gott, der immer sowohl in uns wie über uns ist.

Während Matthäus auf das Vaterunser mit einer kleinen Katechese über das Gebet im Allgemeinen hinführt, finden wir es bei Lukas in einem anderen Zusammenhang – auf dem Weg Jesu nach Jerusalem. Lukas führt das Herrengebet mit der folgenden Bemerkung ein: „Jesus betete einmal an einem Ort, und als er das Gebet beendet hatte, sagte einer seiner Jünger zu ihm: Herr, lehre uns beten ..." (11,1).

Der Kontext ist also die Begegnung mit dem Beten Jesu, das in den Jüngern den Wunsch wachruft, von ihm beten zu lernen. Das ist sehr bezeichnend für Lukas, der dem Beten Jesu einen ganz besonderen Platz in seinem Evangelium eingeräumt hat. Jesu Wirken als Ganzes steigt aus seinem Beten auf, ist von ihm getragen. So erscheinen wesentliche Ereignisse seines Weges, in denen allmählich sein Geheimnis sich enthüllt, als Gebetsereignisse. Das Petrusbekenntnis zu Jesus als dem Heiligen Gottes steht im Zusammenhang der Begegnung mit dem betenden Jesus (Lk 9,19ff); die Verklärung Jesu ist ein Gebetsereignis (9,28f).

So ist es bedeutsam, wenn Lukas das Vaterunser in den Zusammenhang von Jesu eigenem Beten stellt. Er beteiligt uns damit an seinem eigenen Beten, er führt uns hinein in den inneren Dialog der dreifaltigen Liebe, zieht sozusagen unsere menschlichen Nöte hinauf ans Herz Gottes. Das bedeutet aber auch, dass die Worte des Vaterunser Wegweisungen ins innere Beten sind, Grundorientierungen unseres Seins darstellen, uns nach dem Bild des Sohnes gestalten wollen. Die Bedeutung des Vaterunser reicht über die Mitteilung von Gebetsworten hinaus. Es will unser Sein formen, uns in die Gesinnung Jesu einüben (vgl. Phil 2,5).

Für die Auslegung des Vaterunser bedeutet dies zweierlei. Zum einen ist ganz wichtig, so genau wie möglich auf das

Wort Jesu zu hören, wie es uns in der Schrift überliefert ist. Wir müssen so gut es geht versuchen, wirklich die Gedanken Jesu zu erkennen, die er uns in diesen Worten weitergeben wollte. Aber wir müssen auch gegenwärtig halten, dass das Vaterunser aus seinem eigenen Beten stammt, aus dem Gespräch des Sohnes mit dem Vater. Das besagt, dass es in eine große Tiefe jenseits der Worte hineinreicht. Es umfasst die ganze Weite des Menschseins aller Zeiten und ist daher mit einer rein historischen Auslegung, so wichtig sie ist, nicht auszuloten.

Die großen Beter aller Jahrhunderte haben durch ihre innere Einheit mit dem Herrn in die Tiefen jenseits des Wortes hinuntersteigen dürfen und können uns so den verborgenen Reichtum des Gebetes weiter erschließen. Und jeder von uns darf sich mit seiner ganz persönlichen Gottesbeziehung in diesem Gebet angenommen und aufgehoben finden. Immer wieder muss er mit seiner „Mens", seinem eigenen Geist, der „Vox", dem vom Sohn her uns zukommenden Wort, entgegengehen, sich ihm öffnen und von ihm führen lassen. So wird sich gerade auch sein eigenes Herz öffnen und jeden Einzelnen erkennen lassen, wie der Herr gerade mit ihm beten will.

Das Vaterunser ist uns bei Lukas in einer kürzeren Gestalt, bei Matthäus in der Form überliefert, in der die Kirche es aufgenommen hat und betet. Die Diskussion, welcher Text ursprünglicher sei, ist nicht überflüssig, aber doch nicht entscheidend. In der einen wie in der anderen Fassung beten wir mit Jesus mit, und wir sind dankbar, dass in der matthäischen Form der sieben Bitten deutlich entfaltet vorliegt, was bei Lukas zum Teil nur angedeutet scheint.

Sehen wir uns nun ganz kurz, bevor wir in die Einzelauslegung eintreten, die Struktur des Vaterunser an, wie sie uns Matthäus überliefert hat. Sie besteht zunächst in einer Anrede und sieben Bitten. Drei dieser Bitten sind Du-Bitten, vier sind Wir-Bitten. In den drei ersten Bitten geht es um die Sache Gottes selbst in dieser Welt; in den vier folgenden Bitten geht es um unsere Hoffnungen, Bedürfnisse und Nöte. Man könnte das Verhältnis der zweierlei Bitten des Vaterunser mit dem Verhältnis der beiden Tafeln des Dekalogs vergleichen, die im Grunde Entfaltungen der beiden Teile des Hauptgebotes – Gottes- und Nächstenliebe – sind, Weisungen in den Weg der Liebe hinein.

So wird auch im Vaterunser zunächst der Primat Gottes aufgerichtet, aus dem von selbst die Sorge um das rechte Menschsein folgt. Auch hier geht es zunächst um den Weg der Liebe, der zugleich ein Weg der Bekehrung ist. Damit der Mensch recht bitten kann, muss er in der Wahrheit stehen. Und die Wahrheit ist das „zuerst Gott, Gottes Reich" (vgl. Mt 6,33). Zuerst müssen wir aus uns selbst herausgehen und uns Gott öffnen. Nichts kann recht werden, wenn wir mit Gott nicht in der rechten Ordnung stehen. Das Vaterunser fängt daher mit Gott an und führt uns von ihm her auf die Wege des Menschseins. Wir steigen zuletzt ab bis zur letzten Bedrohung des Menschen, dem der Böse auflauert – das Bild des apokalyptischen Drachen mag in uns aufsteigen, der Krieg führt gegen die Menschen, „die den Geboten Gottes gehorchen und an dem Zeugnis für Jesus festhalten" (Offb 12,17).

Aber immer bleibt der Anfang gegenwärtig: Vater unser – wir wissen, dass er bei uns ist und dass er uns in der Hand hält, uns rettet. Pater Peter-Hans Kolvenbach erzählt in seinem Exerzitienbuch von einem ostkirchlichen Starez, den es drängte, „das Vaterunser immer beim letzten Wort anstimmen zu lassen, damit man würdig werde, das Gebet mit den Anfangsworten – ‚Unser Vater' – zu beenden." Auf diese Weise, so erklärte der Starez, gehe man den österlichen Weg: „Man beginnt in der Wüste bei der Versuchung, man kehrt zurück nach Ägypten, schreitet dann auf dem Exodus durch die Stationen der Vergebung und des Mannas Gottes und gelangt durch den Willen Gottes in das Land seiner Verheißung, das Gottesreich, wo er uns das Geheimnis seines Namens mitteilt: ‚Unser Vater'." (a. a. O., S. 65f).

Beide Wege, der aufsteigende und der absteigende, mögen uns zusammen daran erinnern, dass das Vaterunser immer ein Jesusgebet ist und dass es von der Gemeinschaft mit ihm her sich aufschließt. Wir beten zu dem Vater im Himmel, den wir durch seinen Sohn kennen; und so ist immer Jesus in den Bitten im Hintergrund, wie wir bei der Einzelauslegung sehen werden. Schließlich – weil das Vaterunser ein Jesusgebet ist, ist es ein trinitarisches Gebet: Wir beten mit Christus durch den Heiligen Geist zum Vater.

Vater unser in den Himmeln

Wir beginnen mit der Anrede „Vater". Reinhold Schneider schreibt in seiner Vaterunser-Auslegung dazu: „Das Vaterunser beginnt mit einem großen Trost; wir dürfen Vater sagen. In diesem einen Wort ist die ganze Erlösungsgeschichte enthalten. Wir dürfen Vater sagen, weil der Sohn unser Bruder war und uns den Vater geoffenbart hat; weil wir durch die Tat Christi wieder Kinder Gottes geworden sind" (a. a. O., S. 10). Für den Menschen von heute ist freilich der große Trost des Wortes Vater nicht ohne Weiteres spürbar, denn die Erfahrung des Vaters ist vielfach entweder ganz abwesend oder durch das Ungenügen der Väter verdunkelt.

So müssen wir von Jesus her erst lernen, was „Vater" eigentlich bedeutet. In den Reden Jesu erscheint der Vater als der Quell alles Guten, als der Maßstab des recht („vollkommen") gewordenen Menschen: „Ich aber sage euch: Liebt eure Feinde und betet für die, die euch verfolgen, damit ihr Söhne eures Vaters im Himmel werdet; denn er lässt seine Sonne aufgehen über Böse und Gute ..." (Mt 5,44f). Die „bis ans Ende" gehende Liebe (Joh 13,1), die der Herr am Kreuz im Beten für seine Feinde erfüllt hat, zeigt uns das Wesen des Vaters. Er ist diese Liebe. Weil Jesus sie vollzieht, ist er ganz „Sohn", und er lädt uns ein, „Söhne" und „Töchter" zu werden – von diesem Maßstab her.

Nehmen wir noch einen weiteren Text hinzu. Der Herr erinnert daran, dass die Väter ihren Kindern, die um Brot bitten, nicht einen Stein geben, und fährt dann fort: „Wenn nun schon ihr, die ihr böse seid, euren Kindern gebt, was gut ist, wie viel mehr wird euer Vater im Himmel denen Gutes geben, die ihn bitten" (Mt 7,9ff). Lukas spezifiziert das „Gute", das der Vater gibt, indem er sagt: „... wie viel mehr wird der Vater im Himmel den Heiligen Geist denen geben, die ihn bitten" (Lk 11,13). Das will sagen: Die Gabe Gottes ist Gott selbst. Das „Gute", das er uns schenkt, ist er selber. An dieser Stelle wird überraschend sichtbar, worum es im Beten wirklich geht: nicht um dies oder das, sondern dass Gott sich uns schenken will – das ist die Gabe aller Gaben, das „allein Notwendige". Das

Gebet ist ein Weg, um allmählich unsere Wünsche zu reinigen, zu korrigieren, und langsam zu erkennen, was uns wirklich nottut: Gott und sein Geist.

Wenn der Herr lehrt, das Wesen Gottes des Vaters von der Feindesliebe her zu erkennen und darin seine „Vollkommenheit" zu finden, um so selbst „Söhne" zu werden, dann ist der Zusammenhang zwischen Vater und Sohn vollkommen offenkundig. Dann wird sichtbar, dass wir im Spiegel der Gestalt Jesu erkennen, wer und wie Gott ist: Durch den Sohn finden wir den Vater. „Wer mich sieht, sieht den Vater", sagt Jesus im Abendmahlssaal zu Philippus auf dessen Bitte hin: „Zeige uns den Vater" (Joh 14,8f).

„Herr, zeige uns den Vater", sagen wir immer wieder zu Jesus, und die Antwort ist immer wieder der Sohn: Durch ihn, nur durch ihn lernen wir den Vater kennen. Und so wird dann das Maßbild wahrer Väterlichkeit sichtbar. Das Vaterunser projiziert nicht ein menschliches Bild an den Himmel, sondern zeigt uns vom Himmel her – von Jesus her – wie wir Menschen werden sollen und können.

Nun müssen wir aber noch genauer zusehen, um festzustellen, dass das Vatersein Gottes für uns nach der Botschaft Jesu zwei Dimensionen aufweist. Gott ist zunächst unser Vater, insofern er unser Schöpfer ist. Weil er uns geschaffen hat, gehören wir ihm zu: Das Sein als solches kommt von ihm und ist daher gut, ist abkünftig von Gott. Das gilt für den Menschen auf ganz besondere Weise. Psalm 33,15 sagt nach der lateinischen Übersetzung: „Er, der die Herzen von allen gebildet hat, achtet auf all ihre Werke." Der Gedanke, dass Gott jeden einzelnen Menschen geschaffen hat, gehört zum Menschenbild der Bibel.

Jeder Mensch ist eigens und als solcher von Gott gewollt. Jeden Einzelnen kennt er. In diesem Sinn ist schon von der Schöpfung her der Mensch in besonderer Weise Gottes „Kind", Gott sein wahrer Vater: Dass der Mensch Gottes Bild sei, ist eine andere Weise, diesen Gedanken auszudrücken.

Das führt uns zur zweiten Dimension der Vaterschaft Gottes. Christus ist in einzigartiger Weise „Bild Gottes" (2 Kor 4,4; Kol 1,15). Die Kirchenväter sagen von da aus, dass Gott, als er den Menschen „nach seinem Bild" schuf, im Voraus auf Christus hingeblickt und den Menschen nach dem Bild des „neuen Adam", des maßstäblichen Menschen geschaffen hat. Vor allem aber: Jesus ist im eigentlichen Sinn „der Sohn" – eines Wesens mit dem Vater. Er will uns alle in sein Menschsein und so in seine Sohnschaft, in die volle Gottzugehörigkeit hineinnehmen.

So ist Kindschaft ein dynamischer Begriff geworden: Wir sind nicht schon fertige Kinder Gottes, sondern wir sollen es durch unsere immer tiefere Gemeinschaft mit Jesus immer mehr werden und sein. Kindsein wird mit Nachfolge Christi identisch. Das Wort vom Vatergott wird so ein Anruf an uns selbst: als „Kind", als Sohn und Tochter zu leben. „Alles, was mein ist, ist dein", sagt Jesus im Hohepriesterlichen Gebet zum Vater (Joh 17,10), und dasselbe hat der Vater zum älteren Bruder des verlorenen Sohnes gesagt (Lk 15,31). Aus diesem Bewusstsein zu leben, lädt uns das Wort „Vater" ein. So wird auch der Wahn der falschen Emanzipation überwunden, der am Anfang der Sündengeschichte der Menschheit stand. Denn Adam will auf das Wort der Schlange hin selbst Gott sein und Gottes nicht mehr bedürfen. Es wird sichtbar, dass „Kindsein" nicht Abhängigkeit, sondern jenes Stehen in der Beziehung der Liebe ist, das die menschliche Existenz trägt, ihr Sinn und Größe gibt.

Endlich bleibt noch die Frage: Ist Gott nicht auch Mutter? Es gibt den Vergleich der Liebe Gottes mit der Liebe einer Mutter: „Wie eine Mutter ihre Söhne tröstet, so tröste ich euch" (Jes 66,13). „Kann denn eine Frau ihr Kindlein vergessen, eine Mutter ihren lieben Sohn? Und selbst wenn sie ihn vergessen würde: Ich vergesse dich nicht" (Jes 49,15). Besonders beeindruckend kommt das Geheimnis der mütterlichen Liebe Gottes in dem hebräischen Wort $rah^amīm$ zum Vorschein, das eigentlich „Mutterschoß" bedeutet, aber dann zur Bezeichnung des göttlichen Mitleidens mit dem Menschen, der Barmherzigkeit Gottes wird.

Organe des menschlichen Leibes werden im Alten Testament immer wieder zu Bezeichnungen für Grundhaltungen des Menschen oder auch für die Gesinnungen Gottes, so ähnlich wie *Herz* oder *Hirn* auch heute noch Aussagen über unsere eigene Existenz sind. Auf diese Weise stellt das Alte Testament die wesentlichen Grundhaltungen der Existenz nicht abstrakt begrifflich, sondern in der Bildsprache des Leibes dar. Der Mutterschoß ist der konkreteste Ausdruck für die innere Verwobenheit zweier Existenzen und für die Zuwendung zu dem abhängigen schwachen Geschöpf, das ganz dem Leib und der Seele nach im Schoß der Mutter geborgen ist. Die Bildsprache des Leibes schenkt uns so ein tieferes Verstehen der Gesinnungen Gottes dem Menschen gegenüber, als jede Begriffssprache es ermöglichen würde.

Wenn in der von der Leiblichkeit des Menschen her geformten Sprache die Liebe der Mutter ins Gottesbild eingezeichnet erscheint, so gilt doch zugleich, dass Gott nie als Mutter bezeichnet und angeredet wird, weder im Alten noch im Neuen Testament. „Mutter" ist in der Bibel ein Bild, aber kein Titel Gottes. Warum? Wir können es nur tastend zu verstehen versuchen. Natürlich ist Gott weder Mann noch Frau, sondern eben Gott, der Schöpfer von Mann und Frau. Die Mutter-Gottheiten, die das Volk Israel wie auch die Kirche des Neuen Testaments rundum umgaben, zeigen ein Bild des Verhältnisses von Gott und Welt, das dem biblischen Gottesbild durchaus entgegengesetzt ist. Sie schließen immer und wohl unvermeidlich pantheistische Konzeptionen ein, in denen der Unterschied von Schöpfer und Geschöpf verschwindet. Das Sein der Dinge und der Menschen erscheint von diesem Ausgangspunkt her notwendig als eine Emanation aus dem Mutterschoß des Seins, das sich auszeitigt in die Vielfalt des Bestehenden hinein.

Demgegenüber war und ist das Bild vom Vater geeignet, die Andersheit von Schöpfer und Geschöpf, die Souveränität seines Schöpfungsaktes auszudrücken. Nur durch den Ausschluss der Mutter-Gottheiten konnte das Alte Testament sein Gottesbild, die reine Transzendenz Gottes zur Reife bringen. Aber auch wenn wir keine absolut zwingenden Begründungen geben können, bleibt für uns die Gebetssprache der ganzen Bibel normativ, in der, wie gesagt, trotz der großen Bilder von der mütterlichen Liebe „Mutter" kein Gottestitel, keine Anrede für Gott ist. Wir bitten, wie Jesus auf dem Hintergrund der Heiligen Schrift uns zu beten gelehrt hat, nicht wie es uns selber einfällt oder gefällt. Nur so beten wir recht.

Schließlich müssen wir noch das Wort „unser" bedenken. Nur Jesus konnte mit vollem Recht sagen „mein Vater", weil nur er wirklich Gottes eingeborener Sohn ist, eines Wesens mit dem Vater. Wir alle müssen demgegenüber sagen: „unser Vater". Nur im Wir der Jünger können wir zu Gott Vater sagen, weil wir nur durch die Gemeinschaft mit Jesus Christus wirklich „Kinder Gottes" werden. So ist dieses Wort „unser" durchaus anspruchsvoll: Es verlangt von uns, aus der Verschlossenheit unseres Ich herauszutreten. Es verlangt von uns, uns in die Gemeinschaft der anderen Kinder Gottes hineinzugeben. Es verlangt so von uns, das bloß Eigene, das Trennende abzustreifen. Es verlangt von uns, den anderen, die anderen anzunehmen – für sie unser Ohr und unser Herz zu öffnen. Mit diesem Wort „unser" sagen wir Ja zur lebendigen Kirche, in der der Herr seine neue Familie sammeln wollte. So ist das Vaterunser zugleich ein ganz persönliches und ein durchaus kirchliches Gebet. Im Beten des Vaterunser beten wir ganz mit unserem eigenen Herzen, aber wir beten zugleich in der Gemeinschaft mit der ganzen Familie Gottes, mit den Lebenden und den Verstorbenen, mit den Menschen aller Stände, aller Kulturen, aller Rassen. Es macht uns über alle Grenzen hin zu einer Familie.

Von diesem „unser" her verstehen wir nun auch die weitere Zufügung: „der du bist im Himmel". Mit diesen Worten versetzen wir Gott den Vater nicht auf irgendein fernes Gestirn, sondern wir sagen aus, dass wir, die wir verschiedene irdische Väter haben, doch alle von einem einzigen Vater kommen, der das Maß aller Vaterschaft und ihr Ursprung ist. „Ich beuge meine Knie vor dem Vater, von dem alle Vaterschaft im Himmel und auf Erden stammt", sagt der heilige Paulus (Eph 3,14f). Im Hintergrund hören wir das Wort des Herrn: „Nennt niemand auf Erden euren Vater, denn nur einer ist euer Vater, der im Himmel" (Mt 23,9).

Die Vaterschaft Gottes ist wirklicher als die menschliche Vaterschaft, weil wir im Letzten unser Sein von ihm haben; weil er uns ewig gedacht und gewollt hat; weil er uns das wirkliche Vaterhaus, das ewige, schenkt. Und wenn irdische Vaterschaft trennt, so eint die himmlische: Himmel bedeutet also jene andere Höhe Gottes, aus der wir alle kommen und auf die wir alle zugehen sollen. Die Vaterschaft „in den Himmeln" verweist uns auf jenes größere „Wir", das alle Grenzen überschreitet, alle Mauern niederbricht und Frieden schafft.

Geheiligt werde dein Name

Die erste Vaterunser-Bitte erinnert uns an das 2. Gebot des Dekalogs: Du sollst den Namen Gottes nicht verunehren. Aber was ist das, „der Name Gottes"? Wenn wir davon sprechen, steht vor uns das Bild auf, wie Mose in der Wüste einen Dornbusch sieht, der brennt, aber nicht verbrennt. Zuerst treibt ihn die Neugier, dieses geheimnisvolle Geschehen aus der Nähe zu sehen, aber dann ruft ihn aus dem Dornbusch eine Stimme, und diese Stimme sagt ihm: „Ich bin der Gott deiner Väter, der Gott Abrahams, der Gott Isaaks und der Gott Jakobs" (Ex 3,6). Dieser Gott schickt ihn zurück nach Ägypten mit dem Auftrag, das Volk Israel aus Ägypten heraus ins Gelobte Land zu führen. Mose soll im Namen Gottes vom Pharao die Freigabe Israels verlangen.

Aber in der Welt von damals gab es viele Götter; so fragt ihn Mose nach seinem Namen, mit dem dieser Gott

sich den Göttern gegenüber in seiner besonderen Autorität ausweist. Insofern gehört die Idee des Gottesnamens zunächst der polytheistischen Welt zu; in ihr muss auch dieser Gott sich einen Namen geben. Aber der Gott, der Mose ruft, ist wirklich Gott. Gott im eigentlichen und wahren Sinn gibt es nicht in der Mehrzahl. Gott ist vom Wesen her nur einer. Darum kann er nicht in die Götterwelt eintreten wie einer von vielen, kann nicht einen Namen unter anderen Namen haben.
So ist die Antwort Gottes zugleich Verweigerung und Zusage. Er sagt von sich einfach „Ich bin, der ich bin" – er ist schlechthin. Diese Zusage ist Name und Nicht-Name zugleich. Deswegen war es durchaus richtig, dass man in Israel diese Selbstbezeichnung Gottes, die in dem Wort JHWH gehört wurde, nicht ausgesprochen hat, sie nicht zu einer Art Götternamen degradiert hat. Und es war daher nicht richtig, dass man in den neuen Übersetzungen der Bibel diesen für Israel immer geheimnisvollen und unaussprechbaren Namen wie irgendeinen Namen schreibt und so das Geheimnis Gottes, von dem es weder Bilder noch aussprechbare Namen gibt, ins Gewöhnliche einer allgemeinen Religionsgeschichte heruntergezogen hat.

Freilich bleibt: Gott hat sich der Bitte des Mose nicht einfach verweigert, und um dieses merkwürdige Ineinander von Namen und Nicht-Namen zu verstehen, müssen wir uns klarmachen, was das eigentlich ist: ein Name. Wir könnten ganz einfach sagen: Der Name schafft die Möglichkeit der Anrede, des Rufens. Er stellt Beziehung her. Wenn Adam die Tiere benennt, so bedeutet das nicht, dass er ihr Wesen deutet, sondern dass er sie in seine Menschenwelt einfügt, sie für sich rufbar macht. Von da aus verstehen wir nun, was mit dem Gottesnamen positiv gemeint ist: Gott stellt Beziehung zwischen sich und uns her. Er macht sich anrufbar. Er tritt in Beziehung zu uns und ermöglicht uns, dass wir in Beziehung stehen zu ihm. Das aber bedeutet: Er gibt sich irgendwie in unsere Menschenwelt hinein. Er ist ansprechbar und daher auch verletzbar geworden. Er nimmt das Risiko der Beziehung, des Mitseins mit uns auf.

Was in seiner Menschwerdung zu Ende kommt, ist mit der Namengebung begonnen. In der Tat werden wir bei der Betrachtung des Hohepriesterlichen Gebetes Jesu sehen, dass Jesus sich da als den neuen Mose vorstellt: „Ich habe deinen Namen den Menschen offenbart ..." (Joh 17,6). Was am brennenden Dornbusch in der Wüste des Sinai begann, vollendet sich am brennenden Dornbusch des Kreuzes. Gott ist nun wirklich in seinem menschgewordenen Sohn ansprechbar geworden. Er gehört in unsere Welt hinein, hat sich gleichsam in unsere Hände gegeben.

Von da aus verstehen wir, was die Bitte um die Heiligung des Gottesnamens bedeutet. Nun kann der Name Gottes missbraucht und so Gott selbst besudelt werden. Der Name Gottes kann für unsere Zwecke vereinnahmt und so das Bild Gottes entstellt werden. Je mehr er sich in unsere Hände gibt, desto mehr können wir sein Licht verdunkeln; je näher er ist, desto mehr kann unser Missbrauch ihn unkenntlich machen. Martin Buber hat einmal gesagt, dass uns bei allem schändlichen Missbrauch, der mit Gottes Namen getrieben wurde, der Mut vergehen möchte, ihn zu nennen. Aber ihn zu verschweigen, würde erst recht Verweigerung gegenüber seiner auf uns zugehenden Liebe sein. Buber sagt, so könnten wir nur in großer Ehrfurcht die Fragmente des verschmutzten Namens wieder aufheben und zu reinigen versuchen. Aber wir allein können das gar nicht. Wir können nur ihn selber bitten, dass er das Licht seines Namens nicht zerstören lasse in dieser Welt.

Und diese Bitte, dass er selbst die Heiligung seines Namens in die Hand nehme, dass er das wunderbare Geheimnis seiner Anrufbarkeit für uns schütze und immer neu aus unserer Entstellung als er selbst heraustrete – diese Bitte ist freilich immer auch eine große Gewissenserforschung für uns: Wie gehe ich mit dem heiligen Namen Gottes um? Stehe ich in Ehrfurcht vor dem Geheimnis des brennenden Dornbuschs, vor der unbegreiflichen Weise seiner Nähe bis zur Gegenwart in der Eucharistie, in der er sich wirklich ganz in unsere Hände gibt? Sorge ich mich darum, dass das heilige Mitsein Gottes mit uns nicht ihn herabzieht in den Schmutz, sondern uns hinaufzieht in seine Reinheit und Heiligkeit?

Dein Reich komme

Bei der Bitte um Gottes Reich werden wir uns all dessen erinnern, was wir früher über das Wort „Reich Gottes" bedacht haben. Mit dieser Bitte anerkennen wir zuallererst den Primat Gottes: Wo er nicht ist, kann nichts gut sein. Wo Gott nicht gesehen wird, verfällt der Mensch und verfällt die Welt. In diesem Sinn sagt der Herr zu uns: „Sucht zuerst das Reich (Gottes) und seine Gerechtigkeit, dann wird euch alles andere dazugegeben" (Mt 6,33). Mit diesem Wort ist eine Ordnung der Prioritäten für das menschliche Tun, für unsere Haltung im Alltag gesetzt.

Keineswegs wird uns ein Schlaraffenland verheißen für den Fall, dass wir fromm sind oder das Reich Gottes irgendwie möchten. Es wird kein Automatismus einer funktionierenden Welt vorgegeben, wie ihn die Utopie der klassenlosen Gesellschaft vorstellte, in der alles von selber gutgehen würde, nur weil es kein Privateigentum gibt. So einfache Rezepte liefert uns Jesus nicht. Aber er setzt – wie gesagt – eine alles entscheidende Priorität: „Reich Gottes" heißt „Herrschaft Gottes", und das bedeutet: Die Maßstäblichkeit seines Willens wird angenommen. Dieser Wille schafft Gerechtigkeit, zu der es gehört, dass wir Gott sein Recht geben und darin den Maßstab für das Recht unter den Menschen finden.

Die Ordnung der Prioritäten, die Jesus uns hier angibt, mag uns an den alttestamentlichen Bericht von Salomos erstem Gebet nach seinem Regierungsantritt erinnern. Da wird erzählt, der Herr sei nächtens dem jungen König im Traum erschienen und habe ihm eine Bitte freigestellt, für die der Herr Erhörung zusagte. Ein klassisches Traummotiv der Menschheit! Was bittet Salomo? „Verleihe deinem Knecht ein hörendes Herz, damit er dein Volk zu regieren und das Gute vom Bösen zu unterscheiden versteht" (1 Kön 3,9). Gott lobt ihn, weil er nicht – wie es so naheläge – um Reichtum, Vermögen, Ehre oder um den Tod seiner Feinde, auch nicht um langes Leben gebetet hatte (2 Chr 1,11), sondern um das wahrhaft Wesentliche: das hörende Herz, die Unterscheidungsfähigkeit zwischen Gut und Böse. Und darum erhält Salomo dann auch das andere hinzu.

Mit der Bitte: „Dein Reich komme" (nicht unseres!), will uns der Herr genau auf diese Art des Betens und der

Ordnung unseres Handelns hinführen. Das Erste und Wesentliche ist das hörende Herz, damit Gott herrsche und nicht wir. Das Reich Gottes kommt über das hörende Herz. Das ist sein Weg. Und darum müssen wir immer wieder bitten.

Von der Begegnung mit Christus her vertieft sich diese Bitte noch, wird noch konkreter. Wir haben gesehen, dass Jesus das Reich Gottes in Person ist; wo er ist, da ist „Reich Gottes". So ist die Bitte um das hörende Herz zur Bitte um die Gemeinschaft mit Jesus Christus geworden, die Bitte darum, dass wir immer mehr „ein Einziger" werden mit ihm (Gal 3,28). Es ist die Bitte um die wahre Nachfolge, die Gemeinschaft wird und uns zu einem Leib mit ihm macht. Reinhold Schneider hat das eindringlich ausgedrückt: „Das Leben dieses Reiches ist das Fortleben Christi in den Seinen; in dem Herzen, das nicht mehr gespeist wird von der Lebenskraft Christi, endet das Reich; in dem Herzen, das von ihr berührt und verwandelt wird, beginnt es ... die Wurzeln des unvertilgbaren Baumes suchen in ein jedes Herz zu dringen. Das Reich ist eins; es besteht allein durch den Herrn, der sein Leben, seine Kraft, seine Mitte ist ..." (a. a. O., S. 31f). Um das Reich Gottes zu bitten heißt, zu Jesus zu sagen: Lass uns dein sein, Herr! Durchdringe du uns, lebe in uns; versammle die zerstreute Menschheit in deinem Leib, damit in dir alles Gott untergeordnet werde und du dann das All dem Vater übergeben kannst, auf dass „Gott alles in allem sei" (1 Kor 15,26–28).

Dein Wille geschehe, wie im Himmel so auf Erden

Zweierlei wird aus den Worten dieser Bitte unmittelbar deutlich: Es gibt einen Willen Gottes mit uns und für uns, der Maßstab unseres Wollens und Seins werden muss. Und: das Wesen des „Himmels" ist es, dass dort unverbrüchlich Gottes Wille geschieht, oder etwas anders ausgedrückt: Wo Gottes Wille geschieht, ist Himmel. Das Wesen des Himmels ist das Einssein mit Gottes Willen, das Einssein von Willen und Wahrheit. Erde wird „Himmel", wenn und soweit Gottes Wille in ihr geschieht, und sie ist bloß „Erde", Gegenpol zum Himmel, wenn und soweit sie sich dem Willen Gottes entzieht. Deswegen bitten wir darum, dass es auf Erden werde wie im Himmel, dass Erde „Himmel" werde.

Aber was ist das, „Gottes Wille"? Wie erkennen wir ihn? Wie können wir ihn tun? Die heiligen Schriften gehen davon aus, dass der Mensch im Innersten um Gottes Willen weiß, dass es ein tief in uns verankertes Mit-Wissen mit Gott gibt, das wir Gewissen nennen (vgl. z.B. Röm 2,15). Aber sie wissen auch, dass dieses Mitwissen mit dem Schöpfer, das er uns bei der Erschaffung „nach seiner Ähnlichkeit" mitgegeben hat, in der Geschichte verschüttet ist – nie ganz auszulöschen, aber doch vielfältig verdeckt, eine leise zuckende Flamme, die nur allzu oft unter der Asche aller uns eingesenkten Vorurteile zu ersticken droht. Und deshalb hat Gott neu zu uns gesprochen, in geschichtlichen Worten, die von außen an uns herantreten und dem allzu verborgen gewordenen inneren Wissen nachhelfen.

Als Kern dieses geschichtlichen „Nachhilfeunterrichts" steht in der biblischen Offenbarung das Zehnerwort vom

Berge Sinai da, das – wie wir gesehen haben – durch die Bergpredigt ganz und gar nicht aufgehoben oder zum „alten Gesetz" gemacht wird, sondern nur, weiter entfaltet, umso reiner in seiner ganzen Tiefe und Größe leuchtet. Dieses Wort ist nichts – wir sahen es – dem Menschen von außen her Aufgebürdetes. Es ist – soweit wir dessen fähig sind – Wesensoffenbarung Gottes selbst und damit Auslegung der Wahrheit unseres Seins: Die Notensprache unserer Existenz wird uns entschlüsselt, so dass wir sie lesen und in Leben umsetzen können. Der Wille Gottes kommt aus dem Sein Gottes und führt uns daher in die Wahrheit unseres Seins, befreit uns aus der Selbstzerstörung durch die Lüge.

Weil unser Sein von Gott kommt, können wir uns trotz aller Verschmutzungen, die uns hindern, auf den Weg machen zum Willen Gottes. Mit dem alttestamentlichen Begriff des „Gerechten" war eben dies gemeint: aus dem Wort Gottes und so aus dem Willen Gottes heraus leben und in die Entsprechung mit diesem Willen hineinfinden.

Wenn aber Jesus uns vom Willen Gottes und vom Himmel spricht, in dem sich Gottes Wille erfüllt, dann hat das wieder zentral mit seiner eigenen Sendung zu tun. Am Jakobsbrunnen sagt er zu den Jüngern, die ihm zu essen bringen: „Meine Speise ist es, den Willen dessen zu tun, der mich gesandt hat" (Joh 4,34). Das bedeutet: Das Einssein mit dem Willen des Vaters ist sein Lebensgrund. Die Willenseinheit mit dem Vater ist Kern seines Seins überhaupt. In der Vaterunser-Bitte hören wir aber vor allem das leidenschaftlich ringende Ölberg-Gespräch Jesu mit: „Mein Vater, wenn es möglich ist, gehe dieser Kelch an mir

vorüber. Aber nicht wie ich will, sondern wie du willst."
„Vater, wenn dieser Kelch nicht an mir vorübergehen kann, ohne dass ich ihn trinke, geschehe dein Wille" (Mt 26,39.42). Mit diesem Gebet Jesu, in dem er uns in seine menschliche Seele und deren Einswerden mit dem Willen Gottes hineinschauen lässt, werden wir uns beim Bedenken der Passion Jesu noch eigens befassen müssen.

Der Verfasser des Hebräer-Briefs hat im Ringen am Ölberg die Mitte von Jesu Geheimnis aufgeschlüsselt gefunden (5,7) und – von diesem Blick in Jesu Seele ausgehend – mit Psalm 40 dieses Geheimnis gedeutet. Er liest den Psalm so: „Schlacht- und Speiseopfer hast du nicht gefordert, doch einen Leib hast du mir bereitet ... Da sagte ich: Ja, ich komme – so steht es über mich in der Schriftrolle – um deinen Willen zu tun" (Hebr 10,5ff; Ps 40,7–9). Jesu ganze Existenz ist in dem Wort zusammengefasst: „Ja, ich komme, um deinen Willen zu tun." So verstehen wir erst das Wort ganz: „Meine Speise ist es, den Willen dessen zu tun, der mich gesandt hat."

Und von da aus verstehen wir nun, dass Jesus selbst im tiefsten und eigentlichsten Sinn „der Himmel" ist – er, in dem und durch den Gottes Wille ganz geschieht. Auf ihn hinschauend lernen wir, dass wir nie aus Eigenem ganz „gerecht" sein können: Das Schwergewicht unseres eigenen Willens zieht uns immer wieder weg von Gottes Willen, lässt uns bloße „Erde" werden. Aber Er nimmt uns an, zieht uns zu sich hinauf, in sich hinein, und in der Gemeinschaft mit ihm erlernen wir auch den Willen Gottes. So beten wir in dieser dritten Vaterunser-Bitte zuletzt darum, dass wir ihm immer näher werden und so Gottes Wille die Schwerkraft unserer Eigensucht überwindet, uns der Höhe fähig macht, zu der wir berufen sind.

Unser tägliches Brot gib uns heute

Die vierte Vaterunser-Bitte erscheint uns als die „menschlichste" von allen Bitten: Der Herr, der unseren Blick auf das Wesentliche, auf das „allein Notwendige" richtet, weiß doch auch um unsere irdischen Bedürfnisse und erkennt sie an. Er, der zu seinen Jüngern sagt: „Sorgt euch nicht um euer Leben und darum, dass ihr etwas zu essen habt" (Mt 6,25), lädt uns doch ein, um unsere Nahrung zu beten und so unsere Sorge Gott zu übertragen. Das Brot ist „Frucht der Erde und der menschlichen Arbeit", aber die Erde trägt keine Frucht, wenn sie nicht von oben Sonne und Regen empfängt. Dieses nicht in unsere Hände gegebene Zusammenspiel der kosmischen Kräfte steht gegen die Versuchung unseres Hochmuts, uns selber und allein durch unser eigenes Können das Leben zu geben. Solcher Hochmut macht gewalttätig und kalt. Er zerstört am Ende die Erde; es kann nicht anders sein, weil er gegen die Wahrheit steht, dass wir Menschen auf die Selbstüberschreitung verwiesen sind, nur in der Öffnung Gott gegenüber groß und frei und wir selber werden. Wir dürfen bitten, und wir sollen bitten. Wir wissen: Wenn schon irdische Väter ihren bittenden Kindern Gutes geben, so wird Gott uns die Güter nicht verweigern, die nur er schenken kann (vgl. Lk 11,9–13).

Der heilige Cyprian macht in seiner Auslegung des Herrengebets auf zwei wichtige Aspekte der Bitte aufmerksam. Wie er schon bei dem „Vater unser" das Wort „unser" in seiner weitreichenden Bedeutung unterstrichen hatte, so stellt er auch hier heraus, dass von „unserem" Brot die Rede ist. Auch hier beten wir in der Jüngergemeinschaft, in der Gemeinschaft der Kinder Gottes, und keiner darf daher nur an sich allein denken. Daraus folgt ein weiterer Schritt: Wir beten um unser Brot – also auch um das Brot für die anderen. Wer Brot im Überfluss hat, wird zum Teilen gerufen. Der heilige Johannes Chrysostomus unterstreicht bei seiner Auslegung des Ersten Korinther-Briefes – des Ärgernisses, das Christen in Korinth gaben –, „dass jeder Bissen Brot in irgendeiner Weise ein Bissen von dem Brot ist, das allen gehört, vom Brot der Welt." Pater Kolvenbach fügt hinzu: „Wie kann man sich unter Anrufung unseres Vaters über den Tisch des Herrn und bei der Feier des Herrenmahles überhaupt davon dispensieren, den unerschütterlichen Willen zu bekunden, allen Menschen, seinen Brüdern, zum täglichen Brot zu verhelfen?" (a. a. O., S. 98). Mit der Wir-Bitte sagt der Herr zu uns: „Gebt ihr ihnen zu essen" (Mk 6,37).

Noch eine zweite Beobachtung Cyprians ist wichtig. Wer um das Brot für heute bittet, ist arm. Das Gebet setzt die Armut der Jünger voraus. Es setzt Menschen voraus, die auf die Welt, ihre Reichtümer und ihren Glanz um des Glaubens willen verzichtet haben und nur noch um das zum Leben Nötige bitten. „Zu Recht bittet der Jünger um das Lebensnotwendige nur für den Tag, da ihm verboten ist, sich um das Morgen zu kümmern. Es wäre für ihn ja auch widersprüchlich, lange in dieser Welt leben zu wollen, da wir doch darum bitten, dass das Reich Gottes bald komme" (*De dom or* 19, a. a. O., S. 281). Es muss in der Kirche immer die Menschen geben, die alles verlassen, um dem Herrn nachzufolgen; Menschen, die sich radikal auf Gott verlassen, auf seine Güte, die uns ernährt – Menschen also, die auf diese Weise ein Zeichen des Glaubens setzen, das uns aus unserer Gedankenlosigkeit und Schwachgläubigkeit aufrüttelt.

Die Menschen, die so auf Gott bauen, dass sie keine andere Sicherheit suchen als ihn, gehen auch uns an. Sie ermutigen uns, Gott zu trauen – in den großen Herausforderungen des Lebens auf ihn zu setzen. Zugleich ist diese ganz vom Einsatz für Gott und sein Reich motivierte Armut ein Akt der Solidarität mit den Armen in der Welt, der in der Geschichte neue Wertungen und eine neue Bereitschaft des Dienens, des Einsatzes für die anderen geschaffen hat.

Die Bitte um das Brot, um das Brot nur eben für heute weckt aber auch die Erinnerung an die 40-jährige Wüstenwanderung Israels, in der das Volk vom Manna lebte – von dem Brot, das Gott vom Himmel her schickte. Jeder durfte immer nur so viel sammeln, wie für den betreffenden Tag nötig war; nur am sechsten Tag durfte man die Gabe für zwei Tage sammeln, um so das Sabbatgebot zu halten (Ex 16,16–22). Die Jüngergemeinde, die täglich neu von der Güte Gottes lebt, erneuert die Erfahrung des wandernden Gottesvolkes, das auch in der Wüste von Gott genährt wurde.

So öffnet die Bitte um das Brot nur für heute Perspektiven, die über den Horizont der täglich nötigen Nahrung hinausreichen. Sie setzt die radikale Nachfolge der engsten Jüngergemeinde voraus, die auf Besitz in dieser Welt verzichtet und sich dem Weg derer anschließt, die „die Schmach des Messias für einen größeren Reichtum halten als die Schätze Ägyptens" (Hebr 11,26). Der eschatologische Horizont erscheint – das Künftige, das wichtiger und realer ist als das Gegenwärtige.

Damit berühren wir nun ein Wort dieser Bitte, das in unseren gewohnten Übersetzungen harmlos klingt: unser „tägliches" Brot gib uns heute. Mit „täglich" wird das griechische Wort *epioúsios* wiedergegeben, von dem einer der großen Meister der griechischen Sprache – der Theologe Origenes († ca. 254) – sagt, dieses Wort gebe es sonst im Griechischen nicht, es sei von den Evangelisten geschaffen worden. Inzwischen hat man zwar in einem Papyrus aus dem 5. Jahrhundert n. Chr. einen Beleg für dieses Wort gefunden. Aber der allein kann auch keine Gewissheit über die Bedeutung dieses jedenfalls sehr ungewöhnlichen und seltenen Wortes geben. Man ist auf Etymologien und auf das Studium des Zusammenhangs angewiesen.

Heute gibt es zwei hauptsächliche Deutungen. Die eine sagt, das Wort bedeute: „das zum Dasein nötige [Brot]"; dann würde also die Bitte lauten: Gib uns heute das Brot, das wir brauchen, um leben zu können. Die andere Deutung sagt, die richtige Übersetzung sei: „das zukünftige [Brot]" – das für den folgenden Tag. Aber die Bitte, heute das Brot für morgen zu erhalten, scheint von der Jüngerexistenz her nicht sinnvoll zu sein. Eher würde der Verweis auf die Zukunft verständlich, wenn um das wahrhaft zukünftige Brot gebetet würde: um das wahre Manna Gottes. Das wäre dann eine eschatologische Bitte, die Bitte um eine Antizipation der kommenden Welt, darum, dass der Herr schon „heute" das künftige Brot schenke, das Brot der neuen Welt – sich selbst. Dann erhielte die Bitte einen eschatologischen Sinn. Einige alte Übersetzungen deuten in diese Richtung, so die Vulgata des heiligen Hieronymus, die das geheimnisvolle Wort mit „supersubstantialis" übersetzt – es auf die neue, höhere „Substanz" hin deutet, die uns der Herr im heiligen Sakrament als das wahre Brot unseres Lebens schenkt.

In der Tat haben die Kirchenväter praktisch einmütig die vierte Vaterunser-Bitte auch als Eucharistie-Bitte verstanden; in diesem Sinn steht das Vaterunser als eucharistisches Tischgebet in der Liturgie der heiligen Messe. Das bedeutet nicht, dass man den einfachen irdischen Sinn der Jüngerbitte damit fortgenommen hätte, den wir uns vorhin als die unmittelbare Bedeutung des Textes klargemacht haben. Die Väter denken an verschiedene Dimensionen des Wortes, das mit der Brotbitte der Armen für diesen Tag beginnt, aber gerade so – auf den uns ernährenden Vater im Himmel schauend – an das wandernde Gottesvolk erinnert, das von Gott selber gespeist wurde. Das Manna-Wunder wies von der großen Brot-Rede Jesu her für die Christen von selbst über sich hinaus auf die neue Welt hin, in der der Logos – das ewige Wort Gottes – unser Brot, die Speise des ewigen Hochzeitsmahles sein wird.

Darf man in solchen Dimensionen denken oder ist das falsche „Theologisierung" eines einfach nur irdisch gemeinten Wortes? Heute gibt es eine Angst vor diesen „Theologisierungen", die nicht ganz unbegründet ist, die man aber auch nicht übertreiben darf. Ich denke, bei der Auslegung der Brotbitte müsse man den größeren Zusammenhang der Worte und Taten Jesu im Auge behalten, in dem wesentliche Inhalte des menschlichen Lebens eine große Rolle spielen: das Wasser, das Brot und – als Zeichen der Festlichkeit und Schönheit der Welt – der Weinstock und der Wein. Das Thema Brot hat einen wichtigen Platz in der Botschaft Jesu – von der Versuchung in der Wüste über die Brotvermehrungen bis hin zum Letzten Abendmahl.

Die große Brot-Rede in Joh 6 schließt den ganzen Bedeutungsraum dieses Themas auf. Am Anfang steht da der Hunger der Menschen, die Jesus zugehört haben und die er nicht ohne Speisung entlässt, also das „notwendige Brot", dessen wir zum Leben bedürfen. Aber Jesus lässt nun gerade nicht zu, dabei stehenzubleiben und die Bedürfnisse des Menschen auf das Brot, auf die biologischen und materiellen Bedürfnisse zu reduzieren. „Der Mensch lebt nicht vom Brot allein, sondern von jedem Wort, das aus Gottes Munde kommt" (Mt 4,4; Dtn 8,3). Das wunderbar vermehrte Brot erinnert zurück an das Mannawunder in der Wüste und weist so zugleich über sich hinaus: darauf, dass die eigentliche Nahrung des Menschen der Logos ist, das ewige Wort, der ewige Sinn, aus dem wir kommen und auf den hin wir leben. Wenn diese erste Überschreitung des physischen Bereichs zunächst nur sagt, was auch die große Philosophie gefunden hat und finden kann, so kommt doch zugleich die nächste Überschreitung: Der ewige Logos wird konkret zum Brot für den Menschen erst dadurch, dass er „Fleisch angenommen hat" und in menschlichen Worten zu uns spricht.

Darauf folgt dann die dritte und ganz wesentliche Überschreitung, die nun freilich den Menschen in Kafarnaum zum Skandal wird: Der Menschgewordene gibt sich uns im Sakrament, und so erst wird vollends das ewige Wort Manna, die Gabe des künftigen Brotes schon heute. Dann freilich schließt der Herr das Ganze noch einmal zusammen: Diese äußerste Verleiblichung ist doch die wahre Vergeistigung: „Der Geist ist's, der lebendig macht; das Fleisch nützt nichts" (Joh 6,63). Soll man annehmen, dass Jesus bei der Brotbitte alles ausgeklammert hat, was er uns über das Brot sagt und was er uns als Brot geben wollte? Wenn wir die Botschaft Jesu als Ganzheit nehmen, dann kann man die eucharistische Dimension in der vierten Vaterunser-Bitte nicht streichen. Die Bitte um das tägliche Brot für alle ist gerade in ihrer irdischen Konkretheit wesentlich. Aber ebenso hilft sie uns auch, das bloß Materielle zu überschreiten und jetzt schon das „Morgige", das neue Brot zu erbitten. Und indem wir um das „Morgige" heute beten, werden wir gemahnt, schon jetzt aus dem Morgigen zu leben, aus der Liebe Gottes, die uns alle in Verantwortung füreinander ruft.

Ich möchte an dieser Stelle noch einmal Cyprian das Wort geben, der beide Sinn-Dimensionen betont. Er bezieht aber das Wort „unser", von dem wir oben sprachen, gerade auch auf die Eucharistie, die in besonderem Sinn „unser", der Jünger Jesu Christi Brot ist. Er sagt: Wir, die wir die Eucharistie als unser Brot empfangen dürfen, müssen aber doch auch immer darum beten, dass keiner weggeschnitten, getrennt vom Leib Christi bleibe. „Deshalb bitten wir, dass ‚unser' Brot, Christus, uns täglich gegeben werde, dass wir, die wir in Christus bleiben und leben, von seiner heilenden Kraft und von seinem Leib nicht weggehen" (*De dom or* 18, a. a. O., S. 280f).

Und vergib uns unsere Schuld,
wie auch wir unseren Schuldnern vergeben haben

Die fünfte Vaterunser-Bitte setzt eine Welt voraus, in der es Schuld gibt – Schuld von Menschen gegenüber Menschen, Schuld Gott gegenüber; jede Schuld zwischen Menschen schließt irgendwie eine Verletzung der Wahrheit und der Liebe ein und stellt sich so dem Gott entgegen, der die Wahrheit und die Liebe ist. Die Überwindung von Schuld ist eine zentrale Frage jeder menschlichen Existenz; die Religionsgeschichte kreist um diese Frage. Schuld ruft Vergeltung hervor; so bildet sich eine Kette der Verschuldungen, in der das Unheil der Schuld fortwährend wächst und immer unentrinnbarer wird. Mit dieser Bitte sagt uns der Herr: Schuld kann nur überwunden werden durch Vergebung, nicht durch Vergeltung. Gott ist ein Gott, der vergibt, weil er seine Geschöpfe liebt; aber die Vergebung kann nur in denjenigen eindringen, nur in dem wirksam werden, der selbst ein Vergebender ist.

Das Thema Vergebung durchzieht das ganze Evangelium. Es begegnet uns gleich zu Beginn der Bergpredigt in der neuen Auslegung des 5. Gebotes, in der der Herr uns sagt: „Wenn du deine Gabe zum Altar bringst und dir dabei einfällt, dass dein Bruder etwas gegen dich hat, so lass deine Gabe dort auf dem Altar liegen; geh und versöhne dich zuerst mit deinem Bruder, dann komm und opfere deine Gabe" (Mt 5,23f). Unversöhnt mit dem Bruder kann man nicht zu Gott hintreten; ihm zuvorzukommen in der Geste der Versöhnung, ihm entgegenzugehen, ist Voraussetzung rechter Gottesverehrung. Dabei werden wir daran denken, dass Gott selbst, der wusste, dass wir Menschen ihm unversöhnt entgegenstehen, aus seiner Göttlichkeit aufgebrochen ist, um auf uns zuzugehen, uns zu versöhnen. Wir werden uns daran erinnern, dass er sich vor der Gabe der Eucharistie vor seinen Jüngern niedergekniet und ihre schmutzigen Füße gewaschen, sie mit seiner demütigen Liebe gereinigt hat. In der Mitte des Matthäus-Evangeliums (18,23–35) steht das Gleichnis vom unbarmherzigen Knecht: Ihm, der ein hoher Satrap des Königs war, ist die unvorstellbare Schuld von 10.000 Talenten erlassen worden; er selbst ist nicht bereit, die demgegenüber geradezu lächerliche Summe von 100 Denaren zu erlassen: Was immer wir einander zu vergeben haben, ist gering gegenüber der Güte Gottes, der uns vergibt. Und schließlich hören wir vom Kreuz her die Bitte Jesu: „Vater, vergib ihnen, denn sie wissen nicht, was sie tun" (Lk 23,34).

Wenn wir die Bitte ganz verstehen und uns zueignen wollen, müssen wir noch einen Schritt weitergehen und fragen: Was ist das eigentlich, Vergebung? Was geschieht da? Schuld ist eine Wirklichkeit, eine objektive Macht, sie hat Zerstörung angerichtet, die überwunden werden muss. Deshalb muss Vergebung mehr sein als Ignorieren, als bloßes Vergessenwollen. Schuld muss aufgearbeitet, geheilt und so überwunden werden. Vergebung kostet etwas – zuerst den, der vergibt: Er muss in sich das ihm geschehene Böse überwinden, es inwendig gleichsam verbrennen und darin sich selbst erneuern, so dass er dann auch den anderen, den Schuldigen, in diesen Prozess der Verwandlung, der inneren Reinigungen hineinnimmt und sie beide durch das Durchleiden und Überwinden des Bösen neu werden. An dieser Stelle stoßen wir auf das Geheimnis des Kreuzes Christi. Aber zuallererst stoßen wir auf die Grenzen unserer Kraft zu heilen, das Böse zu überwinden. Wir stoßen auf die Übermacht des Bösen, derer wir mit unseren Kräften allein nicht Herr zu werden vermögen. Reinhold Schneider sagt dazu: „Das Böse lebt in tausenderlei Gestalt; es besetzt die Zinnen der Macht ... es quillt aus dem Abgrund. Die Liebe hat nur eine Gestalt; es ist dein Sohn" (a. a. O., S. 68).

Der Gedanke, dass Gott sich die Vergebung der Schuld, die Heilung der Menschen von innen her, den Tod seines Sohnes hat kosten lassen, ist uns heute sehr fremd geworden: Dass der Herr „unsere Krankheit getragen und unsere Schmerzen auf sich geladen" hat, dass er „durchbohrt wurde wegen unserer Missetaten, wegen unserer Sünden zermalmt", dass wir „durch seine Wunden geheilt wurden" (Jes 53,4–6), will uns heute nicht mehr einleuchten. Dem steht einerseits die Banalisierung des Bösen entgegen, in die wir uns flüchten, während wir doch gleichzeitig die Schrecknisse der menschlichen Geschichte, gerade auch der allerjüngsten, als unwiderleglichen Vorwand verwenden, einen guten Gott zu leugnen und sein Geschöpf, den Menschen, zu verlästern. Dem Verstehen des großen Geheimnisses der Sühne steht dann aber auch unser individualistisches Menschenbild im Wege: Wir können Stellvertretung nicht mehr begreifen, weil für uns jeder Mensch in sich allein eingehaust ist; die tiefe Verflochtenheit aller unserer Existenzen und ihrer aller Umgriffensein von der Existenz des Einen, des menschgewordenen Sohnes, vermögen wir nicht mehr zu sehen. Wenn wir von der Kreuzigung Christi sprechen werden, werden wir diese Fragen aufgreifen müssen.

Einstweilen mag ein Gedanke von Kardinal John Henry Newman genügen, der einmal gesagt hat, dass Gott zwar die ganze Welt mit einem Wort aus dem Nichts erschaffen konnte, aber die Schuld und das Leiden der Menschen, die konnte er nur überwinden, indem er sich selbst ins Spiel brachte, in seinem Sohn selbst ein Leidender wurde, der diese Last getragen und durch seine Hingabe überwunden hat. Überwindung von Schuld kostet den Einsatz des Herzens – mehr: den Einsatz unserer ganzen Existenz. Und auch dieser Einsatz reicht nicht aus, er kann nur wirksam werden durch die Gemeinschaft mit dem, der unser aller Last getragen hat.

Die Vergebungsbitte ist mehr als ein moralischer Appell – das ist sie auch. Und als solcher fordert sie uns täglich neu heraus. Aber sie ist zutiefst – wie auch die anderen Bitten – ein christologisches Gebet. Sie erinnert uns an den, der sich die Vergebung den Abstieg in die Mühsal der menschlichen Existenz und den Tod am Kreuz hat kosten lassen. So ruft sie uns zuallererst in die Dankbarkeit dafür und dann auch dazu, mit ihm das Böse durch die Liebe aufzuarbeiten, aufzuleiden. Und wenn wir täglich erkennen müssen, wie wenig unsere Kräfte dazu ausreichen, wie oft wir selber immer wieder schuldig werden, dann schenkt sie uns den großen Trost, dass unser Bitten eingeborgen ist in die Kraft seiner Liebe und mit ihr, durch sie und in ihr dann doch Kraft der Heilung werden kann.

Und führe uns nicht in Versuchung

Die Formulierung dieser Bitte ist für viele anstößig: Gott führt uns doch nicht in Versuchung. In der Tat sagt uns der heilige Jakobus: „Keiner, der in Versuchung gerät, soll sagen: Ich werde von Gott in Versuchung geführt. Denn Gott kann nicht in Versuchung kommen, Böses zu tun, und er führt auch selbst niemand in Versuchung" (1,13).

Einen Schritt vorwärts hilft es uns, wenn wir uns an das Wort des Evangeliums erinnern: „Damals wurde Jesus vom Geist in die Wüste geführt, um vom Teufel versucht zu werden" (Mt 4,1). Die Versuchung kommt vom Teufel, aber zu Jesu messianischer Aufgabe gehört es, die großen Versuchungen zu bestehen, die die Menschheit von Gott weggeführt haben und immer wieder wegführen. Er muss, wie wir gesehen haben, diese Versuchungen durchleiden bis zum Tod am Kreuz und so den Weg der Rettung für uns öffnen. Er muss so nicht erst nach dem Tod, sondern mit ihm und in seinem ganzen Leben gleichsam „hinabsteigen in die Hölle", in den Raum unserer Versuchungen und Niederlagen, um uns an die Hand zu nehmen und aufwärts zu tragen. Der Hebräer-Brief hat auf diesen Aspekt ganz besonderen Wert gelegt, ihn als wesentlichen Teil des Weges Jesu herausgestellt: „Denn da er selbst in Versuchung geführt wurde und gelitten hat, kann er denen helfen, die in Versuchung geführt werden" (2,18). „Wir haben ja nicht einen Hohepriester, der nicht mitfühlen könnte mit unserer Schwäche, sondern einen, der in allem wie wir in Versuchung geführt worden ist, aber nicht gesündigt hat" (4,15).

Der Blick auf das Buch Ijob, in dem sich in so vieler Hinsicht schon das Geheimnis Christi abzeichnet, kann uns zu weiteren Klärungen verhelfen. Satan verhöhnt den Menschen, um so Gott zu verhöhnen: Sein Geschöpf, das er nach seinem Bild geschaffen hat, ist eine erbärmliche Kreatur. Alles, was gut an ihm scheint, ist doch nur Fassade; in Wirklichkeit geht es dem Menschen – jedem – doch immer nur um das eigene Wohlbefinden. Das ist die Diagnose Satans, den die Apokalypse als den „Ankläger unserer Brüder" bezeichnet, „der sie bei Tag und bei Nacht vor Gott verklagte" (Offb 12,10). Die Verlästerung des

Menschen und der Schöpfung ist im Letzten Verlästerung Gottes, Rechtfertigung für die Absage an ihn.

Satan will am gerechten Ijob seine These beweisen: Wenn ihm nur erst alles genommen werde, dann werde er schnell auch seine Frömmigkeit fallen lassen. So gibt Gott dem Satan die Freiheit zur Erprobung, freilich mit genau definierten Grenzen: Gott lässt den Menschen nicht fallen, aber prüfen. Hier scheint ganz leise, noch unausgesprochen, doch schon das Geheimnis der Stellvertretung auf, das in Jes 53 große Gestalt erhält: Die Leiden Ijobs dienen der Rechtfertigung des Menschen. Er stellt durch seinen im Leiden bewährten Glauben die Ehre des Menschen wieder her. So sind die Leiden Ijobs im Voraus Leiden in der Gemeinschaft mit Christus, der unser aller Ehre vor Gott wieder herstellt und uns den Weg zeigt, auch im tiefsten Dunkel den Glauben an Gott nicht zu verlieren.

Das Buch Ijob kann uns auch zu einer Unterscheidung verhelfen zwischen Prüfung und Versuchung. Um reif zu werden, um wirklich immer mehr von einer vordergründigen Frömmigkeit in ein tiefes Einssein mit Gottes Willen zu finden, braucht der Mensch die Prüfung. Wie der Saft der Traube vergären muss, um edler Wein zu werden, so braucht der Mensch Reinigungen, Verwandlungen, die ihm gefährlich sind, in denen er abstürzen kann, aber die doch die unerlässlichen Wege sind, um zu sich selbst und zu Gott zu kommen. Liebe ist immer ein Prozess der Reinigungen, der Verzichte, schmerzvoller Umwandlungen unserer selbst und so Weg der Reifung. Wenn Franz Xaver betend zu Gott sagen konnte: „Ich liebe dich, nicht weil du Himmel oder Hölle zu vergeben hast, sondern einfach, weil du du bist – mein König und mein Gott", so war gewiss ein langer Weg innerer Reinigungen bis zu dieser letzten Freiheit hin nötig gewesen; ein Weg der Reifungen, auf dem die Versuchung, die Gefahr des Absturzes lauerte – und doch ein nötiger Weg.

So können wir nun die sechste Vaterunser-Bitte schon etwas konkreter auslegen. Wir sagen damit zu Gott: „Ich weiß, dass ich Prüfungen brauche, damit mein Wesen rein wird. Wenn du diese Prüfungen über mich verfügst, wenn du – wie bei Ijob – dem Bösen ein Stück freien Raum gibst, dann denke, bitte, an das begrenzte Maß meiner Kraft. Trau mir nicht zu viel zu. Zieh die Grenzen, in denen ich versucht werden darf, nicht zu weit und sei mit deiner schützenden Hand in der Nähe, wenn es zu viel für mich wird." In diesem Sinn hat der heilige Cyprian die Bitte ausgelegt. Er sagt: Wenn wir bitten „und führe uns nicht in Versuchung", dann drücken wir das Wissen aus, „dass der Feind nichts wider uns vermag, wenn es ihm nicht vorher gestattet wird, so dass unsere Furcht, unsere Hingabe und unsere Achtsamkeit sich auf Gott richten, weil ja dem Bösen nichts verstattet ist, wenn ihm nicht Vollmacht dazu gegeben wird" (*De dom or* 25, a. a. O., S. 285f).

Und er führt dann, die psychologische Gestalt der Versuchung abwägend, aus, dass es zwei unterschiedliche Gründe geben kann, warum Gott dem Bösen eine beschränkte Macht erteilt. Es kann geschehen uns zur Buße, um unseren Hochmut zu dämpfen, damit wir wieder die Armseligkeit unseres Glaubens, Hoffens und Liebens erfahren und uns nicht einbilden, aus Eigenem groß zu sein: Denken wir an den Pharisäer, der Gott von seinen eigenen

Werken erzählt und keiner Gnade bedürftig zu sein meint. Cyprian führt dann leider nicht näher aus, was die andere Art der Prüfung bedeutet – die Versuchung, die uns Gott *ad gloriam* – auf seine Herrlichkeit hin – auferlegt. Aber sollten wir dabei nicht daran denken, dass Gott den ihm besonders nahen Menschen, den großen Heiligen, von Antonius in der Wüste bis zu Therese von Lisieux in der frommen Welt ihres Karmels, eine besonders schwere Last an Versuchung aufgebürdet hat? Sie stehen sozusagen im Gefolge von Ijob, als Apologie des Menschen, die zugleich Verteidigung Gottes ist. Mehr noch: Sie stehen in ganz besonderer Weise in der Gemeinschaft mit Jesus Christus, der unsere Versuchungen durchlitten hat. Sie sind gerufen, die Versuchungen einer Periode sozusagen an ihrem eigenen Leib, in ihrer eigenen Seele zu bestehen, sie für uns, die gewöhnlichen Seelen, durchzutragen und uns hindurchzuhelfen zu dem hin, der unser aller Last auf sich genommen hat.

In unserem Beten der sechsten Vaterunser-Bitte muss so einerseits die Bereitschaft enthalten sein, die Last an Prüfung auf uns zu nehmen, die uns zugemessen ist. Andererseits ist es eben die Bitte darum, dass Gott uns nicht mehr zumisst, als wir zu tragen vermögen; dass er uns nicht aus den Händen lässt. Wir sprechen diese Bitte in der vertrauenden Gewissheit, für die uns der heilige Paulus die Worte geschenkt hat: „Gott ist treu; er wird nicht zulassen, dass ihr über eure Kraft hinaus versucht werdet. Er wird euch in der Versuchung Ausweg schaffen, so dass ihr sie bestehen könnt" (1 Kor 10,13).

Sondern erlöse uns von dem Bösen

Die letzte Bitte des Vaterunser nimmt die vorletzte noch einmal auf und wendet sie ins Positive; insofern gehören beide Bitten ganz eng zusammen. Wenn in der vorletzten Bitte das „Nicht" dominierte (dem Bösen nicht Raum geben über das Erträgliche hinaus), so kommen wir in der letzten Bitte mit der zentralen Hoffnung unseres Glaubens zum Vater. „Errette, erlöse, befreie uns!" Es ist letzten Endes die Bitte um Erlösung.

Wovon wollen wir erlöst werden? Die neue Übersetzung des Vaterunser sagt „vom Bösen" und lässt damit offen, ob „das Böse" oder „der Böse" gemeint ist. Beides lässt sich letztlich nicht trennen. Ja, wir sehen vor uns den Drachen, von dem die Apokalypse spricht (Kapitel 12 und 13). Johannes hat das „Tier aus dem Meer", aus den dunklen Abgründen des Bösen, mit den Elementen der römischen Staatsmacht gezeichnet und damit die Bedrohung, vor die sich die Christen seiner Stunde gestellt sahen, sehr konkret gestaltet: der totale Anspruch auf den Menschen, der durch den Kaiserkult gestellt war und so die politisch-militärisch-ökonomische Macht zur totalen Allmacht aufgipfelte – zur Gestalt des Bösen, das uns zu verschlingen droht. Dies ist gepaart mit der Zersetzung der sittlichen Ordnungen durch eine zynische Art von Skepsis und Aufklärung. In dieser Bedrohung ruft der Christ der Verfolgungszeit zum Herrn als der einzigen Macht, die ihn retten kann: Erlöse uns, befreie uns vom Bösen.

Auch wenn es das Römische Reich und seine Ideologien nicht mehr gibt – wie gegenwärtig ist doch das alles! Auch heute sind da zum einen die Mächte des Marktes, des Handels mit Waffen, mit Drogen und mit Menschen, die auf der Welt lasten und die Menschheit in Zwänge hineinreißen, die unwiderstehlich sind. Auch heute ist da zum anderen die Ideologie des Erfolgs, des Wohlbefindens, die uns sagt: Gott ist nur eine Fiktion, er nimmt uns nur Zeit und Lust des Lebens weg. Kümmere dich nicht um ihn! Suche allein, vom Leben so viel zu erhaschen, wie du kannst. Auch diese Versuchungen scheinen unwiderstehlich.

Das Vaterunser als Ganzes, und im Besonderen diese Bitte, will uns sagen: Erst wenn du Gott verloren hast, hast du dich selbst verloren; dann bist du nur noch ein zufälliges Produkt der Evolution. Dann hat der „Drache" wirklich gesiegt. Solange er dir Gott nicht entreißen kann, bist du in allen Übeln, die dich bedrohen, immer noch zutiefst heil geblieben. So ist es richtig, dass die neue Übersetzung uns sagt: Erlöse uns von dem Bösen. Übel können notwendig sein für unsere Reinigung, aber das Böse zerstört. Darum also bitten wir zutiefst, dass uns der Glaube nicht entrissen wird, der uns Gott sehen lässt, der uns mit Christus verbindet. Darum bitten wir, dass wir über den Gütern nicht das Gut selbst verlieren; dass uns auch im Verlust von Gütern das Gute, Gott, nicht verlorengeht; dass wir nicht verlorengehen: Erlöse uns von dem Bösen!

Wieder hat Cyprian, der Martyrerbischof, der die Situation der Apokalypse selbst zu bestehen hatte, dazu großartige Formulierungen gefunden: „Wenn wir sagen ‚erlöse uns vom Bösen', dann bleibt nichts, was wir darüber hinaus noch zu bitten hätten. Wenn wir den erbetenen Schutz gegen das Böse einmal erlangt haben, dann stehen wir sicher und geborgen gegen alles, was Teufel und

Welt bewerkstelligen können. Welche Furcht könnte für den noch aus der Welt aufsteigen, dessen Beschützer in der Welt Gott selber ist?" (*De dom or* 27, a. a. O., S. 287). Diese Gewissheit hat die Martyrer getragen und sie in einer Welt voller Bedrängnis freudig und zuversichtlich sein lassen und sie selbst im Tiefsten „erlöst", zur wahren Freiheit befreit.

Es ist die gleiche Zuversicht, die der heilige Paulus wunderbar so in Worte gefasst hat: „Ist Gott für uns, wer ist dann gegen uns? ... Was kann uns scheiden von der Liebe Christi? Bedrängnis oder Not oder Verfolgung, Hunger oder Kälte, Gefahr oder Schwert? ... All das überwinden wir durch den, der uns geliebt hat. Denn ich bin gewiss: Weder Tod noch Leben, weder Engel noch Mächte, weder Gegenwärtiges noch Zukünftiges, weder Gewalten der Höhe oder Tiefe noch irgendeine andere Kreatur können uns scheiden von der Liebe Gottes, die in Christus Jesus ist, unserem Herrn" (Röm 8,31–39).

Insofern kehren wir mit der letzten Bitte zu den drei ersten zurück: Indem wir um Befreiung von der Macht des Bösen bitten, bitten wir letztlich um Gottes Reich, um unser Einswerden mit seinem Willen, um die Heiligung seines Namens. Die Beter aller Zeiten haben freilich die Bitte weiter gefasst. In den Drangsalen der Welt baten sie Gott doch auch darum, den „Übeln" Einhalt zu gebieten, die die Welt und unser Leben verwüsten.

Diese ganz menschliche Weise, die Bitte auszulegen, ist in die Liturgie eingegangen: In allen Liturgien, nur die byzantinische ausgenommen, wird die letzte Vaterunser-Bitte ausgeweitet zu einem eigenen Gebet, das in der alten römischen Liturgie lautete: „Befreie uns, o Herr, von allen Übeln, vergangenen, gegenwärtigen und zukünftigen. Auf die Fürbitte ... aller Heiligen gib Frieden in unseren Tagen. Komm uns zu Hilfe mit deinem Erbarmen, dass wir von Sünden allzeit frei und vor Verwirrung gesichert seien ..." Man spürt die Nöte friedloser Zeiten, man spürt den Schrei nach umfassender Erlösung. Dieser „Embolismus", mit dem in den Liturgien die letzte Vaterunser-Bitte verstärkt wird, zeigt die Menschlichkeit der Kirche. Ja, wir dürfen, wir sollen den Herrn auch darum bitten, dass er die Welt, uns selbst und die vielen leidenden Menschen und Völker von den Drangsalen befreie, die das Leben fast unerträglich machen.

Wir dürfen und sollen diese Ausweitung der letzten Vaterunser-Bitte auch als Gewissenserforschung an uns auffassen – als Anruf, daran mitzuwirken, dass die Übermacht der „Übel" gebrochen wird. Aber dabei muss uns die eigentliche Ordnung der Güter und der Zusammenhang der Übel mit dem Bösen vor Augen bleiben: Unsere Bitte darf nicht ins Vordergründige absinken; auch in dieser Auslegung der Vaterunser-Bitte bleibt zentral, „dass wir von Sünden befreit werden", dass wir das Böse als das eigentliche „Übel" erkennen und dass uns der Blick auf den lebendigen Gott nie verstellt werde.

6. KAPITEL
DIE JÜNGER

In allen Abschnitten des Wirkens Jesu, die wir bisher bedacht haben, ist sichtbar geworden, dass zu Jesus das Wir der neuen Familie gehört, die er durch seine Verkündigung und sein Wirken sammelt. Es wurde sichtbar, dass dieses Wir von seinem Ansatz her universal gedacht ist: Es beruht nicht mehr auf Abstammung, sondern auf der Gemeinschaft mit Jesus, der selbst die lebendige Tora Gottes ist. Dieses Wir der neuen Familie ist nicht formlos. Jesus beruft einen inneren Kern der in besonderem Sinn von ihm Erwählten, die seine Sendung weitertragen und dieser Familie Ordnung und Gestalt geben. In diesem Sinn hat Jesus den Kreis der Zwölf geschaffen. Der Titel Apostel reicht ursprünglich über diesen Kreis hinaus, ist aber dann immer enger damit verbunden worden: Bei Lukas, der immer von den zwölf Aposteln spricht, ist das Wort praktisch deckungsgleich mit den Zwölfen geworden. Wir brauchen hier nicht den vieldiskutierten Fragen nach der Entwicklung des Wortgebrauchs „Apostel" nachzugehen; wir wollen einfach den wichtigsten Texten zuhören, in denen uns die Bildung der engeren Gemeinschaft der Jünger Jesu sichtbar wird.

Der zentrale Text dafür ist Mk 3,13–19. Da heißt es zunächst: „Jesus steigt auf den Berg und er ruft die herbei, die er wollte, und sie kamen zu ihm" (v. 13). Die vorhergehenden Ereignisse hatten sich am See abgespielt, und nun steigt Jesus auf „den Berg", der den Ort seiner Gottesgemeinschaft bezeichnet – den Ort in der Höhe, über dem Wirken und Tun des Alltags. Lukas hat in seinem Parallelbericht diesen Aspekt noch verstärkt: „In jenen Tagen geschah es, dass er wegging auf den Berg, um zu beten. Und er verbrachte die ganze Nacht im Gebet mit

Gott. Als es Morgen wurde, rief er seine Jünger herbei, und er wählte aus ihnen zwölf aus, die er auch Apostel nannte ..." (Lk 6,12f).

Die Berufung der Jünger ist ein Gebetsereignis; sie werden gleichsam im Gebet gezeugt, im Umgang mit dem Vater. So erhält die Berufung der Zwölf weit über alles bloß Funktionale hinaus einen zutiefst theo-logischen Sinn: Ihre Berufung kommt aus dem Dialog des Sohnes mit dem Vater heraus und ist dort verankert. Von daher muss man auch das Wort Jesu verstehen: „Bittet den Herrn der Ernte, dass er Arbeiter in seine Ernte sende" (Mt 9,38). Die Erntearbeiter Gottes kann man nicht einfach aussuchen, wie sich ein Arbeitgeber seine Leute sucht; sie müssen immer von Gott erbeten und von ihm selbst für diesen Dienst gewählt werden. Dieser theologische Charakter wird noch verstärkt, wenn der Markus-Text sagt: „Er ruft die herbei, die er wollte." Man kann sich nicht selbst zum Jünger machen – es ist ein Ereignis der Erwählung, ein Willensentscheid des Herrn, der wiederum in seiner Willenseinheit mit dem Vater verankert ist.

Dann heißt es weiter: „Und er machte zwölf, die er auch Apostel nannte, damit sie mit ihm seien und damit er sie sende ..." (v. 14). Da ist zunächst der Ausdruck „er machte zwölf" zu bedenken, der für uns ungewöhnlich klingt. In der Tat greift der Evangelist damit die Terminologie des Alten Testaments für die Bestellung zum Priestertum auf (vgl. 1 Kön 12,31; 13,33) und kennzeichnet so das Apostelamt als priesterlichen Dienst. Dass freilich die Erwählten dann einzeln mit Namen genannt werden, verbindet sie mit den Propheten Israels, die Gott namentlich ruft, so dass der apostolische Dienst als eine Verschmelzung von priesterlicher und prophetischer Sendung erscheint (Feuillet, a. a. O., S. 178). „Er machte zwölf": Zwölf war die Symbolzahl Israels – die Zahl der Söhne Jakobs. Von ihnen kamen die zwölf Stämme Israels, von denen freilich nach dem Exil praktisch nur noch der Stamm Juda übriggeblieben war. So ist die Zahl Zwölf ein Rückgriff auf Israels Ursprünge, aber zugleich ein Gleichnis der Hoffnung: Das ganze Israel wird wiederhergestellt, die zwölf Stämme werden neu gesammelt.

Zwölf – die Zahl der Stämme – ist dabei zugleich eine kosmische Zahl, in der sich das Umfassende des neu wieder erstehenden Gottesvolkes ausdrückt. Die Zwölf stehen da als die Stammväter dieses universalen Volkes, das auf die Apostel gegründet ist. In der Apokalypse ist in der Vision des Neuen Jerusalem die Symbolik der Zwölf zu einem glanzvollen Bild ausgestaltet (Offb 21,9–14), das dem wandernden Gottesvolk von seiner Zukunft her seine Gegenwart zu verstehen hilft und sie mit dem Geist der Hoffnung erleuchtet: Vergangenheit, Gegenwart und Zukunft durchdringen sich von der Gestalt der Zwölf her.

In diesen Zusammenhang gehört auch die Prophetie, in der Jesus dem Nathanael sein eigenes Wesen andeutet: „Ihr werdet den Himmel offen sehen und die Engel Gottes auf- und niedersteigen über dem Menschensohn" (Joh 1,51). Jesus offenbart sich hier als der neue Jakob. Der Traum des Patriarchen, in dem er die bis zum Himmel reichende Leiter zu seinen Häupten aufgestellt sah, auf der Gottes Engel auf- und niedersteigen – dieser Traum ist bei Jesus Wirklichkeit geworden. Er selbst ist „das Tor des Himmels" (Gen 28,10–22), er ist der wahre Jakob, der „Menschensohn", der Stammvater des endgültigen Israel.

Kehren wir zu unserem Markus-Text zurück. Jesus bestellt die Zwölf mit einer doppelten Bestimmung: „dass sie mit ihm seien und dass er sie sende". Sie müssen mit ihm sein, um ihn kennenzulernen; um jene Kenntnis von ihm zu erlangen, die den „Leuten" nicht aufgehen konnte, die ihn nur von außen sahen und ihn für einen Propheten, für einen Großen der Religionsgeschichte hielten, aber seine Einzigkeit nicht wahrnehmen konnten (vgl. Mt 16,13ff). Die Zwölf müssen bei ihm sein, damit sie Jesus in seinem Einssein mit dem Vater erkennen und so Zeugen seines Geheimnisses zu werden vermögen. Sie müssen – wie Petrus vor der Wahl des Matthias sagen wird – dabei gewesen sein, „als Jesus, der Herr, bei [ihnen] ein- und ausging" (Apg 1,8.21f). Sie müssen von der äußeren zur inneren Gemeinschaft mit Jesus gelangen, möchte man sagen. Zugleich sind sie aber dazu da, Gesandte Jesu – eben „Apostel" – zu werden, die seine Botschaft in die Welt tragen – zunächst zu den verlorenen Schafen des Hauses Israel, dann aber „bis an die Grenzen der Erde". Mitsein und Gesandtsein scheinen sich zunächst auszuschließen, gehören aber offenbar zusammen. Sie müssen lernen, so mit ihm zu sein, dass sie bei ihm sind, auch wenn sie an die Grenzen der Erde gehen. Das Mitsein mit ihm trägt als solches die Dynamik der Sendung in sich, da ja Jesu ganzes Sein Sendung ist.

Wozu werden sie nach diesem Text gesandt? „Zu verkünden und Vollmacht zu haben, die Dämonen auszutreiben" (3,14f). Matthäus schildert den Inhalt der Sendung etwas weitläufiger: „Und er gab ihnen Vollmacht, die unreinen Geister auszutreiben und alle Krankheiten zu heilen" (10,1). Der erste Auftrag ist die Verkündigung: den Menschen das Licht des Wortes, die Botschaft Jesu zu schenken. Die Apostel sind zuallererst Evangelisten – wie Jesus verkündigen sie das Reich Gottes und sammeln die Menschen damit zu der neuen Familie Gottes. Aber die Verkündigung des Gottesreiches ist nie bloß Wort, nie bloß Belehrung. Sie ist Ereignis, so wie Jesus selbst Ereignis, Gottes Wort in Person ist. Ihn ankündigend führen sie in die Begegnung mit ihm.

Weil die Welt von den Mächten des Bösen beherrscht wird, ist diese Verkündigung zugleich ein Ringen mit diesen Mächten. „Den Boten Jesu geht es in seiner Nachfolge um eine Exorzisierung der Welt, um die Begründung einer neuen Lebensform im Heiligen Geist, die von den Besessenheiten löst" (Pesch, *Markusevangelium* I, a. a. O., S. 205). Tatsächlich hat die antike Welt – wie vor allem Henri de Lubac gezeigt hat – den Durchbruch des christlichen Glaubens als Befreiung von der trotz Skepsis und Aufklärung alles durchwaltenden Dämonenfurcht erlebt, und so geschieht es auch heute überall dort, wo das Christentum die alten Stammesreligionen ablöst und ihr Positives verwandelnd in sich aufnimmt. Man spürt diesen Durchbruch in seiner ganzen Wucht bei Paulus, wenn er sagt: „Niemand ist Gott als nur einer. Und selbst wenn es im Himmel oder auf der Erde sogenannte Götter gibt – und solche Herren und Götter gibt es viele –, so haben wir nur einen Gott, den Vater. Von ihm stammt alles, und wir leben auf ihn hin. Und einer ist der Herr: Jesus Christus. Durch ihn ist alles und wir sind durch ihn" (1 Kor 8,4ff). In diesen Worten liegt eine befreiende Macht – der große Exorzismus, der die Welt reinigt. Wie viele Götter auch herumschweben mochten in der Welt – nur einer ist Gott und nur einer der Herr. Wenn wir ihm gehören, hat alles andere keine Macht mehr, es verliert den Glanz der Göttlichkeit.

Die Welt ist nun in ihrer Rationalität dargestellt: Sie kommt aus der ewigen Vernunft, und nur diese schöpferische Vernunft ist die wahre Macht auf der Welt und in der Welt. Nur der Glaube an den einen Gott befreit und „rationalisiert" wirklich die Welt. Wo er verschwindet, wird die Welt nur scheinbar rationaler. In Wirklichkeit müssen nun die Mächte des Zufalls anerkannt werden, die unbestimmbar sind; die „Chaostheorie" tritt der Einsicht in die rationale Struktur der Welt zur Seite und stellt den Menschen vor Dunkelheiten, die er nicht auflösen kann und die der rationalen Seite der Welt eine Grenze setzen.

„Exorzisieren", die Welt in das Licht der *ratio* stellen, die von der ewigen schöpferischen Vernunft und ihrer heilenden Güte herkommt und auf sie zurückweist – das ist eine bleibende, zentrale Aufgabe der Boten Jesu Christi.

Der heilige Paulus hat im Epheser-Brief diesen exorzistischen Charakter des Christentums einmal von einer anderen Seite her so beschrieben: „Werdet stark durch die Kraft und die Macht des Herrn. Zieht die Rüstung Gottes an, auf dass ihr den listigen Anschlägen des Teufels widerstehen könnt. Denn wir haben nicht gegen Menschen aus Fleisch und Blut zu kämpfen, sondern gegen die Fürsten und Gewalten, gegen die Beherrscher dieser finsteren Welt, gegen die bösen Geister des himmlischen Bereichs" (Eph 6,10–12). Heinrich Schlier hat diese uns heute überraschende oder auch befremdende Darstellung des christlichen Kampfes so erklärt: „Die Feinde sind nicht der oder jener, auch nicht ich selbst, sind nicht Blut und Fleisch ... Die Auseinandersetzung geht tiefer. Sie geht gegen eine Unzahl von unermüdlich angreifenden Gegnern, die nicht recht zu fassen sind, die keinen eigentlichen Namen haben, nur Kollektivbezeichnungen; die auch von vornherein dem Menschen überlegen sind, und zwar durch ihre überlegene Position, durch ihre Position ‚in den Himmeln' des Daseins, überlegen auch durch die Undurchsichtigkeit ihrer Position und ihre Unangreifbarkeit – ihre Position ist ja die ‚Atmosphäre' des Daseins, die sie selber in ihrem Sinn um sich verbreiten; die endlich alle voll wesenhafter, tödlicher Bosheit sind" (a. a. O., S. 291).

Wer sähe nicht, dass damit gerade auch unsere Welt beschrieben ist, in der der Christ von einer anonymen Atmosphäre, von dem „in der Luft Liegenden" bedroht wird, das ihm den Glauben lächerlich und unsinnig erscheinen lassen soll? Und wer sähe nicht, dass es weltweite Vergiftungen des geistigen Klimas gibt, die die Menschheit in ihrer Würde, ja in ihrem Bestand bedrohen? Der einzelne Mensch, ja, auch die menschlichen Gemeinschaften scheinen hoffnungslos dem Wirken solcher Mächte ausgeliefert. Der Christ weiß, dass auch er aus Eigenem dieser Bedrohung nicht Herr werden kann. Aber ihm ist im Glauben, in der Gemeinschaft mit dem einzigen wahren Herrn der Welt, die „Waffenrüstung Gottes" geschenkt, mit der er – in der Gemeinschaft des ganzen Leibes Christi – diesen Mächten entgegentreten kann, wissend, dass der Herr uns im Glauben die reine Atemluft zurückgibt – den Atem des Schöpfers, den Atem des Heiligen Geistes, durch den allein die Welt gesunden kann.

Matthäus fügt neben dem Auftrag des Exorzisierens noch die Sendung zu heilen hinzu: Die Zwölf sind gesandt, „alle Krankheiten und Leiden zu heilen" (10,1). Heilen ist eine wesentliche Dimension der apostolischen Sendung, des christlichen Glaubens überhaupt. Eugen Biser bezeichnet das Christentum geradezu als eine „therapeutische Religion" – eine Religion des Heilens. Wenn man das in der nötigen Tiefe auffasst, ist darin der ganze Inhalt von „Erlösung" ausgedrückt. Die Vollmacht, Dämonen auszutreiben und die Welt von deren dunkler Drohung zu befreien hin zu dem einen und wahren Gott – diese Vollmacht schließt zugleich jedes magische Verständnis des Heilens aus, bei dem man sich eben dieser geheimnisvollen Mächte zu bedienen versucht. Magisches Heilen ist immer auch mit der Kunst verbunden, dem anderen das Böse zuzuwenden und die „Dämonen" gegen ihn einzusetzen. Herrschaft Gottes, Reich Gottes bedeutet gerade die Entmächtigung dieser Gewalten durch das Hereintreten des einen Gottes, der gut, das Gute selber ist. Die Heilungsmacht der Boten Jesu Christi stellt sich dem magischen Spuk entgegen; sie exorzisiert auch im Bereich der Medizin die Welt. In den Heilungswundern des Herrn und der Zwölf zeigt sich Gott in seiner gütigen Macht über die Welt. Sie sind ihrem Wesen nach „Zeichen", die auf Gott selbst verweisen und den Menschen auf Gott hin in Bewegung bringen möchten. Nur das Einswerden mit ihm kann der wahre Prozess der Heilung des Menschen sein.

So sind Heilungswunder bei Jesus selbst und bei den Seinen ein untergeordnetes Element im Ganzen ihres Wirkens, in dem es um das Tiefere, eben um das „Reich Gottes" geht – darum, dass Gott Herr werde in uns und in der Welt. Wie der Exorzismus die Dämonenfurcht vertreibt und die Welt, die aus der Vernunft Gottes kommt, der Vernunft des Menschen übereignet, so ist auch das Heilen durch Gottes Macht zugleich Anruf, an Gott zu glauben und die Kräfte der Vernunft für den Dienst des

Heilens zu gebrauchen. Immer ist dabei eine weit aufgetane Vernunft gemeint, die Gott wahrnimmt und die daher auch den Menschen als Einheit aus Leib und Seele erkennt. Wer den Menschen wirklich heilen will, muss ihn in seiner Ganzheit sehen und muss wissen, dass seine letzte Heilung nur die Liebe Gottes sein kann.

Kehren wir wieder zu unserem Markus-Text zurück. Nach der Angabe der Sendung werden die Zwölf mit Namen genannt. Wir hatten schon gesehen, dass dies die prophetische Dimension ihrer Sendung andeutet. Gott kennt uns mit Namen, er ruft uns mit Namen. Es kann hier nicht darum gehen, nun die einzelnen Figuren des Zwölfer-Kreises von Bibel und Tradition her zu zeichnen. Wichtig ist für uns die Komposition des Ganzen, und die ist höchst heterogen.

Zwei aus dem Kreis kamen aus der Partei der Zeloten: Simon, der bei Lukas (6,15) „der Zelot", bei Matthäus und Markus „Kananaios" heißt, was aber nach den Erkenntnissen der neueren Forschung dasselbe bedeutet; dazu Judas: Das Wort Iskariot kann zwar einfach „der Mann aus Chariot" bedeuten, kann ihn aber auch als Sikarier bezeichnen, eine radikale Variante der Zeloten. Der „Eifer *(zelos)* für das Gesetz", der dieser Bewegung den Namen gab, sah seine Vorbilder in den großen „Eiferern" der Geschichte Israels, angefangen von Pinchas, der einen götzendienerischen Israeliten vor der ganzen Gemeinde tötete (Num 25,6–13), über Elija, der auf dem Berg Karmel die Baals-Priester töten ließ (1 Kön 18), bis herauf zu Mattathias, dem Stammvater der Makkabäer, der den Aufstand gegen die vom hellenistischen König Antiochus versuchte Auslöschung von Israels Glauben mit der Tötung eines Konformisten einleitete, der dem Befehl des Königs gemäß öffentlich den Göttern opfern wollte (1 Makk 2,17–28). Die Zeloten sahen diese geschichtliche Kette von großen „Eiferern" als ein verpflichtendes Erbe an, das nun auch gegenüber der römischen Besatzungsmacht angewandt werden musste.

Auf der anderen Seite des Zwölferkreises finden wir Levi-Matthäus, der als Zöllner in enger Verbindung mit der herrschenden Macht arbeitete und von seinem Stand her als öffentlicher Sünder eingestuft werden musste. Die Hauptgruppe der Zwölf bilden die Fischer vom See Genezareth: Simon, den der Herr Kephas – Petrus – Fels nennen sollte, war offenbar Vorstand einer Fischerei-Kooperative (vgl. Lk 5,10), in der er mit seinem älteren Bruder Andreas und mit den Zebedaiden Johannes und Jakobus zusammenarbeitete, die der Herr „Boanerges" – Donnersöhne – nannte: ein Name, den einige Forscher auch in die Nähe des Zelotentums rücken möchten, aber wohl zu Unrecht. Der Herr spricht damit ihr stürmisches Temperament an, das ja auch im Johannes-Evangelium durchaus zu erkennen ist. Schließlich sind da zwei Männer mit griechischen Namen, Philippus und Andreas, an die sich dann auch am Palmsonntag die griechisch sprechenden Besucher des Pascha-Festes wandten, um Kontakt mit Jesus zu gewinnen (Joh 12,21ff).

Wir dürfen annehmen, dass alle Zwölf gläubige und observante Juden waren, die das Heil Israels erwarteten. Aber von ihren konkreten Positionen her, von ihrer Weise, über die Rettung – das Heil – zu denken, waren es höchst unterschiedliche Menschen. So können wir uns vorstellen, wie schwer es war, sie langsam in den geheimnisvollen neuen Weg Jesu hineinzuführen, welche Spannungen da zu bestehen waren – wie vieler Reinigungen zum Beispiel der Eifer der Zeloten bedurfte, um schließlich eins zu werden mit dem „Eifer" Jesu, von dem uns das Johannes-Evangelium erzählt (2,17): Sein Eifer vollendet sich am Kreuz. Gerade in dieser Spannweite der Herkünfte, der Temperamente und der Einstellungen verkörpern die Zwölf die Kirche aller Zeiten und die Schwere ihres Auftrags, diese Menschen zu reinigen und zu einigen im Eifer Jesu Christi.

Einzig Lukas berichtet uns davon, dass Jesus eine zweite Jüngergruppe bildete, die aus 70 (oder 72) Jüngern bestand und mit einem ähnlichen Auftrag wie die Zwölf ausgesandt wurde (10,1–12). Wie die Zwölfzahl, so ist auch die 70 (oder 72, die Handschriften variieren zwischen beiden Angaben) eine Symbolzahl. Aufgrund einer Kombination von Dtn 32,8 und Ex 1,5 galt 70 als die Zahl der Weltvölker: Nach Ex 1,5 waren es 70 Personen, die mit Jakob nach Ägypten kamen; „sie alle stammten von Jakob ab". Die jüngere, dann allgemein rezipierte Lesart von Dtn 32,8 sagt: „Als der Höchste ... die Menschheit verteilte, legte er die Gebiete nach der Zahl der Söhne Israels fest" – dabei bezog man sich auf die 70 Glieder des Hauses Jakob bei der Auswanderung nach Ägypten. Neben den zwölf Söhnen, die Israel vorbilden, stehen die 70, die die ganze Welt darstellen und so irgendwie auch in Zusammenhang mit Jakob – Israel gesehen werden.

Diese Überlieferung steht im Hintergrund der durch den sogenannten Aristeas-Brief überlieferten Legende, wonach die im 3. Jahrhundert vor Christus entstandene griechische Übersetzung des Alten Testaments von 70 Gelehrten (oder 72, die je sechs Vertreter der zwölf Stämme Israels darstellen) durch eine besondere Eingebung des Heiligen Geistes gefertigt worden sei. Mit der Legende ist dieses Werk als Eröffnung von Israels Glauben für die Völker gedeutet.

In der Tat hat die Septuaginta für die Zuwendung der vielen suchenden Menschen im Ausgang der Antike zum Gott Israels eine entscheidende Rolle gespielt. Die Mythen der frühen Zeit hatten ihre Glaubwürdigkeit verloren; der philosophische Monotheismus reichte nicht aus, um Menschen zu einer lebendigen Gottesbeziehung zu führen. So fanden nun viele gebildete Menschen in dem Monotheismus Israels, der nicht philosophisch erdacht, sondern in einer Geschichte des Glaubens geschenkt worden war, einen neuen Zugang zu Gott. In zahlreichen Städten bildete sich der Kreis der „Gottesfürchtigen", frommer „Heiden", die nicht vollends Juden werden konnten noch wollten, aber am Gottesdienst der Synagoge und so am Glauben Israels teilnahmen. In diesem Kreis hat die urchristliche Missionspredigt ihren ersten Anhalt und ihre Verbreitung gefunden: Nun konnten diese Menschen ganz dem Gott Israels gehören, denn nun war dieser Gott durch Jesus – wie Paulus ihn verkündete – wirklich der Gott aller Menschen geworden; nun konnten sie durch den Glauben an Jesus als Gottessohn ganz dem Volk Gottes zugehören. Wenn Lukas neben der Gemeinschaft der Zwölf von einer 70er-Gruppe spricht, so ist die Sinngebung klar: In ihnen deutet sich der universale Charakter des Evangeliums an, das allen Völkern der Erde zugedacht ist.

An dieser Stelle mag es angebracht sein, noch ein anderes Sondergut des Evangelisten Lukas zu erwähnen. In 8,1–3 berichtet er uns, dass Jesus, der mit den Zwölfen verkündigend unterwegs war, auch von Frauen begleitet wurde. Er nennt drei Namen und fügt dann hinzu: „Und viele andere, die ihnen dienten mit dem, was sie besaßen" (8,3). Der Unterschied zwischen dem Jüngersein der Zwölf und dem Jüngersein der Frauen ist offenkundig; beider Aufträge sind durchaus verschieden. Aber Lukas macht doch deutlich, was ja auch in den anderen Evangelien auf vielfältige Weise erscheint, dass „viele" Frauen zur engeren Gemeinschaft der Glaubenden gehörten und dass ihr gläubiges Mitgehen mit Jesus zu deren Konstitution ganz wesentlich war, wie es sich dann unter dem Kreuz und bei der Auferstehung besonders eindrücklich zeigen sollte.

Vielleicht ist es sinnvoll, an dieser Stelle überhaupt auf einige Eigenheiten des Evangelisten Lukas aufmerksam zu machen: Wie er in besonderer Weise für die Bedeutung der Frauen offen war, so ist er auch der Evangelist der Armen, bei dem es ganz unverkennbar die „vorrangige Option für die Armen" gibt.

Auch den Juden gegenüber zeigt er in besonderer Weise Verständnis; die Leidenschaften, die durch die beginnende Trennung zwischen Synagoge und werdender Kirche aufgewühlt wurden und bei Matthäus wie Johannes ihre Spuren eingetragen haben, sind bei ihm nicht zu finden. Besonders bezeichnend scheint mir, wie er die Geschichte vom neuen Wein und den alten oder neuen Schläuchen abschließt: Bei Markus steht da: „Niemand wird neuen Wein in alte Schläuche füllen; tut er es doch, zerreißt der Wein die Schläuche, so dass Wein und Schläuche verloren sind. Nein, neuer Wein gehört in neue Schläuche" (Mk 2,22); ähnlich lautet der Text bei Matthäus (9,17). Lukas überliefert uns das gleiche Gespräch, fügt aber am Schluss noch an: „Und niemand, der alten Wein trinkt, möchte neuen; er sagt nämlich: Der alte Wein ist gut" (Lk 5,39) – was man doch wohl als ein Wort des Verstehens für diejenigen auslegen darf, die beim „alten Wein" bleiben wollten.

Schließlich haben wir – um beim lukanischen Sondergut zu bleiben – schon mehrfach gesehen, dass dieser Evangelist dem Beten Jesu als Quelle seiner Verkündigung und seines Handelns besondere Aufmerksamkeit zuwendet: Er zeigt uns, dass alles Tun und Reden Jesu aus seinem inneren Einssein mit dem Vater, aus dem Dialog zwischen Vater und Sohn kommt. Wenn wir überzeugt sein dürfen, dass die Heiligen Schriften „inspiriert" sind, in besonderer Weise unter der Führung des Heiligen Geistes gereift, dann dürfen wir auch überzeugt sein, dass gerade in diesen besonderen Aspekten der lukanischen Überlieferung uns Wesentliches von der ursprünglichen Gestalt Jesu aufbewahrt ist.

7. KAPITEL
DIE BOTSCHAFT DER GLEICHNISSE

1
WESEN UND ZIEL DER GLEICHNISSE

Das Herzstück der Verkündigung Jesu bilden ohne Zweifel die Gleichnisse. Über den Wandel der Zivilisationen hinweg berühren sie uns in ihrer Frische und Menschlichkeit immer wieder neu. Joachim Jeremias, dem wir ein grundlegendes Buch über die Gleichnisse Jesu verdanken, hat mit Recht darauf hingewiesen, dass der Vergleich der Gleichnisse Jesu mit der Bildsprache des Apostels Paulus oder mit den Gleichnissen der Rabbinen „eine ausgesprochen persönliche Eigenart" erkennen lässt, „eine einzigartige Klarheit und Schlichtheit, eine unerhörte Meisterschaft der Gestaltung" (a. a. O., S. 6). Hier spüren wir – auch von der sprachlichen Eigenart her, in der der aramäische Text durchscheint – die Nähe zu Jesus, wie er lebte und lehrte, ganz unmittelbar. Aber zugleich geht es uns wie den Zeitgenossen Jesu und wie seinen Jüngern selbst: Wir müssen ihn immer neu fragen, was er uns mit jedem einzelnen der Gleichnisse sagen will (vgl. Mk 4,10). Das Ringen um das rechte Verstehen der Gleichnisse durchzieht die ganze Kirchengeschichte; auch die historisch-kritische Exegese hat sich selbst wiederholt korrigieren müssen und kann uns keine endgültigen Auskünfte geben.

Einer der großen Meister der kritischen Exegese, Adolf Jülicher, hatte mit seinem zweibändigen Werk *Die Gleichnisreden Jesu* (1899; 2. Auflage 1910) eine neue Phase der Gleichnisdeutung eingeleitet, in der nun sozusagen die endgültige Formel für deren Erklärung gefunden schien.

Jülicher stellt zunächst nachdrücklich den radikalen Unterschied zwischen Allegorie und Gleichnis heraus: Die Allegorie hatte sich in der hellenistischen Kultur als Deutungsform alter autoritativer religiöser Texte herausgebildet, die, so wie sie standen, nicht mehr aneignungsfähig waren. Ihre Aussagen wurden nun als verhüllende Formen eines hinter dem Wortsinn stehenden geheimnisvollen Gehaltes erklärt; so konnte man nun die Sprache der Texte als Reden in Bildern verstehen, die dann Stück um Stück, Zug um Zug ausgelegt wurden und damit als bildliche Darstellungen jener philosophischen Sicht erschienen, die nun als deren wirklicher Gehalt erscheinen sollte. In der Umwelt Jesu war Allegorie der geläufige Umgang mit bildlicher Rede; so lag es nahe, dass die Gleichnisse nach diesem Muster als Allegorien ausgelegt wurden. In den Evangelien selbst finden sich mehrfach allegorische Auslegungen von Gleichnissen, die Jesus selbst in den Mund gelegt sind, so zum Beispiel beim Gleichnis vom Sämann, dessen Same auf die Straße, auf Felsengrund, unter die Dornen oder eben auch auf fruchtbaren Boden fällt (Mk 4,1–20). Jülicher hat nun die Gleichnisse Jesu scharf von der Allegorie abgehoben; sie seien gerade nicht Allegorie, sondern ein Stück wirklichen Lebens, bei dem es nur um *einen* – und zwar möglichst allgemein zu fassenden – Gedanken, einen einzigen „springenden Punkt" gehe. So werden die Jesus in den Mund gelegten allegorischen Deutungen als spätere, schon einem Missverständnis entsprechende Zutaten angesehen.

Der Grundgedanke Jülichers, die Unterscheidung zwischen Allegorie und Gleichnis, ist als solcher richtig und wurde alsbald von der ganzen Forschung angenommen. Aber allmählich wurden doch die Grenzen seiner Einsichten immer deutlicher. Wenn auch die Abhebung der Gleichnisse von der Allegorie als solche berechtigt ist, so ist die radikale Trennung weder historisch noch sachlich begründbar. Auch das Judentum kannte – besonders in der Apokalyptik – die allegorische Rede; Gleichnis und Allegorie können durchaus ineinander übergehen. Jeremias hat gezeigt, dass das hebräische Wort *mašal* (Gleichnis, Rätselspruch) die unterschiedlichsten Gattungen umfasst: „Gleichnis, Vergleich, Allegorie, Fabel, Sprichwort, apokalyptische Offenbarungsrede, Rätselwort, Decknamen, Symbol, fingierte Gestalt, Beispiel (Vorbild), Motiv, Begründung, Entschuldigung, Einwand, Witz" (a. a. O., S. 14). Vorher schon hatte die Formgeschichte versucht, durch Einteilung der Gleichnisse in Kategorien weiterzukommen. „Man schied zwischen Bildwort, Vergleich, Gleichnis, Parabel, Allegorie, Beispielerzählung" (ebd., S. 13).

Wenn schon die Fixierung der Gattung Gleichnis auf einen einzigen literarischen Typus verfehlt war, so ist noch mehr die Art und Weise überholt, wie Jülicher den „springenden Punkt" fixieren zu können glaubte, auf den allein es im Gleichnis ankomme. Zwei Beispiele mögen genügen. Das Gleichnis vom reichen Toren (Lk 12,16ff) wolle besagen: „Der Mensch, auch der reichste, ist in jedem Augenblick ganz und gar abhängig von Gottes Macht und Gnade." Der springende Punkt im Gleichnis vom klugen Verwalter (Lk 16,1ff) sei „entschlossene Ausnützung der Gegenwart als Vorbedingung für eine erfreuliche Zukunft". Jeremias kommentiert mit Recht dazu: „Wahre religiöse Humanität verkünden die Gleichnisse; von ihrer eschatologischen Wucht bleibt nichts erhalten. Unvermerkt wird Jesus zum ‚Apostel des

Fortschritts' (Jülicher, II 483), zum Weisheitslehrer, der ethische Maximen und eine simplifizierte Theologie in behältlichen Bildern und Geschichten einprägte. Und das war er nicht!" (a. a. O., S. 13). Noch drastischer drückt sich Charles W. F. Smith aus: „Niemand würde einen Lehrer kreuzigen, der gefällige Geschichten erzählt, um moralische Klugheit zu stärken" (*The Jesus of the Parables* [1948] S. 17; bei Jeremias, a. a. O., S. 15).

Ich erzähle das hier so ausführlich, weil es uns einen Blick auf die Grenzen der liberalen Exegese gestattet, die in ihrer Zeit als der nicht mehr überbietbare Höhepunkt strenger Wissenschaftlichkeit und historischer Verlässlichkeit angesehen wurde und auf die auch katholische Exegeten neidvoll und bewundernd hinblickten. Schon in der Bergpredigt haben wir gesehen, dass dieser Auslegungstyp, der Jesus zum Moralisten, zum Lehrer einer aufgeklärten und individualistischen Moral macht, bei aller Bedeutung der historischen Einsichten in seiner Theologie dürftig bleibt und an die wirkliche Gestalt Jesu überhaupt nicht herankommt.

Hatte Jülicher den „springenden Punkt" praktisch ganz humanistisch, aus dem Geist seiner Zeit gefasst, so wurde er später mit der Naheschatologie identifiziert: Im Letzten liefen alle Gleichnisse darauf hinaus, die zeitliche Nähe des hereinbrechenden Eschaton – des „Gottesreiches" – anzusagen. Aber auch damit tut man der Vielfalt der Texte Gewalt an; die naheschatologische Ausrichtung kann man vielen Gleichnissen nur künstlich aufpfropfen. Demgegenüber hat Jeremias mit Recht herausgestellt, dass jedes Gleichnis seinen eigenen Kontext und so auch je seine eigene Aussage hat. In diesem Sinn hat er in seinem

Gleichnisbuch neun thematische Schwerpunkte herausgestellt, freilich dabei die Suche nach einem gemeinsamen Faden, nach dem inneren Schwerpunkt der Botschaft Jesu überhaupt hinzugenommen. Jeremias weiß sich dabei dem englischen Exegeten Charles H. Dodd verpflichtet, distanziert sich freilich zugleich in einem wesentlichen Punkt von ihm.

Dodd hat die Ausrichtung der Gleichnisse auf das Thema Reich Gottes, Herrschaft Gottes zum Kernpunkt seiner Exegese gemacht, aber die naheschatologische Fassung der deutschen Exegeten abgelehnt und Eschatologie mit Christologie verknüpft: Das Reich kommt in der Person Christi an. Indem die Gleichnisse auf das Reich verweisen, verweisen sie auf ihn als die wahre Gestalt des Reiches. Jeremias glaubt, diese Position der „realisierten Eschatologie", wie Dodd sie nannte, nicht annehmen zu können und spricht stattdessen von „sich realisierender Eschatologie", behält also doch – wohl etwas abgeschwächt – den Grundgedanken der deutschen Exegese bei, dass Jesus die (zeitliche) Nähe des Kommens von Gottes Reich verkündigt und sie in unterschiedlicher Weise in den Gleichnissen vor die Hörer hingestellt habe. Das Band zwischen Christologie und Eschatologie wird damit wieder abgeschwächt; es bleibt die Frage, was der Hörer 2000 Jahre danach davon halten solle: Er muss jedenfalls den naheschatologischen Horizont von damals für einen Irrtum halten, denn das Reich Gottes im Sinn der radikalen Verwandlung der Welt durch Gott ist nicht gekommen; und er kann sich diesen Gedanken auch für heute nicht zu eigen machen.

Alle unsere bisherigen Überlegungen haben uns dazu geführt, die unmittelbare Endzeiterwartung für einen

Aspekt in der frühen Rezeption der Botschaft Jesu anzuerkennen, aber zugleich wurde sichtbar, dass man sie keineswegs allen Worten Jesu überstülpen und sie keineswegs zum eigentlichen Thema seiner Botschaft erheben kann. Da war Dodd dem wirklichen Gefälle der Texte viel mehr auf der Spur.

Gerade bei der Bergpredigt, aber auch bei der Auslegung des Vaterunser haben wir gesehen, dass das tiefste Thema von Jesu Verkündigung sein eigenes Geheimnis war, das Geheimnis des Sohnes, in dem Gott unter uns ist und sein Wort einlöst; dass er das Reich Gottes in seiner Person als kommend und gekommen ankündigt. In diesem Sinn muss man im Wesentlichen Dodd recht geben: Ja, die Bergpredigt Jesu ist „eschatologisch", wenn man so will, aber eschatologisch in dem Sinn, dass sich Gottes Reich in seinem Kommen „realisiert". Wir können also durchaus von „sich realisierender Eschatologie" reden: Jesus ist als der Gekommene doch die ganze Geschichte hindurch der Kommende; von diesem „Kommen" spricht er letztlich zu uns. So können wir den letzten Worten des Buches von Jeremias durchaus zustimmen: „Angebrochen ist das Gnadenjahr Gottes. Denn erschienen ist der, dessen verborgene Herrlichkeit hinter jedem Wort und jedem Gleichnis aufleuchtet, der Heiland" (a. a. O., S. 194).

Wenn wir so alle Gleichnisse als verborgene und vielschichtige Einladungen zum Glauben an ihn als das „Reich Gottes in Person" auffassen dürfen, stellt sich uns ein Jesuswort über die Gleichnisse in den Weg, das uns irritiert. Alle drei Synoptiker erzählen uns, dass Jesus den Jüngern auf die Frage nach dem Sinn des Gleichnisses vom Sämann zunächst eine allgemeine Antwort über den Sinn der Verkündigung in Gleichnissen gegeben habe. Im Zentrum dieser Antwort Jesu steht ein Wort aus Jes 6,9f, das die Synoptiker in verschiedenen Lesarten wiedergeben. Der Markus-Text (4,12) lautet in der sorgsam begründeten Übersetzung von Jeremias so: „Euch [das heißt dem Jüngerkreis] hat Gott das Geheimnis der Gottesherrschaft geschenkt: denen aber, die draußen sind, ist alles rätselvoll, auf dass sie (wie geschrieben steht) ‚sehen und doch nicht sehen, hören und doch nicht verstehen, es sei denn, dass sie umkehren und Gott ihnen vergebe'" (a. a. O., S. 11). Was bedeutet das? Dienen die Gleichnisse des Herrn etwa dazu, seine Botschaft unzugänglich zu machen und sie nur einem kleinen Kreis von Erwählten zu reservieren, denen er sie selber auslegt? Wollen die Gleichnisse nicht öffnen, sondern verschließen? Ist Gott parteilich, dass er gar nicht das Ganze – alle – will, sondern nur eine Elite?

Wenn wir das geheimnisvolle Herrenwort verstehen wollen, müssen wir es von Jesaja her lesen, den er zitiert, und wir müssen es lesen von seinem eigenen Weg her, um dessen Ausgang er weiß. Jesus stellt sich mit diesem Wort in die Linie der Propheten hinein – sein Schicksal ist Prophetenschicksal. Das Wort des Jesaja ist in seiner Ganzheit noch viel strenger und erschreckender als der Auszug, den Jesus zitiert. Im Jesaja-Buch heißt es: „Verhärte das Herz dieses Volkes, verstopf ihm die Ohren, verkleb ihm die Augen, damit es mit seinen Augen nicht sieht und mit seinen Ohren nicht hört, damit sein Herz nicht zur Einsicht kommt und sich nicht bekehrt und nicht geheilt wird" (Jes 6,10). Der Prophet scheitert: Seine Botschaft widerspricht zu sehr der allgemeinen Meinung, den eingefahrenen Lebensgewohnheiten. Erst durch das Scheitern hindurch wird sein Wort wirksam. Dieses Scheitern des Propheten bleibt als dunkle Frage über der ganzen Geschichte Israels stehen, und es wiederholt sich in gewisser Weise immer wieder in der Geschichte der Menschheit. Es ist zunächst immer neu auch das Geschick Jesu Christi: Er endet am Kreuz. Aber gerade aus dem Kreuz kommt die große Fruchtbarkeit.

Und hier erscheint nun unerwartet auch der Zusammenhang mit dem Samen-Gleichnis, in dessen Kontext bei den Synoptikern das Jesuswort steht. Es ist auffällig, welche Bedeutung das Bild des Samens im Ganzen der Botschaft Jesu einnimmt. Die Zeit Jesu, die Zeit der Jünger ist Zeit des Säens und des Samens. Das „Reich Gottes" ist gegenwärtig als Same. Der Same ist äußerlich gesehen etwas Geringes. Man kann ihn übersehen. Das Senfkorn – Bild des Gottesreiches – ist das Geringste unter den Körnern und trägt doch einen ganzen Baum in sich. Der Same ist Gegenwart des Zukünftigen. Im Samen ist das Kommende verborgen jetzt schon da. Er ist Gegenwart von Verheißung. Der Herr hat die vielfältigen Samen-Gleichnisse am Palmsonntag zusammengefasst und ihren vollen Sinn enthüllt: „Amen, amen, ich sage euch: Wenn das Weizenkorn nicht in die Erde fällt und stirbt, bleibt es allein; wenn es aber stirbt, bringt es reiche Frucht" (Joh 12,24). Er selbst ist das Samenkorn. Sein „Scheitern" am Kreuz ist gerade der Weg, von den wenigen zu den vielen, zu allen zu kommen: „Und ich, wenn ich über die Erde erhöht sein werde, werde alle an mich ziehen" (Joh 12,32).

Das Scheitern der Propheten, sein Scheitern, erscheint nun in anderem Licht. Es ist gerade der Weg dazu hin, „dass sie umkehren und Gott ihnen vergibt". Es ist gerade die Weise, wie nun allen Augen und Ohren aufgetan werden. Am Kreuz werden die Gleichnisse entschlüsselt. In den Abschiedsreden sagt der Herr dazu: „Dies habe ich in Gleichnissen (in verhüllter Rede) zu euch gesagt; es kommt die Stunde, in der ich nicht mehr in verhüllter Rede zu euch spreche, sondern euch offen den Vater verkündigen werde" (Joh 16,25). So sprechen die Gleichnisse verborgen vom Geheimnis des Kreuzes; sie sprechen nicht nur davon – sie gehören ihm selbst zu. Denn eben weil sie das Gottesgeheimnis Jesu durchschimmern lassen, führen sie zum Widerspruch. Gerade wo sie zu einer letzten Deutlichkeit gelangen, wie im Gleichnis von den ungetreuen Pächtern des Weinbergs (Mk 12,1–12), werden sie Stationen zum Kreuz hin. In den Gleichnissen ist Jesus nicht nur Sämann, der den Samen von Gottes Wort ausstreut, sondern Same, der in die Erde fällt, um zu sterben und so Frucht zu tragen.

So führt uns gerade die beunruhigende Erklärung Jesu über den Sinn seiner Gleichnisse auf deren tiefste Bedeutung zu, wenn wir nur – wie es vom Wesen des geschriebenen Gotteswortes her recht ist – die Bibel, und insbesondere die Evangelien, als Einheit und als Ganzheit lesen, die in all ihren historischen Schichtungen doch eine von innen her zusammenhängende Botschaft ausdrückt. Vielleicht lohnt es sich aber, nach dieser ganz theologischen, aus dem Inneren der Bibel gewonnenen Erklärung, auch noch vom spezifisch menschlichen Aspekt her auf die Gleichnisse hinzuschauen. Was ist das eigentlich – ein Gleichnis? Und was will der, der es erzählt?

Nun, jeder Erzieher, jeder Lehrer, der seinen Hörern neue Erkenntnisse vermitteln will, wird sich immer wieder auch des Beispiels, des Gleichnisses bedienen. Durch das Beispiel rückt er eine Wirklichkeit, die bislang außerhalb des Blickfelds der Angesprochenen lag, an ihr Denken heran. Er will zeigen, wie in einer ihrem Erfahrungsfeld zugehörigen Wirklichkeit etwas durchscheint, das sie bisher nicht wahrgenommen haben. Er rückt durch das Gleichnis das Fernliegende an sie heran, so dass sie über die Brücke des Gleichnisses zum bisher Unbekannten hinüberkommen. Es geht dabei um eine doppelte Bewegung: Einerseits bringt das Gleichnis das Entferntliegende in die Nähe der Zuhörenden und Mitdenkenden. Andererseits wird der Zuhörer damit selbst auf den Weg gebracht. Die innere Dynamik des Gleichnisses, die innere Selbstüberschreitung des gewählten Bildes lädt ihn dazu ein, sich selbst dieser Dynamik anzuvertrauen und über seinen bisherigen Horizont hinauszugehen, ihm bisher Unbekanntes kennen- und verstehen zu lernen. Das bedeutet aber, dass das Gleichnis die Mitarbeit des Lernenden verlangt, dem nicht nur etwas nahegebracht wird, sondern der selbst die Bewegung des Gleichnisses aufnehmen, mit ihm mitgehen muss. An dieser Stelle erscheint nun auch die Problematik des Gleichnisses: Es kann die Unfähigkeit geben, seine Dynamik zu entdecken und sich von ihr führen zu lassen. Es kann, vor allem wenn es um Gleichnisse geht, die die eigene Existenz betreffen und sie verändern, die Unwilligkeit geben, sich auf die geforderte Bewegung einzulassen.

Damit sind wir wieder bei dem Herrenwort über Sehen und Nichtsehen, über Hören und Nichtverstehen angelangt. Jesus will uns ja nicht irgendwelche abstrakten Erkenntnisse vermitteln, die uns im Tiefsten nichts angehen würden. Er muss uns zum Geheimnis Gottes führen – zu dem Licht, das unsere Augen nicht ertragen können und dem wir daher ausweichen. Damit es uns zugänglich wird, zeigt er die Transparenz des göttlichen Lichtes in den Dingen dieser Welt und in den Wirklichkeiten unseres Alltags. Er will uns durch das Alltägliche den eigentlichen Grund aller Dinge und so die wahre Richtung zeigen, die wir im Alltag einschlagen müssen, um rechtzugehen. Er zeigt uns Gott, nicht einen abstrakten Gott, sondern den handelnden Gott, der in unser Leben hereintritt und uns an die Hand nehmen will. Er zeigt uns durch das Alltägliche hindurch, wer wir sind und was wir demnach zu tun haben. Er vermittelt uns eine anspruchsvolle Erkenntnis, die uns nicht nur und nicht vor allem neues Wissen bringt, sondern unser Leben ändert. Es ist eine Erkenntnis, die uns beschenkt: Gott ist auf dem Weg zu dir. Aber ebenso ist es auch eine fordernde Erkenntnis: Glaube und lass dich vom Glauben führen. So ist die Möglichkeit der Verweigerung höchst aktuell: Dem Gleichnis fehlt die nötige Evidenz.

Tausend vernünftige Einwände sind möglich – nicht nur in der Generation Jesu, sondern alle Generationen hindurch, heute wohl mehr denn je. Denn wir haben einen Begriff von Realität gebildet, der die Transparenz des Wirklichen zu Gott hin ausschließt. Als wirklich gilt nur das experimentell Überprüfbare. Gott lässt sich nicht ins Experiment zwingen. Der Wüstengeneration wirft er eben dies vor: „Dort haben eure Väter mich versucht [mich ins Experiment zwingen wollen] – und sie hatten doch mein Tun gesehen" (Ps 95,9). Gott kann gar nicht durchscheinen – so sagt es der moderne Begriff von Realität. Und so kann erst recht die Forderung nicht angenommen werden, die er an uns stellt; ihn als Gott zu glauben und danach zu leben, erscheint völlig unzumutbar. In dieser Situation führen die Gleichnisse dann in der Tat zum Nichtsehen und Nichtverstehen, zur „Verhärtung des Herzens".

So sind aber die Gleichnisse im Letzten Ausdruck für die Verborgenheit Gottes in dieser Welt und dafür, dass Gotteserkenntnis immer den ganzen Menschen einfordert – dass sie eine Erkenntnis ist, die eins ist mit dem Leben selbst; Erkenntnis, die es ohne „Umkehr" nicht geben kann. Denn in der von der Sünde gezeichneten Welt ist das Schwergewicht, die Gravitation unseres Lebens, von der Verhaftung an das Ich und das Man gekennzeichnet, die aufgebrochen werden muss auf eine neue Liebe, die uns in ein anderes Schwerefeld versetzt und uns so neu leben lässt. Gotteserkenntnis ist in diesem Sinn nicht ohne das Geschenk der sichtbar werdenden Liebe Gottes möglich; aber auch das Geschenk will angenommen sein. In diesem Sinn erscheint in den Gleichnissen das Wesen der Botschaft Jesu selbst. In diesem Sinn ist das Mysterium des Kreuzes von innen her in das Wesen der Gleichnisse eingeschrieben.

2

DREI GROSSE LUKANISCHE GLEICHNIS-ERZÄHLUNGEN

Auch nur einen größeren Teil der Gleichnisse Jesu auslegen zu wollen, würde den Rahmen dieses Buches sprengen. So möchte ich mich auf die drei großen Gleichnis-Erzählungen des Lukas-Evangeliums beschränken, deren Schönheit und Tiefe auch den nichtgläubigen Menschen immer wieder spontan berühren: die Geschichte vom Samariter; das Gleichnis von den zwei Brüdern; die Erzählung vom reichen Prasser und dem armen Lazarus.

Das Gleichnis vom barmherzigen Samariter (Lk 10,25–37)

In der Geschichte vom barmherzigen Samariter geht es um die Grundfrage des Menschen. Ein Schriftgelehrter, also ein Meister der Exegese, stellt sie dem Herrn: „Meister, was muss ich tun, um das ewige Leben zu erben?" (10,25). Lukas sagt dazu, der Gelehrte habe die Frage an Jesus gerichtet, um ihn auf die Probe zu stellen. Er selber weiß als Schriftgelehrter um die Antwort, die die Bibel darauf gibt, aber er will sehen, was dieser Prophet ohne Bibelstudium darauf sagen wird. Der Herr verweist ihn ganz einfach auf die Schrift, die er ja kennt, und lässt ihn selbst die Antwort geben. Der Schriftgelehrte gibt sie, sehr treffend, in einer Verbindung von Dtn 6,5 und Lev 19,18: „Du sollst den Herrn, deinen Gott, lieben mit ganzem Herzen und ganzer Seele, mit all deiner Kraft und all deinen Gedanken, und: Deinen Nächsten sollst du lieben wie dich selbst" (Lk 10,27). Jesus lehrt über diese Frage nichts anderes als die Tora, deren ganzer Sinn in diesem Doppelgebot vereinigt ist. Nun muss der gelehrte Mann, der die Antwort auf seine Frage selbst sehr genau weiß, sich aber doch rechtfertigen: Das Schriftwort ist unumstritten, aber wie es auf die Praxis des Lebens anzuwenden sei, wirft doch Fragen auf, die in der Schule (und auch im Leben selbst) umstritten sind.

Die konkrete Frage lautete, wer denn das sei: „der Nächste". Die gängige Antwort, die sich auch auf Schrifttexte stützen konnte, besagte, dass mit dem „Nächsten" der Volksgenosse gemeint sei. Das Volk bildete eine Solidargemeinschaft, in der alle füreinander Verantwortung trugen, in der jeder vom Ganzen gehalten wurde und jeder daher den anderen „wie sich selbst" als Teil jenes Ganzen ansehen sollte, das ihm den Raum seines Lebens zuwies. Waren also Fremde, einem anderen Volk zugehörige Menschen, keine „Nächsten"? Das stand wiederum gegen die Schrift, die gerade auch zur Liebe gegen die Fremden aufforderte im Gedenken daran, dass Israel in Ägypten selbst die Existenz als Fremdling gelebt hatte. Dennoch blieb umstritten, wo die Grenzen zu ziehen seien; im Allgemeinen wurde nur der im Volk mitlebende „Beisasse" als zur Solidargemeinschaft gehörig und so als „Nächster" angesehen. Auch andere Einschränkungen des Begriffs „Nächster" waren verbreitet; eine rabbinische Äußerung lehrte, dass man Häretiker, Denunzianten und Abtrünnige nicht als Nächste anzusehen brauchte (Jeremias, a. a. O., S. 170). Als klar galt auch, dass die Samariter, die kurz zuvor, zwischen den Jahren 6 und 9, den Tempelplatz zu Jerusalem gerade in den Tagen des Pascha-Festes „durch

Ausstreuen menschlicher Gebeine verunreinigt" hatten (ebd., S. 171), keine Nächsten waren.

Auf die so konkretisierte Frage antwortet Jesus nun mit dem Gleichnis von dem Mann, der auf dem Weg von Jerusalem nach Jericho unter die Räuber fiel und von ihnen am Straßenrand ausgeplündert und halbtot liegengelassen wurde. Das war eine durchaus realistische Geschichte, denn auf diesem Weg kamen derlei Überfälle regelmäßig vor. Ein Priester und ein Levit – Kenner des Gesetzes, die um die Heilsfrage wissen und ihr beruflich dienen – kommen vorbei und gehen vorüber. Sie müssen keineswegs besonders kaltherzige Menschen gewesen sein; vielleicht hatten sie selber Angst und versuchten, möglichst schnell in die Stadt zu kommen; vielleicht waren sie ungeschickt und wussten nicht, wie sie es anstellen sollten zu helfen – zumal es ohnedies danach aussah, als ob es da gar nichts mehr zu helfen gäbe. Nun kommt ein Samariter des Wegs – vermutlich ein Kaufmann, der diese Strecke öfter zu durchreisen hat und mit dem Wirt der nächsten Herberge offenbar bekannt ist; ein Samariter – jemand also, der nicht zur Solidargemeinschaft Israels gehört und in dem Überfallenen nicht seinen „Nächsten" zu erblicken braucht.

Dabei ist daran zu erinnern, dass der Evangelist wenige Abschnitte zuvor davon erzählt hatte, dass Jesus auf dem Weg nach Jerusalem Boten vor sich herschickte, die in ein samaritanisches Dorf kamen und Unterkunft für ihn besorgen wollten. „Aber man nahm ihn nicht auf, weil er auf dem Weg nach Jerusalem war" (9,52f). Die verärgerten Donnersöhne – Jakobus und Johannes – hatten daraufhin zum Herrn gesagt: „Herr, sollen wir befehlen, dass Feuer vom Himmel fällt und sie vernichtet?" Der Herr verwies es ihnen. Man fand Unterkunft in einem anderen Dorf.

Nun tritt hier der Samariter auf den Plan. Was wird er tun? Er fragt nicht nach dem Radius seiner Solidarverpflichtungen und auch nicht nach Verdiensten für das ewige Leben. Es geschieht etwas anderes: Das Herz wird ihm aufgerissen; das Evangelium gebraucht das Wort, das im Hebräischen ursprünglich auf den Mutterleib und die mütterliche Zuwendung verwiesen hatte. Es trifft ihn ins „Eingeweide", in seine Seele hinein, diesen Menschen so zu sehen. „Er wurde von Mitleid ergriffen", übersetzen wir heute, die ursprüngliche Vitalität des Textes abschwächend. Durch den Blitz des Erbarmens, der seine Seele trifft, wird er selbst nun zum Nächsten, über alle Fragen und Gefahren hinweg. Insofern ist hier die Frage verlagert: Es geht nicht mehr darum, welcher andere mir Nächster ist oder nicht. Es geht um mich selbst. Ich muss zum Nächsten werden, dann zählt der andere für mich „wie ich selbst".

Hätte die Frage gelautet: Ist auch der Samariter mein Nächster?, so wäre in der gegebenen Lage die Antwort ziemlich eindeutig Nein gewesen. Aber nun stellt Jesus die Sache auf den Kopf: Der Samariter, der Fremde, macht sich selbst zum Nächsten und zeigt mir, dass ich von innen her das Nächster-Sein erlernen muss und dass ich die Antwort schon in mir trage. Ich muss ein Liebender werden, einer, dessen Herz der Erschütterung durch die Not des anderen offensteht. Dann finde ich meinen Nächsten, oder besser: Dann werde ich von ihm gefunden.

Helmut Kuhn geht in seiner Auslegung des Gleichnisses gewiss über den Wortsinn des Textes hinaus und kennzeichnet dabei doch sachgerecht die Radikalität seiner Aussage, wenn er schreibt: „Die politische Freundesliebe beruht auf der Gleichheit der Partner. Das symbolische Gleichnis vom Samariter hingegen betont die radikale

Ungleichheit: Der Samariter, als ein Volksfremder, steht dem anonymen anderen gegenüber, der Helfende dem hilflosen Opfer eines Raubüberfalls. Die Agape, so gibt uns das Gleichnis zu verstehen, schlägt quer durch alle politischen Ordnungen mit dem in ihnen herrschenden Prinzip des *do ut des* hindurch und kennzeichnet sich dadurch als übernatürlich. Ihrem Prinzip nach steht sie nicht nur jenseits dieser Ordnungen, sondern versteht sich als ihre Verkehrung: Die Letzten sollen die Ersten sein (Mt 19,30), und die Sanftmütigen werden das Erdreich besitzen (Mt 5,5)" (a. a. O., S. 88f). Eines ist deutlich: Eine neue Universalität erscheint, die darauf beruht, dass ich von innen her schon Bruder all derer werde, denen ich begegne und die meiner Hilfe bedürfen.

Die Aktualität des Gleichnisses liegt zutage. Wenn wir es in die Dimensionen der Weltgesellschaft übersetzen, sehen wir, wie die ausgeraubt und geplündert daliegenden Völker Afrikas uns angehen. Dann sehen wir, wie sehr sie uns „Nächste" sind; dass auch unser Lebensstil, unsere Geschichte, in die wir verwoben sind, sie ausgeplündert hat und ausplündert. Dazu gehört vor allem auch, dass wir sie seelisch verletzt haben. Anstatt ihnen Gott zu geben, den in Christus uns nahen Gott, und so alles Kostbare und Große aus ihren eigenen Überlieferungen aufzunehmen und zur Vollendung zu bringen, haben wir den Zynismus einer Welt ohne Gott zu ihnen getragen, in der es nur auf Macht und Profit ankommt; die moralischen Maßstäbe zerstört, so dass Korruption und skrupelloser Wille zur Macht zur Selbstverständlichkeit werden. Und das gilt ja nicht nur für Afrika.

Ja, wir haben materielle Hilfen zu geben und unsere

eigene Lebensform zu überprüfen. Aber wir geben immer zu wenig, wenn wir nur Materie geben. Und finden wir nicht auch um uns herum den ausgeplünderten und zerschlagenen Menschen? Die Opfer der Droge, des Menschenhandels, des Sextourismus, inwendig zerstörte Menschen, die mitten im materiellen Reichtum leer sind. All das geht uns an und ruft uns, das Auge und das Herz des Nächsten zu haben und auch den Mut der Nächstenliebe. Denn – wie gesagt – Priester und Levit gingen vielleicht eher aus Furcht denn aus Gleichgültigkeit vorbei. Das Wagnis der Güte müssen wir von innen her neu erlernen; das können wir nur, wenn wir selbst von innen her „gut" werden, von innen her „Nächste" sind und dann auch den Blick dafür haben, welche Weise des Dienens in meiner Umgebung und im größeren Radius meines Lebens gefordert und mir möglich und daher auch aufgegeben ist.

Die Kirchenväter haben das Gleichnis christologisch gelesen. Man könnte sagen: Das ist Allegorie, also eine Auslegung am Text vorbei. Aber wenn wir bedenken, dass in allen Gleichnissen auf je unterschiedliche Weise der Herr uns doch zum Glauben an das Reich Gottes einladen will, das er selber ist, dann ist eine christologische Auslegung nie eine totale Fehldeutung. Sie entspricht irgendwie einer inneren Potentialität des Textes und kann eine Frucht sein, die aus seinem Samen hervorwächst. Die Väter sehen das Gleichnis in weltgeschichtlichem Maßstab: Der Mann, der da halbtot und ausgeplündert am Wegrand liegt, ist er nicht ein Bild für „Adam", für den Menschen überhaupt, der doch wahrhaftig „unter die Räuber gefallen" ist? Ist es nicht wahr, dass der Mensch, dieses Geschöpf Mensch, seine ganze Geschichte hindurch entfremdet, zerschlagen, missbraucht dasteht? Die große Masse der Menschheit hat fast immer in der Unterdrückung gelebt; und umgekehrt: die Unterdrücker – sind sie denn nun die wahren Bilder des Menschen, oder sind sie nicht erst recht entstellt, eine Entwürdigung des Menschen? Karl Marx hat drastisch die „Entfremdung" des Menschen geschildert; auch wenn er die eigentliche Tiefe der Entfremdung nicht ermessen hat, weil er nur im Materiellen dachte, hat er doch ein anschauliches Bild für den Menschen geliefert, der unter die Räuber gefallen ist.

Die mittelalterliche Theologie hat die zwei Angaben des Gleichnisses über den Zustand des zerschlagenen Menschen als grundsätzliche anthropologische Aussagen aufgefasst. Von dem Opfer des Überfalls heißt es zum einen, dass er ausgeplündert *(spoliatus)*, zum anderen, dass er halbtot geschlagen wurde *(vulneratus:* 10,30). Das bezogen die Scholastiker auf die zweifache Dimension der Entfremdung des Menschen. Er ist *spoliatus supernaturalibus* und *vulneratus in naturalibus,* sagten sie: des ihm geschenkten Glanzes der übernatürlichen Gnade beraubt und in seiner Natur verwundet. Nun, das ist Allegorie, die sicher weit über den Wortsinn hinausgeht, aber immerhin ein Versuch, die doppelte Art von Verletzung zu präzisieren, die auf der Geschichte der Menschheit lastet.

Die Straße von Jerusalem nach Jericho erscheint so als das Bild der Weltgeschichte; der Halbtote an ihrem Rand als Bild der Menschheit. Priester und Levit gehen vorbei – aus dem Eigenen der Geschichte, aus ihren Kulturen und Religionen allein kommt keine Heilung. Wenn der Überfallene das Bild des Menschen schlechthin ist, dann kann der Samariter nur das Bild Jesu Christi sein. Gott selbst, der für uns der Fremde und der Ferne ist, hat sich aufgemacht, um sich seines geschlagenen Geschöpfes anzunehmen. Gott, der Ferne, hat sich in Jesus Christus zum Nächsten gemacht. Er gießt Öl und Wein in unsere Wunden, worin man ein Bild für die heilende Gabe der Sakramente sah, und er führt uns in die Herberge, die Kirche, in der er uns pflegen lässt und auch das Angeld schenkt, das diese Pflege kostet.

Die einzelnen Züge der Allegorie, die bei den verschiedenen Vätern wechseln, können wir ruhig beiseitelassen.

Aber die große Vision, dass der Mensch entfremdet und hilflos an der Straße der Geschichte liegt und dass Gott selbst in Jesus Christus sein Nächster geworden ist, die dürfen wir ruhig als eine uns angehende Tiefendimension des Gleichnisses festhalten. Denn der gewaltige Imperativ, der in dem Gleichnis liegt, wird dadurch nicht abgeschwächt, sondern erst zu seiner ganzen Größe gebracht. Das große Thema Liebe, das die eigentliche Pointe des Textes ist, erhält damit erst seine ganze Weite. Denn nun werden wir inne, dass wir alle „entfremdet", erlösungsbedürftig sind. Nun werden wir inne, dass wir alle der geschenkten und rettenden Liebe Gottes selbst bedürfen, damit auch wir Liebende werden können. Dass wir immer Gottes bedürfen, der sich uns zum Nächsten macht, damit wir Nächste werden können.

Jeden einzelnen Menschen gehen die beiden Figuren an: Jeder ist „entfremdet", gerade auch der Liebe entfremdet (die ja das Wesen des „übernatürlichen Glanzes" ist, dessen wir beraubt wurden); jeder muss zuerst geheilt und beschenkt werden. Aber jeder sollte dann auch Samariter werden – Christus nachfolgen und werden wie er. Dann leben wir richtig. Dann lieben wir richtig, wenn wir ihm ähnlich werden, der uns alle zuerst geliebt hat (1 Joh 4,19).

Das Gleichnis von den zwei Brüdern
(dem verlorenen und dem daheimgebliebenen Sohn)
und dem gütigen Vater (Lk 15,11–32)

Dieses vielleicht schönste Gleichnis Jesu ist unter dem Namen „Gleichnis vom verlorenen Sohn" bekannt; in der Tat ist die Gestalt des verlorenen Sohnes so eindrücklich gezeichnet und sein Geschick im Guten wie im Bösen so zu Herzen gehend, dass sie als das eigentliche Zentrum des Textes erscheinen muss. Aber das Gleichnis hat in Wirklichkeit drei Hauptpersonen. Joachim Jeremias und andere haben vorgeschlagen, es doch besser das „Gleichnis vom gütigen Vater" zu nennen – er sei die eigentliche Mitte des Textes.

Pierre Grelot hat demgegenüber auf die Gestalt des zweiten Bruders als ganz wesentlich hingewiesen und ist daher – zu Recht, wie mir scheint – der Meinung, dass die zutreffendste Benennung „Gleichnis von den zwei Brüdern" wäre. Das ergibt sich zunächst schon aus der Situation, auf die das Gleichnis antwortet. Sie ist in Lk 15,1f so dargestellt: „Alle Zöllner und Sünder kamen zu ihm, um ihn zu hören. Die Pharisäer und Schriftgelehrten empörten sich und sagten: Er gibt sich mit Sündern ab und isst sogar mit ihnen." Hier begegnen wir zwei Gruppen, zwei „Brüdern": Zöllnern und Sündern; Pharisäern und Schriftgelehrten. Jesus antwortet darauf mit drei Gleichnissen: demjenigen von den 99 zu Hause gebliebenen und dem verlorenen Schaf; von der verlorenen Drachme; und schließlich setzt er neu an und sagt: „Ein Mann hatte zwei Söhne" (15,11). Es geht um alle zwei.

Der Herr greift damit eine weit zurückreichende Tradition auf: Die Zwei-Brüder-Thematik durchzieht das ganze Alte Testament; von Kain und Abel angefangen, geht sie über Ismael und Isaak zu Esau und Jakob hinauf und spiegelt sich in veränderter Weise noch einmal im Verhalten der elf Söhne Jakobs zu Josef. In der Geschichte der Erwählungen herrscht eine merkwürdige Dialektik zwischen den zwei Brüdern, die im Alten Testament wie eine offene Frage stehenbleibt. Jesus hat diese Thematik in einer neuen Stunde von Gottes geschichtlichem Handeln aufgegriffen und ihr eine neue Wendung gegeben. Bei Matthäus findet sich ein unserem Gleichnis verwandter Text von den zwei Brüdern: Der eine erklärt, den Willen des Vaters tun zu wollen, erfüllt ihn aber nicht; der zweite sagt Nein zum Willen des Vaters, bereut aber nachträglich und erfüllt dann, was ihm aufgetragen war (Mt 21,28–32). Auch hier geht es um das Verhältnis von Sündern und Pharisäern; auch hier ist der Text zuletzt Anruf zu einem neuen Ja zum rufenden Gott.

Aber versuchen wir nun doch, dem Gleichnis Zug um Zug zu folgen. Da ist zunächst die Gestalt des verlorenen Sohnes, aber gleich schon am Beginn sehen wir auch die Großherzigkeit des Vaters. Er gibt dem Wunsch des jüngeren Sohnes nach seinem Vermögensanteil statt und verteilt das Erbe. Er gibt Freiheit. Er kann sich vorstellen, was der jüngere Sohn tun wird, aber er lässt ihm seinen Weg.

Der Sohn geht „in ein fernes Land". Die Väter haben da vor allem die innere Entfernung aus der Welt des Vaters – der Welt Gottes – gesehen, den inneren Abbruch der Beziehung, die Weite des Weggehens vom Eigenen und vom Eigentlichen. Der Sohn verprasst sein Erbe. Er will einfach genießen. Er will das Leben ausschöpfen bis zum Äußersten, „Leben in Fülle" haben, wie er meint. Er will keinem Gebot, keiner Autorität mehr unterstehen: Er sucht die radikale Freiheit; er will nur sich selber leben, keinem anderen Anspruch unterstellt. Er genießt das Leben; fühlt sich ganz autonom.

Ist es schwierig für uns, darin gerade auch den Geist der neuzeitlichen Rebellion gegen Gott und Gottes Gesetz zu sehen? Den Auszug aus allem bisher Tragenden und den Willen zu einer Freiheit ohne Grenzen? Das griechische Wort, das im Gleichnis für das verprasste Vermögen steht, bedeutet in der Sprache der griechischen Philosophen „Wesen". Der Verlorene verprasst „sein Wesen", sich selbst.

Am Ende ist alles verbraucht. Der ganz frei Gewesene wird nun wirklich zum Knecht – zum Schweinehüter, der froh wäre, wenn er Schweinefutter zu essen bekäme. Der Mensch, der Freiheit als radikale Willkür des bloß eigenen Wollens und Weges versteht, lebt in der Lüge, denn von seinem Wesen her gehört er in ein Miteinander, ist seine Freiheit geteilte Freiheit; sein Wesen selbst trägt Weisung und Norm in sich, und damit von innen her eins zu werden, das wäre Freiheit. So führt eine falsche Autonomie in die Knechtschaft: Die Geschichte hat es uns inzwischen unübersehbar gezeigt. Für Juden ist das Schwein ein unreines Tier – der Schweineknecht also der Ausdruck der äußersten Entfremdung und Verelendung des Menschen. Der ganz Freie ist ein erbärmlicher Sklave geworden.

An dieser Stelle erfolgt die „Umkehr". Der Verlorene begreift, dass er verloren ist. Dass er zu Hause ein Freier war und dass die Knechte seines Vaters freier sind als er, der sich ganz frei geglaubt hatte. „Er ging in sich", sagt das Evangelium (15,17) und ruft damit wie mit dem Wort vom fernen Land das philosophische Denken der Väter auf den Plan: Weit von zu Hause, von seinem Ursprung weg lebend, war dieser Mensch auch weit von sich selbst weggegangen. Er lebte von der Wahrheit seiner Existenz weg. Seine Umkehr, seine „Bekehrung" besteht darin, dass er dies erkennt, sich als Entfremdeten begreift, der wirklich „in die Fremde" gegangen ist, und dass er nun zu sich selbst zurückkehrt. In sich selbst aber findet er die Wegweisung zum Vater, zur wahren Freiheit eines „Sohnes". Die Worte, die er sich für die Heimkehr vorbereitet, lassen uns die Weite seiner inneren Wanderung erkennen, die er nun durchschreitet. Sie sind ein Unterwegssein der Existenz, die nun wieder – alle Wüsten durchschreitend – sich „nach Hause", zu sich selber und zum Vater begibt. Er wandert zur Wahrheit seiner Existenz hin und so „nach Hause". Mit dieser „existentiellen" Auslegung des Heimwegs erklären uns die Väter zugleich, was „Bekehrung" ist, welche Schmerzen und inneren Reinigungen sie umfasst, und wir dürfen ruhig sagen, dass sie damit das Wesen des Gleichnisses richtig verstanden haben und uns helfen, seine Aktualität zu erkennen.

Der Vater „sieht den Sohn von Weitem" und geht ihm entgegen. Er hört das Bekenntnis des Sohnes an und sieht darin den inneren Weg, den er gegangen ist, sieht, dass er den Weg zur wirklichen Freiheit gefunden hat. So lässt er ihn gar nicht zu Ende sprechen, umarmt und küsst ihn und lässt ein großes Freudenmahl richten. Freude herrscht, weil der Sohn, der schon „tot gewesen war", als er mit seinem Vermögen auszog, und der nun wieder lebt, auferstanden ist; weil er verloren war und „wiedergefunden wurde" (15,32).

Die Kirchenväter haben in die Auslegung dieser Szene ihre ganze Liebe hineingelegt. Der verlorene Sohn wird ihnen zum Bild des Menschen überhaupt, „Adam", der wir alle sind – jener Adam, dem nun Gott entgegengegangen ist und den er neu in sein Haus aufgenommen hat. Im Gleichnis trägt der Vater den Knechten auf, schnell „das erste Gewand" zu bringen. Für die Väter ist dieses „erste Gewand" der Hinweis auf das verlorene Gewand der Gnade, mit dem der Mensch im Ursprung umkleidet gewesen war und das er in der Sünde verloren hat. Nun wird ihm dieses „erste Gewand" wieder geschenkt – das Gewand des Sohnes. In dem Fest, das nun gerichtet wird, sehen sie ein Bild für das Fest des Glaubens, die festliche Eucharistie, in der das ewige Festmahl vorweggenommen wird. Wörtlich nach dem griechischen Text hört der erste Bruder beim Heimkommen „Symphonie und Chöre" – wieder für die Väter ein Bild für die Symphonie des Glaubens, die das Christsein zu Freude und Fest macht.

Aber das Wesentliche des Textes liegt nun sicher nicht in diesen Details; das Wesentliche ist jetzt eindeutig die Gestalt des Vaters. Ist sie verständlich? Kann, darf ein Vater so handeln? Grelot hat darauf aufmerksam gemacht, dass Jesus hier durchaus auf alttestamentlichem Grunde spricht: Das Urbild dieser Vision Gottes, des Vaters, findet sich in Hos 11,1–9. Da wird zunächst von der Erwählung Israels und von seinem Treuebruch gesprochen: „Je mehr ich sie rief, desto mehr liefen sie von mir weg. Sie opferten den Baalen und brachten den Götterbildern Rauchopfer dar" (11,2). Gott sieht aber auch, wie dieses Volk zerschlagen ist, wie das Schwert in seinen Städten wütet (11,6). Und nun geschieht ihm genau, was in unserem Gleichnis geschildert wird: „Wie könnte ich dich preisgeben, Ephraim, wie dich aufgeben, Israel? ... Mein Herz wendet sich gegen mich. Mein Mitleid lodert auf. Ich kann meinen glühenden Zorn nicht vollstrecken und Ephraim nicht noch einmal vernichten. Denn ich bin Gott, nicht ein Mensch, der Heilige in deiner Mitte ..." (11,8f). Weil Gott Gott ist, der Heilige, handelt er so, wie kein Mensch handeln könnte. Gott hat ein Herz, und dieses Herz wendet sich sozusagen gegen ihn selbst: Hier treffen wir beim Propheten wie im Evangelium wieder das Wort vom „Mitleid", das mit dem Bild des Mutterleibes ausgedrückt ist. Gottes Herz verwandelt den Zorn und wendet Strafe in Vergebung.

Für den Christen steht nun die Frage auf: Wo ist hier der Platz für Jesus Christus? Im Gleichnis erscheint nur der Vater. Fehlt die Christologie in dem Gleichnis? Augustinus hat die Christologie einzufügen versucht, wo gesagt wird, dass der Vater den Sohn umarmte (Lk 15,20). „Der Arm des Vaters ist der Sohn", sagt er. Und er hätte sich dabei auf Irenäus berufen können, der den Sohn und den Geist als die beiden Hände des Vaters bezeichnete. „Der Arm des Vaters ist der Sohn" – wenn er diesen Arm auf unsere Schultern legt als „sein süßes Joch", so ist es eben keine Last, die er uns auflädt, sondern der Gestus der liebevollen Annahme. Das „Joch" dieses Armes ist nicht Last, die wir tragen müssen, sondern Geschenk der Liebe, die uns trägt und uns selbst zu Söhnen macht. Das ist eine sehr schöne Auslegung, aber eben doch „Allegorie", die ganz klar über den Text hinausgeht.

Grelot hat eine Interpretation gefunden, die textgemäß ist und in eine noch größere Tiefe führt. Er macht darauf aufmerksam, dass Jesus mit diesem wie mit den vorangehenden Gleichnissen seine eigene Güte gegenüber den Sündern, seine Annahme der Sünder mit dem Verhalten des Vaters im Gleichnis rechtfertigt. So wird Jesus „mit seinem Verhalten selbst zur Offenbarung dessen, den er seinen Vater nannte." Der Blick auf den historischen Zusammenhang des Gleichnisses ergibt damit von selbst eine „implizite Christologie". „Seine Passion und seine Auferstehung verstärken diesen Aspekt noch: Wie hat Gott seine barmherzige Liebe zu den Sündern gezeigt? Weil ‚Christus, als wir noch Sünder waren, für uns gestorben ist'" (Röm 5,8). „Jesus kann gar nicht in den Erzählrahmen des Gleichnisses eintreten, weil er in der Identifikation mit dem himmlischen Vater lebt, sein Verhalten auf das des Vaters bezieht. Der auferstandene Christus bleibt heute, in diesem Punkt, in der gleichen Situation wie Jesus von Nazareth während der Zeit seines irdischen Dienstes" (a. a. O., S. 228f). In der Tat: Jesus rechtfertigt in diesem Gleichnis *sein* Verhalten dadurch, dass er es auf dasjenige des Vaters zurückführt, es mit ihm identifiziert: So steht gerade durch die Gestalt des Vaters Christus als die konkrete Verwirklichung des väterlichen Tuns in der Mitte des Gleichnisses.

Nun tritt der ältere Bruder auf den Plan. Er kommt von der Feldarbeit heim, hört das Fest zu Hause, erfährt den Grund und zürnt. Er kann es einfach nicht für gerecht finden, dass diesem Taugenichts, der sein ganzes Vermögen – das Gut des Vaters – mit Dirnen durchgebracht hat, nun ohne Bewährung, ohne Zeit der Buße sogleich mit strahlendem Glanz ein Fest geschenkt wird. Das widerspricht seinem Rechtssinn: Ein Leben in Arbeit, das er verbracht hat, erscheint als unwichtig gegenüber der schmutzigen

Vergangenheit des anderen. Bitterkeit kommt in ihm auf: „So viele Jahre schon diene ich dir, und niemals habe ich eines deiner Gebote übertreten", sagt er zum Vater, „mir aber hast du nie auch nur einen Ziegenbock geschenkt, damit ich mit meinen Freunden ein Fest feiern kann" (Lk 15,29). Auch ihm ist der Vater entgegengegangen, und nun redet er ihm gut zu. Der ältere Bruder weiß nichts von den inneren Wandlungen und Wanderungen des anderen, von dem Weg in die weite Entfernung, von seinem Abstieg und seiner neuen Selbstfindung. Er sieht nur das Unrecht. Und da zeigt sich wohl, dass auch er im Stillen von einer Freiheit ohne Grenzen geträumt hatte, dass er inwendig bitter geworden ist in seinem Gehorsam und nicht weiß um die Gnade des Daheimseins, der wirklichen Freiheit, die er als Sohn hat. „Mein Kind, du bist immer bei mir", sagt ihm der Vater, „und alles, was mein ist, ist auch dein" (15,31). Er erklärt ihm damit die Größe des Kindseins. Es sind dieselben Worte, mit denen Jesus im Hohepriesterlichen Gebet sein Verhältnis zum Vater beschreibt: „Alles, was mein ist, ist dein, und was dein ist, ist mein" (Joh 17,10).

Das Gleichnis bricht hier ab; es sagt uns nichts von der Reaktion des älteren Bruders. Das kann auch gar nicht sein, weil an dieser Stelle das Gleichnis unmittelbar in Wirklichkeit übergeht: Mit diesen Worten des Vaters redet Jesus den murrenden Pharisäern und Schriftgelehrten ins Herz, die sich über die Güte Jesu zu den Sündern empören (Lk 15,2). Nun wird vollends klar, dass Jesus seine Güte zu den Sündern mit der Güte des Vaters im Gleichnis identifiziert und dass alle Worte, die dem Vater in den Mund gelegt sind, er selbst zu den Frommen spricht. Das Gleichnis erzählt nicht irgendeine ferne Sache, sondern handelt von dem, was jetzt und hier durch ihn geschieht. Es wirbt um das Herz seiner Gegner. Er bittet sie, hereinzukommen und sich mitzufreuen in dieser Stunde der Heimkehr und der Versöhnung. Diese Worte bleiben als eine bittende Einladung im Evangelium stehen. Paulus nimmt diese bittende Einladung auf, wenn er schreibt: „Wir bitten an Christi statt: Lasst euch mit Gott versöhnen!" (2 Kor 5,20).

So steht das Gleichnis einerseits ganz realistisch an dem historischen Punkt, an dem Christus es vorgetragen hat; aber zugleich weist es über den historischen Augenblick hinaus, denn Gottes werbendes Bitten geht weiter. Aber an wen richtet es sich nun? Die Väter haben ganz generell das Zwei-Brüder-Thema auf das Zueinander von Juden und Heiden bezogen. Es ist ihnen nicht schwergefallen, in dem lasterhaften, weit von Gott und von sich selbst weggegangenen Sohn die Welt des Heidentums zu erkennen, dem nun Jesus die Tür zur Gottesgemeinschaft der Gnade geöffnet hat und für das er nun das Fest seiner Liebe hält. So fiel es auch nicht schwer, in dem zu Hause gebliebenen Bruder das Volk Israel zu erkennen, das mit Recht von sich sagen konnte: „So viele Jahre diene ich dir, und niemals habe ich eines deiner Gebote übertreten" (die deutsche Übersetzung schwächt das ein wenig ab: „Nie habe ich gegen deinen Willen gehandelt"). Gerade in der Tora-Treue erscheint die Treue Israels und auch sein Gottesbild.

Diese Auslegung auf die Juden ist dann nicht unberechtigt, wenn man sie so stehen lässt, wie wir sie im Text fanden: als offene Zurede Gottes an Israel, die ganz in Gottes Händen steht. Beachten wir wohl, dass der Vater des Gleichnisses nicht nur die Treue des älteren Bruders nicht bestreitet, sondern ausdrücklich seine Sohnschaft bestätigt: „Mein Kind, du bist immer bei mir, und alles, was mein ist, ist dein." Falsch wird die Auslegung dann, wenn man daraus eine Verurteilung der Juden macht, von der im Text keine Rede ist.

Wenn man so die Auslegung des Zwei-Brüder-Gleichnisses auf Israel und die Heiden als eine Dimension des Textes ansehen darf, so bleiben doch andere Dimensionen bestehen. Bei Jesus zielt die Rede vom älteren Bruder ja noch nicht einfach auf Israel (auch die zu ihm kommenden Sünder waren Juden), sondern auf die spezifische Gefährdung der Frommen, derer, die mit Gott „en règle", im Reinen sind, wie Grelot sich ausdrückt (a. a. O., S. 229). Grelot hebt dabei den kleinen Satz hervor: „Nie habe ich eines deiner Gebote übertreten": Gott ist für sie vor allem Gesetz; sie sehen sich in einem Rechtsverhältnis zu Gott, und da sind sie mit ihm im Reinen. Aber Gott ist größer: Sie müssen sich vom Gott-Gesetz zum größeren Gott, zum Gott der Liebe bekehren. Dann werden sie ihren Gehorsam nicht aufgeben, aber er wird aus tieferen Quellen kommen und daher größer, offener und reiner, aber vor allem auch demütiger sein.

Fügen wir als weiteren Gesichtspunkt hinzu, was vorhin schon angeklungen ist: In der Bitterkeit der Güte Gottes gegenüber wird eine innere Bitterkeit des geleisteten Gehorsams sichtbar, die die Grenze dieses Gehorsams anzeigt: Inwendig wären sie wohl auch gern ausgereist in die große Freiheit. Es gibt einen stillen Neid auf das, was der andere sich leisten konnte. Sie haben die Wanderung nicht durchschritten, die den Jüngeren gereinigt und ihn hat erkennen lassen, was Freiheit heißt, was es heißt, Sohn zu sein. Sie tragen ihre Freiheit eigentlich doch als Knechtschaft und sind nicht zum wirklichen Sohnsein gereift. Auch sie brauchen noch einen Weg; sie können ihn finden, wenn sie einfach Gott recht geben, sein Fest als ihres mit annehmen. So redet mit dem Gleichnis der Vater durch Christus uns, den Daheimgebliebenen, zu, damit auch wir uns wahrhaft bekehren und unseres Glaubens froh werden.

Das Gleichnis vom reichen Prasser und vom armen Lazarus (Lk 16,19–31)

Wieder stehen in dieser Geschichte zwei einander kontrastierende Gestalten vor uns: der Reiche, der in seinem Wohlleben schwelgt, und der Arme, der nicht einmal die Brocken erhaschen kann, die die reichen Schlemmer vom Tisch werfen – nach damaliger Sitte Brotstücke, mit denen sie sich die Hände reinigten und die sie dann wegwarfen. Die Väter haben zum Teil auch dieses Gleichnis dem Zwei-Brüder-Schema eingeordnet und es auf das Verhältnis von Israel (der Reiche) und die Kirche (der arme Lazarus) angewandt, aber damit die ganz andere Typologie verfehlt, um die es hier geht. Das zeigt sich schon im unterschiedlichen Ausgang. Während die Zwei-Brüder-Texte offen bleiben, als Frage und Einladung enden, ist hier bereits das unwiderrufliche Ende des einen wie des anderen geschildert.

Als Hintergrund, der uns das Verstehen dieser Erzählung öffnet, müssen wir jene Reihe von Psalmen ansehen, in denen vor Gott die Klage des Armen aufsteigt, der im

Glauben an Gott und im Gehorsam gegen seine Gebote lebt, aber nur Unglück erfährt, während die Zyniker, die Gott verachten, von Erfolg zu Erfolg gehen und alles Glück der Erde genießen. Lazarus gehört zu den Armen, deren Stimme wir zum Beispiel im Psalm 44 hören: „Du machst uns zum Spottlied der Völker; die Heiden zeigen uns nichts als Verachtung ... Um deinetwillen werden wir getötet, Tag für Tag, behandelt wie Schafe, die man zum Schlachten bestimmt hat" (v. 15–23; vgl. Röm 8,36).

Die frühe Weisheit Israels war davon ausgegangen, dass Gott den Gerechten belohnt und den Sünder bestraft, dass also der Sünde das Unglück und der Gerechtigkeit das Glück entspricht. Spätestens seit dem Exil war diese Weisheit in die Krise geraten. Nicht nur dass Israel als Volk im Ganzen mehr litt als die umliegenden Völker, die es ins Exil führten und unterdrückten – auch im privaten Bereich zeigte sich immer mehr, dass der Zynismus sich lohnt und dass der Gerechte in dieser Welt zum Leidenden wird. In den Psalmen und in der späten Weisheitsliteratur sehen wir das Ringen um diesen Widerspruch, einen neuen Versuch, „weise" zu werden – das Leben recht zu verstehen, Gott, den scheinbar Ungerechten oder überhaupt Abwesenden, neu zu finden und zu begreifen.

Einen der eindringlichsten Texte dieses Ringens, den Psalm 73, darf man in gewisser Hinsicht als geistigen Hintergrund unseres Gleichnisses betrachten. Da sehen wir die Gestalt des reichen Prassers förmlich vor uns, über den der Betende – Lazarus – klagt: „Ich habe mich über die Prahler ereifert, als ich sah, dass es diesen Frevlern so gut geht. Sie leiden ja keine Qual, ihr Leib ist gesund und wohlgenährt. Sie kennen nicht die Mühsal der Sterblichen ... darum ist Hochmut ihr Halsschmuck ... Sie sehen kaum aus den Augen vor Fett ... Sie reißen ihr Maul bis zum Himmel auf ... Darum wendet sich das Volk ihnen zu und schlürft ihre Worte in vollen Zügen. Sie sagen: Wie sollte Gott das merken? Wie kann der Höchste das wissen?" (Ps 73,3–11).

Der leidende Gerechte, der dies alles sieht, ist in Gefahr, an seinem Glauben irre zu werden. Sieht Gott wirklich nicht? Hört er nicht? Kümmert ihn das Schicksal der Menschen nicht? „Also hielt ich umsonst mein Herz rein ... Und doch war ich alle Tage geplagt und wurde jeden Morgen gezüchtigt. Mein Herz war verbittert" (Ps 73,13ff). Der Umschwung kommt, als der leidende Gerechte im Heiligtum auf Gott hinschaut und im Hinsehen auf Gott seine Perspektive weitet. Jetzt sieht er, dass die scheinbare Klugheit der erfolgreichen Zyniker bei Licht besehen Dummheit ist: Diese Art Weisheit bedeutet „töricht und ohne Verstand sein, wie ein Stück Vieh" (Ps 73,22). Sie bleiben in der Perspektive der Tiere und haben die Perspektive des Menschen verloren, die über das Materielle hinausreicht: zu Gott hin und zum ewigen Leben.

Ein anderer Psalm mag uns an dieser Stelle einfallen, in dem ein Verfolgter am Ende sagt: „Fülle ruhig ihren Leib mit Gütern; ihre Söhne werden noch satt ... Ich aber will in Gerechtigkeit dein Angesicht schauen; mich sattsehen an deiner Gestalt, wenn ich erwache" (Ps 17,14f). Zweierlei Sättigung steht sich hier gegenüber: die Sättigung mit den materiellen Gütern und das Sattwerden am Hinschauen auf „deine Gestalt" – die Sättigung des Herzens durch die Begegnung mit der unendlichen Liebe. „Wenn ich erwache" – das verweist zutiefst auf das Erwachen ins neue, ewige Leben hinein; aber es spricht auch schon von einem tieferen „Erwachen" in dieser Welt: das Wachwerden für die Wahrheit, das dem Menschen schon jetzt eine neue Sättigung schenkt.

Von diesem Wachwerden im Gebet spricht der Psalm 73. Denn nun sieht der Beter, dass das so beneidete Glück der Zyniker nur „wie ein Traum ist, der beim Erwachen verblasst, dessen Bild man vergisst, wenn man aufsteht" (Ps 73,20). Und nun erkennt der Beter das wirkliche Glück: „Ich aber bleibe immer bei dir, du hältst mich an meiner Rechten ... Was habe ich im Himmel außer dir? Neben dir erfreut mich nichts auf der Erde ... Gott nahe zu sein, ist mein Glück ..." (Ps 73,23.25.28). Das ist nicht Vertröstung auf das Jenseits, sondern Wachwerden für die wahre Größe des Menschseins, zu der freilich auch die Berufung zum ewigen Leben gehört.

Nur scheinbar haben wir uns damit von unserem Gleichnis entfernt. In Wirklichkeit will uns der Herr mit dieser Geschichte gerade in den Vorgang des „Erwachens" hineinführen, der in den Psalmen sich niedergeschlagen hat. Es geht nicht um eine billige, aus dem Neid geborene Verdammung des Reichtums und der Reichen. In den Psalmen, die wir kurz bedacht haben, ist aller Neid überwunden: Dem Beter wird gerade sichtbar, dass Neid um diese Art von Reichtum töricht ist, weil er das wirkliche Gut erkannt hat. Nach der Kreuzigung Jesu begegnen uns zwei wohlhabende Männer – Nikodemus und Josef von Arimathäa –, die den Herrn gefunden haben und „Erwachende" sind. Der Herr will uns von einer törichten Klugheit zur wahren Weisheit führen, das wirkliche Gut erkennen lehren. Und so dürfen wir, auch wenn das im Text nicht steht, von den Psalmen her wohl sagen, dass der reiche Prasser auch in dieser Welt schon ein Mann des leeren Herzens war, der in seiner Schwelgerei nur die Leere ersticken wollte, die in ihm war: Im Jenseits kommt nur die Wahrheit zum Vorschein, die auch im Diesseits schon bestand. Natürlich ist dieses Gleichnis, indem es uns aufweckt, zugleich ein Ruf zur Liebe und zur Verantwortung, die wir jetzt unseren armen Brüdern zuzuwenden haben – im großen Maßstab der Weltgesellschaft wie im kleinen unseres Alltags.

Bei der Schilderung des Jenseits, die im Gleichnis nun folgt, hält sich Jesus an die Vorstellungen, die im Judentum seiner Zeit Geltung hatten. Insofern darf man diesen Teil des Textes nicht pressen: Jesus übernimmt die vorgegebenen Bildelemente, ohne sie damit förmlich zu seiner Lehre über das Jenseits zu erheben. Die Substanz der Bilder freilich bejaht er ganz eindeutig. Insofern ist es doch nicht unwichtig, dass Jesus hier die Vorstellungen vom Zwischenzustand zwischen Tod und Auferstehung aufgreift, die inzwischen Allgemeingut jüdischen Glaubens geworden waren. Der Reiche befindet sich im Hades als einem vorläufigen Ort, nicht in der „Gehenna" (Hölle), die der Name des Endzustandes ist (Jeremias, a. a. O., S. 152). Eine „Auferstehung im Tod" kennt Jesus nicht. Aber das ist, wie gesagt, nicht die eigentliche Lehre, die der Herr uns mit diesem Gleichnis erteilen will. Es geht vielmehr, wie Jeremias überzeugend dargestellt hat, in einem zweiten Gipfel des Gleichnisses um die Zeichenforderung.

Der reiche Mann sagt vom Hades herauf zu Abraham, was so viele Menschen damals wie heute zu Gott sagen oder sagen möchten: Wenn du schon willst, dass wir dir glauben und unser Leben nach dem Offenbarungswort der Bibel einrichten, dann musst du deutlicher werden. Schick uns jemand aus dem Jenseits, der uns sagen kann, dass es wirklich so ist. Das Problem der Zeichenforderung, der Forderung nach größerer Evidenz der Offenbarung durchzieht das ganze Evangelium. Die Antwort Abrahams wie die Antwort Jesu auf die Zeichenforderung seiner Zeitgenossen außerhalb des Gleichnisses ist klar: Wer dem Wort der Schrift nicht glaubt, der wird auch einem vom Jenseits Kommenden nicht glauben. Die höchsten Wahrheiten können nicht in die gleiche empirische Evidenz gezwungen werden, die eben nur dem Materiellen eigen ist.

Abraham kann den Lazarus nicht ins Vaterhaus des reichen Mannes schicken. Aber da fällt uns etwas auf. Wir denken an die Auferweckung des Lazarus von Bethanien, von der das Johannes-Evangelium berichtet. Was geschieht? „Viele von den Juden ... glaubten an ihn", erzählt uns der Evangelist. Sie gehen zu den Pharisäern und berichten von dem Geschehen, worauf sich das Synedrium versammelt, um zu beraten. Dort sieht man die Sache unter politischem Gesichtspunkt: Eine so entstehende Volksbewegung könnte die Römer auf den Plan rufen und eine gefährliche Situation herbeiführen. So beschließt man, Jesus zu töten: Das Wunder führt nicht zum Glauben, sondern zur Verhärtung (Joh 11,45–53).

Aber unsere Gedanken werden noch weitergehen. Erkennen wir nicht hinter der Gestalt des Lazarus, der bedeckt von Wunden vor der Tür des reichen Mannes liegt, das Geheimnis Jesu, der „außerhalb der Stadtmauern litt" (Hebr 13,12) und nackt ausgespannt am Kreuz dem

Spott und der Verachtung der Menge preisgegeben war, sein Leib „voll Blut und Wunden"? – „Ich aber bin wie ein Wurm und kein Mensch, der Leute Spott, vom Volk verachtet" (Ps 22,7).

Dieser wirkliche Lazarus *ist* auferstanden – er ist gekommen, um es uns zu sagen. Wenn wir so in der Lazarus-Geschichte Jesu Antwort auf die Zeichenforderung seiner Generation sehen, finden wir uns im Einklang mit der zentralen Antwort, die Jesus auf diese Forderung gegeben hat. Bei Matthäus lautet sie: „Diese böse und treulose Generation fordert ein Zeichen. Aber es wird ihr kein anderes gegeben werden als das Zeichen des Propheten Jona. Denn wie Jona drei Tage und drei Nächte im Bauch des Fisches war, so wird auch der Menschensohn drei Tage und drei Nächte im Inneren der Erde sein" (Mt 12,39f). Bei Lukas lesen wir: „Diese Generation ist böse. Sie fordert ein Zeichen; aber es wird ihr kein anderes gegeben als das Zeichen des Jona. Denn wie Jona für die Einwohner von Ninive ein Zeichen war, so wird es auch der Menschensohn für diese Generation sein" (Lk 11,29f).

Wir brauchen hier nicht die Unterschiede dieser beiden Versionen zu analysieren. Eines ist klar: Das Zeichen Gottes für die Menschen ist der Menschensohn, ist Jesus selbst. Und er ist es zutiefst in seinem Pascha-Mysterium, im Geheimnis von Tod und Auferstehung. Er selbst ist „das Zeichen des Jona". Er, der Gekreuzigte und Auferstandene, ist der wahre Lazarus: Ihm, diesem großen Gotteszeichen, zu glauben und zu folgen, lädt das Gleichnis uns ein, das mehr ist als ein Gleichnis. Es spricht von Wirklichkeit, von der entscheidenden Wirklichkeit der Geschichte überhaupt.

8. KAPITEL
DIE GROSSEN JOHANNEISCHEN BILDER

1

EINFÜHRUNG:
DIE JOHANNEISCHE FRAGE

Bei unserem Versuch, Jesus zuzuhören und ihn so kennenzulernen, haben wir uns bisher weitgehend an das Zeugnis der synoptischen Evangelien (Matthäus, Markus, Lukas) gehalten und auf Johannes dabei nur gelegentlich einen Blick geworfen. So wird es Zeit, die Aufmerksamkeit dem in vieler Hinsicht ganz anders erscheinenden Jesusbild des vierten Evangelisten zuzuwenden.

Unser Zuhören auf den Jesus der Synoptiker hat uns gezeigt, dass das Geheimnis seines Einsseins mit dem Vater immer gegenwärtig ist und das Ganze bestimmt, aber doch unter seiner Menschlichkeit auch verborgen bleibt; wachsam gesehen haben es einerseits seine Gegner, und andererseits haben die Jünger, die den betenden Jesus erlebten, ihm von innen her nahe werden durften, trotz allen Missverstehens immer mehr und in großen Augenblicken auch ganz unvermittelt dies Unerhörte zu erkennen begonnen. Bei Johannes erscheint das Gottsein Jesu unverhüllt. Seine Streitgespräche mit den jüdischen Tempelinstanzen bilden gleichsam zusammen schon den Prozess Jesu vor dem Hohen Rat, den Johannes dann auch im Gegensatz zu den Synoptikern gar nicht mehr eigens erwähnt.

Diese Andersheit des Johannes-Evangeliums, in dem wir keine Gleichnisse, sondern stattdessen große Bildreden hören und in dem der Hauptschauplatz des Wirkens Jesu von Galiläa nach Jerusalem verlegt ist, hat die moderne kritische Forschung veranlasst, dem Text – mit Ausnahme des Passionsberichts und einiger Einzelheiten – die Historizität abzusprechen und ihn als eine späte theologische Rekonstruktion zu betrachten. Er würde uns den Stand einer weit entwickelten Christologie vermitteln, aber keine Quelle für die Erkenntnis des historischen Jesus bilden können. Die radikalen Spätdatierungen, die man demgemäß versuchte, musste man aufgeben, weil Papyrusfunde aus Ägypten, die zu Beginn des 2. Jahrhunderts zu datieren sind, klarmachten, dass das Evangelium noch im 1. Jahrhundert, wenn auch an dessen Ende, entstanden sein muss; aber die Absage an den historischen Charakter des Evangeliums wurde davon nicht berührt.

Für die Auslegung des Johannes-Evangeliums wurde in der zweiten Hälfte des 20. Jahrhunderts weithin prägend der 1941 in erster Auflage erschienene Johannes-Kommentar von Rudolf Bultmann. Für ihn steht fest, dass die bestimmenden Tendenzen des Johannes-Evangeliums nicht im Alten Testament und im Judentum der Zeit Jesu zu suchen sind, sondern in der Gnosis liegen. Bezeichnend ist der Satz: „Indessen ist der Gedanke der Menschwerdung des Erlösers nicht etwa aus dem Christentum in die Gnosis gedrungen, sondern ist ursprünglich gnostisch; er ist vielmehr schon sehr früh vom Christentum übernommen und für die Christologie fruchtbar gemacht worden" (*Das Evangelium des Johannes*, a. a. O., S. 10f). Ebenso: „Der absolute Logos kann nur aus der Gnosis stammen" (RGG[3] III 846).

Der Leser fragt sich: Woher weiß Bultmann das? Bultmanns Antwort ist verblüffend: „Muss auch das Ganze dieser Anschauung im Wesentlichen aus Quellen rekonstruiert werden, die jünger als Joh[annes] sind, so steht doch ihr *höheres Alter* einwandfrei fest" (*Das Evangeli-*

um des Johannes, S. 11). An dieser entscheidenden Stelle irrt Bultmann. Martin Hengel hat in seiner 1975 in erweiterter Form veröffentlichten Tübinger Antrittsvorlesung *Der Sohn Gottes* den „angeblichen *Mythos von der Sendung des Sohnes Gottes in die Welt*" als eine „pseudowissenschaftliche Mythenbildung" bezeichnet und dazu festgestellt: „In Wirklichkeit gibt es keinen in den Quellen nachweisbaren, – chronologisch – vorchristlichen gnostischen Erlösermythos" (a. a. O., S. 53f). „Die Gnosis selbst wird als geistige Bewegung frühestens am Ende des 1. Jahrhunderts nach Christus sichtbar und entfaltet sich voll erst im 2. Jahrhundert" (ebd., S. 54f).

Die Johannes-Forschung hat in der Generation nach Bultmann eine radikale Wendung genommen, deren Ertrag man in Hengels Buch *Die johanneische Frage* (1993) gründlich diskutiert und dargestellt finden kann. Wenn wir vom heutigen Forschungsstand her auf Bultmanns Johannes-Interpretation zurückblicken, wird wieder einmal sichtbar, wie wenig hohe Wissenschaftlichkeit vor tiefgehenden Irrtümern schützen kann. Was aber sagt uns die heutige Forschung?

Nun, sie hat endgültig bekräftigt und erweitert, was im Kern auch Bultmann schon wusste: dass das vierte Evangelium auf außerordentlich genauen Orts- und Zeitkenntnissen beruht, also nur von jemandem stammen kann, der sich im Palästina der Zeit Jesu wirklich auskannte. Darüber hinaus ist deutlich geworden, dass das Evangelium ganz vom Alten Testament – von der Tora – her denkt und argumentiert (Rudolf Pesch) und mit seiner ganzen Argumentationsform tief im Judentum der Zeit Jesu verwurzelt ist. Die Sprache des Evangeliums, die

Bultmann als „gnostisch" ansah, zeigt diese innere Beheimatung des Buches unverwechselbar an. „Das Werk ist in schlichtem, von der Sprache jüdischer Frömmigkeit gesättigtem, nichtliterarischem Koinegriechisch geschrieben, wie es auch von der Mittel- und Oberschicht etwa in Jerusalem gesprochen wurde ... wo man aber zugleich in der ‚heiligen Sprache' die Schrift las, betete und diskutierte" (Hengel, *Die johanneische Frage*, a. a. O., S. 286). Hengel weist auch darauf hin, dass sich „in herodianischer Zeit ... eine eigene, mehr oder weniger hellenisierte jüdische Oberschicht mit einer besonderen Kultur in Jerusalem" herausgebildet hat (ebd., S. 287), und sieht dementsprechend die Herkunft des Evangeliums in der Jerusalemer Priester-Aristokratie (ebd., S. 306–313). Eine Bestätigung dafür mag man in der kleinen Notiz sehen, die wir in Joh 18,15f finden. Da wird erzählt, wie Jesus nach seiner Verhaftung zur Vernehmung zu den Hohenpriestern geführt wird und inzwischen Simon Petrus „und ein anderer Jünger" Jesus folgen, um zu erfahren, was nun geschehen würde. Über den „anderen Jünger" wird nun gesagt: „Dieser Jünger war mit dem Hohenpriester bekannt und ging mit Jesus in den Hof des Hohepriesterlichen Palastes." Seine Beziehungen im Haus des Hohenpriesters waren derart, dass es ihm möglich war, auch Petrus Zutritt zu verschaffen, wodurch dann freilich die Situation entstand, die zur Verleugnung führte. Der Jüngerkreis reichte demnach in der Tat bis in die Hohepriester-Aristokratie hinein, in deren Sprache das Evangelium weitgehend spricht.

So sind wir aber nun bei zwei entscheidenden Fragen angelangt, um die es bei der „johanneischen" Frage letztlich geht: Wer ist der Verfasser dieses Evangeliums? Wie steht es um seine historische Glaubwürdigkeit? Versuchen wir, uns der ersten Frage zu nähern. Das Evangelium selbst macht in der Passionsgeschichte dazu eine klare Aussage. Es wird berichtet, dass einer der Soldaten mit einer Lanze in Jesu Seite stieß, „und sogleich floss Blut und Wasser heraus". Darauf folgen die gewichtigen Worte: „Und der, der es gesehen hat, hat es bezeugt, und sein Zeugnis ist wahr. Und er weiß, dass er Wahres berichtet, damit auch ihr glaubt" (Joh 19,35). Das Evangelium führt sich auf einen Augenzeugen zurück, und es ist klar, dass dieser Augenzeuge eben der Jünger ist, von dem vorher erzählt wird, dass er unter dem Kreuz stand und der Jünger war, den Jesus liebte (19,26). Noch einmal wird dann in Joh 21,24 dieser Jünger als Verfasser des Evangeliums genannt. Seine Gestalt begegnet uns außerdem in Joh 13,23; 20,2–10; 21,7 und wohl auch Joh 1,35.40; 18,15f.

Diese Aussagen über die äußere Herkunft des Evangeliums werden in der Fußwaschungsgeschichte vertieft zu einem Hinweis auf seine innere Quelle. Dort wird von diesem Jünger gesagt, dass er beim Mahl an der Seite Jesu seinen Platz hatte und bei der Frage nach dem Verräter sich „zurücklehnte an die Brust Jesu" (13,25). Dieses Wort ist in bewusster Parallele zum Ende des Johannes-Prologs formuliert, wo es über Jesus heißt: „Niemand hat Gott je gesehen. Der Einzige, der Gott ist und am Herzen des Vaters ruht, er hat Kunde gebracht" (1,18). Wie Jesus, der Sohn, aus seinem Ruhen am Herzen des Vaters um dessen Geheimnis weiß, so hat der Evangelist gleichsam aus dem Herzen Jesu, aus seinem inneren Ruhen dort seine Erkenntnis gewonnen.

Aber wer ist nun dieser Jünger? Das Evangelium identifiziert ihn nie direkt mit Namen. Es führt in der Verbindung mit Petrus wie mit anderen Jüngerberufungen an die Gestalt des Zebedaiden Johannes heran, vollzieht aber diese Identifikation nicht direkt. Es lässt offensichtlich ganz bewusst ein Geheimnis stehen. Die Apokalypse (Offb 1,1.4) nennt allerdings ausdrücklich Johannes als ihren Verfasser, aber trotz der nahen Beziehung zwischen der Apokalypse und dem Evangelium wie den Briefen bleibt die Frage offen, ob der Verfasser ein und derselbe ist.

Ulrich Wilckens hat in seiner umfänglichen *Theologie des Neuen Testaments* jüngst wieder die These entwickelt, dass der „Lieblingsjünger" nicht als historische Figur zu betrachten sei, sondern grundsätzlich für eine Struktur des Glaubens stehe: „‚Allein die Schrift' gibt es nicht ohne die ‚lebendige Stimme' des Evangeliums und diese nicht ohne das persönliche Zeugnis eines Christen in der Funktion und Autorität des ‚Geliebten Jüngers', in dem Amt und Geist sich verbinden und gegenseitig bedingen" (a. a. O., S. 158). So richtig diese Strukturaussage ist, so ungenügend bleibt sie. Wenn der Lieblingsjünger im Evangelium ausdrücklich die Funktion des Zeugen für die Wahrheit des Geschehenen übernimmt, so stellt er sich als lebendige Person dar: Er will für historisch Geschehenes als Zeuge einstehen und beansprucht damit selbst den Rang einer historischen Gestalt; andernfalls werden diese Sätze, die Ziel und Qualität des ganzen Evangeliums bestimmen, entleert.

Seit Irenäus von Lyon († ca. 202) sieht die kirchliche Tradition einhellig Johannes, den Zebedaiden, als den Lieblingsjünger und den Verfasser des Evangeliums an.

Das passt mit den Identifizierungsandeutungen des Evangeliums zusammen, das uns ja auf jeden Fall auf einen Apostel und Weggefährten Jesu von der Taufe am Jordan bis zum Abendmahl, zum Kreuz und zur Auferstehung verweist.

In der Neuzeit sind freilich gegen diese Identifizierung immer stärkere Zweifel angemeldet worden. Kann der Fischer vom See Genezareth dieses hohe Evangelium der Schauungen ins Tiefste von Gottes Geheimnis hinein geschrieben haben? Kann er, der Galiläer und Handwerker, der Jerusalemer Priester-Aristokratie, ihrer Sprache, ihrem Denken so verbunden gewesen sein, wie der Evangelist es tatsächlich ist? Kann er mit der Hohepriesterlichen Familie verwandt gewesen sein, wie es der Text andeutet (18,15)?

Nun hat im Anschluss an Studien von Jean Colson, Jacques Winandy und Marie-Émile Boismard der französische Exeget Henri Cazelles mit einer Studie über die Soziologie der Priesterschaft des Tempels vor dessen Zerstörung gezeigt, dass eine solche Identifizierung durchaus möglich ist. Die Priester versahen ihren Dienst turnusmäßig zweimal im Jahr; er dauerte dann jeweils eine Woche. Nach Beendigung des Dienstes kehrte der Priester in sein Land zurück; es war durchaus nichts Ungewöhnliches, dass er auch noch einen Beruf ausübte, mit dem er seinen Lebensunterhalt verdiente. Im Übrigen geht aus dem Evangelium hervor, dass Zebedäus kein einfacher Fischer war, sondern mehrere Tagelöhner beschäftigte, weshalb es auch seinen Söhnen möglich war, ihn zu verlassen. „Zebedäus kann also sehr wohl ein Priester sein, gleichzeitig aber auch sein Besitztum in Galiläa haben, wobei die Fischerei am See ihm hilft, den Lebensunterhalt zu bestreiten. Er hatte wohl nur ein Absteigequartier neben oder in jenem von Essenern bewohnten Stadtteil von Jerusalem ..." (a. a. O., S. 481). „Eben jenes Mahl, währenddessen dieser Jünger an Jesu Brust ruhte, fand an einem Ort statt, der sich aller Wahrscheinlichkeit nach in einem von Essenern bewohnten Teil der Stadt befand" – in dem „Absteigequartier" des Priesters Zebedäus, der „das obere Zimmer Jesus und den Zwölfen überließ" (ebd., S. 480f). Interessant ist in diesem Zusammenhang noch ein anderer Hinweis in dem Beitrag von Cazelles: Nach jüdischem Brauch saß der Hausherr oder, in dessen Abwesenheit, wie hier, „sein erstgeborener Sohn zur Rechten des Gastes, das Haupt an dessen Brust gelehnt" (ebd., S. 480).

Wenn so auch und gerade beim heutigen Forschungsstand durchaus möglich ist, im Zebedaiden Johannes jenen Zeugen zu sehen, der feierlich für seine Augenzeugenschaft eintritt (19,35) und sich damit als der wahre Autor des Evangeliums identifiziert, so gibt die Komplexität in der Redaktion des Evangeliums doch weitere Fragen auf.

In diesem Zusammenhang ist eine Nachricht des Kirchenhistorikers Eusebius von Caesarea († ca. 338) wichtig. Eusebius berichtet uns von einem fünfbändigen Werk des ca. 120 gestorbenen Bischofs Papias von Hierapolis, der darin erwähnt habe, er habe die heiligen Apostel selbst nicht mehr gekannt oder gesehen, aber die Glaubenslehre von solchen empfangen, die den Aposteln nahegestanden hätten. Er spricht dabei von anderen, die ebenfalls Jünger des Herrn gewesen seien, und nennt die Namen Aristion und einen Presbyter Johannes. Wichtig ist nun, dass er zwischen dem Apostel und Evangelisten Johannes einerseits und dem Presbyter Johannes andererseits unterscheidet. Während er den Ersteren persönlich nicht mehr gekannt habe, sei er dem Letzteren selbst begegnet (*Kirchengeschichte*, III 39).

Diese Nachricht ist durchaus beachtenswert; aus ihr und aus verwandten Indizien ergibt sich, dass in Ephesus so etwas wie eine Johannes-Schule bestand, die sich auf den Lieblingsjünger Jesu selbst zurückführte, in der aber dann ein „Presbyter Johannes" als die bestimmende Autorität waltete. Dieser „Presbyter" Johannes erscheint im Zweiten und im Dritten Johannes-Brief (jeweils 1,1) als Absender und Verfasser des Briefes schlicht unter dem Titel „der Presbyter" (ohne die Namensangabe Johannes). Er ist ganz offensichtlich mit dem Apostel nicht identisch, so dass wir hier im kanonischen Text ausdrücklich der geheimnisvollen Gestalt des Presbyters begegnen. Er muss dem Apostel eng verbunden gewesen sein, vielleicht sogar noch Jesus selbst kennengelernt haben. Nach dem Tod des Apostels galt er ganz und gar als der Träger seines Erbes; in der Erinnerung sind schließlich beide Gestalten immer mehr ineinandergeflossen. Jedenfalls dürfen wir dem „Presbyter Johannes" eine wesentliche Funktion bei der endgültigen Textgestaltung des Evangeliums zuschreiben, bei der er sich doch immer als Treuhänder der vom Zebedaiden empfangenen Überlieferung wusste.

Ich kann mit Überzeugung der Schlussfolgerung zustimmen, die Peter Stuhlmacher aus den eben dargestellten Befunden gezogen hat. Für ihn gilt, „dass die Inhalte des Evangeliums auf den Jünger zurückgehen, den Jesus (besonders) geliebt hat. Der Presbyter hat sich als sein Tradent und Sprachrohr verstanden" (a. a. O., II S. 206). In ähnlichem Sinn sagen Eugen Ruckstuhl und Peter Dschulnigg: „Der Verfasser des Joh(annesevangeliums)

ist gleichsam der Nachlassverwalter des Vorzugsjüngers"
(ebd., S. 207).

Mit diesen Feststellungen haben wir bereits einen entscheidenden Schritt für die Frage nach der historischen Glaubwürdigkeit des vierten Evangeliums getan. Hinter ihm steht letztlich ein Augenzeuge, und auch die konkrete Redaktion ist im lebendigen Kreis seiner Schüler maßgebend durch einen ihm vertrauten Jünger geschehen. In diese Richtung denkend schreibt Stuhlmacher, man könne vermuten, „dass in der Johannesschule der Denk- und Lehrstil fortgeführt worden ist, der vor Ostern die internen Lehrgespräche Jesu mit Petrus, Jakobus und Johannes (so wie dem Zwölferkreis insgesamt) bestimmt hat ... Während die synoptische Tradition erkennen lässt, wie die Apostel und ihre Schüler im kirchlichen Missions- und Gemeindeunterricht von Jesus gesprochen haben, hat man im Johanneskreis auf der Grundlage und unter der Voraussetzung dieses Unterrichts weitergedacht und das Offenbarungsgeheimnis der Selbsterschließung Gottes in ‚dem Sohn' erörtert" (a. a. O., II S. 207). Demgegenüber müsste man allerdings sagen, dass nach dem Text des Evangeliums selbst uns weniger interne Lehrgespräche Jesu begegnen als vielmehr seine Auseinandersetzung mit der Tempel-Aristokratie, in der sich geradezu schon vorweg sein Prozess abspielt – in der die Frage „Bist du Christus, der Sohn des Hochgelobten" (Mk 14,61) in verschiedenen Formen notwendig immer mehr zum Zentrum der ganzen Auseinandersetzung wird, in der so von selbst immer dramatischer der Sohnesanspruch Jesu erscheint und erscheinen muss.

Überraschend ist, dass Hengel, von dem wir so viel über die historische Verwurzelung des Evangeliums in der Jerusalemer Priester-Aristokratie und damit im realen Lebenskontext Jesu gelernt haben, in seiner Diagnose über den historischen Charakter des Textes erstaunlich negativ oder – behutsamer gesagt – extrem vorsichtig bleibt. Er sagt: „Das vierte Evangelium ist eine weitgehende, aber keine *völlig freie* ‚Jesus-Dichtung' ... Radikale Skepsis führt hier ebenso in die Irre wie naives Zutrauen. Einerseits muss das, was nicht als historisch zu erweisen ist, längst noch nicht bloße Fiktion sein, andererseits hat für den Evangelisten (und seine Schule) nicht die ‚historische', banale Erinnerung an Vergangenes, sondern der deutende, in die Wahrheit leitende Geist-Paraklet das letzte Wort" (*Die johanneische Frage*, a. a. O., S. 322). Demgegenüber steht die Frage auf: Was bedeutet diese Gegenüberstellung? Was macht historische Erinnerung banal? Kommt es auf die Wahrheit des Erinnerten an oder nicht? Und in welche Wahrheit kann der Paraklet leiten, wenn er das Historische als banal hinter sich lässt?

Noch drastischer erscheint die Problematik solcher Gegenüberstellungen in der Diagnose von Ingo Broer: „Das Johannes-Evangelium steht so als *literarisches* Werk, das vom Glauben zeugt und den Glauben stärken will, vor unseren Augen, und nicht als historischer Bericht" (a. a. O., S. 197). Von welchem Glauben „zeugt" es, wenn es sozusagen die Geschichte hinter sich gelassen hat? Wie stärkt es den Glauben, wenn es sich als historisches Zeugnis – und dies mit großem Nachdruck – präsentiert und doch nicht historisch berichtet? Ich denke, dass wir hier vor einem falschen Begriff des Historischen wie vor einem falschen Begriff des Glaubens und des Parakleten stehen:

Ein Glaube, der das Historische so fallen lässt, wird wirklich „Gnosis". Er lässt das Fleisch, die Fleischwerdung – eben die wahre Geschichte – hinter sich. Wenn man unter „historisch" versteht, dass die mitgeteilten Reden Jesu sozusagen den Charakter einer Tonbandnachschrift haben müssen, um als „historisch" authentisch anerkannt zu werden, dann sind die Reden des Johannes-Evangeliums nicht „historisch". Aber dass sie auf diese Art von Wörtlichkeit nicht Anspruch erheben, bedeutet keineswegs, dass sie sozusagen Jesus-Dichtungen sind, die man im Kreis der Johannes-Schule allmählich entworfen hätte, wofür man dann die Führung des Parakleten in Anspruch genommen haben würde. Der wirkliche Anspruch des Evangeliums ist es, den Inhalt der Reden, Jesu Selbstzeugnis in den großen Jerusalemer Auseinandersetzungen, richtig wiedergegeben zu haben, so dass die Leser wirklich den entscheidenden Inhalten dieser Botschaft und in ihr der authentischen Gestalt Jesu begegnen.

Wir kommen der Sache näher und können die besondere Art von Historizität, um die es im vierten Evangelium geht, genauer bestimmen, wenn wir auf die Zuordnung der verschiedenen Faktoren achten, die Hengel als bestimmend für die Komposition des Textes ansieht. Zu diesem Evangelium gehören nach ihm „der theologische Gestaltungswille des Autors, seine persönliche Erinnerung", „die kirchliche Tradition und damit zugleich die geschichtliche Wirklichkeit", von der Hengel erstaunlicherweise sagt, dass der Evangelist sie „verändert, ja, sagen wir ruhig: vergewaltigt hat"; schließlich – wir hörten es eben – habe nicht die „Erinnerung an Vergangenes, sondern der deutende, in die Wahrheit leitende Geist-

Paraklet das letzte Wort" (*Die johanneische Frage*, a. a. O., S. 322).

So wie Hengel diese fünf Elemente neben- und in gewisser Hinsicht gegeneinanderstellt, ergibt ihr Gefüge keinen rechten Sinn. Denn wie soll der Paraklet das letzte Wort haben, wenn der Evangelist zuvor die geschichtliche Wirklichkeit vergewaltigt hat? Wie stehen der Gestaltungswille des Evangelisten, seine persönliche Verkündigung und die kirchliche Tradition zueinander? Ist der Gestaltungswille bestimmender als die Erinnerung, so dass in seinem Namen die Wirklichkeit vergewaltigt werden darf? Wodurch legitimiert sich dann dieser Gestaltungswille? Wie spielt er mit dem Parakleten zusammen?

Ich denke, die fünf von Hengel dargestellten Elemente seien tatsächlich die wesentlichen Kräfte, die die Komposition des Evangeliums bestimmt haben, aber sie müssen in einer anderen inneren Zuordnung und damit auch im Einzelnen in einer veränderten Bedeutung gesehen werden.

Zunächst gehören die Elemente 2 und 4 – persönliche Erinnerung und geschichtliche Wirklichkeit – zusammen. Sie bilden miteinander das, was die Väter als das den „Wortsinn" eines Textes bestimmende „Factum historicum" bezeichnen: die äußere Seite des Geschehens, das der Evangelist teils aus eigener Erinnerung, teils aus kirchlicher Tradition kennt (ohne Zweifel waren ihm die synoptischen Evangelien in der einen oder anderen Version vertraut). Er will als „Zeuge" von Geschehenem berichten. Niemand hat gerade diese Dimension des wirklich Geschehenen – das „Fleisch" der Geschichte – so sehr betont wie Johannes: „Was von Anfang an war, was wir gehört haben, was wir mit Augen gesehen, was wir geschaut, was unsere Hände angefasst haben, das verkünden wir: das Wort des Lebens. Denn das Leben wurde offenbart; wir haben gesehen und bezeugen und verkünden euch das ewige Leben, das beim Vater war und uns offenbart wurde" (1 Joh 1,1f).

Diese beiden Faktoren – geschichtliche Wirklichkeit und Erinnerung – führen aber von selbst weiter zu dem dritten und dem fünften Element, das Hengel nennt: der kirchlichen Tradition und der Führung durch den Parakleten. Denn das eigene Erinnern ist beim Verfasser des Evangeliums einerseits sehr persönlich akzentuiert, wie uns das Wort am Ende der Kreuzigungsszene zeigt (19,35); aber es ist nie bloß privates Erinnern, sondern es ist Erinnern in und mit dem Wir der Kirche: „Was *wir* gehört haben, was wir mit unseren Augen gesehen haben, was wir geschaut, was unsere Hände angerührt haben ..." Das Subjekt des Erinnerns ist bei Johannes immer das Wir – er erinnert sich in und mit der Gemeinschaft der Jünger, in und mit der Kirche. Sosehr der Verfasser als Einzelner als Zeuge hervortritt, sosehr ist das Subjekt des Erinnerns, das hier spricht, immer das Wir der Jüngergemeinschaft, das Wir der Kirche. Weil das Erinnern, das die Grundlage des Evangeliums bildet, durch die Einfügung in das Gedächtnis der Kirche gereinigt und vertieft wird, ist darin in der Tat das bloß banale Tatsachengedächtnis überschritten.

An drei wichtigen Stellen seines Evangeliums gebraucht Johannes das Wort „erinnern" und gibt uns so den Verstehensschlüssel für das, was bei ihm „Gedächtnis" bedeutet. In dem Bericht über die Tempelreinigung steht das Wort: „Seine Jünger erinnerten sich, dass geschrieben steht: ‚Der Eifer für dein Haus verzehrt mich' [Ps 69,10]" (Joh 2,17). Das geschehende Ereignis ruft die Erinnerung an ein Schriftwort wach und wird so über seine Faktizität hinaus verständlich. Das Gedächtnis lässt den Sinn des Faktums ans Licht treten und das Faktum auf diese Weise erst bedeutungsvoll werden. Es erscheint als ein Faktum, in dem Logos ist, das aus dem Logos kommt und in ihn hineinführt. Der Zusammenhang von Jesu Wirken und Leiden mit Gottes Wort zeigt sich, und so wird das Geheimnis Jesu selbst darin verständlich.

Im Bericht über die Tempelreinigung folgt dann die Ankündigung Jesu, dass er in drei Tagen den zerstörten Tempel wieder aufrichten werde. Dazu sagt der Evangelist: „Als er nun von den Toten auferstanden war, erinnerten sich seine Jünger, dass er dies gesagt hatte. Und sie glaubten der Schrift und dem Wort, das Jesus gesagt hatte" (2,22). Die Auferstehung weckt das Erinnern, und das Erinnern im Licht der Auferstehung lässt den Sinn des vorher unbegriffenen Wortes erscheinen und stellt es wieder in den Zusammenhang der ganzen Schrift. Das Einssein von Logos und Faktum ist der Punkt, auf den das Evangelium abzielt.

Noch einmal kehrt dann am Palmsonntag das Wort „erinnern" wieder. Da wird erzählt, dass Jesus einen jungen Esel fand und sich darauf setzte, „wie es in der Schrift geschrieben steht: Fürchte dich nicht, Tochter Zion! Siehe, dein König kommt; er sitzt auf dem Fohlen einer Eselin" (Joh 12,14f; vgl. Sach 9,9). Dazu bemerkt der Evangelist: „Das alles verstanden seine Jünger zunächst nicht; als Jesus aber verherrlicht war, da erinnerten sie sich, dass es so über ihn in der Schrift stand und dass man so an ihm gehandelt hatte" (Joh 12,16). Wieder wird von einem Ereignis berichtet, das zunächst als bloßes Faktum dasteht. Und wieder sagt uns der Evangelist, dass den Jüngern nach der Auferstehung ein Licht aufging, das nun das Faktum zu verstehen lehrte. Nun „erinnern" sie sich. Ein Schriftwort, das ihnen vorher nichts bedeutet hatte, wird nun in seinem von Gott vorhergesehenen Sinn verständlich und gibt dem äußeren Vorgang seine Bedeutung.

Die Auferstehung lehrt ein neues Sehen; sie deckt den Zusammenhang zwischen den Worten der Propheten und dem Schicksal Jesu auf. Sie weckt die „Erinnerung", das heißt, sie ermöglicht das Eintreten in die innere Seite der Geschehnisse, in den Zusammenhang von Gottes Reden und Handeln.

Mit diesen Texten gibt uns der Evangelist selbst die entscheidenden Fingerzeige dafür, wie sein Evangelium komponiert ist, aus welcher Vision es kommt. Es beruht auf dem Erinnern des Jüngers, das aber Mit-Erinnern im Wir der Kirche ist. Dieses Erinnern ist ein vom Heiligen Geist geführtes Verstehen; erinnernd tritt der Glaubende in die Tiefendimension des Geschehenen ein und sieht, was zunächst und bloß äußerlich nicht zu sehen war. Aber so entfernt er sich nicht von der Wirklichkeit, sondern erkennt sie tiefer und sieht so die Wahrheit, die sich im Faktum verbirgt. Im Erinnern der Kirche geschieht, was der Herr den Seinen im Abendmahlssaal vorhergesagt hatte: „Wenn aber jener kommt, der Geist der Wahrheit, wird er euch in die ganze Wahrheit führen ..." (Joh 16,13).

Was Johannes in seinem Evangelium über das Erinnern sagt, das Verstehen und Weg „in die ganze Wahrheit" wird, berührt sich sehr eng mit dem, was Lukas über das Erinnern der Mutter Jesu erzählt. An drei Stellen der Kindheitsgeschichte schildert uns Lukas diesen Vorgang des „Erinnerns". Zuerst in dem Bericht über die Verkündigung der Empfängnis Jesu durch den Erzengel Gabriel. Da sagt uns Lukas, dass Maria über den Gruß erschrak und in einen inneren „Dialog" darüber eintrat, was der Gruß zu bedeuten habe. Die wichtigsten Stellen finden sich in dem Bericht über die Huldigung der Hirten. Dazu sagt uns der Evangelist: „Maria bewahrte all diese Wirklichkeiten und setzte sie in ihrem Herzen zusammen" (2,19). Am Schluss der Erzählung vom zwölfjährigen Jesus heißt es noch einmal: „Seine Mutter bewahrte all diese Dinge in ihrem Herzen" (2,51). Das Gedächtnis Marias ist zunächst ein Festhalten der Geschehnisse in der Erinnerung, aber es ist mehr als das: ein innerer Umgang mit dem Geschehenen. Dadurch dringt sie in die Innenseite ein, sieht die Vorgänge in ihrem Zusammenhang und lernt sie zu verstehen.

Auf eben dieser Art von „Erinnerung" beruht das Johannes-Evangelium, das den Begriff des Gedächtnisses als Gedächtnis des Wir der Jünger, der Kirche weiter vertieft. Dieses Erinnern ist kein bloß psychologischer oder intellektueller Vorgang, es ist ein pneumatisches Geschehen. Das Erinnern der Kirche ist eben nichts bloß Privates; es überschreitet die Sphäre des eigenen menschlichen Verstehens und Wissens. Es ist ein Geführtwerden durch den Heiligen Geist, der uns den Zusammenhang der Schrift, den Zusammenhang von Wort und Wirklichkeit zeigt und uns so „in die ganze Wahrheit" führt.

Im Grunde ist hier auch Wesentliches über den Begriff der Inspiration gesagt: Das Evangelium kommt aus menschlichem Erinnern und setzt die Gemeinschaft der Erinnernden, in diesem Fall ganz praktisch die Schule des

Johannes und zuvor die Jüngergemeinschaft, voraus. Aber weil der Autor mit dem Gedächtnis der Kirche denkt und schreibt, darum ist das Wir, dem er zugehört, offen über das Eigene hinaus und wird im Tiefsten vom Geist Gottes geführt, der der Geist der Wahrheit ist. In diesem Sinn eröffnet das Evangelium auch seinerseits einen Weg des Verstehens, der immer an dieses Wort gebunden bleibt und der doch Generation um Generation stets neu in die Tiefe der ganzen Wahrheit führen kann und soll.

Das bedeutet, dass das Johannes-Evangelium als „pneumatisches Evangelium" zwar nicht einfach eine Art von stenographischen Nachschriften der Worte und Wege Jesu liefert, sondern uns über das Äußere hinaus kraft des erinnernden Verstehens in die von Gott herkommende und zu Gott hinführende Tiefe des Wortes und der Ereignisse geleitet. Das Evangelium ist als solches „Erinnern", und das bedeutet: Es bleibt bei der geschehenen Wirklichkeit und ist nicht Jesus-Dichtung, nicht Vergewaltigung des historisch Geschehenen. Es zeigt uns vielmehr wirklich den, der Jesus war, und zeigt uns so gerade den, der nicht nur war, sondern ist; der immerfort im Präsens sagen kann: Ich bin. „Ehe Abraham wurde, *bin ich*" (Joh 8,58). Es zeigt uns den wirklichen Jesus, und wir dürfen es getrost als Quelle über Jesus benutzen.

Bevor wir uns nun den großen johanneischen Bildreden zuwenden, mögen noch zwei generelle Hinweise zur Eigenart des Johannes-Evangeliums nützlich sein. Während Bultmann das Evangelium in der Gnosis verwurzelt und damit dem alttestamentlichen und dem jüdischen Grund entfremdet sah, ist der neuen Forschung wieder deutlich geworden, dass Johannes ganz auf dem Alten Testament gründet. „Über mich hat Mose geschrieben", sagt Jesus zu seinen Gegnern (Joh 5,46); schon zu Beginn – bei den Berufungsgeschichten – hatte Philippus zu Nathanael gesagt: „Wir haben den gefunden, über den Mose im Gesetz und auch die Propheten geschrieben haben …" (1,45). Dies auszuführen und zu begründen, ist der letzte Inhalt der Reden Jesu. Er bricht nicht die Tora, sondern bringt ihren ganzen Sinn ans Licht und erfüllt ihn ganz. Der Zusammenhang zwischen Jesus und Mose erscheint aber vor allem programmatisch am Ende des Prologs; an dieser Stelle wird uns der innere Schlüssel zum Evangelium geliefert. „Aus seiner Fülle haben wir alle empfangen, Gnade über Gnade. Denn das Gesetz wurde durch Mose gegeben, die Gnade und die Wahrheit kamen durch Jesus Christus. Niemand hat Gott je gesehen. Der Einzige, der Gott ist und am Herzen des Vaters ruht, er hat Kunde gebracht" (1,16–18).

Wir hatten dieses Buch begonnen mit der Prophezeiung des Mose: „Einen Propheten wie mich wird dir der Herr, dein Gott, aus deiner Mitte, unter deinen Brüdern, erstehen lassen. Auf ihn sollt ihr hören" (Dtn 18,15). Wir hatten gesehen, dass das Buch Deuteronomium, in dem sich diese Prophezeiung findet, mit der Bemerkung endet: „Niemals wieder ist in Israel ein Prophet wie Mose aufgetreten, der den Herrn von Angesicht zu Angesicht kannte" (34,10). Die große Verheißung war bis zur Stunde unerfüllt geblieben. Nun ist Er da, der, der wirklich am Herzen des Vaters ruht, der Einzige, der ihn gesehen hat und sieht und aus diesem Sehen spricht – der, von dem daher gilt: Auf ihn sollt ihr hören (Mk 9,7; Dtn 18,15). Die Mose-Verheißung ist über-erfüllt in der überfließenden Art, in der Gott zu schenken pflegt: Der Gekommene ist mehr als Mose, er ist mehr als ein Prophet. Er ist der Sohn. Und darum kommen nun Gnade und Wahrheit zum Vorschein, nicht als Zerstörung, sondern als Erfüllung des Gesetzes.

Der zweite Hinweis gilt dem liturgischen Charakter des Johannes-Evangeliums. Es erhält seinen Rhythmus vom Festkalender Israels. Die großen Feste des Gottesvolkes geben die innere Gliederung von Jesu Weg und öffnen zugleich den tragenden Grund, aus dem sich Jesu Botschaft erhebt.

Gleich am Anfang des Wirkens Jesu steht das „Pascha-Fest der Juden", von dem her sich das Thema des wahren Tempels und damit das Thema von Kreuz und Auferstehung ergibt (2,13–25). Die Heilung des Gelähmten, die der Anlass zur ersten großen öffentlichen Rede Jesu in Jerusalem wird, ist wieder mit „einem Fest der Juden" verbunden (5,1) – wahrscheinlich dem „Wochenfest": Pfingsten. Die Brotvermehrung und die sie auslegende Brot-Rede, die große eucharistische Rede des Johannes-Evangeliums, stehen im Zusammenhang mit dem Pascha-Fest (6,4). Die nächste große Rede Jesu mit der Verheißung der „Ströme von lebendigem Wasser" hat ihren Ort im Kontext des Laubhüttenfestes (7,38f). Schließlich begegnen wir Jesus erneut in Jerusalem im Winter beim Tempelweihfest (Chanukka) (10,22). Jesu Weg vollendet sich in seinem letzten Pascha-Fest (12,1), in dem er selbst als das wahre Osterlamm sein Blut am Kreuz vergießen wird. Wir werden aber sehen, dass das Hohepriesterliche Gebet Jesu, das eine subtile eucharistische Theologie als Theologie seines Kreuzesopfers enthält, ganz aus dem theologischen Gehalt des Versöhnungsfestes heraus entwickelt wird, so dass auch dieses grundlegende Fest Israels bestimmend in die Gestalt von Jesu Wort und Werk einfließt. Im nächsten Kapitel werden wir überdies sehen, dass die von den Synoptikern erzählte Geschichte von der Verklärung Jesu im Rahmen von Versöhnungs- und Laubhüttenfest steht und so auf den gleichen theologischen Hintergrund verweist. Nur wenn wir diese liturgische Verwurzelung der Reden Jesu, ja der ganzen Struktur des Johannes-Evangeliums gegenwärtig halten, können wir seine Lebendigkeit und Tiefe verstehen.

Alle jüdischen Feste haben, wie noch ausführlicher zu zeigen sein wird, einen dreifachen Grund: Am Anfang stehen Feste der Naturreligionen, die Verknüpfung mit der Schöpfung und mit dem Gottsuchen der Menschheit durch die Schöpfung hindurch; daraus werden dann Feste des Erinnerns, Gedenken und Vergegenwärtigung der Heilstaten Gottes, und schließlich wird Erinnerung immer mehr Hoffnung auf die kommende vollendete Heilstat, die noch aussteht. So wird klar, dass die Reden Jesu im Johannes-Evangelium nicht Streitigkeiten über vorgeschobene metaphysische Fragen sind, sondern die ganze Dynamik der Heilsgeschichte in sich tragen und zugleich in der Schöpfung verwurzelt sind. Sie verweisen letztlich auf den, der von sich einfach sagen kann: Ich bin. Es wird sichtbar, wie die Reden Jesu auf den Gottesdienst und insofern auf das „Sakrament" verweisen und zugleich das Fragen und Suchen aller Völker einbeziehen.

Nach diesen einführenden Überlegungen wird es Zeit, die großen Bildkomplexe etwas näher ins Auge zu fassen, die uns im vierten Evangelium begegnen.

2

DIE GROSSEN BILDER
DES JOHANNES-EVANGELIUMS

Das Wasser

Wasser ist Urelement des Lebens und daher auch eines der Ursymbole der Menschheit. Es begegnet dem Menschen in verschiedenen Gestalten und so auch in verschiedener Sinngebung. Da ist zunächst die Quelle, das frisch aus dem Schoß der Erde entspringende Wasser. Die Quelle ist Ursprung, Anfang, in seiner noch ungetrübten und unverbrauchten Reinheit. So erscheint die Quelle als eigentlich schöpferisches Element, auch als Symbol der Fruchtbarkeit, der Mutterschaft.

An zweiter Stelle steht der Fluss. Die großen Ströme – Nil, Euphrat und Tigris – sind die großen, geradezu göttlich erscheinenden Lebensspender in den großen Ländern, die Israel umgeben. In Israel ist es der Jordan, der dem Land das Leben gewährt. Bei der Taufe Jesu haben wir allerdings gesehen, dass die Symbolik des Stroms auch eine andere Seite aufweist: Mit seiner Tiefe verkörpert er auch Gefahr; der Abstieg in die Tiefe kann daher den Abstieg in den Tod und das Aufsteigen daraus die Wiedergeburt bedeuten.

Schließlich ist da endlich das Meer als bewunderte und in seiner Majestät bestaunte Macht, aber doch vor allem gefürchtet als Antipode zur Erde, dem Lebensraum des Menschen. Der Schöpfer hat dem Meer seine Grenze gewiesen, die es nicht überschreiten darf: Es darf die Erde nicht verschlingen. Der Durchzug durch das Rote Meer ist für Israel vor allem zum Symbol der Rettung geworden, aber verweist natürlich auch auf die Bedrohung, die den Ägyptern zum Verhängnis wurde. Wenn die Christen den Durchzug durchs Rote Meer als Vorausdarstellung der Taufe ansehen, dann steht zunächst die Todessymbolik des Meeres im Vordergrund: Es wird zum Bild für das Kreuzesgeheimnis. Um wiedergeboren zu werden, muss der Mensch zunächst mit Christus in das „Rote Meer" eintreten, mit ihm in den Tod hinuntersteigen, um so dann neu mit dem Auferstandenen zum Leben zu gelangen.

Aber kommen wir nun nach diesen allgemeinen Hinweisen auf die religionsgeschichtliche Symbolik des Wassers zum Johannes-Evangelium. Die Symbolik des Wassers durchzieht das Evangelium vom Anfang bis zum Ende. Sie begegnet uns zuerst im Nikodemus-Gespräch des 3. Kapitels: Um ins Reich Gottes eingehen zu können, muss der Mensch neu, ein anderer werden – er muss wiedergeboren werden aus Wasser und Geist (3,5). Was bedeutet das?

Die Taufe als Eingang in die Christusgemeinschaft wird uns als Wiedergeburt interpretiert, zu der – in Analogie mit der natürlichen Geburt aus männlicher Zeugung und weiblicher Empfängnis – ein zweifaches Prinzip gehört: göttlicher Geist und „Wasser, die ‚Allmutter' natürlichen Lebens – im Sakrament durch Gnade erhöht zum Schwesterbild der jungfräulichen Theotokos" (Rech, a. a. O., II S. 303).

Zur Wiedergeburt gehört – anders gesagt – die schöpferische Macht von Gottes Geist, aber es gehört auch mit dem Sakrament der Mutterschoß der aufnehmenden und annehmenden Kirche dazu. Photina Rech zitiert Tertullian: „Nie war Christus ohne das Wasser" (*De bapt* IX 4) und legt dieses ein wenig rätselhafte Wort des Kirchenschriftstellers richtig aus: „Nie war und ist Christus ohne die Ekklesia ..." (ebd., S. 304). Geist und Wasser, Himmel und Erde, Christus und Kirche gehören zusammen: So geschieht „Wiedergeburt". Das Wasser steht im Sakrament für die mütterliche Erde, für die heilige Kirche, die die Schöpfung in sich aufnimmt und sie vertritt.

Gleich unmittelbar anschließend, im 4. Kapitel, begegnen wir Jesus am Jakobsbrunnen: Der Herr verheißt der Samariterin Wasser, das in demjenigen, der es trinkt, zur Quelle wird, die ins ewige Leben hineinsprudelt (4,14), so dass der Trinkende nie mehr dürstet. Hier ist die Symbolik des Brunnens mit der Heilsgeschichte Israels verbunden. Schon bei der Berufung des Nathanael hatte sich Jesus als der neue, größere Jakob offenbart: Jakob hatte über dem Stein, den er zum Schlafen als Kissen benutzte, in nächtlicher Vision Gottes Engel auf- und niedersteigen sehen. Jesus sagt dem Nathanael voraus, dass seine Jünger über ihm den Himmel offen und die Engel Gottes auf- und absteigen sehen werden (1,51). Hier, am Jakobsbrunnen, begegnen wir Jakob als dem großen Stammvater, der mit dem Brunnen Wasser, das Grundelement des Lebens, geschenkt hat. Aber im Menschen gibt es einen größeren Durst – über das Brunnenwasser hinaus –, weil er nach einem Leben sucht, das über die biologische Sphäre hinausreicht.

Wir werden derselben Spannung des Menschseins wieder beim Brot-Kapitel begegnen: Mose hat das Manna geschenkt, Brot vom Himmel gegeben. Aber es war eben doch irdisches „Brot". Das Manna ist eine Verheißung: Der neue Mose soll wieder Brot geben. Aber abermals muss mehr gegeben werden, als das Manna sein konnte. Wieder zeigt sich der Ausgriff des Menschen ins Unendliche, auf ein anderes „Brot" hin, das wirklich „Brot vom Himmel" sein wird.

So entsprechen sich die Verheißung des neuen Wassers und die des neuen Brotes. Sie entsprechen der anderen Dimension von Leben, nach der der Mensch unweigerlich verlangt. Johannes unterscheidet *bios* und *zoé* – das biologische Leben und jenes umfassende Leben, das selbst Quelle und daher dem Stirb und Werde nicht unterworfen ist, das die ganze Schöpfung prägt. So wird im Gespräch mit der Samariterin wiederum Wasser – wenn auch nun in anderer Weise – zum Symbol des Pneuma, der eigentlichen Lebensmacht, die den tieferen Durst des Menschen stillt und ihm das ganze Leben schenkt, auf das er wartet, ohne es zu kennen.

Im nächsten, im 5. Kapitel erscheint das Wasser eher im Vorübergehen. Es ist die Geschichte von dem seit 38 Jahren krank darniederliegenden Mann, der sich Heilung vom Einsteigen in den Bethesda-Teich verspricht, aber niemanden findet, der ihm hineinhilft. Jesus heilt ihn aus seiner Vollmacht heraus; er vollbringt an dem Kranken, was der sich von der Berührung mit dem heilenden Wasser versprochen hatte. Im 7. Kapitel, das nach einer einleuchtenden Hypothese der modernen Exegeten ursprünglich wohl direkt dem 5. folgte, finden wir Jesus auf dem Laubhüttenfest mit seinem feierlichen Ritus der Wasserspende; darüber werden wir gleich ausführlich handeln müssen.

Dann begegnet uns die Symbolik des Wassers erneut

im 9. Kapitel: Jesus heilt einen Blindgeborenen. Zum Vorgang der Heilung gehört es, dass der Leidende sich dem Auftrag Jesu gemäß im Teich Schiloach waschen muss: So erlangt er sein Augenlicht. „Schiloach heißt übersetzt: der Gesandte", kommentiert der Evangelist dazu für seine des Hebräischen nicht kundigen Leser (Joh 9,7). Aber dies ist mehr als eine philologische Anmerkung. Es wird uns der eigentliche Grund des Wunders genannt. Denn „der Gesandte" ist Jesus. Letzten Endes ist es Jesus, durch den und in dem er sich reinigen lässt, um sehend zu werden. Das ganze Kapitel erweist sich als Auslegung der Taufe, die uns sehend macht. Christus ist der Spender des Lichts, der uns durch die Vermittlung des Sakraments die Augen auftut.

In ähnlicher und doch wieder anderer Bedeutung erscheint im 13. Kapitel – in der Stunde des letzten Mahles – das Wasser bei der Fußwaschung: Jesus steht vom Mahl auf, legt sein Obergewand ab, umgürtet sich mit einem Leinentuch, gießt Wasser in eine Schüssel und beginnt, den Jüngern die Füße zu waschen (13,4f). Die Demut Jesu, der sich zum Sklaven der Seinigen macht, ist das reinigende Fußbad, das die Menschen tischfähig werden lässt für den Tisch Gottes.

Schließlich steht das Wasser noch einmal am Ende der Passion geheimnisvoll und groß vor uns: Da Jesus tot ist, werden seine Gebeine nicht zerschlagen, sondern einer der Soldaten „stieß mit der Lanze in seine Seite, und sogleich floss Blut und Wasser heraus" (19,34). Es besteht kein Zweifel, dass Johannes hier auf die zwei Hauptsakramente der Kirche – Taufe und Eucharistie – hinweisen will, die aus dem geöffneten Herzen Jesu entspringen und mit denen die Kirche so aus der Seite Jesu geboren wird.

Johannes hat aber dann in seinem Ersten Brief das

Thema von Blut und Wasser noch einmal aufgenommen und ihm hier eine neue Wendung gegeben: „Dieser ist es, der durch Wasser und Blut gekommen ist: Jesus Christus. Er ist nicht nur im Wasser gekommen, sondern im Wasser und im Blut ... Drei sind es, die Zeugnis ablegen: der Geist, das Wasser und das Blut; und diese drei sind eins" (1 Joh 5,6–8). Hier ist ganz offenkundig eine polemische Wendung gegenüber einem Christentum gegeben, das zwar die Taufe Jesu als Heilsereignis anerkennt, nicht aber seinen Tod am Kreuz. Es handelt sich um ein Christentum, das sozusagen nur das Wort, aber nicht Fleisch und Blut will. Der Leib Jesu und sein Tod spielen letztlich keine Rolle. So bleibt nur „Wasser" übrig vom Christentum – das Wort ohne die Leiblichkeit Jesu verliert seine Kraft. Christentum wird bloße Lehre, bloßer Moralismus und Sache des Intellekts, aber Fleisch und Blut fehlen ihm. Der erlösende Charakter von Jesu Blut wird nicht mehr angenommen. Er stört die intellektuelle Harmonie.

Wer könnte da nicht Bedrohungen unseres gegenwärtigen Christentums erkennen? Wasser und Blut gehören zusammen; Inkarnation und Kreuz, Taufe, Wort und Sakrament sind untrennbar voneinander. Und das Pneuma muss dazukommen zu dieser Dreiheit des Zeugnisses. Schnackenburg macht mit Recht darauf aufmerksam, dass dabei „das Zeugnis des Geistes in der Kirche und durch die Kirche im Sinne von Joh 15,26; 16,10 gemeint ist" (*Johannesbriefe*, a. a. O., S. 260).

Wenden wir uns nun den Offenbarungsworten Jesu im Zusammenhang mit dem Laubhüttenfest zu, die uns Johannes in 7,37ff mitteilt. „Am letzten Tag des Festes, dem großen Tag, stellte Jesus sich hin und rief: Wer Durst hat, komme zu mir, und es trinke, wer an mich glaubt. Wie die Schrift sagt: Aus seinem Leib werden Ströme von lebendigem Wasser fließen …" Im Hintergrund steht der Ritus des Festes, der darin bestand, dass man aus der Schiloach-Quelle Wasser schöpfte, um an den sieben Tagen des Festes im Tempel eine Wasserspende darzubringen. Am siebten Tag zogen die Priester siebenmal mit dem goldenen Wassergefäß um den Altar, bevor sie die Ausgießung vollzogen. Diese Wasserriten weisen zum einen auf den Ursprung des Festes in den Naturreligionen zurück: Das Fest war zunächst eine beschwörende Bitte um den Regen, dessen ein von der Dürre bedrohtes Land so dringend bedurfte. Aber dann war der Ritus zu heilsgeschichtlicher Erinnerung geworden an das Wasser, das Gott den Juden in ihrer Wüstenwanderung, all ihren Zweifeln und Ängsten entgegen, aus dem Felsen gespendet hatte (Num 20,1–13).

Schließlich war die Wasserspende aus dem Felsen immer mehr zu einem messianischen Hoffnungsthema geworden: Mose hatte Israel auf seiner Wüstenwanderung Brot vom Himmel und Wasser aus dem Felsen geschenkt. Demgemäß erwartete man diese beiden wesentlichen Gaben des Lebens auch vom neuen Mose, vom Messias. Diese messianische Auslegung der Wasserspende spiegelt sich im Ersten Korinther-Brief des heiligen Paulus: „Alle aßen die gleiche pneumatische Speise und alle tranken denselben pneumatischen Trank; sie tranken nämlich aus dem pneumatischen Felsen, der mit ihnen zog. Der Fels aber war Christus" (10,3f).

In dem Wort, das Jesus in den Wasser-Ritus hineinspricht, antwortet er auf diese Hoffnung: Er ist der neue Mose. Er ist selbst der lebenspendende Fels. Wie er in der Brot-Rede sich selbst als das wirkliche, vom Himmel kommende Brot offenbart, so zeigt er sich hier – ähnlich wie schon der Samariterin gegenüber – als das lebendige Wasser, auf das der tiefere Durst des Menschen zielt – der Durst nach Leben, nach „Leben in Fülle" (Joh 10,10), einem Leben, das nicht mehr von der Notdurft geprägt ist, die immer neu gestillt werden muss, sondern von innen her aus sich selber herausquillt. Jesus antwortet auch auf die Frage: Wie trinkt man dieses Lebenswasser? Wie kommt man zum Brunnen und schöpft daraus? – „Wer an mich glaubt ..." Der Glaube an Jesus ist die Weise, wie man das lebendige Wasser trinkt, wie man Leben trinkt, das nicht mehr vom Tod bedroht ist.

Aber nun müssen wir dem Text noch genauer zuhören. Er fährt fort: „Wie die Schrift sagt, aus dessen Leib werden Ströme lebendigen Wassers fließen" (7,38). Aus wessen Leib? Auf diese Frage gibt es seit frühesten Zeiten zwei verschiedene Antworten. Die alexandrinische, von Origenes († ca. 254) begründete Tradition, der sich aber auch die großen lateinischen Väter Hieronymus und Augustinus anschließen, liest: „Wer glaubt ... aus dessen Leib werden ..." Der Mensch, der glaubt, wird selbst zu einer Quelle, zu einer Oase, aus der frisches, unvergiftetes Wasser, die Leben spendende Kraft des Schöpfergeistes sprudelt. Daneben aber steht – mit freilich weit geringerer Streuung – die kleinasiatische Tradition, die vom Ursprung her Johannes näherstent, bezeugt durch Justin († 165), Irenäus, Hippolyt, Cyprian, Ephräm. Sie setzt die Interpunktion anders: „Wer Durst hat, der komme zu mir, und es trinke, wer an mich glaubt. Wie die Schrift sagt: aus seinem Leib werden Ströme herausfließen." „Sein

Leib" wird nun auf Christus bezogen; er ist der Quell, der lebendige Fels, von dem das neue Wasser kommt.

Rein vom Sprachlichen her liegt die erste Deutung näher, und so hat sich ihr – mit den großen Kirchenvätern – auch der größere Teil der modernen Exegeten angeschlossen. Aber vom Inhalt her spricht doch mehr für die zweite, die „kleinasiatische" Deutung, der sich zum Beispiel Schnackenburg anschließt, wobei nicht notwendig ein ausschließender Gegensatz auch zur „alexandrinischen" Deutung gesehen werden muss. Ein wichtiger Schlüssel zur Deutung liegt in dem Wörtchen „wie die Schrift sagt". Jesus legt Wert darauf, in der Kontinuität der Schrift, in der Kontinuität der Gottesgeschichte mit den Menschen zu stehen. Das ganze Johannes-Evangelium, aber darüber hinaus auch die synoptischen Evangelien und die ganze neutestamentliche Literatur legitimieren den Glauben an Jesus dadurch, dass in ihm alle Ströme der Schrift zusammenfließen; dass von ihm her der zusammenhängende Sinn der Schrift erscheint – das, worauf alles wartet, worauf alles zugeht.

Aber wo spricht die Schrift von diesem lebendigen Quell? Johannes hat offenkundig keine einzelne Stelle im Sinn, sondern eben „die Schrift", eine ihre Texte durchziehende Vision. Eine zentrale Spur hatten wir vorhin schon gefunden: Die Geschichte vom wasserspendenden Felsen, die in Israel zu einem Bild der Hoffnung geworden war. Die zweite große Spur bietet uns Ez 47,1–12 – die Vision des neuen Tempels: „... Und ich sah, wie unter der Tempelschwelle Wasser hervorströmte und nach Osten floss ..." (47,1). Gut 50 Jahre später hatte dann Sacharja das Bild neu aufgenommen: „An jenem Tag wird für das Haus David und für die Einwohner Jerusalems eine Quelle fließen zur Reinigung von Sünde und Unreinheit" (13,1). „An jenem Tag wird aus Jerusalem lebendiges Wasser fließen ..." (14,8). Das letzte Kapitel der Heiligen Schrift deutet diese Bilder neu und gibt ihnen zugleich erst ihre ganze Größe: „Und er zeigte mir einen Strom, das Wasser des Lebens, klar wie Kristall; er geht vom Thron Gottes und des Lammes aus" (Offb 22,1).

Schon bei dem kurzen Blick auf die Szene der Tempelreinigung haben wir gesehen, dass Johannes den auferstandenen Herrn, seinen Leib, als den neuen Tempel ansieht, auf den nicht nur das Alte Testament, sondern alle Völker warten (2,21). So dürfen wir in dem Wort von den Strömen lebendigen Wassers auch einen Hinweis auf den neuen Tempel durchhören: Ja, es gibt diesen Tempel. Es gibt den verheißenen Lebensstrom, der das salzige Land entgiftet und der Reichtum an Leben reifen und Frucht tragen lässt. Der ist es, der in der „Liebe bis zum Ende" durch das Kreuz hindurchgegangen ist und nun lebt in einem Leben, das kein Tod mehr bedrohen kann. Der lebendige Christus ist es. So weist das Wort vom Laubhüttenfest nicht nur voraus auf das Neue Jerusalem, in dem Gott selbst wohnt und Quell des Lebens ist – es weist unmittelbar voraus auf den Leib des Gekreuzigten, dem Blut und Wasser entströmen (19,34). Es zeigt ihn als den wirklichen Tempel, der nicht aus Stein und nicht von Menschenhand gebaut ist und eben darum, weil er Gottes lebendige Einwohnung in der Welt bedeutet, auch Quell des Lebens für alle Zeiten ist und bleiben wird.

Wer wachen Auges in die Geschichte blickt, der kann diesen Strom sehen, der von Golgotha her, vom gekreuzigten und auferstandenen Jesus her durch die Zeiten fließt. Er kann sehen, wie dort, wo dieser Strom ankommt, die

Erde entgiftet wird, wie fruchttragende Bäume heranwachsen, wie Leben, wirkliches Leben aus diesem Quell der Liebe fließt, die sich geschenkt hat und schenkt.

Diese zentrale Deutung auf Christus muss – wie schon angemerkt – nicht ausschließen, dass das Wort in abgeleiteter Weise auch für die Glaubenden gilt. Ein Wort aus dem apokryphen Thomas-Evangelium (108) zeigt in eine Richtung, die dem Johannes-Evangelium gemäß ist: „Wer aus meinem Munde trinkt, der wird werden wie ich" (Barrett, a. a. O., S. 334). Der Gläubige wird eins mit Christus und nimmt an seiner Fruchtbarkeit teil. Der glaubende und mit Christus mitliebende Mensch wird zu einem Brunnen, der Leben schenkt. Auch das kann man in der Geschichte wunderbar sehen: wie die Heiligen Oasen sind, um die herum Leben sprosst, um die herum ein wenig vom verlorenen Paradies wiederkehrt. Und immer bleibt dabei im Letzten Christus selbst die Quelle, die sich verschwenderisch mitteilt.

Weinstock und Wein

Während das Wasser Grundelement des Lebens für alle Kreaturen auf Erden ist, sind Weizenbrot, Wein und Olivenöl typische Gaben der Kultur des Mittelmeerraumes. Der Schöpfungspsalm 104 nennt zuerst das Gras, das Gott dem Vieh zugedacht hat, und spricht dann von dem, was Gott durch die Erde dem Menschen schenkt: vom Brot, das er von der Erde gewinnt, vom Wein, der sein Herz erfreut, und schließlich vom Öl, von dem sein Gesicht erglänzt. Dann noch einmal vom Brot, das das

Menschenherz stärkt (Ps 104,14f). Die drei großen Gaben der Erde sind dann zugleich neben dem Wasser die sakramentalen Grundelemente der Kirche geworden, in denen die Früchte der Schöpfung zu Trägern von Gottes geschichtlichem Handeln, zu „Zeichen" werden, in denen er uns seine besondere Nähe schenkt.

Die drei Gaben sind charakteristisch voneinander verschieden und haben daher je verschiedene Zeichenfunktionen. Das Brot, in seiner einfachsten Form aus Wasser und dem gemahlenen Weizenkorn bereitet, wozu freilich das Element des Feuers wie auch die Arbeit des Menschen treten, ist die Grundnahrung. Sie gehört den Armen wie den Reichen, aber ganz besonders den Armen. Es verkörpert die Güte der Schöpfung und des Schöpfers, steht aber zugleich für die Demut des einfachen täglichen Lebens. Der Wein dagegen verkörpert das Fest. Er lässt den Menschen die Herrlichkeit der Schöpfung spüren. So gehört er zu den Ritualen des Sabbat, des Pascha, der Hochzeit. Und er lässt uns etwas vom endgültigen Fest Gottes mit der Menschheit ahnen, auf das die Erwartungen Israels zielen. „Der Herr der Heere wird auf diesem Berg [Zion] für alle Völker ein Festmahl geben mit feinsten Weinen … mit besten, erlesenen Weinen …" (Jes 25,6). Das Öl schließlich gibt dem Menschen Stärke und Schönheit, es hat heilende und nährende Kraft. Es ist Zeichen höherer Beanspruchung in der Salbung der Propheten, der Könige und der Priester.

Im Johannes-Evangelium kommt, soviel ich sehe, das Olivenöl nicht vor. Das kostbare „Nardenöl", mit dem der Herr von Maria in Bethanien vor Beginn seines Leidens gesalbt wurde (Joh 12,3), galt als orientalischen Ursprungs. Es erscheint in dieser Szene zum einen als Zeichen der heiligen Verschwendung der Liebe, zum anderen als Verweis auf Tod und Auferstehung. Das Brot begegnet uns in der auch von den Synoptikern eingehend bezeugten Szene der Brotvermehrung und anschließend in der großen eucharistischen Rede des Johannes-Evangeliums. Die Gabe des neuen Weins steht in der Mitte der Hochzeit von Kana (2,1–12), während uns in den Abschiedsreden Jesus als der wahre Weinstock begegnet (15,1–10).

Wenden wir uns diesen beiden Texten zu. Das Wunder von Kana scheint auf den ersten Blick etwas aus den übrigen Zeichentaten Jesu herauszufallen. Welchen Sinn soll es haben, dass Jesus für ein privates Fest eine Überfülle von Wein – etwa 520 Liter – schafft? So müssen wir näher hinsehen, um zu erkennen, dass es keineswegs um einen privaten Luxus geht, sondern um viel Größeres. Da ist zunächst schon die Datierung wichtig. „Am dritten Tag war eine Hochzeit zu Kana in Galiläa" (Joh 2,1). Es wird nicht recht sichtbar, an welches vorige Datum die Rede vom dritten Tag angeschlossen ist; umso mehr ist deutlich, dass es dem Evangelisten gerade auf diese symbolische Zeitangabe ankommt, die er uns als Verstehensschlüssel für das Ereignis in die Hand gibt.

Im Alten Testament ist der dritte Tag das Datum der Theophanie, so zum Beispiel in dem zentralen Bericht über die Begegnung zwischen Gott und Israel am Sinai: „Am dritten Tag, im Morgengrauen, begann es zu donnern und zu blitzen ... Der Herr war im Feuer ... herabgestiegen" (Ex 19,16–18). Zugleich ist darin ein Vorverweis auf die endgültige und entscheidende Theophanie der Geschichte durchzuhören: auf die Auferstehung Christi am dritten Tag, in der die frühen Gottesbegegnungen zum definitiven Einbruch Gottes in die Erde werden; in der die Erde definitiv aufgerissen wird, hineingenommen in Gottes eigenes Leben. So wird uns hier angedeutet, dass es um ein erstes Sich-Zeigen Gottes in der Fortführung der alttestamentlichen Geschehnisse geht, die alle Verheißungscharakter in sich tragen und nun ihrer Endgültigkeit zustreben. Die Exegeten haben die im Johannes-Evangelium vorhergehenden Tage der Jüngerberufungen zusammengezählt (z. B. Barrett, a. a. O., S. 213); das ergibt dann, dass dieser „dritte Tag" zugleich der sechste oder siebte Tag seit dem Beginn der Berufungen sein würde; als siebter Tag wäre er gleichsam der Tag des Gottesfestes für die Menschheit, Vorgriff auf jenen definitiven Sabbat, der etwa in der eben erwähnten Jesaja-Prophetie beschrieben wird.

Mit dieser Datierung ist ein anderes Grundelement der Erzählung verknüpft. Jesus spricht zu Maria von seiner noch nicht gekommenen Stunde. Das bedeutet zunächst, dass er nicht einfach aus Eigenem handelt und entscheidet, sondern immer im Einklang mit dem Willen des Vaters, immer von dem Plan des Vaters her. Die „Stunde" bezeichnet näherhin seine „Verherrlichung", in der Kreuz und Auferstehung und seine weltweite Gegenwart durch Wort und Sakrament zusammengeschaut werden. Die Stunde Jesu, die Stunde seiner „Herrlichkeit", beginnt im Augenblick des Kreuzes, und sie hat ihren historischen Ort: In dem Augenblick, da die Pascha-Lämmer geschlachtet werden, vergießt Jesus sein Blut als das wahre Lamm. Seine Stunde kommt von Gott her, aber sie ist ganz genau im Zusammenhang der Geschichte festgemacht, an ein liturgisches Datum gebunden und gerade so der Anfang der neuen Liturgie in „Geist und Wahrheit". Wenn Jesus zu Maria in diesem Augenblick von seiner Stunde redet, so verbindet er damit den gegenwärtigen Moment mit dem Geheimnis des Kreuzes als seiner Verherrlichung. Diese Stunde ist noch nicht gekommen, das musste zuerst gesagt werden. Und dennoch hat Jesus die Macht, diese „Stunde" zeichenhaft geheimnisvoll vorauszunehmen. Das Kana-Wunder ist damit als Antizipation der Stunde gekennzeichnet und von innen her an diese gebunden.

Wie könnten wir dabei vergessen, dass es dieses erregende Geheimnis der Antizipation der Stunde immer noch und immer wieder gibt. Wie Jesus auf die Bitte der Mutter hin seine Stunde zeichenhaft antizipiert und zugleich auf diese verweist, so geschieht es in der Eucharistie stets neu: Auf das Beten der Kirche hin antizipiert der Herr in ihr seine Wiederkunft, kommt schon jetzt, hält schon jetzt Hochzeit mit uns und zieht uns damit zugleich aus unserer Zeit heraus, voraus auf die „Stunde" zu.

So fangen wir an, das Ereignis von Kana zu verstehen. Gottes Zeichen ist der Überfluss. Ihn sehen wir bei der Brotvermehrung, ihn sehen wir immer wieder – am meisten aber im Zentrum der Heilsgeschichte: darin, dass er sich selbst verschwendet für das armselige Geschöpf Mensch. Dieser Überfluss ist seine „Herrlichkeit". Der Überfluss von Kana ist daher ein Zeichen, dass Gottes Fest mit der Menschheit, seine Selbstschenkung für die Menschen begonnen hat. Der Rahmen des Geschehens, die Hochzeit, wird so zum Bild, das über sich hinausweist auf die messianische Stunde: Die Stunde der Hochzeit Gottes mit seinem Volk hat im Kommen Jesu begonnen. Die endzeitliche Verheißung tritt ins Jetzt herein.

Darin berührt sich die Geschichte von Kana mit dem Bericht des heiligen Markus über die Frage der Johannes-Jünger und der Pharisäer an Jesus: Warum fasten deine Jünger nicht? Die Antwort Jesu lautet: Können denn die Hochzeitsgäste fasten, solange der Bräutigam bei ihnen ist? (Mk 2,18f). Jesus weist sich hier selbst als den „Bräutigam" der verheißenen Hochzeit Gottes mit seinem Volk aus und rückt damit geheimnisvoll seine eigene Existenz, sich selbst in das Geheimnis Gottes hinein. In ihm werden auf unerwartete Weise Gott und Mensch eins, wird „Hochzeit", die freilich – darauf macht Jesus dann in seiner Antwort aufmerksam – durch das Kreuz hindurchgeht, durch das „Weggenommenwerden" des Bräutigams.

Noch zwei Aspekte der Kana-Geschichte müssen wir bedenken, um einigermaßen ihre christologische Tiefe auszuloten – die Selbstoffenbarung Jesu und seine „Herrlichkeit", die uns da begegnet. Wasser, das der rituellen Reinigung dient, wird zu Wein, wird Zeichen und Gabe hochzeitlicher Freude. Darin kommt etwas von der Erfüllung des Gesetzes zum Vorschein, die sich im Sein und Wirken Jesu vollzieht.

Das Gesetz wird nicht verneint, nicht beiseitegeschafft, sondern seine innere Erwartung vollendet sich. Rituelle Reinigung bleibt letztlich Ritual, bleibt ein Gestus der Hoffnung. Sie bleibt „Wasser", wie das ganze eigene Tun des Menschen vor Gott „Wasser" bleibt. Rituelle Reinigung reicht letztlich niemals aus, um den Menschen gottfähig zu machen, wirklich „rein" zu machen für Gott. Wasser wird Wein. Dem eigenen Mühen der Menschen geht nun die Gabe Gottes entgegen, der sich selber schenkt und damit das Fest der Freude schafft, das nur die Anwesenheit Gottes und seiner Gabe selber stiften kann.

Die religionsgeschichtliche Forschung nennt gern als vorchristliche Parallele zur Kana-Geschichte den Mythos von Dionysos, dem Gott, der die Weinrebe entdeckt habe und dem auch Verwandlung von Wasser in Wein zugeschrieben wurde – ein mythisches Ereignis, das man dann auch liturgisch beging. Der große jüdische Theologe Philon von Alexandrien (ca. 13 v. Chr. bis ca. 45/50 n. Chr.) hat diese Geschichte entmythologisierend umgedeutet: Der wahre Spender des Weines, so sagt er, ist der göttliche Logos; er ist es, der uns die Freude, die Süße, die Heiterkeit des wahren Weines spendet. Philon macht dann aber diese seine Logos-Theologie heilsgeschichtlich an Melchisedek fest, der Brot und Wein darbrachte: In Melchisedek ist es der Logos, der handelt und uns die wesentlichen Gaben für das Menschsein schenkt; so erscheint der Logos zugleich als der Priester einer kosmischen Liturgie (Barrett, a. a. O., S. 211f).

Ob Johannes an derartige Hintergründe gedacht hat, ist mehr als zweifelhaft. Aber da Jesus selber in der Auslegung seiner Sendung auf Psalm 110 verwiesen hat, in dem das Priestertum des Melchisedek erscheint (Mk 12,35–37); da der mit dem Johannes-Evangelium theologisch verwandte Hebräer-Brief die Melchisedek-Theologie ausdrücklich entfaltet; da Johannes Jesus als den Logos Gottes und Gott selbst vorstellt; da endlich der Herr Brot und Wein als Träger des Neuen Bundes geschenkt hat, ist es gewiss auch nicht verboten, in solchen Zusammenhängen zu denken und so in der Kana-Geschichte das Mysterium des Logos und seiner kosmischen Liturgie durchscheinen zu sehen, in der der Dionysos-Mythos von Grund auf verwandelt und doch auch zu seiner verborgenen Wahrheit gebracht ist.

Während die Kana-Geschichte von der Frucht des Weinstocks mit seiner reichen Symbolik handelt, greift Jesus in Joh 15 – im Zusammenhang der Abschiedsreden – die uralte Bildtradition vom Weinstock auf und vollendet die darin angelegte Vision. Um diese Rede Jesu zu verstehen, ist es notwendig, wenigstens *einen* grundlegenden alttestamentlichen Text mit der Weinstock-Thematik zu betrachten und ein verwandtes synoptisches Gleichnis kurz zu bedenken, das den alttestamentlichen Text aufgreift und umformt.

In Jes 5,1–7 begegnet uns ein Lied vom Weinberg. Der Prophet hat es wohl im Zusammenhang des Laubhüttenfestes gesungen, im Zusammenhang der heiteren Atmosphäre, die zu seiner achttägigen Feier gehörte (vgl. Dtn 16,14). Man kann sich vorstellen, wie auf den Plätzen zwischen den aufgebauten Hütten aus Zweigen und Laub mancherlei dargeboten wurde und wie auch der Prophet unter die Feiernden tritt und ein Liebeslied ankündigt: das Lied von seinem Freund und dessen Weinberg.

Alle wussten, dass „Weinberg" Bild für eine Braut war (vgl. Hld 2,15; 7,13); so warteten sie auf Unterhaltendes, das zur Atmosphäre des Festes passte. Und das Lied beginnt auch gut: Der Freund hatte auf fettem Grund einen Weinberg, auf den er edle Reben pflanzte, für deren Gedeihen er alles nur Erdenkliche tat. Aber dann schlägt die Stimmung um: Der Weinberg enttäuscht, und er trägt nicht Edelfrucht, sondern nur ungenießbare, kleine harte Sauertrauben. Die Hörer verstehen, was das bedeutet: Die

Braut war untreu, enttäuschte Vertrauen und Hoffnung, enttäuschte die Liebe, die der Freund erwartet hatte. Wie wird die Geschichte weitergehen? Der Freund gibt seinen Weinberg der Plünderung preis – er verstößt die Braut in die Ehrlosigkeit hinein, die sie sich selber zuzuschreiben hat.

Nun wird klar: Der Weinberg, die Braut, ist Israel, sind die Anwesenden selber, denen Gott den Weg des Rechts in der Tora geschenkt, die er geliebt und für die er alles getan hatte und die mit Rechtsbruch und einem Unrechts-Regime darauf geantwortet haben. Das Liebeslied wird zur Gerichtsdrohung. Es endet mit einem düsteren Horizont – mit dem Blick auf die Preisgabe Israels durch Gott, hinter der in diesem Augenblick keine Verheißung sichtbar wird. Die Situation wird angedeutet, die dann mitten im Elend ihrer Verwirklichung in der Klage vor Gott im Psalm 80 so beschrieben wird: „Du hobst in Ägypten einen Weinstock aus. Du hast Völker vertrieben, ihn aber eingepflanzt. Du schufst ihm weiten Raum ... Warum rissest du seine Mauern ein? Alle, die des Weges kommen, plündern ihn aus ..." (v. 9–15). Im Psalm wird die Klage zur Bitte: „Sorge für diesen Weinstock, den deine Rechte gepflanzt hat ... Herr, Gott der Heerscharen. Richte uns wieder auf! Lass dein Angesicht leuchten, dann ist uns geholfen" (v. 15–20).

Das war nach allen geschichtlichen Wendungen seit dem Exil im Grunde auch noch und wieder neu die Situation, in der Jesus in Israel lebte und seinem Volk ins Gewissen sprach. In einem späten Gleichnis, schon in großer Nähe zu seinem Leiden, nimmt er das Lied des Jesaja in veränderter Weise wieder auf (Mk 12,1–12). Allerdings erscheint in seiner Rede nicht mehr der Weinstock als Bild Israels; Israel ist vielmehr nun dargestellt in den Pächtern eines Weinbergs, dessen Herr verreist ist und der aus der Ferne die ihm zustehenden Früchte einfordert. Die Geschichte von Gottes immer neuem Ringen um und mit Israel wird dargestellt in einer Abfolge von „Knechten", die im Auftrag des Herrn kommen, um die Pacht, also den entsprechenden Anteil an den Früchten abzuholen. Die Geschichte der Propheten, ihr Leiden und die Vergeblichkeit ihres Mühens blicken in der Erzählung durch, die von der Misshandlung, ja Tötung der Knechte spricht.

Schließlich sendet der Besitzer als letzten Versuch seinen „geliebten Sohn", den Erben, der als Erbe auch vor Gerichten den Anspruch auf die Pacht durchsetzen kann und daher Achtung erhoffen darf. Das Gegenteil geschieht. Die Pächter töten den Sohn, gerade weil er der Erbe ist; so wollen sie den Weinberg endgültig für sich selber in Besitz nehmen. Jesus fährt im Gleichnis fort: „Was wird nun der Besitzer des Weinbergs tun? Er wird kommen und die Winzer töten und den Weinberg anderen geben" (Mk 12,9).

An dieser Stelle geht, wie im Lied des Jesaja, das Gleichnis aus scheinbarer Erzählung von Vergangenem über in die Situation der Hörer hinein. Die Geschichte wird plötzlich Gegenwart. Die Hörer wissen: Er spricht von uns (v. 12). – Wie die Propheten misshandelt und getötet wurden, so wollt ihr mich töten: Von euch rede ich und von mir.

Die moderne Auslegung endet an dieser Stelle und versetzt so das Gleichnis doch wieder in die Vergangenheit; es redet scheinbar doch nur von damals, von der Ablehnung der Botschaft Jesu durch seine Zeitgenossen; von seinem Tod am Kreuz. Aber der Herr spricht immer in der Gegenwart und auf Zukunft hin. Er redet gerade auch mit uns und von uns. Wenn wir die Augen aufmachen – ist dann, was da gesagt wird, nicht in der Tat Schilderung unserer Gegenwart? Ist nicht eben dies die Logik der Neuzeit, unserer Zeit: Erklären wir Gott für tot, dann sind wir selber Gott. Wir sind endlich nicht mehr Eigentum eines anderen, sondern nur Eigner unserer selbst und Eigentümer der Welt. Wir können nun endlich machen, was uns gefällt. Wir schaffen Gott ab; es gibt keinen Maßstab über uns, wir sind uns nur selber Maß. Der „Weinberg" gehört uns. Was dann mit dem Menschen und der Welt geschieht, fangen wir an zu sehen ...

Kehren wir zum Text des Gleichnisses zurück. Bei Jesaja war – an dieser Stelle – keine Verheißung sichtbar geworden; im Psalm war mitten in der Erfüllung der Drohung das Leid zu Gebet geworden. So ist es immer wieder die Situation Israels, der Kirche und der Menschheit. Wir stehen immer wieder in der Dunkelheit der Prüfung und können nur zu Gott rufen: Richte uns wieder auf! Aber im Wort Jesu steht eine Verheißung da – eine beginnende Antwort auf die Bitte: Sorge für diesen Weinstock! Das Reich wird anderen Knechten übergeben – diese Aussage ist ebenso Gerichtsdrohung wie Verheißung. Sie besagt, dass der Herr an seinem Weinberg festhält und dass er nicht an die gegenwärtigen Knechte gebunden ist. Diese Drohung-Verheißung betrifft nicht nur die herrschenden Kreise, von denen Jesus, mit denen Jesus spricht. Sie gilt auch im neuen Gottesvolk – sie geht zwar nicht die Kirche als Ganze, wohl aber die Teilkirchen immer wieder an, wie das Wort des Erhöhten an die Kirche von Ephesus zeigt: „Bekehre dich und tue die früheren Werke, denn andernfalls komme ich und ziehe deinen Leuchter von seiner Stelle ..." (Offb 2,5).

Auf die Drohung und Verheißung von der Übergabe des Weinbergs an andere Knechte folgt aber dann eine Verheißung viel grundlegenderer Art. Der Herr zitiert Psalm 118,22f: „Der Stein, den die Bauleute verworfen haben, ist zum Eckstein geworden." Der Tod des Sohnes ist nicht das letzte Wort. Der Getötete bleibt nicht im Tod, bleibt nicht „weggeworfen". Er wird zu einem neuen Anfang. Jesus lässt verstehen, dass er selbst der getötete Sohn sein wird; er sagt sein Kreuz und seine Auferstehung voraus und kündigt an, dass von ihm, dem Getöteten und Auferweckten her, Gott einen neuen Bau, einen neuen Tempel in der Welt errichtet.

Das Bild vom Weinstock wird verlassen und durch das Bild vom lebendigen Bauwerk Gottes abgelöst. Das Kreuz ist nicht Ende, sondern neuer Beginn. Das Weinberglied endet nicht mit der Tötung des Sohnes. Es öffnet den Horizont für ein neues Handeln Gottes. Die Berührung mit Joh 2, mit dem Wort von der Zerstörung des Tempels und seinem neuen Aufbau ist unübersehbar. Gott scheitert nicht; wenn wir untreu sind, so ist er doch treu (vgl. 2 Tim 2,13). Er findet neue, größere Wege seiner Liebe. Die indirekte Christologie der frühen Gleichnisse wird hier in eine ganz offene christologische Aussage überstiegen.

Das Weinstock-Gleichnis in den Abschiedsreden Jesu führt die ganze Geschichte des biblischen Denkens und Redens um den Weinstock fort und öffnet eine letzte Tiefe. „Ich bin der wahre Weinstock", sagt der Herr (Joh 15,1). An diesem Wort ist zunächst das Wörtlein „wahr" wichtig. Sehr schön sagt Charles K. Barrett dazu: „Sinnfragmente, auf die durch andere Weinstöcke verhüllt hingewiesen wird, werden durch ihn aufgelesen und explizit gemacht. Er ist der *wahre* Weinstock" (a. a. O., S. 461). Aber das Eigentliche und Wichtige in diesem Satz ist das „Ich bin": Der Sohn selbst identifiziert sich mit dem Weinstock, ist selber Weinstock geworden. Er hat sich in die Erde einpflanzen lassen. Er ist in den Weinstock eingegangen: Das Geheimnis der Inkarnation, von dem Johannes im Prolog gesprochen hat, wird auf eine überraschende Weise neu aufgegriffen. Der Weinstock ist nun nicht mehr ein Geschöpf, auf das Gott mit Liebe hinblickt, das er aber auch wieder ausreißen und verwerfen kann. Im Sohn ist er selbst Weinstock geworden, er hat sich für immer und seinsmäßig mit dem Weinstock identifiziert.

Dieser Weinstock kann nie mehr ausgerissen werden, nie mehr zur Plünderung freigegeben werden: Er ist endgültig Gottes, durch den Sohn lebt Gott selbst in ihm. Die Verheißung ist unwiderruflich, die Einheit unzerstörbar geworden. Das ist der große, neue geschichtliche Schritt Gottes, der den tiefsten Gehalt des Gleichnisses bildet: Inkarnation, Tod und Auferstehung werden in ihrer ganzen Reichweite sichtbar. „Denn Gottes Sohn Jesus Christus ... ist nicht als Ja und Nein zugleich gekommen; in ihm ist das Ja verwirklicht. Er ist das Ja zu allem, was Gott verheißen hat" (2 Kor 1,19f) – so drückt es der heilige Paulus aus.

Dass nun der Weinstock durch Christus der Sohn selber ist, ist neu und doch auch wieder in der biblischen Tradition vorbereitet. Schon Psalm 80,18 hatte den „Menschensohn" eng mit dem Weinstock verbunden. Umgekehrt – wenn der Sohn nun selber der Weinstock geworden ist, so bleibt er doch gerade auf diese Weise eins mit den Seinigen, mit allen den verstreuten Kindern Gottes, die zu sammeln er gekommen ist (Joh 11,52). Der Weinstock als christologische Bezeichnung enthält auch eine ganze Ekklesiologie in sich. Er bedeutet das untrennbare Einssein Jesu mit den Seinigen, die alle durch ihn und mit ihm „Weinstock" sind und deren Berufung es ist, im Weinstock zu „bleiben". Johannes kennt das paulinische Bild vom „Leib Christi" nicht. Aber das Weinstock-Gleichnis drückt doch sachlich dasselbe aus: die Untrennbarkeit Jesu von den Seinen, ihr Einssein mit ihm und in ihm. So zeigt die Weinstock-Rede die Unwiderruflichkeit der von Gott geschenkten Gabe an, die nicht zurückgenommen wird. Gott hat sich selbst in der Menschwerdung gebunden; die Rede spricht aber zugleich vom Anspruch dieser Gabe, der uns immer neu einfordert.

Der Weinstock kann nicht mehr ausgerissen, nicht mehr zur Plünderung freigegeben werden, sagten wir. Aber er bedarf immer neu der Reinigung. Reinigung, Frucht, Bleiben, Gebot, Liebe, Einheit – das sind die großen Stichworte für dieses Drama des Inseins und Mitseins mit dem Sohn im Weinstock, das uns der Herr in seinen Worten vor die Seele stellt. Reinigung – immer wieder bedarf die Kirche, bedarf der Einzelne der Reinigung: Die ebenso schmerzlichen wie nötigen Vorgänge der Reinigung durchziehen die ganze Geschichte, durchziehen das Leben der Menschen, die sich Christus zugeeignet haben. In diesen Reinigungen ist immer wieder das Geheimnis von Tod und Auferstehung gegenwärtig. Die eigene Größe des Menschen wie auch der Institutionen muss weggeschnitten werden; was allzu groß geworden ist, muss wieder in die Einfachheit und Armut des Herrn selbst zurückgeführt werden. Nur durch solche Vorgänge des Absterbens hindurch bleibt und erneuert sich die Fruchtbarkeit.

Reinigung zielt auf Frucht, so sagt uns der Herr. Was ist das für eine Frucht, die er erwartet? Schauen wir zunächst auf die Frucht, die er selbst in seinem Sterben und Auferstehen getragen hat. Jesaja und die ganze prophetische Tradition hatten davon gesprochen, dass Gott von seinem Weinstock Trauben und damit köstlichen Wein erwarte: ein Bild für die Gerechtigkeit, das Rechtsein, das sich durch das Leben im Wort Gottes, im Willen Gottes bildet; die gleiche Überlieferung spricht davon, dass Gott stattdessen unbrauchbare kleine Sauertrauben findet, die er nur wegwerfen kann: Bild für das Leben weg von der Gerechtigkeit Gottes ins Unrecht, in die Korruption und Gewalt hinein. Der Weinstock soll edle Trauben tragen, aus denen durch den Vorgang der Lese, des Kelterns, der Gärung hindurch kostbarer Wein wird.

Denken wir daran, dass das Weinstock-Gleichnis im Zusammenhang von Jesu letztem Mahl steht. Nach der Brotvermehrung hatte er von dem wahren Himmelsbrot geredet, das er geben werde, und damit eine tiefe Vorausdeutung des eucharistischen Brotes gegeben. Es ist schwer denkbar, dass er bei der Weinstock-Rede nicht im Stillen anspielt auf den neuen Wein, auf den Kana schon verwiesen hatte und den er nun schenkt – den Wein, der aus seiner Passion, aus seiner Liebe „bis ans Ende" (13,1) kommen würde. Insofern hat das Weinstock-Gleichnis durchaus einen eucharistischen Hintergrund. Es verweist auf die Frucht, die Jesus bringt: Seine im Kreuz sich verschenkende Liebe, die der neue köstliche Wein ist, der zum Hochzeitsmahl Gottes mit den Menschen gehört. Die Eucharistie wird so, ohne ausdrücklich genannt zu werden, in ihrer ganzen Tiefe und Größe verständlich. Sie verweist uns auf die Frucht, die wir als Rebzweige mit Christus und von Christus her bringen können und müssen: Die Frucht, die der Herr von uns erwartet, ist die Liebe – die mit ihm das Geheimnis des Kreuzes annimmt und zur Teilhabe an seiner Selbstschenkung wird – und so die wahre Gerechtigkeit, die die Welt bereitet zum Reich Gottes hin.

Reinigung und Frucht gehören zusammen; nur durch die Reinigungen Gottes hindurch können wir Frucht tragen, die in das eucharistische Geheimnis einmündet und so auf die Hochzeit zuführt, die Gottes Ziel mit der Geschichte ist. Frucht und Liebe gehören zusammen: Die wahre Frucht ist die durch das Kreuz, durch Gottes Reinigungen hindurchgegangene Liebe. Zu alledem gehört das „Bleiben". In Joh 15,1–10 kommt das Wort *menein* (bleiben) zehnmal vor. Was die Väter *perseverantia* nennen – das geduldige Standhalten in der Gemeinschaft mit dem Herrn durch alle Wirrnisse des Lebens hindurch –, das ist hier groß ins Zentrum gerückt. Ein erster Enthusiasmus ist leicht, aber ihm folgt das Standhalten auch auf den einförmigen Wüstenwegen, die im Leben zu durchschreiten sind – in der Geduld des immer gleichen Fortgehens, in der die Romantik des ersten Aufbruchs abfällt und nur das tiefe, reine Ja des Glaubens bleibt. Gerade so wird guter Wein. Augustinus hat nach den strahlenden Erleuchtungen des Anfangs, der Stunde der Bekehrung, die Mühsal dieser Geduld tief erfahren und gerade so die Liebe zum Herrn gelernt und die tiefe Freude des Gefundenhabens. Wenn die Frucht, die wir bringen sollen, die Liebe ist, so ist ihre Voraussetzung eben dieses „Bleiben", das ganz tief mit dem Glauben zu tun hat, der den Herrn nicht loslässt. In Vers 7 ist dann vom Beten als einem wesentlichen Moment dieses Bleibens die Rede: Dem Beter wird die sichere Erhörung verheißen. Beten im Namen Jesu ist freilich nicht Bitten um irgendetwas, sondern Bitten um die wesentliche Gabe, die Jesus in den Abschiedsreden als „die Freude" kennzeichnet, Lukas aber als den Heiligen Geist benennt (11,13) – was im Tiefsten dasselbe ist. Die Worte vom Bleiben in der Liebe verweisen schon voraus auf den letzten Vers von Jesu Hohepriesterlichem Gebet (17,26) und verknüpfen so die Weinstock-Rede auch mit dem großen Thema der Einheit, das dort der Herr als Bitte vor den Vater hinstellt.

Das Brot

Dem Thema Brot sind wir bereits ausführlich bei den Versuchungen Jesu begegnet; wir haben gesehen, dass in der Versuchung, die Steine der Wüste in Brot zu verwandeln, die ganze Problematik der Sendung des Messias aufgerollt ist und dass in der Entstellung dieses Auftrags durch den Teufel doch auch hintergründig schon die positive Antwort Jesu durchscheint, die dann in der Gabe seines Leibes als Brot für das Leben der Welt am Abend vor seinem Leiden endgültig deutlich wird. Wieder sind wir der Thematik Brot bei der Auslegung der vierten Vaterunser-Bitte begegnet, wo wir versucht haben, die verschiedenen Dimensionen dieser Bitte und damit die ganze Weite des Themas Brot in den Blick zu gewinnen. Am Ende von Jesu Wirken in Galiläa wird die Brotvermehrung einerseits zum herausragenden Zeichen von Jesu messianischer Sendung, zugleich aber zum Scheideweg seines Wirkens, das von da an deutlich Weg zum Kreuz wird. Alle drei synoptischen Evangelien berichten von einer wunderbaren Speisung von fünftausend Männern (Mt 14,13–21; Mk 6,32–44; Lk 9,10b–17); Matthäus und Markus erzählen außerdem noch von einer Speisung von Viertausend (Mt 15,32–38; Mk 8,1–9).

Auf den reichen theologischen Gehalt beider Erzählungen können wir hier nicht eingehen. Ich beschränke mich auf die johanneische Brotvermehrungs-Geschichte (Joh 6,1–15); auch sie soll freilich hier nicht näher untersucht werden, sondern unser Blick richtet sich unmittelbar auf die Auslegung des Geschehens, die Jesus in seiner großen Brot-Rede am anderen Tag auf der anderen Seite des Sees in der Synagoge schenkt. Noch einmal eine Einschränkung ist notwendig: Diese große und von den Auslegern vielbedachte und auch vielfach zerpflückte Rede können wir nicht in ihren Einzelheiten betrachten. Ich möchte nur versuchen, ihre große Linie sichtbar zu machen und vor allem, sie in den ganzen Überlieferungszusammenhang einzuordnen, in dem sie steht und von dem aus sie verstanden werden muss.

Der grundlegende Zusammenhang, in dem das ganze Kapitel angesiedelt ist, besteht in dem Gegenüber von Mose und Jesus: Jesus ist der endgültige, der größere Mose – der „Prophet", den Mose in seiner Rede an der Grenze des Heiligen Landes angekündigt und von dem Gott gesagt hatte: „Ich will ihm meine Worte in den Mund legen, und er wird ihnen alles sagen, was ich ihnen auftrage" (Dtn 18,18). So ist es nicht zufällig, dass am Ende der Brotvermehrung und vor dem Versuch, Jesus als König einzusetzen, der Satz steht: „Dies ist wahrhaft der Prophet, der in die Welt kommen soll" (Joh 6,14), wie denn ganz ähnlich nach der Verkündigung des Lebenswassers am Laubhüttenfest die Menschen sagen: „Dieser ist wahrhaftig der Prophet" (7,40). Vom Hintergrund Mose her ergibt sich der Anspruch, den Jesus stellen muss. Mose hatte in der Wüste Wasser aus dem Felsen geschlagen – Jesus verheißt das Lebenswasser, so haben wir gesehen. Die große Gabe aber, die vor allem im Blickfeld der Erinnerung stand, war das Manna: Mose hatte Brot vom Himmel geschenkt, Gott selbst hatte das wandernde Israel mit himmlischem Brot ernährt. Für ein Volk, in dem viele an Hunger und unter der Mühsal des täglichen Broterwerbs litten, war dies die Verheißung der Verheißungen, die irgendwie alles in sich zusammenfasste: die Behebung aller Not – eine Gabe, die für alle und für immer den Hunger stillte.

Bevor wir diesen Gedanken aufgreifen, von dem her das 6. Kapitel des Johannes-Evangeliums zu verstehen ist, müssen wir noch das Mose-Bild vervollständigen, weil nur so auch das Bild Jesu zum Vorschein kommt, das Johannes im Auge hat. Der zentrale Punkt, von dem wir in diesem Buch ausgegangen sind und zu dem wir immer wieder zurückkehren, besteht darin, dass Mose Auge in Auge mit Gott selbst redete, „wie Menschen miteinander reden" (Ex 33,11; vgl. Dtn 34,10). Nur weil er mit Gott selbst redete, konnte er den Menschen Gottes Wort bringen. Aber über dieser Gott-Unmittelbarkeit, die im Kern der Sendung des Mose steht und ihr innerer Grund ist, liegt doch ein Schatten. Denn auf die Bitte des Mose: „Lass mich deine Herrlichkeit sehen!", ergeht – im selben Augenblick, in dem von seiner Gottesfreundschaft, seiner Direktheit zu Gott die Rede ist – die Antwort: „Wenn meine Herrlichkeit vorüberzieht, stelle ich dich in den Felsspalt und halte meine Hand über dich, bis ich vorüber bin. Dann ziehe ich meine Hand zurück, und du wirst meinen Rücken sehen. Mein Angesicht aber kann niemand sehen" (Ex 33,18.22f). Auch Mose sieht nur den Rücken Gottes – sein Angesicht „kann niemand sehen". Die auch dem Mose auferlegte Grenze wird sichtbar.

Für das Jesusbild des Johannes-Evangeliums ist die Aussage am Ende des Prologs der entscheidende Schlüssel: „Niemand hat Gott je gesehen. Der Einzige, der Gott ist und am Herzen des Vaters ruht, er hat Kunde gebracht" (Joh 1,18). Nur der, der Gott ist, sieht Gott – Jesus. Er spricht wirklich aus dem Sehen des Vaters, er spricht aus dem immerwährenden Dialog mit dem Vater, einem Dialog, der sein Leben ist. Wenn uns Mose nur den Rücken Gottes gezeigt hat, zeigen konnte, so ist Jesus das Wort von Gott her, aus lebendiger Anschauung, aus der Einheit mit ihm. Damit hängen zwei weitere Gaben des Mose zusammen, die in Christus zu ihrer Endgestalt kommen: Gott hat dem Mose seinen Namen mitgeteilt und so Beziehung zwischen sich und den Menschen ermöglicht; durch die Weitergabe des ihm offenbarten Namens wird Mose zum Vermittler wirklicher Beziehung der Menschen zum lebendigen Gott – darüber haben wir bereits bei der Betrachtung der ersten Vaterunser-Bitte nachgedacht. In seinem Hohepriesterlichen Gebet nun betont Jesus, dass er Gottes Namen offenbart, das von Mose begonnene Werk auch in diesem Punkt an sein Ziel gebracht hat. Bei der Betrachtung des Hohepriesterlichen Gebetes werden wir diese Aussage näher untersuchen müssen: In welcher Hinsicht hat Jesus über Mose hinaus Gottes „Namen" offenbart?

Die andere, mit dem Gottschauen und mit der Kundgabe des Namens wie auch mit dem Manna eng zusammenhängende Gabe des Mose, durch die Israel überhaupt es selbst wird, Gottes Volk wird, ist die Tora – das wegweisende und zum Leben führende Wort Gottes. Israel hat immer deutlicher erkannt, dass dies die grundlegende und bleibende Gabe des Mose war; dass darin die eigentliche Auszeichnung Israels bestand, Gottes Willen zu kennen und so den rechten Weg des Lebens. Der große Psalm 119 ist ein einziger Ausbruch der Freude und der Dankbarkeit für dieses Geschenk. Eine einseitige Sicht des Gesetzes, die sich aus einer einseitigen Auslegung der paulinischen Theologie ergibt, verstellt uns den Blick auf diese Freude Israels: die Freude, Gottes Willen zu kennen und so diesen Willen leben zu können, zu dürfen.

Mit diesem Hinweis sind wir – auch wenn es unerwartet erscheint – wieder bei der Brot-Rede angelangt. Denn in der inneren Entwicklung des jüdischen Denkens war immer mehr deutlich geworden, dass das eigentliche Brot vom Himmel, das Israel nährte und nährt, eben das Gesetz – das Wort Gottes – ist. In der Weisheitsliteratur erscheint die Weisheit, die im Letzten im Gesetz zugänglich und gegenwärtig ist, als „Brot" (Spr 9,5); die rabbinische Literatur hat diesen Gedanken weiterentwickelt (Barrett, a. a. O., S. 301). Von dieser Perspektive her müssen wir die Auseinandersetzung Jesu mit den in der Synagoge zu Kafarnaum versammelten Juden verstehen. Jesus macht zunächst darauf aufmerksam, dass sie die Brotvermehrung nicht – wie es ihr Sinn war – als „Zeichen" verstanden haben, sondern was sie interessierte, war das Essen und Sattwerden (Joh 6,26). Sie sahen das Heil rein materiell, von der allgemeinen Wohlfahrt her, und reduzierten damit den Menschen, ließen Gott in Wirklichkeit aus. Wenn sie aber das Manna nur unter dem Aspekt der Sättigung sehen, muss man feststellen, dass auch das Manna kein Himmelsbrot, sondern nur Erdenbrot war. Auch wenn es vom „Himmel" kam – es war irdische Nahrung, ja Ersatz-Nahrung, die aufhören musste, als man aus der Wüste wieder ins bewohnte Land kam.

Der Mensch aber hungert nach mehr, braucht mehr. Die den Menschen als Menschen nährende Gabe muss größer sein, auf einer anderen Ebene liegen. Ist die Tora diese andere Nahrung? Irgendwie kann ja der Mensch in ihr, durch sie, den Willen Gottes zu seiner Nahrung werden lassen (vgl. Joh 4,34). Ja, die Tora ist „Brot" von Gott her; aber sie zeigt uns sozusagen nur den Rücken Gottes, sie ist „Schatten". „Das Brot Gottes ist der, der vom Himmel herabsteigt und der Welt Leben gibt" (Joh 6,33). Als die Hörer das noch nicht verstehen, sagt Jesus noch einmal, noch unmissverständlicher: „Ich bin das Brot des Lebens; wer zu mir kommt, wird nicht mehr hungern, und wer an mich glaubt, wird nie mehr dürsten" (6,35).

Das Gesetz ist Person geworden. In der Begegnung mit Jesus nähren wir uns sozusagen vom lebendigen Gott selbst, essen wir wirklich „Brot vom Himmel". Dementsprechend hat Jesus schon vorher klargemacht, dass das einzige Werk, das Gott verlangt, darin besteht, an ihn zu glauben. Die Hörer hatten Jesus gefragt: „Was müssen wir machen, damit wir die Werke Gottes tun?" (6,28). Das hier verwendete griechische Wort *ergazesthai* bedeutet „durch Arbeit verdienen" (Barrett, a. a. O., S. 298). Die Hörer sind bereit zu arbeiten, zu wirken, „Werke" zu tun, um dieses Brot zu empfangen. Aber es kann nicht durch menschliche Arbeit, durch eigene Leistung „verdient" werden. Es kann nur als Gabe von Gott, als *Gottes Werk*, zu uns kommen: Die ganze paulinische Theologie ist in diesem Dialog gegenwärtig. Das Höchste und Eigentliche können wir nicht selber erleisten; wir müssen uns beschenken lassen und sozusagen in die Dynamik des Geschenkten eintreten. Dies geschieht im Glauben an Jesus, der Dialog, lebendige Beziehung mit dem Vater ist und in uns wieder Wort und Liebe werden will.

Aber die Frage: wie können wir uns von Gott „nähren", von ihm leben, so dass er selbst unser Brot wird – diese Frage ist damit noch nicht ganz beantwortet. Gott wird „Brot" für uns zunächst in der Menschwerdung des Logos: Das Wort nimmt Fleisch an. Der Logos wird einer von uns und tritt so auf unsere Ebene, in das ein, was uns zugänglich ist. Aber über das Menschwerden des Wortes hinaus ist noch einmal ein Schritt notwendig, den Jesus in den Schlussworten seiner Rede benennt: Sein Fleisch ist Leben „für" die Welt (6,51). Darin ist über den Akt der Menschwerdung hinaus deren inneres Ziel und deren letzte Realisierung angedeutet: die Hingabe Jesu in den Tod hinein und das Geheimnis des Kreuzes.

Dies wird noch deutlicher in Vers 53, wo der Herr das Wort von seinem Blut hinzufügt, das er uns zu „trinken" gibt. Hier wird nicht nur der Hinweis auf die Eucharistie ganz offenkundig, sondern vor allem erscheint das ihr zugrundeliegende Opfer Jesu, der sein Blut für uns vergießt und so gleichsam aus sich selbst heraustritt, sich verströmt, sich uns zu eigen gibt.

So gehen in diesem Kapitel Inkarnations- und Kreuzes-Theologie ineinander über; beide sind untrennbar. Man kann nicht die Oster-Theologie der Synoptiker und des heiligen Paulus einer vermeintlichen reinen Inkarnations-Theologie des heiligen Johannes gegenüberstellen. Die Fleischwerdung des Wortes, von der der Prolog spricht, zielt eben auf die Hingabe des Leibes am Kreuz, die uns im Sakrament zugänglich wird. Johannes folgt hier der gleichen Linie, die der Hebräer-Brief vom Psalm 40,6–8 her entfaltet hat: Opfer und Gaben hast du nicht gewollt – einen Leib hast du mir bereitet (Hebr 10,5). Jesus wird Mensch, um sich zu geben und an die Stelle der Tieropfer zu treten, die nur eine Gebärde der Sehnsucht, aber keine Antwort sein konnten.

In der Brot-Rede Jesu wird einerseits die große Bewegung der Menschwerdung und des österlichen Weges auf das Sakrament hingeordnet, in dem immerfort Menschwerdung und Ostern zugleich ist; aber umgekehrt wird auch das Sakrament, die heilige Eucharistie, so eingeordnet in den großen Zusammenhang von Gottes Abstieg zu uns und für uns. So wird einerseits nachdrücklich die Eucharistie in die Mitte der christlichen Existenz gerückt: Hier schenkt uns Gott tatsächlich das Manna, auf das die Menschheit wartet, das wahre „Brot des Himmels" – das, wovon wir im Tiefsten als Menschen leben können. Aber zugleich wird Eucharistie als die immerwährende große Gottbegegnung des Menschen sichtbar, in der der Herr sich als „Fleisch" gibt, damit wir – in ihm und in der Teilhabe an seinem Weg – „Geist" werden können: Wie er durch das Kreuz hindurch verwandelt wurde in eine neue Weise von Leiblichkeit und von Menschsein hinein, das sich mit Gottes Sein durchdringt, so muss auch für uns dieses Essen Öffnung der Existenz, Durchgang durch das Kreuz und Vorgriff auf die neue Existenz des Lebens in Gott und mit Gott sein.

Darum steht am Schluss der Rede, wo nachdrücklich die Fleischwerdung Jesu und das Essen und Trinken von „Fleisch und Blut des Herrn" herausgestellt werden, der Satz: „Der Geist ist es, der lebendig macht, das Fleisch nützt nichts" (6,63). Das mag uns an das Wort des heiligen Paulus erinnern: „Der erste Adam wurde zur lebendigen Seele, der letzte Adam zum Leben schaffenden Geist" (1 Kor 15,45). Da wird nichts vom Realismus der Fleischwerdung zurückgenommen. Aber die österliche Perspektive des Sakraments wird unterstrichen: Nur durch das Kreuz hindurch und durch die Verwandlung hindurch, die es bewirkt, wird dieses Fleisch uns zugänglich und reißt uns selber in den Vorgang der Verwandlung hinein. Von dieser großen christologischen, ja kosmischen Dynamik hat die eucharistische Frömmigkeit immer wieder zu lernen.

Um die Brot-Rede Jesu in ihrer ganzen Tiefe zu verstehen, müssen wir zuletzt noch kurz eines der Schlüsselworte des Johannes-Evangeliums betrachten, das Jesus am Palmsonntag im Vorausblick auf die kommende universale Kirche spricht, die Juden und Griechen – alle Völker der Welt – umfassen wird: „Wenn das Weizenkorn nicht in die Erde fällt und stirbt, bleibt es allein; wenn es aber stirbt, bringt es reiche Frucht" (Joh 12,24). In dem Gebilde, das wir „Brot" nennen, ist das Geheimnis der Passion enthalten. Brot setzt voraus, dass der Same – das Weizenkorn – in die Erde gelegt wurde, „starb", und dass aus diesem Untergehen heraus dann die neue Ähre wuchs. Irdisches Brot kann Träger von Christi Gegenwart werden, weil es selber das Passionsgeheimnis in sich trägt, in sich Tod und Auferstehung vereinigt. So war in den Religionen der Welt das Brot zum Ausgangspunkt der Mythen von Tod und Auferstehung der Gottheit geworden, in denen der Mensch seine Hoffnung auf Leben aus dem Tod ausdrückte.

Kardinal Christoph Schönborn erinnert in diesem Zusammenhang an den Bekehrungsvorgang des großen englischen Schriftstellers Clive Staples Lewis, der ein zwölfbändiges Werk über diese Mythen gelesen hatte und zu der Meinung gekommen war, dass auch dieser Jesus, der Brot in seine Hände nahm und sagte: „Das ist mein Leib", nur „eine weitere Korn-Gottheit, ein Korn-König [sei], der sein Leben hingibt für das Leben der Welt." Eines Tages aber hörte er in einem Gespräch einen „entschiedenen Atheisten ... bemerken, dass die Beweise für die Geschichtlichkeit der Evangelien überraschend gut seien" (Schönborn. a. a. O.; S. 23). Und ihm kam der Gedanke: „Sonderbare Sache. Das ganze Zeug vom sterbenden Gott – es sieht so aus, als habe es sich *einmal* wirklich ereignet" (G. Kranz, zit. bei Schönborn, S. 23).

Ja, es hat sich wirklich ereignet. Jesus ist kein Mythos, er ist ein Mensch aus Fleisch und Blut, steht ganz real in der Geschichte. Wir können die Orte nachgehen, die er gegangen ist. Wir können durch die Zeugen seine Worte hören. Er ist gestorben, und er ist auferstanden. Das Passionsgeheimnis des Brotes hat gleichsam auf ihn gewartet, sich auf ihn ausgestreckt, und die Mythen haben auf ihn gewartet, in dem das Ersehnte Wirklichkeit geworden ist. Das Gleiche gilt vom Wein. Auch er trägt Passion in sich, ist gekeltert worden, und so wurde aus Traube Wein. Die Väter haben diese verborgene Sprache der eucharistischen Gaben noch weiter ausgedeutet. Nur ein Beispiel möchte ich hier anfügen. In der sogenannten *Zwölf-Apostel-Lehre* (wohl um 100) wird über das zur Eucharistie bestimmte Brot gebetet: „Wie dieses Brot über die Berge verstreut war und zusammengebracht wurde, so werde die Kirche versammelt von den Enden der Erde her in dein Reich ..." (IX 4).

Der Hirte

Das Bild des Hirten, unter dem Jesus sowohl bei den Synoptikern wie im Johannes-Evangelium seine Sendung darstellt, trägt eine lange Geschichte in sich. Im alten Orient, sowohl in den sumerischen Königs-Inschriften wie im babylonischen und assyrischen Raum, bezeichnet sich der König als der von Gott eingesetzte Hirte; „weiden" ist ein Bild für seine Aufgabe des Regierens. Die Sorge um die Schwachen gehört von diesem Bild her zu den Aufgaben des gerechten Herrschers. So könnte man sagen, dass von seinen Ursprüngen her das Bild von Christus dem guten Hirten ein Evangelium von Christus dem König ist, dass es das Königtum Christi aufleuchten lässt.

Die unmittelbare Vorgeschichte von Jesu Bildrede liegt freilich im Alten Testament, in dem Gott selbst als der Hirte Israels erscheint. Dieses Bild hat die Frömmigkeit Israels zutiefst geprägt und ist vor allem in den Notzeiten Israels zu einem Wort des Trostes und der Zuversicht geworden. Wohl am schönsten zusammengefasst ist diese Frömmigkeit des Vertrauens im Psalm 23: Der Herr ist mein Hirte – „Muss ich auch wandern in finsterer Schlucht, ich fürchte kein Unheil. Denn du bist bei mir ..."" (v. 4). Größer ausgestaltet ist das Bild von Gott dem Hirten bei Ezechiel in den Kapiteln 34–37, deren Vision in den synoptischen Hirten-Gleichnissen wie in der johanneischen Hirten-Rede konkret in die Gegenwart gehoben, als Prophetie von Jesu Wirken aufgenommen wird. Angesichts der selbstsüchtigen Hirten, die Ezechiel in seiner Zeit vorfindet und anklagt, verkündet er die Verheißung, dass Gott selbst seine Schafe suchen, sich um sie kümmern werde. „Ich führe sie aus den Völkern heraus, ich hole sie aus den Ländern zusammen und bringe sie in ihr Land ... Ich werde meine Schafe auf die Weide führen, ich werde sie ruhen lassen ... Die verlorengegangenen Tiere will ich suchen, die vertriebenen zurückbringen, die verletzten verbinden, die schwachen kräftigen, die fetten und starken behüten" (34,13.15–16).

Angesichts des Murrens der Pharisäer und Schriftgelehrten über die Tischgemeinschaft Jesu mit den Sündern erzählt der Herr das Gleichnis von den 99 daheimgebliebenen Schafen und dem einen verlorenen, dem der Hirte nachgeht, das er voll Freude auf seine Schulter nimmt und heimträgt. Mit diesem Gleichnis sagt Jesus zu seinen Gegnern: Habt ihr Gottes Wort in Ezechiel nicht gelesen? Ich tue nur das, was Gott als der wahre Hirte angekündigt hat: Die verlorengegangenen Tiere will ich suchen, die vertriebenen zurückbringen.

In später Stunde der alttestamentlichen Prophetie ereignet sich noch einmal eine überraschende und tiefgehende

Wendung in der Darstellung des Hirtenbildes, die direkt in das Geheimnis Jesu Christi hineinführt. Matthäus erzählt uns, dass Jesus den Jüngern nach dem Letzten Abendmahl auf dem Weg zum Ölberg ankündigt, nun werde geschehen, was in Sach 13,7 angekündigt ist: „Ich will den Hirten erschlagen, dann werden sich die Schafe zerstreuen" (Mt 26,31). In der Tat erscheint hier bei Sacharja die Vision eines Hirten, „der nach Gottes Willen den Tod erduldet und dadurch die letzte Wende einleitet" (Jeremias, ThWNT VI 487).

Diese überraschende Vision von dem getöteten Hirten, der durch den Tod hindurch zum Retter wird, ist eng verbunden mit einem anderen Bild des Sacharja-Buches: „Über das Haus David und über die Einwohner Jerusalems werde ich den Geist des Mitleids und des Gebetes ausgießen. Und sie werden auf den blicken, den sie durchbohrt haben. Sie werden um ihn klagen, wie man um den einzigen Sohn klagt ... An jenem Tag wird die Totenklage in Jerusalem so laut sein wie die Klage um Hadad-Rimmon in der Ebene von Megiddo ... An jenem Tag wird für das Haus David und für die Einwohner Jerusalems eine Quelle fließen zur Reinigung von Sünde und Unreinheit" (12,10.11; 13,1). Hadad-Rimmon war eine der sterbenden und auferstehenden Vegetations-Gottheiten, denen wir vorhin im Zusammenhang mit dem Brot begegnet sind, das Tod und Auferstehung des Korns voraussetzt. Sein Sterben, dem dann das Auferstehen folgt, wurde mit wilden rituellen Klagen gefeiert; sie wurden denen, die das erlebt haben – der Prophet und seine Leser gehören offenbar dazu –, geradezu zum Urbild von Trauer und Klage überhaupt. Für Sacharja ist Hadad-Rimmon eine der nichtigen Gottheiten, die Israel verachtet, als mythische

Träume durchschaut. Und doch wird er durch den Ritus der Klage hindurch zum geheimnisvollen Vorausbild für einen, den es wirklich gibt.

Ein innerer Zusammenhang mit dem Gottesknecht von Deuterojesaja wird erkennbar. Die späte Prophetie Israels schaut, ohne die Gestalt näher erklären zu können, den leidenden und sterbenden Erlöser, den Hirten, der zum Lamm wird. Karl Elliger kommentiert dazu: „Aber andererseits geht sein [Sacharjas] Blick seltsam zielsicher in eine neue Ferne und kreist um die Gestalt des am Kreuz auf Golgatha Durchbohrten, freilich ohne die Gestalt des Christus klar zu erfassen, obwohl mit der Erwähnung des Hadad-Rimmon merkwürdig auch an das Geheimnis der Auferstehung gerührt, aber eben nur gerührt wird ... vor allem ohne den eigentlichen Zusammenhang zwischen dem Kreuz und der Quelle gegen alle Sünde und Unreinheit deutlich zu sehen" (a. a. O., S. 172). Wenn bei Matthäus Jesus selbst am Anfang der Passionsgeschichte Sach 13,7 – das Bild vom getöteten Hirten – zitiert, so schließt Johannes den Bericht von der Kreuzigung des Herrn mit dem Hinweis auf Sach 12,10: „Sie werden schauen auf den, den sie durchbohrt haben" (19,37). Nun ist es klar: Der Getötete und der Rettende ist Jesus Christus, der Gekreuzigte.

Johannes verbindet dies mit der Vision der bei Sacharja angekündigten Quelle zur Reinigung von Sünde und Unreinheit: Aus Jesu geöffneter Seite strömen Blut und Wasser (19,34). Jesus selbst, der am Kreuz Durchbohrte, ist der Quell der Reinigung und Heilung für die ganze Welt. Johannes verbindet dies des Weiteren mit dem Bild vom Osterlamm, dessen Blut reinigende Kraft hat: „Sie werden kein Gebein an ihm zerbrechen" (Joh 19,36; vgl.

Ex 12,46). Damit schließt sich am Ende der Ring zurück zum Beginn des Evangeliums, als der Täufer – Jesus erblickend – gesagt hatte: „Seht, das Lamm Gottes, das die Sünde der Welt hinwegnimmt" (1,29). Das Bild vom Lamm, das auf andere Weise in der Apokalypse bestimmend ist, umschließt so das ganze Evangelium und deutet im Tiefsten auch die Hirten-Rede, deren Mittelpunkt eben die Lebenshingabe Jesu bildet.

Die Hirten-Rede selbst beginnt überraschenderweise nicht mit der Aussage „Ich bin der gute Hirte", sondern mit einem anderen Bild: „Amen, amen, ich sage euch: Ich bin die Tür zu den Schafen" (Joh 10,7). Vorher schon hatte Jesus gesagt: „Wer in den Schafstall nicht durch die Tür hineingeht, sondern anderswo einsteigt, der ist ein Dieb und ein Räuber. Wer aber durch die Tür hineingeht, ist der Hirte der Schafe" (10,1f). Das kann man wohl nur so verstehen, dass Jesus hier den Maßstab setzt für die Hirten seiner Herde nach seinem Aufstieg zum Vater. Ob jemand ein wirklicher Hirte ist, zeigt sich darin, dass er durch Jesus als die Tür eintritt. Denn auf diese Weise bleibt Jesus letztlich der Hirte – ihm allein „gehört" die Herde.

Wie das konkret vor sich geht, durch Jesus als Tür einzutreten, zeigt uns der Nachtrag zum Evangelium im 21. Kapitel – die Einweisung des Petrus in Jesu eigenes Hirtenamt. Dreimal sagt der Herr zu Petrus: „Weide meine Lämmer" (bzw. „meine Schafe": 21,15–17). Petrus wird ganz klar zum Hirten der Schafe Jesu bestimmt, in Jesu Hirtenamt eingesetzt. Aber damit er dies sein könne, muss er durch die „Tür" eingehen. Dieses Eingehen – oder besser: Eingelassen-Werden durch die Tür (10,3) –

ist angesprochen in der dreimaligen Frage: „Simon, Sohn des Johannes, liebst du mich?" Da ist zunächst das ganz Persönliche der Berufung: Simon wird mit Namen, mit seinem ganz persönlichen Namen „Simon" und seiner Herkunft gerufen. Und er wird nach der Liebe gefragt, die ihn mit Jesus eins werden lässt. So kommt er „durch Jesus" zu den Schafen, nimmt sie nicht als seine – des Simon Petrus –, sondern als Jesu „Herde". Weil er durch die „Tür" Jesus kommt, weil er in der Liebe mit Jesus geeint kommt, darum hören die Schafe auf seine Stimme, die Stimme Jesu selbst – sie folgen nicht dem Simon, sondern Jesus, von dem her und durch den er zu ihnen kommt, so dass in seiner Führung Jesus selbst führt.

Die ganze Einsetzungs-Szene schließt dann mit dem Wort Jesu an Petrus: „Folge mir" (21,19). Sie lässt an die Szene nach dem ersten Petrus-Bekenntnis denken, wo Petrus den Herrn vom Weg des Kreuzes abzubringen versuchte und der Herr ihm gesagt hatte: „Hinter mich", um dann alle aufzufordern, das Kreuz auf sich zu nehmen und ihm „zu folgen" (Mk 8,33ff). Auch der Jünger, der nun als Hirte vorausgeht, muss Jesus „nachfolgen". Dazu gehört – wie der Herr dem Petrus nach der Übertragung des Hirtenamtes ankündigt – das Annehmen des Kreuzes, die Bereitschaft, sein Leben zu geben. Eben so wird das Wort konkret: „Ich bin die Tür". Eben so bleibt Jesus selbst der Hirte.

Kehren wir zur Hirten-Rede des 10. Kapitels zurück. Erst im zweiten Anlauf kommt nun die Aussage: „Ich bin der gute Hirte" (10,11). Die ganze historische Fracht des Hirtenbildes wird aufgenommen, gereinigt und zu ihrem vollen Sinn gebracht. Vier wesentliche Inhalte werden besonders herausgestellt. Der Dieb kommt, „um zu stehlen, zu schlachten und zu vernichten" (10,10). Er sieht die Schafe als eine Sache an, die ihm gehört, die er besitzt und die er für sich ausbeutet. Ihm geht es nur um sich selbst, alles ist nur für ihn da. Umgekehrt der wirkliche Hirte: Er nimmt nicht Leben, sondern er gibt es: „Ich bin gekommen, damit sie das Leben haben und es in Fülle haben" (10,10). Das ist die große Verheißung Jesu: Leben geben in Fülle. Leben in Fülle wünscht sich jeder Mensch. Aber was ist das? Worin besteht das Leben? Wo finden wir es? Wann und wie haben wir „Leben in Fülle"? Wenn wir so leben wie der verlorene Sohn – die ganze Mitgift Gottes verprassen? Wenn wir leben wie der Dieb und der Räuber – alles für uns nehmen? Jesus verspricht, er werde den Schafen die „Weide" zeigen – das, wovon sie leben –, sie wirklich an die Quellen des Lebens führen. Wir dürfen da die Worte des Psalms 23 mithören: „Er lässt mich lagern auf grünen Auen. Er bringt mich zum Ruheplatz am Wasser. Du deckst mir den Tisch ... Lauter Güte und Huld werden mir folgen mein Leben lang ..." (2.5f). Noch unmittelbarer klingt die Hirtenrede aus Ezechiel an: „Auf gute Weide will ich sie führen; im Bergland Israels werden ihre Weideplätze sein ..." (34,14).

Aber was heißt das alles? Wovon die Schafe leben, wissen wir; wovon aber lebt der Mensch? Die Väter haben im Bergland Israels und in den Weideplätzen auf seinen Höhen, wo es Schatten und Wasser gibt, ein Bild für die Höhen der Heiligen Schrift gesehen, für die Leben gebende Nahrung des Gotteswortes. Und wenn das auch nicht der historische Sinn des Textes ist, so haben sie damit im Letzten doch richtig gesehen und vor allem Jesus selbst richtig verstanden. Der Mensch lebt von der Wahrheit und vom Geliebtsein, vom Geliebtsein durch die Wahrheit. Er braucht Gott, den Gott, der ihm nahe wird und der ihm den Sinn des Lebens deutet und so den Weg des Lebens weist. Gewiss: Der Mensch braucht Brot, braucht die Nahrung des Leibes, aber er braucht im Tiefsten vor allem das Wort, die Liebe, Gott selber. Wer ihm das gibt, der gibt ihm „Leben in Fülle". Und so macht er auch die Kräfte frei, durch die er die Erde sinnvoll gestalten, für sich und für die anderen die Güter finden kann, die wir nur im Miteinander haben können.

Insofern gibt es eine innere Beziehung zwischen der Brot-Rede des 6. Kapitels und der Hirten-Rede: Immer geht es darum, wovon der Mensch lebt. Philon, der große jüdische Religionsphilosoph und Zeitgenosse Jesu, hatte gesagt, dass Gott, der wahre Hirte seines Volkes, seinen „erstgeborenen Sohn", den Logos, zum Hirten eingesetzt habe (Barrett, a. a. O., S. 374). Die johanneische Hirten-Rede steht in keiner unmittelbaren Beziehung zum Verständnis Jesu als Logos; und doch ist – gerade im Zusammenhang des Johannes-Evangeliums selbst – dies ihr Sinn: dass Jesus als das fleischgewordene Wort Gottes selbst nicht nur der Hirte, sondern auch die Nahrung, die wahre „Weide" ist; dass er Leben schenkt, indem er sich selber gibt, er, der das Leben ist (vgl. 1,4; 3,36; 11,25).

Damit sind wir beim zweiten Motiv der Hirten-Rede angelangt, in dem das Neue erscheint, das über Philon hinausführt – nicht durch neue Gedanken, sondern durch ein neues Ereignis: eben die Menschwerdung und die Passion des Sohnes: „Der gute Hirte gibt sein Leben für die Schafe" (10,11). Wie die Brot-Rede nicht beim Verweis auf das Wort stehenbleibt, sondern von dem Wort spricht, das Fleisch wurde und Gabe „für das Leben der Welt" (6,51), so ist für die Hirten-Rede ganz zentral die Lebenshingabe für die „Schafe". Das Kreuz steht im Mittelpunkt der Hirten-Rede, und zwar nicht als Gewaltakt, der Jesus unvorhergesehenerweise überfällt und ihm von außen angetan wird, sondern als freie Hingabe seiner selbst: „Ich gebe mein Leben, um es wieder zu nehmen. Niemand entreißt es mir, sondern ich gebe es aus freiem Wollen hin" (10,17f). Hier wird das gedeutet, was in der Einsetzung der Eucharistie geschieht: Jesus wandelt den äußeren Gewaltakt der Kreuzigung um in einen Akt der freiwilligen Hingabe seiner selbst für die anderen. Jesus gibt nicht *etwas*, sondern sich selbst. So gibt er Leben. Wir werden diese Gedanken neu aufnehmen und vertiefen müssen, wenn wir von der Eucharistie und vom Pascha-Ereignis sprechen.

Ein drittes wesentliches Motiv der Hirten-Rede ist das gegenseitige Kennen von Hirt und Herde: „... er ruft die Schafe, die ihm gehören, einzeln beim Namen und führt sie hinaus ... die Schafe folgen ihm; denn sie kennen seine Stimme" (10,3f). „Ich bin der gute Hirte; ich kenne die Meinen, und die Meinen kennen mich, wie mich der Vater kennt und ich den Vater kenne; und ich gebe mein Leben hin für die Schafe" (10,14f). In diesen Versen sind zwei gedankliche Verschränkungen auffallend, die wir bedenken müssen, um zu verstehen, was dieses „Kennen" bedeutet. Zunächst einmal sind Kennen und Gehören ineinander verschränkt. Der Hirte kennt die Schafe, weil sie ihm gehören, und sie kennen ihn, eben weil sie die Seinen sind. Das Kennen und das Gehören (im griechischen

Text das „zu eigen" sein: *ta idia*) sind eigentlich ein und dasselbe. Der wahre Hirte „besitzt" die Schafe nicht wie irgendein Ding, das man gebraucht und verbraucht; sie „gehören" ihm eben im Sich-Kennen, und dieses „Kennen" ist ein inneres Annehmen. Es bedeutet innere Zugehörigkeit, die viel tiefer reicht als das Besitzen von Sachen.

Machen wir uns das an einem Beispiel aus unserem Leben klar. Kein Mensch „gehört" einem anderen, wie ihm ein Ding gehört. Die Kinder sind nicht „Eigentum" der Eltern; die Gatten sind nicht „Eigentum" einer des anderen. Aber sie „gehören" einander auf eine viel tiefere Weise als zum Beispiel ein Stück Holz oder ein Grundstück oder was auch immer man „Eigentum" nennt. Die Kinder „gehören" den Eltern und sind doch selbst freie Geschöpfe Gottes, jedes mit seiner eigenen Berufung, mit seiner eigenen Neuheit und Einzigkeit vor Gott. Sie gehören einander nicht als Besitz, sondern in Verantwortung. Sie gehören einander gerade dadurch, dass sie die Freiheit des anderen annehmen und in der Liebe wie im Kennen einander tragen – dadurch, dass sie in Ewigkeit in diesem Miteinander frei und eins zugleich sind.

So gehören auch „die Schafe", die ja von Gott geschaffene Personen, Abbilder Gottes sind, dem Hirten nicht wie Dinge – in dieser Weise nimmt sie der Räuber und der Dieb sich zu eigen. Eben dies ist der Unterschied zwischen dem Eigentümer, dem wahren Hirten, und dem Räuber: Für den Räuber, für die Ideologen und Diktatoren sind die Menschen nur Sache, die sie besitzen. Für den wahren Hirten aber sind sie frei auf die Wahrheit und die Liebe hin; der Hirte erweist sich als ihr Eigentümer eben dadurch, dass er sie kennt und liebt, sie in der Freiheit der Wahrheit will. Sie gehören ihm durch das Einssein des

„Kennens", in der Gemeinschaft der Wahrheit, die er selber ist. Eben darum gebraucht er sie nicht, sondern gibt sein Leben für sie. Wie Logos und Menschwerdung, Logos und Passion zusammengehören, so sind Kennen und Sich-Geben letztlich eins.

Hören wir noch einmal den entscheidenden Satz: „Ich bin der gute Hirte; ich kenne die Meinen, und die Meinen kennen mich, wie mich der Vater kennt und ich den Vater kenne; und ich gebe mein Leben hin für die Schafe" (10,14f). In diesem Satz steckt noch eine zweite Verschränkung, die wir beachten müssen. Das gegenseitige Sich-Kennen zwischen Vater und Sohn ist mit dem gegenseitigen Kennen von Hirt und Schafen verwoben. Das Kennen, das Jesus mit den Seinen verbindet, steht im Innenraum seines erkennenden Einsseins mit dem Vater. Die Seinen sind in den trinitarischen Dialog eingewoben; wir werden das beim Bedenken des Hohepriesterlichen Gebetes von Neuem sehen. Kirche und Trinität sind miteinander verwoben, werden wir dann sehen können. Dieses Ineinander zweier Ebenen des Erkennens ist von großer Bedeutung, um das Wesen von „Erkenntnis" zu begreifen, von der das Johannes-Evangelium spricht.

Das Ganze auf unsere eigene Lebenswelt übertragend, können wir sagen: Nur in Gott und nur von Gott her kennt man den Menschen richtig. Ein Sich-Kennen, das den Menschen ins Empirische und Fassbare einengt, begegnet gerade der eigentlichen Tiefe des Menschen nicht. Der Mensch kennt sich selbst nur, wenn er sich von Gott her zu verstehen lernt, und er kennt den anderen nur, wenn er in ihm das Geheimnis Gottes sieht. Für den Hirten im Dienste Jesu bedeutet das, dass er die Menschen nicht an sich, an sein eigenes kleines Ich binden darf. Das Sich-Kennen, das ihn mit den ihm anvertrauten „Schafen" verbindet, muss darauf zielen, sich gegenseitig in Gott hineinzuführen, auf ihn zuzuführen; es muss so Sich-Finden in der Gemeinsamkeit der Erkenntnis und der Liebe Gottes sein. Der Hirte im Dienste Jesu muss immer über sich hinausführen, damit der andere seine ganze Freiheit finde; und er muss deswegen auch immer selber über sich hinausgehen in die Einheit mit Jesus und mit dem trinitarischen Gott hinein.

Jesu eigenes Ich ist immer hineingeöffnet in das Sein mit dem Vater; er ist nie allein, sondern nur im Sich-Empfangen und -Zurückgeben an den Vater. „Meine Lehre ist nicht meine Lehre", sein Ich ist das in die Trinität hinein geöffnete Ich. Wer ihn kennenlernt, „sieht" den Vater, tritt in diese seine Gemeinschaft mit dem Vater ein. Gerade dieser dialogische Überschritt, der im Begegnen mit Jesus liegt, zeigt uns wieder den wahren Hirten, der uns nicht in Besitz nimmt, sondern uns zur Freiheit unseres Seins führt, indem er uns in die Gottesgemeinschaft hineinführt und selbst sein Leben gibt.

Kommen wir zum letzten großen Motiv der Hirten-Rede: dem Motiv der Einheit. Es erscheint mit großem Gewicht in der Hirten-Rede bei Ezechiel. „Das Wort des Herrn erging an mich: Du, Menschensohn, nimm dir ein Holz und schreib darauf: Juda und die mit ihm verbündeten Israeliten. Dann nimm dir ein anderes Holz und schreib darauf: Josef (Holz Ephraims) und das ganze mit ihm verbündete Haus Israel. Dann füge beide zu einem einzigen Holz zusammen, so dass sie eins werden in deiner Hand ... So spricht Gott, der Herr: Ich hole die Israeliten aus den

Völkern heraus ... ich sammle sie von allen Seiten ... Ich mache sie in meinem Land, auf den Bergen Israels, zu einem einzigen Volk ... Sie werden nicht länger zwei Völker sein und sich nie mehr in zwei Reiche teilen ..." (Ez 37,15–17.21f). Der Hirte Gott führt das geteilte und zerstreute Israel wieder zu einem einzigen Volk zusammen.

Die Hirten-Rede Jesu nimmt diese Vision auf, aber sie erweitert ganz entscheidend den Radius der Verheißung: „Ich habe noch andere Schafe, die nicht aus diesem Stall sind; auch sie muss ich führen, und sie werden auf meine Stimme hören; dann wird es nur eine Herde geben und einen Hirten" (10,16). Die Sendung des Hirten Jesus gilt nicht nur den verstreuten Schafen des Hauses Israels, sondern zielt auf das Zusammenführen „der zerstreuten Kinder Gottes" überhaupt (11,52). So sagt die Verheißung des einen Hirten und der einen Herde das Gleiche, was bei Matthäus im Missionsbefehl des Auferstandenen erscheint: „Macht alle Völker zu meinen Jüngern" (28,19), und was dann wieder als Wort des Auferstandenen in der Apostelgeschichte begegnet: „Ihr sollt mir Zeugen sein in Jerusalem, in ganz Judäa und Samaria und bis an die Enden der Erde" (Apg 1,8).

Hier wird der innere Grund dieser universalen Sendung sichtbar: Es gibt nur einen Hirten. Der Logos, der in Jesus Mensch wurde, ist der Hirte aller Menschen, denn sie alle sind durch das eine Wort erschaffen; sie sind in all ihren Zerstreuungen eins von ihm her und auf ihn hin. Die Menschheit kann über all ihre Zerstreuungen hin eins werden vom wahren Hirten, vom Logos her, der Mensch wurde, um sein Leben hinzugeben und so Leben in Fülle zu schenken (vgl. Joh 10,10).

Die Vision des Hirten ist in der frühen Zeit – nachweislich seit dem 3. Jahrhundert – zu einem prägenden Bild der frühen Christenheit geworden. Sie fand die Figur des Schafträgers vor, der in der überanstrengten städtischen Gesellschaft wie der Traum vom einfachen Leben erschien und geliebt wurde. Aber die Christenheit konnte die Figur sofort von der Schrift her neu verstehen; zunächst zum Beispiel vom Psalm 23 her: „Der Herr ist mein Hirte. Nichts wird mir fehlen. Er lässt mich lagern auf grünen Auen ... Muss ich auch wandern in finsterer Schlucht, ich fürchte kein Unheil ... Lauter Güte und Huld folgen mir mein Leben lang, und im Hause Gottes darf ich wohnen für lange Zeit." In Christus erkannten sie den guten Hirten, der durch die finsteren Schluchten des Lebens hindurchführt; den Hirten, der *selbst* durch die finstere Schlucht des Todes gegangen ist; den Hirten, der den Weg auch durch die Nacht des Todes hindurch weiß, mich auch in dieser letzten Einsamkeit nicht verlässt und mich aus dieser Schlucht heraus in die grünen Auen des Lebens, an den Ort „der Erquickung, des Lichtes und des Friedens" führt *(Canon Romanus)*. Clemens von Alexandrien hat dieses Vertrauen zu dem führenden Hirten in Verse gekleidet, die etwas von dieser Hoffnung und Zuversicht der so oft leidenden und immer wieder verfolgten frühen Kirche vernehmen lässt: „Führe, heiliger Hirte, deine geistigen Schafe: Führe, König, deine reinen Kinder: Die Fußspur Christi ist der Weg zum Himmel" (*Paed* III 12,101; van der Meer, a. a. O., S. 23).

Aber natürlich fühlten sich die Christen auch an das Gleichnis von dem Hirten erinnert, der dem verlorenen Schaf nachgeht, es auf seine Schulter nimmt und heimträgt, und ebenso an die Hirten-Rede des Johannes-Evangeliums. Für die Väter ist beides ineinandergeflossen: Der Hirte, der sich aufmacht, um das verlorene Schaf zu suchen, ist das ewige Wort selber, und das Schaf, das er auf den Schultern trägt und liebevoll nach Hause bringt, ist die Menschheit, das Menschsein, das er auf sich genommen hat. In seiner Menschwerdung und in seinem Kreuz trägt er das verirrte Schaf – die Menschheit – heim, trägt er auch mich. Der menschgewordene Logos ist der wahre „Schafträger" – der Hirte, der uns nachgeht durch die Dornen und Wüsten unseres Lebens. Von ihm getragen, kommen wir nach Hause. Er hat sein Leben für uns gegeben. Er selbst ist das Leben.

9. KAPITEL
ZWEI WICHTIGE MARKIERUNGEN AUF DEM WEG JESU:
PETRUSBEKENNTNIS UND VERKLÄRUNG

1

DAS PETRUSBEKENNTNIS

In allen drei synoptischen Evangelien erscheint als wichtige Markierung auf dem Weg Jesu seine Frage an die Jünger, was die Leute von ihm halten und wofür sie selbst ihn ansehen (Mk 8,27–30; Mt 16,13–20; Lk 9,18–21). In allen drei Evangelien antwortet im Namen der Zwölf Petrus mit einem Bekenntnis, das sich deutlich von der Meinung der „Leute" unterscheidet. In allen drei Evangelien kündigt Jesus daraufhin seine Passion und Auferstehung an und führt diese Ankündigung seines eigenen Geschicks weiter mit einer Belehrung über den Weg der Jüngerschaft, die Nachfolge hinter ihm, dem Gekreuzigten, ist. In allen drei Evangelien legt er aber auch diese Kreuzesnachfolge grundsätzlich anthropologisch aus als den für den Menschen nötigen Weg des Sich-Verlierens, ohne den es dem Menschen nicht möglich ist, sich zu finden (Mk 8,31–9,1; Mt 16,21–28; Lk 9,22–27). Und schließlich folgt in allen drei Evangelien darauf der Bericht von der Verklärung Jesu, der noch einmal das Bekenntnis des Petrus auslegt und vertieft und zugleich mit dem Geheimnis von Tod und Auferstehung Jesu verbindet (Mk 9,2–13; Mt 17,1–13; Lk 9,28–36).

Nur bei Matthäus findet sich in unmittelbarem Anschluss an das Bekenntnis des Petrus die Übertragung der Schlüsselgewalt – die Gewalt des Bindens und Lösens – an ihn, verbunden mit der Verheißung, auf ihn, Petrus, als einen Felsen werde er selbst, Jesus, seine Kirche bauen. Inhaltliche Parallelen zu diesem Auftrag und dieser Verheißung finden sich bei Lk 22,31f im Zusammenhang des Abendmahls und bei Joh 21,15–19 nach der Auferstehung Jesu.

Übrigens gibt es auch bei Johannes ein Petrusbekenntnis, das auch hier an einer entscheidenden Markierung von Jesu Weg steht und erst dem Kreis der Zwölf sein ganz eigenes Gewicht und Gesicht gibt (Joh 6,68f). Bei der Betrachtung des synoptischen Petrusbekenntnisses werden wir auch diesen Text miteinbeziehen müssen, der bei allen Unterschieden doch auch grundlegende Gemeinsamkeiten mit der synoptischen Überlieferung aufweist.

Von diesen etwas schematischen Darlegungen her dürfte klar geworden sein, dass das Petrusbekenntnis nur recht verstanden werden kann in dem Zusammenhang, in dem es mit der Leidensankündigung und mit den Nachfolgeworten steht: Diese drei Elemente – das Wort des Petrus und die doppelte Antwort Jesu – gehören untrennbar zusammen, wie auch die Bestätigung vom Vater selbst und durch Gesetz und Propheten in der Verklärungsszene zum Verstehen des Bekenntnisses unerlässlich ist. Bei Markus geht der Verklärungsgeschichte eine – scheinbare – Parusieverheißung voraus, die einerseits mit den Nachfolgeworten verknüpft ist, zugleich aber auf Jesu Verklärung hinführt und so sowohl Nachfolge wie Parusieverheißung auf ihre Weise auslegt. Die Nachfolgeworte, die nach Markus und Lukas an alle gerichtet sind – im Gegensatz zu der nur den Zeugen mitgeteilten Passionsvorhersage –, tragen das ekklesiologische Moment in den ganzen Zusammenhang ein; sie öffnen den Horizont des Ganzen über den eben begonnenen Weg Jesu nach Jerusalem hinaus auf alle hin (Lk 9,23), wie denn auch ihre

Auslegung der Nachfolge des Gekreuzigten aufs Grundsätzliche menschlicher Existenz überhaupt abzielt.

Johannes hat diese Worte in den Zusammenhang des Palmsonntags gestellt und mit der Frage der Griechen nach Jesus verbunden; er hat so den universalen Charakter dieser Aussagen ganz klar herausgestellt. Sie sind auch hier mit dem Kreuzesgeschick Jesu verbunden, das damit aller Zufälligkeit enthoben wird und in seiner inneren Notwendigkeit erscheint (Joh 12,24f). Durch das Wort vom sterbenden Weizenkorn hat er die Aussage vom Sich-Verlieren und Sich-Finden überdies mit dem eucharistischen Geheimnis verbunden, das bei ihm am Ende der Brotvermehrungsgeschichte und ihrer Auslegung in der eucharistischen Rede Jesu zugleich den Zusammenhang des Petrusbekenntnisses bestimmt.

Wenden wir uns nun den einzelnen Stücken dieses großen Gewebes aus Ereignis und Wort zu. Matthäus und Markus benennen als Schauplatz des Ereignisses das Gebiet von Caesarea Philippi, ein von Herodes dem Großen gestiftetes Heiligtum des Pan (heute Banjas), das an den Quellen des Jordans lag. Herodes' Sohn Philippus hatte diesen Ort, der nach Caesar Augustus und ihm selbst benannt war, zur Hauptstadt seines Regierungsgebietes bestimmt.

Die Überlieferung hat die Szene an einer Stelle fixiert, an der eine überhängende Felswand über den Jordanwassern eine eindrucksvolle Veranschaulichung des Felsenwortes gibt. Markus und Lukas weisen uns auf je ihre Art sozusagen in den inneren Ort des Ereignisses ein. Markus sagt, Jesus habe seine Frage „unterwegs" gestellt; es ist klar, dass der Weg, von dem er spricht, nach Jerusalem führt: Das Unterwegssein „in den Dörfern bei Caesarea

Philippi" (Mk 8,27) bedeutet den Anfang des Aufstiegs nach Jerusalem – zum Zentrum der Heilsgeschichte, zu dem Ort, an dem sich Jesu Geschick in Kreuz und Auferstehung erfüllen sollte, an dem aber auch nach diesen Ereignissen die Kirche ihren Ursprung nahm. Das Petrusbekenntnis und so die folgenden Worte Jesu stehen am Beginn dieses Weges.

Nach der großen Zeit der galiläischen Verkündigung ist dies eine entscheidende Markierung: der Aufbruch zum Kreuz wie der Ruf zur Entscheidung, der die Jüngerschaft nun deutlich von den bloß mithörenden, aber nicht mitgehenden Leuten unterscheidet; sie deutlich zum Anfang der neuen Familie Jesu – der künftigen Kirche – formt. Für diese Gemeinschaft ist es charakteristisch, dass sie mit Jesus „unterwegs" ist – auf welchem Weg, wird gerade in diesem Zusammenhang deutlich werden. Es ist des Weiteren charakteristisch für sie, dass ihre Entscheidung zum Mitgehen auf einer Erkenntnis beruht – auf einem „Kennen" Jesu, das ihnen zugleich eine neue Erkenntnis Gottes, des einen Gottes, schenkt, an den sie als Israeliten glauben.

Bei Lukas ist – ganz im Sinn seines Bildes der Gestalt Jesu – das Petrusbekenntnis an ein Gebetsereignis gebunden. Lukas beginnt seine Darstellung der Geschichte mit einem gewollten Paradox: „Während Jesus allein war beim Beten, waren seine Jünger mit ihm" (9,18). Die Jünger werden in sein Alleinsein, in sein ihm ganz vorbehaltenes Mitsein mit dem Vater hineingenommen. Sie dürfen ihn als den sehen, der – wie wir es am Anfang dieses Buches bedacht haben – mit dem Vater von Gesicht zu Gesicht, von Du zu Du redet. Sie dürfen ihn in seinem Eigenen, in seinem Sohnsein sehen – an jenem Punkt, aus dem all seine Worte, seine Taten, seine Vollmachten kommen. Sie dürfen sehen, was die „Leute" nicht sehen, und aus diesem Sehen kommt eine Erkenntnis, die über das „Meinen" der „Leute" hinausgeht. Aus diesem Sehen kommt ihr Glaube, ihr Bekenntnis; darauf kann dann Kirche entstehen.

An dieser Stelle hat die doppelte Frage Jesu ihren inneren Ort. Die Doppelfrage nach der Meinung der Leute und nach der Überzeugung der Jünger setzt voraus, dass es einerseits eine Außenerkenntnis Jesu gibt, die nicht notwendig einfach falsch, aber doch unzulänglich ist, und dass dem eine tiefere Erkenntnis gegenübersteht, die an Jüngerschaft, an Weggemeinschaft gebunden ist und nur in ihr wachsen kann. Alle drei Synoptiker berichten übereinstimmend von der Meinung der Leute, Jesus sei Johannes der Täufer oder Elija oder ein anderer von den Propheten, der wiedererstanden sei; Lukas hatte vorher erzählt, dass Herodes von solchen Deutungen der Person und des Wirkens Jesu gehört hatte und darauf den Wunsch empfunden habe, Jesus zu sehen. Matthäus fügt noch als Variante die Auffassung einiger hinzu, Jesus sei Jeremia.

Gemeinsam ist diesen Vorstellungen, dass sie Jesus in die Kategorie des Propheten einordnen, die von der Überlieferung Israels her als Deuteschlüssel zur Verfügung stand. Bei all den Namen, die zur Interpretation der Gestalt Jesu genannt wurden, schwingt irgendwie das eschatologische Moment mit, die Erwartung einer Wende, die zugleich mit Hoffnung wie auch mit Angst verbunden sein kann. Während Elija mehr die Hoffnung auf die Wiederherstellung Israels verkörpert, ist Jeremia eine Passionsgestalt, Verkünder des Scheiterns der jetzigen Form des Bundes und des Heiligtums, das sozusagen die konkrete Gewähr des Bundes darstellte; er ist freilich auch Träger der Verheißung eines Neuen Bundes, der aus dem Untergang aufstehen wird. Jeremia ist in seinem Leiden, in seinem Verschwinden im Dunkel des Widerspruchs lebendiger Träger dieses Doppelgeschicks von Untergang und Erneuerung.

All diese Meinungen sind nicht einfach verkehrt; sie bedeuten geringere oder größere Annäherungen an das Geheimnis Jesu, von denen aus der Weg zum Eigentlichen durchaus möglich ist. Aber sie reichen nicht an das Eigentliche Jesu, an seine Neuheit heran. Sie deuten ihn aus der Vergangenheit wie aus dem allgemein Vorkommenden und Möglichen, nicht aus sich selbst, nicht in seiner Einzigkeit, die keiner anderen Kategorie einzufügen ist. In diesem Sinn gibt es auch heute ganz klar die Meinung der „Leute", die Christus irgendwie kennengelernt, ihn vielleicht sogar wissenschaftlich studiert haben, aber ihm nicht selbst in seinem Eigenen und ganz Anderen begegnet sind. Karl Jaspers hat Jesus neben Sokrates, Buddha und Konfuzius als einen der vier maßgebenden Menschen dargestellt und ihm damit eine grundsätzliche Bedeutung für die Suche nach dem rechten Menschsein zuerkannt, aber Jesus ist doch dabei einer unter anderen in einer gemeinsamen Kategorie, von der aus sie erklärt und auch begrenzt werden können.

Gängig ist es heute, Jesus als eine der großen religiösen Gründergestalten der Welt anzusehen, denen eine tiefe Gotteserfahrung geschenkt worden ist. So können sie anderen Menschen, denen diese „religiöse Begabung" versagt ist, von Gott erzählen, sie sozusagen in ihre Gotteserfahrung mit hineinnehmen. Aber dabei bleibt dann doch bestehen, dass es sich eben um eine menschliche Gotteserfahrung handelt, die Gottes unendliche Wirklichkeit im Endlichen und Begrenzten eines menschlichen Geistes spiegelt und damit immer nur eine partielle, auch durch den Kontext von Zeit und Raum bestimmte Übersetzung des Göttlichen bedeutet. Das Wort Erfahrung weist damit einerseits auf eine reale Berührung mit dem Göttlichen hin, aber es spricht doch auch von der Grenze des empfangenden Subjekts. Jedes menschliche Subjekt kann nur einen bestimmten Ausschnitt der wahrzunehmenden Wirklichkeit einfangen, der dann überdies noch der Deutung bedarf. So kann jemand mit dieser Meinung Jesus durchaus lieben, ja ihn zum Wegweiser des eigenen Lebens nehmen. Aber die „Gotteserfahrung" Jesu, an die man sich auf diese Weise anhängt, bleibt im Letzten doch relativ und zu ergänzen durch die Ausschnitte, die von anderen Großen wahrgenommen worden sind. So bleibt doch zuletzt der Mensch, das einzelne Subjekt, selber das Maß: der Einzelne entscheidet, was er aus den verschiedenen „Erfahrungen" annimmt, was ihm hilft oder ihm fremd ist. Eine letzte Verbindlichkeit gibt es da nicht.

Dem Meinen der Leute steht die Er-kenntnis der Jünger gegenüber, die sich im Be-kenntnis ausdrückt. Wie lautet es? Es ist bei jedem der drei Synoptiker anders formuliert und bei Johannes noch einmal anders. Nach Markus sagt Petrus zu Jesus einfach: „Du bist der Messias [der Christus]" (8,29). Nach Lukas nennt Petrus ihn „den Christus [den Gesalbten] Gottes" (9,20), und nach Matthäus sagt er: „Du bist der Christus [der Messias], der Sohn des lebendigen Gottes" (16,16). Bei Johannes schließlich lautet das Petrusbekenntnis: „Du bist der Heilige Gottes" (6,69).

Man kann versucht sein, aus diesen verschiedenen Versionen eine Entwicklungsgeschichte des christlichen Bekenntnisses zu konstruieren. Zweifellos spiegelt sich in der Unterschiedlichkeit der Texte auch ein Weg der Entfaltung, in dem allmählich vollends aufgeht, was zunächst noch undeutlich in ersten tastenden Versuchen angelegt war. Am radikalsten hat neuerdings auf katholischer Seite Pierre Grelot das Gegenüber der Texte interpretiert: Nicht Entwicklung, sondern Widerspruch sieht er da. Das einfache Messiasbekenntnis des Petrus, wie Markus es überliefert, gebe zweifellos den historischen Augenblick richtig wieder; es handle sich dabei noch um ein rein „jüdisches" Bekenntnis, das Jesus im Sinn der zeitgenössischen Vorstellungen als politischen Messias ausgelegt habe. Nur die Markus-Darstellung gebe eine klare Logik, weil nur bei einem politischen Messianismus sich der Widerspruch Petri gegen die Leidensankündigung erkläre, dem Jesus – wie einst dem Herrschaftsangebot Satans – eine scharfe Absage erteile: „Hinter mich, Satan. Du denkst nicht Gottes-, sondern Menschengedanken" (8,33). Diese schroffe Zurückweisung sei nur konsequent, wenn damit auch das vorangegangene Bekenntnis getroffen und als falsch abgelehnt werde; sie ergebe nach dem theologisch ganz reifen Bekenntnis der Matthäus-Version keine Logik.

In der Schlussfolgerung, die Grelot daraus zieht, stimmt er auch mit jenen Exegeten überein, die seine ganz negative Auslegung des Markus-Textes nicht teilen: Bei dem Bekenntnis des Matthäus handle es sich um ein nachösterliches Wort; erst nach der Auferstehung konnte – so denkt eine große Mehrheit von Auslegern – ein solches Bekenntnis formuliert werden. Grelot verbindet dies dann noch mit einer speziellen Theorie über eine österliche Erscheinung des Auferstandenen für Petrus, die er in Parallele setzt zu der Begegnung mit dem Auferstandenen, in der Paulus die Begründung seines Apostolats sah. Zu dem Wort Jesu „Selig bist du, Simon, Bar Jona, denn nicht *Fleisch und Blut* haben dir das *offenbart*, sondern mein Vater, der in den Himmeln" (Mt 16,17) gebe es eine auffällige Parallele im Galater-Brief: „Als aber Gott, der mich schon im Mutterleib auserwählt und durch seine Gnade berufen hat, mir in seiner Güte seinen Sohn *offenbarte*, damit ich ihn unter den Heiden verkündige, da zog ich unmittelbar nicht *Fleisch und Blut* zu Rate ..." (Gal 1,15f; vgl. 1,11f: „Das Evangelium, das ich verkündigt habe, stammt nicht von Menschen; ich habe es nicht von einem Menschen übernommen oder gelernt, sondern durch Offenbarung Jesu Christi empfangen"). Gemeinsam zwischen dem Paulus-Text und der Seligpreisung Petri durch Jesus sei der Hinweis auf Offenbarung und damit zugleich die Aussage, dass diese Erkenntnis nicht „von Fleisch und Blut" stammt.

Daraus schließt nun Grelot, dass Petrus wie Paulus einer besonderen Erscheinung des Auferstandenen gewürdigt worden sei (wovon in der Tat mehrere Texte des Neuen Testaments sprechen) und dass er genau wie Paulus, dem auch eine solche Erscheinung geschenkt wurde, dabei seinen spezifischen Auftrag empfangen habe. Die Sendung des Petrus habe dabei der Judenkirche, die des Paulus der Heidenkirche gegolten (Gal 2,7). Das Verheißungswort an Petrus gehöre der Erscheinung des Auferstandenen an ihn zu und sei sachlich in strenger Parallele zu dem Auftrag zu sehen, den Paulus vom erhöhten Herrn erhielt. Wir brauchen hier nicht in eine detaillierte

Auseinandersetzung mit dieser Theorie einzutreten, zumal dieses Buch als ein Jesus-Buch primär die Frage nach dem Herrn stellt und das ekklesiologische Thema nur insoweit behandelt wird, wie es für das rechte Verständnis der Figur Jesu nötig ist.

Wer Gal 1,11–17 aufmerksam liest, kann nicht nur die Parallelen, sondern auch die Unterschiede zwischen beiden Texten leicht erkennen. Es ist klar, dass Paulus darin die Eigenständigkeit seines apostolischen Auftrags herausstellen will, der nicht von der Vollmacht anderer abgeleitet, sondern durch den Herrn selbst verliehen ist; dabei geht es ihm gerade auch um die Universalität seiner Sendung und um das Besondere seines Weges im Aufbau einer Kirche aus den Heiden. Aber Paulus weiß auch, dass er für die Gültigkeit seines Dienstes der Communio *(koinonia)* mit den Alt-Aposteln bedarf (Gal 2,9), dass er ohne diese Gemeinschaft ins Leere laufen würde (2,2). Deswegen ging er drei Jahre nach der Bekehrung, während derer er in Arabien und Damaskus gewesen war, nach Jerusalem, um Petrus (Kephas) zu sehen; anschließend traf er dabei auch den Herrenbruder Jakobus (1,18f). Deshalb reiste er 14 Jahre später, diesmal zusammen mit Barnabas und Titus, nach Jerusalem und empfing durch Handschlag von den „Säulen" Jakobus, Kephas und Johannes das Zeichen der Communio (2,9). So erscheinen zunächst Petrus und später dann die drei Säulen als die Garanten der Communio, als deren unerlässliche Bezugspunkte, die für die Rechtheit und Einheit des Evangeliums und damit der werdenden Kirche bürgen.

Darin aber wird die unverzichtbare Bedeutung des geschichtlichen Jesus, seiner Verkündigung und seiner Entscheidungen sichtbar: Der Auferstandene hat Paulus berufen und ihm damit seine eigene Autorität und seinen eigenen Auftrag gegeben; aber der Auferstandene ist der, der vorher die Zwölf erwählt hatte, der Petrus mit einem besonderen Auftrag betraut hatte, der mit ihnen nach Jerusalem gegangen war, dort den Tod am Kreuz erlitten hatte und am dritten Tag auferstanden war. Für diesen Zusammenhang bürgen die Erst-Apostel (Apg 1,21f), und von diesem Zusammenhang her ist der Auftrag an Petrus nun eben doch grundsätzlich unterschieden vom Auftrag an Paulus.

Dieser besondere Auftrag des Petrus erscheint nicht nur bei Matthäus, sondern in unterschiedlicher Weise, aber in der Substanz doch gleichartig auch bei Lukas und Johannes und eben auch bei Paulus selbst. Gerade in der leidenschaftlichen Apologie des Galater-Briefes setzt er den besonderen Auftrag des Petrus ganz klar voraus; dieser Primat ist wirklich durch die ganze Breite der Überlieferung in allen unterschiedlichen Überlieferungssträngen belegt. Ihn lediglich auf eine persönliche Ostererscheinung zurückzuführen und damit in eine vollkommene Parallele zu der Sendung des Paulus zu setzen, geht vom neutestamentlichen Befund her schlechterdings nicht an.

Aber nun wird es Zeit, zum Christusbekenntnis des Petrus und damit zu unserem eigentlichen Thema zurückzukehren. Wir hatten gesehen, dass Grelot das bei Markus überlieferte Petrusbekenntnis als ganz „jüdisch" und als daher von Jesus zurückzuweisen darstellt. Aber eine solche Zurückweisung findet sich nicht im Text, in dem Jesus nur eine allgemeine Verbreitung dieses Bekenntnisses verbietet, das in der Öffentlichkeit Israels in der Tat missdeutet worden wäre und einerseits zu falschen Hoffnungen auf ihn, andererseits zu einem politischen Prozess gegen ihn hätte führen müssen. Erst auf dieses Verbot folgt dann die Auslegung dessen, was „Messias" wirklich bedeutet: Wirklicher Messias ist der „Menschensohn", der zum Tod verurteilt wird und nur so in seine Herrlichkeit eingeht, als der nach drei Tagen vom Tod Auferstandene.

Die Forschung spricht bezüglich des Urchristentums von zwei Typen von Bekenntnisformeln: den „substantivischen" und den „verbalen"; wir könnten vielleicht verständlicher von „ontologisch" ausgerichteten und von heilsgeschichtlich bestimmten Bekenntnistypen sprechen. Alle drei Formen des Petrusbekenntnisses, die uns die Synoptiker überliefern, sind „substantivisch" – du *bist* Christus, der Christus Gottes, der Christus der Sohn des lebendigen Gottes; immer stellt der Herr diesen substantivischen Aussagen das „verbale" Bekenntnis an die Seite: die Vorankündigung des Ostergeheimnisses von Kreuz und Auferstehung. Beide Bekenntnistypen gehören zusammen, und jeder bleibt ohne den anderen unvollständig und letztlich unverständlich. Ohne die konkrete Heilsgeschichte bleiben die Titel zweideutig: nicht nur das Wort Messias, sondern auch „Sohn des lebendigen Gottes". Denn auch dieser Titel kann durchaus als dem Kreuzesgeheimnis entgegengesetzt aufgefasst werden.

Umgekehrt: die bloße heilsgeschichtliche Aussage bleibt ohne ihre Wesenstiefe, wenn nicht klar wird, dass der, der da gelitten hat, der Sohn des lebendigen Gottes, Gott gleich (Phil 2,6) ist, sich aber selbst entäußerte und wie ein Sklave wurde ... sich erniedrigte bis zum Tode, ja zum Tod am Kreuz (Phil 2,7f). In diesem Sinn gibt uns nur die Verflechtung von Petrusbekenntnis und Jüngerbelehrung durch Jesus das Ganze und Wesentliche des christlichen

Glaubens. So haben denn auch die großen Glaubenssymbole der Kirche immer beides miteinander verknüpft.

Und wir wissen doch, dass alle Jahrhunderte hindurch, auch heute, die Christen – durchaus im Besitz des rechten Bekenntnisses – immer wieder vom Herrn neu belehrt werden müssen, dass sein Weg in allen Generationen nicht der Weg der irdischen Macht und Herrlichkeit, sondern der Weg des Kreuzes ist. Wir wissen und sehen, dass auch heute die Christen – wir selbst – den Herrn beiseitenehmen, um ihm zu sagen: „Das soll Gott verhüten, Herr! Das darf nicht geschehen!" (Mt 16,22). Und weil wir zweifeln, ob Gott es verhütet, versuchen wir selbst mit all unseren Künsten, es zu verhindern. Und so muss auch zu uns der Herr immer wieder sagen: „Hinter mich, Satan!" (Mk 8,33). Die ganze Szene behält insofern eine unheimliche Gegenwärtigkeit. Denn am Schluss denken wir doch immer wieder von „Fleisch und Blut" und nicht von der Offenbarung her, die wir im Glauben empfangen dürfen.

Noch einmal müssen wir zu den Christustiteln der Bekenntnisse zurückkehren. Da ist es zunächst wichtig zu sehen, dass die jeweilige Form des Titels durchaus im Ganzen der einzelnen Evangelien und ihrer besonderen Überlieferungsgestalt zu lesen ist. Immer ist dabei der Zusammenhang mit dem Prozess Jesu wichtig, in dem das Bekenntnis der Jünger als Frage und Anklage wiedererscheint. Bei Markus nimmt die Frage des Hohenpriesters den Titel Christus (Messias) auf und erweitert ihn: „Bist du der Messias, der Sohn des Hochgelobten?" (14,61). Diese Frage setzt voraus, dass aus Jüngerkreisen solche Deutungen der Gestalt Jesu öffentlich bekannt geworden waren. Die Verknüpfung der Titel *Christus (Messias)* und

Sohn entsprach biblischer Überlieferung (vgl. Ps 2,7; Ps 110). Von da aus erscheint der Unterschied zwischen der Markus- und der Matthäus-Fassung des Bekenntnisses relativiert und weit weniger tiefgehend als in der Exegese Grelots und anderer. Bei Lukas bekennt Petrus – wie wir sahen – Jesus als „den Gesalbten (Christus, Messias) Gottes". Hier begegnet wiederum, was der greise Simeon über das Kind Jesus gewusst hatte, das ihm als der Gesalbte (Christus) des Herrn angekündigt worden war (Lk 2,26). Als Gegenbild verspotten unter dem Kreuz „die führenden Männer des Volkes" Jesus, indem sie sagen: „Anderen hat er geholfen, nun soll er sich selbst helfen, wenn er der Christus Gottes, der Erwählte ist" (Lk 23,35). So spannt sich der Bogen von der Kindheit Jesu über das Bekenntnis von Caesarea Philippi bis zum Kreuz: Die drei Texte zeigen zusammen die einzigartige Zugehörigkeit des „Gesalbten" zu Gott.

Aus dem Lukas-Evangelium ist aber auch eine andere Begebenheit zu erwähnen, die für den Jesus-Glauben der Jünger wichtig ist: die Geschichte vom reichen Fischfang, die mit der Berufung des Simon Petrus und seiner Gefährten in die Jüngerschaft endet. Die erfahrenen Fischer haben eine ganze Nacht hindurch nichts gefangen, und nun erhalten sie von Jesus die Weisung, noch einmal am helllichten Tag auszufahren und die Netze auszuwerfen. Das scheint von der praktischen Erkenntnis dieser Männer her wenig sinnvoll, aber Simon antwortet doch: „Meister ... auf dein Wort hin werde ich die Netze auswerfen" (Lk 5,5). Dann kommt der überreiche Fang, der Petrus zutiefst erschrecken lässt. Er fällt in der Haltung der Anbetung Jesus zu Füßen und sagt: „Geh weg von mir, Herr, denn ich bin ein sündiger Mensch" (5,8). In dem Geschehenen hat er die Macht Gottes selbst erkannt, die durch das Wort Jesu wirkt, und diese direkte Begegnung mit dem lebendigen Gott in Jesus erschüttert ihn zutiefst. Im Licht und unter der Macht dieser Gegenwart erkennt der Mensch seine Erbärmlichkeit. Das Tremendum Gottes kann er nicht ertragen – es ist zu gewaltig für ihn. Dies ist auch religionsgeschichtlich gesehen einer der eindrücklichsten Texte dafür, was geschieht, wenn der Mensch sich plötzlich und unmittelbar der Nähe Gottes ausgesetzt findet. Da kann er nur über sich selbst erschrecken, bitten, von der Gewalt dieser Gegenwart befreit zu werden. Dieses unmittelbar hereinbrechende Innewerden von Gottes eigener Nähe in Jesus drückt sich in dem Titel aus, den Petrus nun für Jesus gebraucht: *Kyrios – Herr*. Es ist die alttestamentliche Gottesbezeichnung, mit der man den unaussprechbaren Gottesnamen vom brennenden Dornbusch ersetzte. War Jesus vor Beginn der Ausfahrt für Petrus „Epistata" gewesen, was Meister, Lehrer, Rabbi bedeutet, so erkennt er in ihm nun den Kyrios.

Einer ähnlichen Situation begegnen wir in der Erzählung, wie Jesus über dem sturmgepeitschten See auf das Boot der Jünger zugeht. Petrus bittet nun darum, gleichfalls sich auf dem Wasser bewegen zu dürfen – Jesus entgegen. Wie er zu versinken droht, rettet ihn die ausgestreckte Hand Jesu, der nun mit ins Boot steigt. In diesem Augenblick aber legte sich der Wind. Jetzt geschieht dasselbe, was wir bei der Geschichte vom reichen Fischfang gesehen hatten: Die Jünger im Boot fallen vor Jesus nieder; dies ist Erschrecken und Anbetung zugleich. Und sie bekennen: „Du bist Gottes Sohn" (Mt 14,22–33). In solchen und ähnlichen Erfahrungen, die sich durch die Evangelien hindurchziehen, findet das Petrusbekenntnis von Matthäus 16,16 seine klare Grundlage. In Jesus war in verschiedenen Weisen den Jüngern immer wieder die Gegenwart des lebendigen Gottes selbst spürbar geworden.

Bevor wir versuchen, aus all diesen Mosaiksteinchen ein Bild zusammenzusetzen, müssen wir doch kurz noch auf das Petrusbekenntnis bei Johannes hinblicken. Die eucharistische Rede Jesu, die dort auf die Brotvermehrung folgt, nimmt sozusagen öffentlich das Nein Jesu zum Versucher auf, der ihn eingeladen hatte, Steine in Brot zu verwandeln, das heißt seine Sendung im Herstellen materiellen Wohlstands zu sehen. Stattdessen verweist Jesus auf die Beziehung zum lebendigen Gott und auf die von ihm kommende Liebe, die die wahrhaft schöpferische, Sinn stiftende und dann auch Brot schenkende Macht ist: So deutet er sein eigenes Geheimnis, sich selbst, durch seine Hingabe als das lebendige Brot. Das gefällt den Menschen nicht; viele entfernen sich. Jesus fragt nun die Zwölf: Wollt auch ihr mich verlassen? Petrus antwortet: „Herr, zu wem sollen wir gehen? Du hast Worte des ewigen Lebens. Wir sind zum Glauben gekommen und haben erkannt: Du bist der Heilige Gottes" (Joh 6,68f).

Wir werden diese Fassung des Petrusbekenntnisses im Zusammenhang mit dem Letzten Abendmahl näher bedenken müssen. In ihr scheint das priesterliche Geheimnis Jesu auf: Aaron wird im Psalm 106,16 „der Heilige Gottes" genannt. Der Titel ist rückbezogen auf die eucharistische Rede und mit ihr vorausbezogen auf das Kreuzesgeheimnis Jesu; er ist so im Pascha-Mysterium, in der Mitte von Jesu Sendung verankert und deutet auf das ganz Andere seiner Gestalt gegenüber den gängigen Formen messianischer Hoffnung hin. Der Heilige Gottes – das erinnert uns aber auch an den Zusammenbruch des Petrus angesichts der Nähe des Heiligen beim reichen Fischfang, der ihn die Armseligkeit seines Sünderseins dramatisch erfahren ließ. Insofern stehen wir doch mitten im Zusammenhang der Jesus-Erfahrung der Jünger, den wir von einigen herausragenden Augenblicken ihres Weges in der Gemeinschaft mit Jesus her wahrzunehmen versucht haben.

Was können wir nun als Ergebnis festhalten? Zunächst einmal ist zu sagen, dass der Versuch, die Urworte des Petrus historisch zu rekonstruieren und alles Weitere dann späteren Entwicklungen, womöglich dem nachösterlichen Glauben zu überlassen, auf Holzwege führt. Wo sollte eigentlich der nachösterliche Glaube hergekommen sein, wenn der Jesus vor Ostern keine Grundlage dazu bot? Mit solchen Rekonstruktionen übernimmt sich die Wissenschaft.

Gerade der Prozess Jesu vor dem Synedrium zeigt, was der eigentliche Anstoß an ihm war: nicht eine politische Messianität – die gab es bei Barabbas und später wieder bei Bar-Kochba. Beide fanden ihr Gefolge, und beide Bewegungen wurden von den Römern unterdrückt. Was an Jesus Anstoß erregte, war gerade das, was wir schon im Gespräch von Rabbi Neusner mit dem Jesus der Bergpredigt gesehen haben: dass er sich mit dem lebendigen Gott selbst auf eine Stufe zu stellen schien. Das war es, was der streng monotheistische Glaube der Juden nicht anzunehmen vermochte; das war es, worauf auch Jesus selbst nur langsam und allmählich hinführen konnte. Das war es auch, was – bei aller ungebrochenen Einheit mit dem Glauben an die Einzigkeit Gottes – seine ganze Botschaft durchdringt und ihr Neues, Besonderes, Einzigartiges ausmacht. Dass man dann den Prozess den Römern gegenüber in einen Prozess gegen eine politische Messianität umwandelte, entsprach der Pragmatik der Sadduzäer. Aber auch Pilatus selber spürte, dass es in Wirklichkeit um ganz anderes ging – dass man einen wirklich politisch verheißungsvollen „König" nicht ihm zur Verurteilung ausgeliefert hätte.

Aber damit haben wir vorgegriffen. Kehren wir zu den Jüngerbekenntnissen zurück. Was sehen wir da, wenn wir das ganze Mosaik der Texte zusammenhalten? Nun, die Jünger haben erkannt, dass Jesus in keine der geläufigen Kategorien passte, dass er mehr und anderes war als „einer der Propheten". Von der Bergpredigt an wie im Angesicht seiner Machttaten, seiner Vollmacht, Sünden zu vergeben; von der Souveränität seiner Verkündigung wie seinem Umgang mit den Traditionen des Gesetzes – von alledem aus erkannten sie, dass er mehr war als einer der Propheten. Er war jener „Prophet", der wie Mose mit Gott als Freund von Angesicht zu Angesicht redete; er war der Messias und war es doch anders als im Sinn eines bloßen Beauftragten Gottes.

In ihm waren die großen messianischen Worte auf eine bestürzende und unerwartete Weise wahr: „Mein Sohn bist du, heute habe ich dich gezeugt" (Ps 2,7). In großen Augenblicken spürten die Jünger erschüttert: Das ist Gott selbst. All das konnten sie nicht zu einer fertigen Antwort zusammensetzen. Sie gebrauchten – zu Recht – die Verheißungsworte des Alten Bundes: *Christus – der Gesalbte, Sohn Gottes, Herr.* Es sind die Kernworte, in denen sich ihr Bekenntnis konzentrierte, das doch immer noch tastend unterwegs blieb. Seine volle Gestalt konnte es erst finden in dem Augenblick, in dem Thomas, die Wundmale des Auferstandenen berührend, ergriffen ausrief: „Mein Herr und mein Gott" (Joh 20,28). Aber im Letzten bleiben wir immer unterwegs mit diesem Wort. Es ist so groß, dass wir es nie fertig erfasst haben, und es bleibt uns immer voraus. Ihre ganze Geschichte hindurch pilgert die Kirche immer neu in dieses Wort hinein, das uns nur in der Berührung mit den Wunden Jesu und in der Begegnung mit seiner Auferstehung fassbar werden kann und uns dann zur Sendung wird.

2

DIE VERKLÄRUNG

Das Petrusbekenntnis und der Bericht von der Verklärung Jesu sind bei allen drei Synoptikern durch eine Zeitangabe miteinander verbunden. Matthäus und Markus sagen: „Sechs Tage danach nahm Jesus Petrus, Jakobus und Johannes beiseite" (Mt 17,1; Mk 9,2). Lukas schreibt: „Etwa acht Tage nach diesen Reden ..." (Lk 9,28). Das besagt zunächst, dass beide Ereignisse, in denen auch immer Petrus eine herausragende Rolle spielt, miteinander zu tun haben. In einem ersten Anlauf könnten wir sagen: Beide Male geht es zum einen um die Göttlichkeit Jesu, des Sohnes; aber beide Male ist auch das Erscheinen seiner Herrlichkeit mit dem Thema der Passion verknüpft. Die Göttlichkeit Jesu gehört mit dem Kreuz zusammen; nur in dieser Verbindung erkennen wir Jesus recht. Johannes hat diese innere Verwobenheit von Kreuz und Herrlichkeit ins Wort gefasst, indem er sagt, dass das Kreuz die „Erhöhung" Jesu sei und dass seine Erhöhung sich nicht anders als im Kreuz vollziehe. Aber nun müssen wir doch dieser merkwürdigen Datierung etwas näher auf den Grund gehen. Es gibt zwei unterschiedliche Deutungen, die sich freilich nicht ausschließen müssen.

Besonders Jean-Marie van Cangh und Michel van Esbroeck haben den Zusammenhang mit dem jüdischen Festkalender herausgearbeitet. Sie machen darauf aufmerksam, dass nur fünf Tage zwei große jüdische Feste im Herbst voneinander trennen: Da ist zuerst der Jom ha-Kippurim, das große Versöhnungsfest; sechs Tage danach wird dann das eine Woche lang dauernde Laubhüttenfest (Sukkot) begangen. Das würde bedeuten, dass das Petrusbekenntnis auf den großen Versöhnungstag fiel und theologisch auch auf dem Hintergrund dieses Festes zu deuten wäre, an dem das einzige Mal im Jahr der Hohepriester feierlich den Namen JHWH im Allerheiligsten des Tempels ausspricht. Das Petrusbekenntnis zu Jesus als dem Sohn des lebendigen Gottes würde in diesem Zusammenhang noch eine weitere Tiefendimension erfahren. Jean Daniélou bezieht hingegen die Datumsangabe der Evangelisten ausschließlich auf das Laubhüttenfest, das – wie schon gesagt – eine ganze Woche lang dauerte. So würden letztlich die Zeitangaben von Matthäus, Markus und Lukas übereinkommen. Die sechs bzw. ungefähr acht Tage würden dann die Festwoche des Laubhüttenfestes bezeichnen; die Verklärung Jesu hätte demgemäß am letzten Tag dieses Festes stattgefunden, der zugleich dessen Höhepunkt und innere Zusammenfassung war.

Beiden Deutungen ist gemeinsam, dass die Verklärung Jesu mit dem Laubhüttenfest zu tun hat. Wir werden sehen, dass in der Tat der Zusammenhang damit im Text selbst aufscheint und uns ein tieferes Verständnis des ganzen Geschehens ermöglicht. Über das Besondere dieser Berichte hinaus zeigt sich damit ein Grundzug des Lebens Jesu, den besonders Johannes herausgearbeitet hat – wie wir im vorigen Kapitel gesehen haben –: Die großen Ereignisse des Lebens Jesu stehen in innerem Zusammenhang mit dem jüdischen Festkalender; es sind sozusagen liturgische Ereignisse, in denen Liturgie mit ihrem Gedenken und Erwarten Wirklichkeit, Leben wird, das wieder zur Liturgie führt und von hierher wieder Leben werden möchte.

Gerade bei der Analyse der Zusammenhänge zwischen der Verklärungsgeschichte und dem Laubhüttenfest wird uns noch einmal deutlich aufgehen, dass alle jüdischen Feste drei Dimensionen in sich tragen. Sie kommen aus Begehungen der Naturreligion, sprechen also von Schöpfer und Schöpfung; sie werden dann zu Erinnerungen an geschichtliches Handeln Gottes und schließlich von da zu Festen der Hoffnung, die dem kommenden Herrn entgegengehen, in dem sich das geschichtliche Heilshandeln Gottes vollendet und zugleich zur Versöhnung der ganzen Schöpfung wird. Wir werden sehen, wie diese drei Dimensionen der Feste durch ihre Realisierung im Leben und Leiden Jesu weiter vertieft und neu geprägt werden.

Dieser liturgischen Interpretation des Datums steht eine andere, besonders von Hartmut Gese eindringlich vertretene Deutung gegenüber, die die Anspielung auf das Laubhüttenfest nicht für genügend begründet ansieht und stattdessen den ganzen Text auf dem Hintergrund von Ex 24 – dem Aufstieg des Mose auf den Berg Sinai – liest. Tatsächlich ist dieses Kapitel, in dem der Bundesschluss Gottes mit Israel dargestellt wird, ein wesentlicher Deutungsschlüssel für die Verklärungsgeschichte. Dort heißt es: „Die Herrlichkeit des Herrn ließ sich auf den Sinai herab, und die Wolke bedeckte den Berg sechs Tage lang. Am siebten Tag rief der Herr mitten aus der Wolke Mose herbei" (Ex 24,16). Dass hier – anders als in den Evangelien – vom siebten Tag die Rede ist, muss nicht gegen einen Zusammenhang zwischen Ex 24 und der Verklärungsgeschichte sprechen; überzeugender scheint mir allerdings die Datierung vom jüdischen Festkalender her. Im Übrigen ist es allerdings auch nichts Ungewöhnliches, dass in

Ereignissen des Weges Jesu unterschiedliche typologische Zusammenhänge zusammenfließen und so sichtbar wird, dass Mose und die Propheten insgesamt von Jesus reden.

Kommen wir nun zum Text der Verklärungsgeschichte selbst. Da heißt es, dass Jesus Petrus, Jakobus und Johannes beiseitenahm und sie auf einen hohen Berg führte, nur sie allein (Mk 9,2). Wir werden den dreien wieder begegnen auf dem Ölberg (Mk 14,33) in der letzten Angst Jesu als dem Gegenbild zur Verklärung, beides doch untrennbar zueinandergehörend. Hier ist der Bezug auf Ex 24 nicht zu übersehen, wo Mose in seinem Aufstieg Aaron, Nadab und Abihu – freilich auch 70 von den Ältesten Israels – mitnimmt.

Wieder begegnen wir – wie schon bei der Bergpredigt und den Gebetsnächten Jesu – dem Berg als dem Ort der besonderen Gottesnähe; wieder müssen wir die verschiedenen Berge des Lebens Jesu zusammendenken: den Berg der Versuchung; den Berg seiner großen Verkündigung; den Berg des Gebetes; den Berg der Verklärung; den Berg der Angst; den Berg des Kreuzes und schließlich den Berg des Auferstandenen, auf dem der Herr – im Gegensatz zum Angebot der Weltherrschaft durch die Macht des Teufels – erklärt: „Mir ist alle Gewalt gegeben im Himmel und auf Erden" (Mt 28,18). Dahinter erscheint aber auch der Sinai, der Horeb, der Morija – die Offenbarungsberge des Alten Testaments, die alle zugleich Passionsberge und Offenbarungsberge in einem sind und ihrerseits auch auf den Tempelberg verweisen, auf dem Offenbarung zu Liturgie wird.

Wenn wir nach einer Deutung fragen, so steht zweifellos zunächst die allgemeine Symbolik des Berges im

Hintergrund: Berg als Ort des Aufstiegs – nicht nur des äußeren, sondern des inneren Aufsteigens; Berg als Freiwerden von der Last des Alltags, als Atmen in der reinen Luft der Schöpfung; Berg, der den Ausblick auf die Weite der Schöpfung und ihre Schönheit gewährt; Berg, der mir innere Höhe gibt und mich den Schöpfer ahnen lässt. Von der Geschichte her kommt zu alledem die Erfahrung des redenden Gottes und die Erfahrung der Passion, mit ihrem Höhepunkt im Opfer Isaaks, im Opfer des Lammes, das auf das endgültige, auf dem Berg Kalvaria geopferte Lamm vorverweist. Mose und Elija hatten auf dem Berg Gottes Offenbarung empfangen dürfen; sie stehen nun im Gespräch mit dem, der die Offenbarung Gottes in Person ist.

„Und er wurde vor ihnen verklärt", sagt Markus dann ganz einfach und fügt, ein wenig unbeholfen, vor dem Geheimnis fast stammelnd hinzu: „Seine Kleider wurden strahlend weiß, wie sie auf Erden kein Bleicher machen kann" (9,3). Matthäus stehen da schon größere Worte zu Gebote: „Sein Antlitz strahlte wie die Sonne, und seine Kleider wurden weiß wie das Licht" (17,2). Lukas hatte als Einziger vorher schon als Ziel des Aufstiegs angegeben: „Er stieg auf, um zu beten", und erklärt nun von da aus das Ereignis, dessen Zeugen die drei Jünger werden: „Während er betete, verwandelte sich das Aussehen seines Gesichts und sein Gewand blitzte weiß auf" (9,29). Die Verklärung ist ein Gebetsereignis; es wird sichtbar, was im Reden Jesu mit dem Vater geschieht: die innerste Durchdringung seines Seins mit Gott, die reines Licht wird. In seinem Einssein mit dem Vater ist Jesus selbst Licht vom Licht. Was er zuinnerst ist und was Petrus in seinem Bekenntnis zu sagen versucht hatte – das wird in diesem Augenblick auch sinnlich wahrnehmbar: Jesu Sein im Licht Gottes, sein eigenes Lichtsein als Sohn.

Hier werden Bezug und Unterschied zur Gestalt des Mose sichtbar: „Während Mose vom Berg herabstieg, wusste er nicht, dass die Haut seines Gesichts Licht ausstrahlte, weil er mit dem Herrn geredet hatte" (Ex 34,29–35). Durch das Reden mit Gott strahlt Gottes Licht auf ihn und macht ihn selber strahlend. Aber es ist sozusagen ein von außen auf ihn zukommender Strahl, der ihn nun selber leuchten lässt. Jesus aber strahlt von innen her, er empfängt nicht nur Licht, er ist selbst Licht vom Licht.

Das weiße Lichtgewand Jesu bei der Verklärung redet jedoch auch von unserer Zukunft. In der Apokalyptik sind die weißen Gewänder Ausdruck des himmlischen Wesens – die Gewänder der Engel und der Auserwählten. So spricht die Apokalypse des Johannes von den weißen Gewändern, die die Geretteten tragen werden (vgl. besonders 7,9.13; 19,14). Aber sie lässt uns nun etwas Neues wissen: Die Gewänder der Erwählten sind weiß, weil sie sie im Blut des Lammes gewaschen haben (Offb 7,14) – das heißt: weil sie durch die Taufe mit der Passion Jesu verbunden wurden und seine Passion die Reinigung ist, die uns das ursprüngliche Gewand zurückgibt, das wir in der Sünde verloren haben (vgl. Lk 15,22!). Durch die Taufe sind wir mit Jesus in Licht gekleidet und selber Licht geworden.

Nun erscheinen Mose und Elija und sprechen mit Jesus. Was der Auferstandene den Jüngern auf dem Weg nach Emmaus erklären wird, ist hier sichtbare Erscheinung. Gesetz und Propheten sprechen mit Jesus, sprechen von

Jesus. Einzig Lukas erzählt uns – wenigstens in einer kurzen Andeutung –, wovon die beiden großen Gotteszeugen mit Jesus redeten: „Sie erschienen in Herrlichkeit und redeten über seinen ‚Exodus', seinen Ausgang, der sich in Jerusalem erfüllen sollte" (9,31). Ihr Gesprächsthema ist das Kreuz, aber doch umfassend verstanden als der Exodus Jesu, dessen Ort Jerusalem sein musste. Das Kreuz Jesu ist Exodus – Heraustreten aus diesem Leben, Hindurchgehen durch das „Rote Meer" der Passion und Hinübergehen in die Herrlichkeit, in die freilich immer die Wundmale eingezeichnet bleiben.

Damit wird klargestellt, dass das Grundthema von Gesetz und Propheten die „Hoffnung Israels" ist – der definitiv befreiende Exodus; dass Inhalt dieser Hoffnung der leidende Menschensohn und Gottesknecht ist, der leidend die Tür ins Freie und Neue öffnet. Mose und Elija sind selbst Passionsfiguren und Passionszeugen. Mit dem Verklärten sprechen sie über das, was sie auf Erden gesagt haben, über die Passion Jesu; aber indem sie mit dem Verklärten darüber sprechen, wird sichtbar, dass diese Passion Rettung bringt; dass sie von der Herrlichkeit Gottes durchdrungen ist, dass die Passion verwandelt wird in Licht, in Freiheit und Freude.

An dieser Stelle müssen wir vorausgreifen auf das Gespräch, das die drei Jünger mit Jesus beim Abstieg vom „hohen Berg" führten. Jesus spricht mit ihnen von seiner künftigen Auferstehung von den Toten, die ja das Vorausgehen des Kreuzes einschließt. Die Jünger hingegen fragen nach der von den Schriftgelehrten angekündigten Wiederkunft des Elija. Jesus sagt ihnen dazu: „Ja, Elija kommt zuerst und stellt alles wieder her. Aber warum heißt es dann vom Menschensohn in der Schrift, er werde viel leiden und verachtet werden? Ich sage euch, Elija ist schon gekommen, doch sie haben mit ihm gemacht, was sie wollten, wie es in der Schrift steht" (Mk 9,12–13). Jesus bestätigt damit einerseits die Erwartung der Wiederkunft des Elija, ergänzt und korrigiert aber zugleich das Bild, das man sich davon macht. Er identifiziert im Stillen den wiederkommenden Elija mit Johannes dem Täufer: Im Wirken des Täufers ist Wiederkehr des Elija erfolgt.

Johannes war gekommen, um Israel neu zu sammeln, um es für die Ankunft des Messias zu bereiten. Aber wenn der Messias selbst der leidende Menschensohn ist und allein so den Weg ins Heil öffnet, dann muss auch das vorbereitende Wirken des Elija irgendwie im Zeichen der Passion stehen. Und in der Tat: „Sie haben mit ihm gemacht, was sie wollten, wie es in der Schrift steht" (Mk 9,13). Jesus erinnert hier einerseits an das tatsächliche Geschick des Täufers. Er spielt aber mit dem Hinweis auf die Schrift wohl auch auf bestehende Traditionen an, die ein Martyrium des Elija voraussahen: Elija galt „als der Einzige, der in der Verfolgung dem Martyrium entgangen ist; bei seiner Wiederkunft ... muss auch er den Tod erleiden" (Pesch, *Markusevangelium* II, a. a. O., S. 80).

Heilserwartung und Passion werden so durchgängig miteinander verknüpft und damit ein Bild der Erlösung entwickelt, das im Tiefsten schriftgemäß ist, aber doch den bestehenden Erwartungen gegenüber umstürzend neu war: Die Schrift musste mit dem leidenden Christus neu gelesen werden und muss es immer wieder. Immer wieder müssen wir uns vom Herrn in sein Gespräch mit Mose und Elija hineinführen lassen; immer wieder von ihm, dem Auferstandenen, her neu die Schrift verstehen lernen.

Kehren wir zurück zur Verklärungsgeschichte selbst. Die drei Jünger sind von der Größe der Erscheinung erschüttert: Der „Gottesschrecken" ergreift sie, wie wir es in anderen Augenblicken gesehen haben, in denen sie die Nähe Gottes in Jesus erfahren, ihre eigene Erbärmlichkeit empfinden und von Furcht geradezu gelähmt werden. „Sie waren vor Furcht ganz benommen", sagt uns Markus (9,6). Und doch redet Petrus, auch wenn er in seiner Benommenheit „nicht wusste, was er sagen sollte" (9,6): „Rabbi, es ist gut, dass wir hier sind. Wir wollen drei Hütten bauen, eine für dich, eine für Mose und eine für Elija" (9,5).

Um diese sozusagen ekstatisch, inmitten der Furcht und doch in der Freude der Gottesnähe gesprochenen Worte ist viel diskutiert worden. Haben sie mit dem Laubhüttenfest zu tun, an dessen Endtag die Erscheinung stattfand? Gese bestreitet das und meint, der wirklich alttestamentliche Bezugspunkt sei Ex 33,7ff, wo die „Ritualisierung des Sinaigeschehens" beschrieben wird: Mose baute nach diesem Text „außerhalb des Lagers" das Offenbarungszelt, auf das sich dann die Wolkensäule herniederließ. Dort redeten der Herr und Mose „miteinander Auge in Auge, wie Menschen miteinander reden" (33,11). So wolle Petrus hier dem Offenbarungsvorgang Beständigkeit geben und Offenbarungszelte errichten; der Bericht von der Wolke, die nun die Jünger überschattete, könnte das bestätigen. Ein Anklang an diesen Schrifttext könnte durchaus vorhanden sein; die jüdische wie die frühchristliche Exegese kennt ein Ineinander, in dem unterschiedliche Offenbarungsbezüge zusammenfließen und einander ergänzen. Aber dass drei Offenbarungszelte gebaut werden sollen, steht doch einem solchen Bezug entgegen oder lässt ihn wenigstens als sekundär erscheinen.

Der Zusammenhang mit dem Laubhüttenfest wird überzeugend, wenn man die messianische Sinngebung dieses Festes im Judentum zur Zeit Jesu bedenkt. Daniélou hat diesen Aspekt überzeugend herausgearbeitet und ihn mit dem Zeugnis der Väter verbunden, bei denen die jüdischen Überlieferungen durchaus noch bekannt und im christlichen Kontext neu gesehen waren. Das Laubhüttenfest weist die gleiche Dreidimensionalität auf, die – wie wir bereits sehen konnten – für die großen jüdischen Feste überhaupt kennzeichnend ist: Ein ursprünglich der Naturreligion entnommenes Fest wird zugleich ein Fest geschichtlicher Erinnerungen an Gottes Heilstaten, und die Erinnerung wird zu Hoffnung auf die endgültige Rettung. Schöpfung – Geschichte – Hoffnung verbinden sich miteinander. Hatte man beim Laubhüttenfest mit seinem Wasseropfer den nötigen Regen in einem dürrenden Land erfleht, so wird das Fest alsbald zur Erinnerung an die Wüstenwanderung Israels, wo die Juden in Zelten (Hütten, *sukkot*) wohnten (Lev 23,43). Daniélou zitiert zunächst Harald Riesenfeld: „Die Hütten galten nicht nur als Erinnerung an den göttlichen Schutz in der Wüste, sondern auch, was wichtig ist, als Vorausdarstellung der [göttlichen] *sukkot,* in denen die Gerechten der kommenden Weltzeit wohnen würden. So wurde also mit dem charakteristischen spätjüdischen Ritus des Laubhüttenfestes eine ganz bestimmte endzeitliche Bedeutung verbunden" (a. a. O., S. 337). Im Neuen Testament finden wir bei Lukas die Rede von den ewigen Gezelten der Gerechten im künftigen Leben (16,9). „Im verklärten Herrn", so Daniélou, „erkennt Petrus, dass die messianische Zeit angebrochen ist, und das Wohnen der Gerechten in jenen Zelten, die das Laubhüttenfest vorbildete, gehörte zu den Wesensmerkmalen der messianischen Zeit" (a. a. O., S. 342). Das Erlebnis der Verklärung während des Laubhüttenfestes ließ den Petrus in seiner Ekstase erkennen, „dass die in den Festriten vorgebildeten Wirklichkeiten nun erfüllt waren ... Die Verklärungsszene bekundet den Anbruch der messianischen Zeit" (ebd., S. 343). Erst beim Abstieg vom Berg wird Petrus noch einmal neu begreifen lernen müssen, dass die messianische Zeit zuallererst Zeit des Kreuzes ist und dass die Verklärung – das Lichtwerden vom Herrn her und mit ihm – unser Umgebranntwerden durch das Licht der Passion einschließt.

Von diesen Zusammenhängen her gewinnt auch das Grundwort des Johannes-Prologs neue Bedeutung, in dem der Evangelist das Geheimnis Jesu zusammenfasst: „Und das Wort ist Fleisch geworden und hat unter uns gezeltet" (Joh 1,14). Ja, der Herr hat das Zelt seines Leibes unter uns aufgeschlagen und so die messianische Zeit eingeleitet. Auf dieser Spur hat Gregor von Nyssa den Zusammenhang von Laubhüttenfest und Menschwerdung in einem großartigen Text bedacht. Er sagt, dass das Laubhüttenfest zwar immer begangen wurde, aber dennoch nicht erfüllt war. „Denn das wahre Hüttenfest war noch nicht gekommen. Nach dem prophetischen Wort [Anspielung auf Psalm 118,27] aber hat Gott, der Herr aller Dinge, sich uns geoffenbart ... um den Hüttenbau unserer zerstörten Behausung, der menschlichen Natur, zu vollbringen" (*De anima*, PG 46, 132 B; bei Daniélou, a. a. O., S. 347).

Kommen wir von diesen Ausblicken her wieder zur Verklärungsgeschichte zurück. „Da kam eine Wolke und warf ihren Schatten auf sie, und aus der Wolke rief eine Stimme: Dies ist mein geliebter Sohn, auf ihn sollt ihr hören" (Mk 9,7). Die heilige Wolke, die Schechina, ist das Zeichen der Gegenwart Gottes selbst. Die Wolke über dem Offenbarungszelt zeigte Gottes Gegenwart an. Jesus ist das heilige Zelt, über dem die Wolke der Gegenwart Gottes steht und von dem aus sie nun auch die anderen „überschattet". Die Szene der Taufe Jesu wiederholt sich, in der der Vater selbst Jesus aus der Wolke heraus als Sohn proklamiert hatte: „Du bist mein Sohn, der Geliebte. An dir habe ich Wohlgefallen" (Mk 1,11).

Zu dieser feierlichen Proklamation der Sohnschaft tritt nun aber der Imperativ hinzu: „Auf ihn sollt ihr hören." Hier wird der Zusammenhang mit dem Aufstieg des Mose auf den Sinai wieder sichtbar, den wir als Hintergrund der Verklärungsgeschichte am Beginn gesehen hatten. Mose hatte auf dem Berg die Tora, Gottes weisendes Wort empfangen. Nun wird uns über Jesus gesagt: „Auf ihn sollt ihr hören." Gese hat diese Szene treffend so kommentiert: „Jesus ist zum göttlichen Offenbarungswort selbst geworden. Deutlicher, gewaltiger können es die Evangelien nicht darstellen: Jesus ist die Tora selbst" (a. a. O., S. 81). Die Erscheinung ist damit beendet, ihr tiefster Sinn zusammengefasst in diesem einen Wort. Die Jünger müssen mit Jesus wieder absteigen und immer neu lernen: „Auf ihn sollt ihr hören."

Wenn wir so den Inhalt der Verklärungsgeschichte verstehen lernen – Einbruch und Anbruch der messianischen Zeit –, dann können wir auch das dunkle Wort fassen, das bei Markus zwischen Petrusbekenntnis und Jüngerbelehrung einerseits und der Verklärungserzählung andererseits eingeschaltet ist: „Und er sagte zu ihnen: Amen, ich sage euch: Von denen, die hier stehen, werden einige den

Tod nicht kosten, bis sie die Herrschaft Gottes (das Reich Gottes) sehen, gekommen mit Macht" (9,1). Was heißt das? Sagt Jesus voraus, dass einige der Umstehenden bei seiner Parusie, beim endgültigen Einbruch des Gottesreiches noch am Leben sein werden? Oder was sonst?

Rudolf Pesch hat überzeugend dargestellt, dass die Stellung dieses Wortes unmittelbar vor der Verklärung ganz klar den Bezug auf dieses Ereignis bedeutet (*Markusevangelium* II, a. a. O., S. 66f). Einigen – es sind dann die drei Begleiter Jesu bei seinem Aufstieg auf den Berg – wird zugesagt, dass sie das Kommen des Reiches Gottes „in Macht" erleben werden. Auf dem Berg sehen die drei die Herrlichkeit von Gottes Reich in Jesus aufscheinen. Auf dem Berg überschattet sie die heilige Wolke Gottes. Auf dem Berg – im Gespräch des verklärten Jesus mit Gesetz und Propheten – erkennen sie, dass das wahre Laubhüttenfest gekommen ist. Auf dem Berg erfahren sie, dass Jesus selbst die lebendige Tora, das ganze Wort Gottes ist. Auf dem Berg sehen sie die „Macht" *(dýnamis)* des in Christus kommenden Reiches.

Aber ebenfalls in der furchterregenden Begegnung mit der Herrlichkeit Gottes in Jesus müssen sie erlernen, was Paulus den Jüngern aller Zeiten im Ersten Korinther-Brief sagt: „Wir verkündigen Christus als den Gekreuzigten: für Juden ein Ärgernis, für Heiden Torheit, für die Berufenen aber, Juden wie Griechen ... Gottes Kraft *[dýnamis!]* und Gottes Weisheit" (1,23f). Diese „Macht" *(dýnamis)* des kommenden Reiches erscheint ihnen im verklärten Jesus, der mit den Zeugen des Alten Bundes von dem „Muss" seines Leidens als Weg zur Herrlichkeit spricht (vgl. Lk 24,26f). So erleben sie die antizipierte Parusie; so werden sie langsam in die ganze Tiefe des Geheimnisses Jesu eingeführt.

10. KAPITEL
SELBSTAUSSAGEN
JESU

Schon zu Lebzeiten Jesu haben Menschen seine geheimnisvolle Figur dadurch zu deuten versucht, dass sie Kategorien auf ihn anwandten, die ihnen vertraut waren und die so sein Geheimnis enträtseln sollten: Er wird als Johannes der Täufer angesehen, als wiedergekommener Elija oder Jeremia, als Prophet (Mt 16,14; Mk 8,28; Lk 9,19). Petrus verwendet in seinem Bekenntnis – wie wir gesehen haben – andere, höhere Titel: Messias; Sohn des lebendigen Gottes. Das Mühen, Jesu Geheimnis in Titeln zusammenzufassen, die seine Sendung, ja sein Wesen deuteten, ging nach Ostern weiter. Immer mehr kristallisierten sich nun drei grundlegende Titel heraus: Christus (Messias), Kyrios (Herr), Sohn Gottes.

Der erste Titel war als solcher außerhalb des semitischen Raumes kaum verständlich. Er ist als Titel alsbald weggefallen und mit dem Namen Jesu verschmolzen: Jesus Christus. Das Deutungswort wurde Name, und darin ist auch eine tiefer liegende Aussage: Er ist ganz mit seinem Amt eins; sein Auftrag und sein Selbst lassen sich gar nicht voneinander trennen. Sein Auftrag ist so zu Recht Teil seines Namens geworden.

Nun blieben die beiden Titel *Kyrios* und *Sohn*, die beide in die gleiche Richtung wiesen. Das Wort „Herr" war im Lauf der alttestamentlichen und der frühjüdischen Entwicklung Umschreibung des Gottesnamens geworden und rückte so Jesus in die Seinsgemeinschaft mit Gott selbst hinein, wies ihn als den uns gegenwärtig gewordenen lebendigen Gott aus. Desgleichen verband ihn das Wort *Sohn Gottes* mit dem Sein Gottes selber. Welcher Art freilich diese Seinsverbindung näherhin sein würde, darüber musste von dem Augenblick an mühsam gestritten werden, in dem der Glaube auch seine Vernunft bewähren und klar erkennen wollte. Ist er Sohn in einem abgeleiteten Sinn – in der Bedeutung einer besonderen Nähe zu Gott – oder weist das Wort darauf hin, dass es in Gott selbst Vater und Sohn gibt? Dass er wirklich „Gott gleich" ist, wahrer Gott vom wahren Gott? Das Erste Konzil von Nizäa (325) hat den Ertrag dieses Ringens in dem Wort *homoousios* („gleichen Wesens") zusammengefasst – das einzige philosophische Wort, das ins Credo eingegangen ist. Aber dieses philosophische Wort dient dazu, die Verlässlichkeit des biblischen Wortes zu schützen; es will uns sagen: Wenn uns die Zeugen Jesu bekunden, dass Jesus „der Sohn" ist, dann ist das nicht im mythologischen oder im politischen Sinn gemeint – die beiden Deutungen, die sich vom Kontext der Zeit her nahelegen. Es ist ganz wörtlich zu verstehen: Ja, in Gott selbst gibt es ewig den Dialog von Vater und Sohn, die beide im Heiligen Geist wirklich ein und derselbe Gott sind.

Über die christologischen Hoheitstitel, die uns im Neuen Testament begegnen, gibt es eine umfangreiche Literatur. Der Disput darüber gehört aber nicht in dieses Buch, das den Weg Jesu auf Erden und seine Verkündigung zu verstehen sucht, nicht die theologische Verarbeitung im Glauben und Denken der frühen Kirche. Dagegen müssen wir näherhin auf die Selbstbezeichnungen Jesu achten, die uns in den Evangelien begegnen. Es sind zwei. Zum einen nennt er sich mit Vorliebe „der Menschensohn"; zum anderen gibt es – besonders im Johannes-Evangelium – Texte, in denen er von sich einfach als dem „Sohn" spricht. Den Titel „Messias" hat Jesus nicht auf sich selbst angewendet; den Titel „Sohn Gottes" finden wir in seinem Mund an einigen Stellen des Johannes-Evangeliums.

Wo ihm die messianische Titulatur oder verwandte Aussagen begegneten – wie einerseits von den ausgetriebenen Dämonen her, andererseits im Bekenntnis Petri –, hat er Schweigen geboten. Über dem Kreuz steht dann freilich – nun öffentlich für die ganze Welt – der Messias-Titel *König der Juden*. Und hier darf er – in den drei Sprachen der damaligen Welt (Joh 19,19f) – stehen, denn nun ist ihm seine Missverständlichkeit genommen. Das Kreuz als sein Thron gibt dem Titel die rechte Deutung. *Regnavit a ligno Deus* – vom „Holz" her herrscht Gott, so hat die Alte Kirche dieses neue Königtum besungen.

Wenden wir uns nun den beiden „Titeln" zu, die Jesus nach den Evangelien für sich selbst gebraucht hat.

1

DER MENSCHENSOHN

Menschensohn – dieses geheimnisvolle Wort ist der Titel, den Jesus am häufigsten gebraucht, wenn er von sich selbst redet. Allein im Markus-Evangelium kommt das Wort Menschensohn 14-mal im Munde Jesu vor. Ja, im ganzen Neuen Testament ist das Wort „Menschensohn" nur im Munde Jesu zu finden, mit der einen Ausnahme der Vision des sterbenden Stephanus, dem die Schau des offenen Himmels geschenkt wird: „Siehe, ich sehe den Himmel geöffnet und den Menschensohn zur Rechten Gottes stehen" (Apg 7,56). Stephanus sieht im Augenblick seines Sterbens, was Jesus beim Prozess vor dem Hohen Rat angekündigt hatte: „Ihr werdet den Menschensohn zur Rechten der Macht sitzen und ihn kommen sehen auf den Wolken des Himmels" (Mk 14,62). Insofern „zitiert" Stephanus ein Wort Jesu, dessen Wirklichkeit er gerade im Augenblick des Martyriums schauen durfte.

Dieser Befund ist wichtig. Die Christologie der neutestamentlichen Schriftsteller, auch der Evangelisten selbst, baut nicht auf dem Titel *Menschensohn* auf, sondern auf den schon im Leben Jesu anfanghaft gebräuchlichen Titeln *Messias (Christus)*, *Kyrios* (Herr), *Sohn Gottes*. Die Menschensohn-Prädikation ist das Typische für Jesu eigene Worte; ihr Inhalt wird in der apostolischen Verkündigung auf die anderen Titel übertragen, der Titel selbst nicht übernommen. Dies ist eigentlich ein klarer Befund. Aber um ihn hat sich in der modernen Exegese eine ungeheure Debatte entwickelt; wer in sie einzudringen versucht, findet sich auf einem Friedhof von einander widersprechenden Hypothesen. Sie zu diskutieren, gehört nicht zu den Absichten dieses Buches. Aber ihre Hauptlinien müssen wir doch ins Auge fassen.

Man unterscheidet gemeinhin drei Gruppen von Menschensohn-Worten. Die erste Gruppe bestehe aus Worten über den kommenden Menschensohn, in denen Jesus aber sich nicht selbst als diesen Menschensohn bezeichne, sondern diesen Kommenden von sich selber unterscheide. Die zweite Gruppe werde von Worten über das irdische Wirken des Menschensohns gebildet, die dritte spreche von seinem Leiden und Auferstehen. Der überwiegende Trend der Ausleger geht dahin, – wenn überhaupt – nur die erste Gruppe als echte Jesus-Worte anzusehen; das entspricht der gängigen naheschatologischen Auslegung der Verkündigung Jesu. Die zweite Gruppe, zu der Worte von der Vollmacht des Menschensohnes zur Sündenvergebung, über seine Herrschaft über den Sabbat, über seine Besitz- und Heimatlosigkeit gehören, sei – so eine Hauptlinie der Theorien – in der palästinensischen Tradition gebildet worden und insoweit recht frühen Ursprungs, aber nicht auf Jesus selbst zurückzuführen. Am jüngsten seien schließlich die Aussagen über Leiden und Auferstehen des Menschensohnes, die im Markus-Evangelium geradezu die Wegstrecke von Jesu Aufstieg nach Jerusalem skandieren und natürlich erst nach diesen Ereignissen – vielleicht gar vom Evangelisten Markus selbst – geschaffen sein könnten.

Diese Zerschneidung der Menschensohn-Worte entspringt einer Logik, die fein säuberlich die verschiedenen Aspekte eines Prädikats verteilt und dem strengen Modell professoralen Denkens entspricht, aber nicht der Vielfalt des Lebendigen, in dem sich eine vielschichtige Ganzheit zu Wort meldet. Der grundlegende Maßstab für diesen Auslegungstypus beruht aber auf der Frage, was man eigentlich Jesus in seinen Lebensumständen und in seiner Bildungswelt zutrauen könne. Offenbar sehr wenig! Wirkliche Hoheitsaussagen und Passionsaussagen passen für ihn nicht. Eine Art gemilderter apokalyptischer Erwartung, wie sie damals umging, kann man ihm „zutrauen" – mehr anscheinend nicht. Aber so wird man der Gewalt des Jesus-Ereignisses nicht gerecht. Schon beim Bedenken von Adolf Jülichers Gleichnis-Auslegung mussten wir sagen, dass wegen so braver Moralismen niemand zum Kreuz verurteilt worden wäre.

Damit es zu diesem radikalen Zusammenstoß kam, dass zu diesem Äußersten – der Auslieferung an die Römer – gegriffen wurde, musste Dramatisches geschehen sein, gesagt worden sein. Das Erregende und Große steht gerade am Anfang; die werdende Kirche musste es erst langsam in seiner ganzen Größe erkennen, im „erinnernden" Mitdenken und Nach-Denken allmählich erfassen. Der anonymen Gemeinde wird eine erstaunliche theologische Genialität zugetraut: Wer waren eigentlich die großen Gestalten, die solches er-fanden? Nein, das Große, das Neue und Erregende kommt gerade von Jesus; im Glauben und Leben der Gemeinde wird es entfaltet, aber nicht geschaffen. Ja, die „Gemeinde" hätte sich gar nicht erst gebildet und überlebt, wenn ihr nicht eine außerordentliche Wirklichkeit vorausgegangen wäre.

Das Wort *Menschensohn*, mit dem Jesus sein Geheimnis verbarg und zugleich langsam zugänglich machte, war neu und überraschend. Es war kein gängiger Titel messianischer Hoffnung. Es fügt sich genau der Verkündigungsweise Jesu ein, der in Rätselworten und Gleichnissen spricht und so allmählich an das Verborgene heranzuführen versucht, das sich erst in der Nachfolge wirklich erschließen kann. Das Wort Menschensohn bedeutet im hebräischen wie im aramäischen Sprachgebrauch zunächst einfach so viel wie „Mensch". Das Ineinander-Übergehen zwischen dem bloßen Wort Mensch und der geheimnisvollen Andeutung eines neuen Sendungsbewusstseins im Wort Menschensohn wird sichtbar in einem Sabbat-Wort, das wir bei den Synoptikern vorfinden. Bei Markus lautet das Wort so: „Der Sabbat ist für den Menschen da und nicht der Mensch für den Sabbat. Deshalb ist der Menschensohn auch Herr über den Sabbat" (2,27f). Bei Matthäus und Lukas fehlt der erste Satz. Bei ihnen sagt Jesus nur einfach: „Der Menschensohn ist Herr über den Sabbat" (Mt 12,8; Lk 6,5). Man kann dazu vielleicht sagen, dass Matthäus und Lukas den ersten Satz weglassen, weil sie dessen Missbrauch fürchten. Wie dem auch sei – es ist klar, dass bei Markus die beiden Sätze zusammengehören und sich gegenseitig interpretieren.

Dass der Sabbat für den Menschen da ist und nicht der Mensch für den Sabbat, ist nicht einfach Ausdruck einer modern-liberalen Position, wie wir sie spontan aus dem Wort herauslesen. Dass so Jesu Lehre gerade nicht zu verstehen ist, haben wir beim Bedenken der Bergpredigt gesehen. Im „Menschensohn" wird der Mensch offenbar, wie er eigentlich sein sollte. Vom „Menschensohn", vom Maßstab Jesu her, ist der Mensch frei und weiß den Sabbat recht als Tag der Freiheit von Gott her und für Gott zu gebrauchen. „Der Menschensohn ist Herr über den

Sabbat" – die ganze Höhe von Jesu Anspruch, der das Gesetz vollmächtig auslegt, weil er selbst das Urwort Gottes ist – diese Höhe wird hier sichtbar. Und es wird sichtbar, welche Art von neuer Freiheit dem Menschen überhaupt damit zukommt – eine Freiheit, die nichts mit bloßer Beliebigkeit zu tun hat. Wichtig an dem Sabbatspruch ist das Ineinandergreifen von „Mensch" und „Menschensohn"; wir sehen, wie das an sich allgemeine Wort nun doch Ausdruck der besonderen Würde Jesu wird.

Den Titel „Menschensohn" gab es *als Titel* zur Zeit Jesu nicht. Wohl aber gab es einen ersten Ansatz dafür in der weltgeschichtlichen Vision des Daniel-Buches mit vier Tieren und dem „Menschensohn". Der Visionär sieht die Abfolge der herrschenden Weltmächte im Bild von vier großen Tieren, die aus dem Meer aufsteigen – „von unten" kommen, also Macht darstellen, die vor allem auf Gewalt beruht, die „tierisch" ist. Er entwirft so ein dunkles, tief beunruhigendes Bild der Weltgeschichte. Freilich bleibt die Vision nicht ganz im Negativen: Dem ersten Tier, einem Löwen mit Adlerflügeln, werden die Flügel ausgerissen; „es wurde vom Boden emporgehoben und wie ein Mensch auf zwei Füße gestellt, und es wurde ihm ein menschliches Herz gegeben" (7,4). Die Vermenschlichung der Macht ist möglich, auch in dieser Weltzeit: Die Macht kann ein menschliches Antlitz bekommen. Aber dieses Heil ist doch relativ; die Geschichte geht im Übrigen weiter und wird im Weitergehen noch dunkler.

Dann aber – nach der äußersten Aufgipfelung der Macht des Bösen – geschieht ganz anderes. Der Seher schaut wie von ferne den eigentlichen Herrn der Welt im Bild eines Hochbetagten, der dem Spuk ein Ende macht. Und nun kommt „auf den Wolken des Himmels einer wie ein Menschensohn ... Ihm wurden Herrschaft, Würde und Königtum gegeben. Alle Völker, Nationen und Sprachen müssen ihm dienen. Seine Herrschaft ist eine ewige ... Sein Reich geht niemals unter" (7,13f). Den Tieren aus der Tiefe steht der Mensch von oben gegenüber. Wie die Tiere aus der Tiefe die bisherigen Weltreiche verkörpern, so kündigt das Bild des „Menschensohnes", der „auf den Wolken des Himmels" kommt, ein ganz neues Reich, ein Reich der „Menschlichkeit" an, der wirklichen Macht, die von Gott selbst herkommt. Mit diesem Reich erscheint die wahre Universalität, die endgültige und im Stillen immer schon ersehnte positive Gestalt der Geschichte. Der „Menschensohn", der von oben kommt, ist so das Gegenüber zu den Tieren aus der Tiefe des Meeres; als solcher bedeutet er nicht eine individuelle Gestalt, sondern die Darstellung des „Reiches", in dem die Welt an ihr Ziel gelangt.

In der Exegese ist die Vermutung verbreitet, dass hinter diesem Text eine Redaktion stehen könne, in der der Menschensohn doch auch eine individuelle Gestalt war, aber diese Redaktion kennen wir jedenfalls nicht; sie bleibt Vermutung. Die vielzitierten Texte aus 4 Esra 13 und dem Äthiopischen Henoch, in denen dann der Menschensohn als individuelle Gestalt dargestellt wird, sind jünger als das Neue Testament und können daher nicht als Quelle dafür angesehen werden. Natürlich lag es nahe, die Vision des Menschensohnes mit der messianischen Hoffnung und mit der Gestalt des Messias selbst zu verbinden, aber wir besitzen für diesen Vorgang keine Texte, die dem Wirken Jesu vorausgehen. So bleibt, dass hier mit dem Bild des Menschensohnes das künftige Reich des Heiles dargestellt wird – eine Vision, an die Jesus anknüpfen konnte, der er aber doch eine neue Gestalt gegeben hat, indem er diese Erwartung mit sich selbst und seinem Wirken in Verbindung brachte.

Wenden wir uns nun den Worten Jesu zu. Wir hatten gesehen, dass eine erste Gruppe von Worten über den Menschensohn sich auf dessen künftiges Kommen bezieht. Der größte Teil dieser Worte findet sich in der Rede Jesu über das Ende der Welt (Mk 13,24–27) und im Prozess Jesu vor dem Hohen Rat (Mk 14,62). Sie werden daher im zweiten Band dieses Buches zu behandeln sein. Nur auf einen wichtigen Punkt möchte ich hier hinweisen: Dies sind Worte über die künftige Herrlichkeit Jesu, sein Kommen zum Gericht und zur Sammlung der Gerechten, der „Erwählten". Aber wir dürfen nicht übersehen, dass sie von dem gesprochen werden, der als Angeklagter und Verspotteter vor seinen Richtern steht, und dass so Herrlichkeit und Passion sich gerade in diesen Worten unlöslich durchdringen.

Von der Passion ist zwar nicht die Rede, aber sie ist die Wirklichkeit, in der Jesus steht und spricht. Eine ganz eigene Verdichtung dieses Zusammenhangs begegnet uns in dem bei Matthäus überlieferten Gleichnis vom Weltgericht (25,31–46), in dem der richtende „Menschensohn" sich mit den Hungernden und Dürstenden, den Fremdlingen, den Nackten, den Kranken, den Eingekerkerten – mit allen Leidenden dieser Welt – identifiziert, das Verhalten ihnen gegenüber als Verhalten ihm selbst gegenüber kennzeichnet. Dies ist nicht eine nachträgliche Fiktion des Weltenrichters. Er hat diese Identifikation in seinem Menschwerden bis in die letzte Konkretheit hinein vollzogen. Er ist der Besitz- und Heimatlose, der keinen Ort hat, wohin er sein Haupt legen kann (Mt 8,19; Lk 9,58). Er ist der Gefangene, der Angeklagte, und er stirbt nackt am Kreuz. Die Identifizierung des die Welt richtenden Menschensohnes mit den Leidenden aller Art setzt die Identität des Richters mit dem irdischen Jesus voraus und zeigt die innere Einheit von Kreuz und Herrlichkeit, von irdischem Dasein in Niedrigkeit und künftiger Vollmacht, die Welt zu richten. Der Menschensohn ist nur ein Einziger, Jesus. Diese Identität zeigt uns den Weg, zeigt uns den Maßstab, nach dem einmal unser Leben beurteilt wird.

Selbstverständlich werden von der Kritik all diese Worte über den künftigen Menschensohn nicht als authentisch jesuanisch angesehen. Lediglich zwei Texte dieser Gruppe werden in ihrer lukanischen Fassung – jedenfalls von Teilen der kritischen Exegese – als echte Jesus-Worte eingestuft, die man ihm „zutrauen" darf. Da ist zunächst Lk 12,8f: „Ich sage euch: Wer sich vor den Menschen zu mir bekennt, zu dem wird sich auch der Menschensohn vor den Engeln Gottes bekennen. Wer mich aber vor den Menschen verleugnet, der wird auch vor den Engeln Gottes verleugnet werden ..." Der zweite Text ist Lk 17,24ff: „... wie der Blitz vom einen Ende des Himmels zum anderen leuchtet, so wird der Menschensohn an seinem Tag erscheinen. Vorher aber muss er vieles erleiden und von dieser Generation verworfen werden ..." Der Grund, warum diese Texte Gnade finden, liegt darin, dass in ihnen der Menschensohn und Jesus scheinbar unterschieden werden; besonders im ersten Spruch sei der Menschensohn offensichtlich nicht identisch mit dem sprechenden Jesus.

Nun, dazu muss man zunächst sagen, dass jedenfalls die älteste Überlieferung es nicht so verstanden hat. Im Paralleltext Mk 8,38 („wer sich vor dieser treulosen und sündigen Generation meiner und meiner Worte schämt, dessen wird sich auch der Menschensohn schämen, wenn er mit den heiligen Engeln in der Hoheit seines Vaters kommt") ist die Identifizierung nicht deutlich ausgesprochen, aber vom Satzgefüge her doch unabweisbar. In der Matthäus-Version desselben Textes fehlt das Wort Menschensohn. Umso klarer ist die Identität des irdischen Jesus mit dem kommenden Richter: „Wer mich aber vor den Menschen verleugnet, den werde auch ich vor meinem Vater im Himmel verleugnen" (Mt 10,32f). Aber auch im Lukas-Text ist von der inhaltlichen Richtung des Ganzen her die Identität vollkommen klar. Gewiss, Jesus spricht in der Rätselform, die ihm eignet und die dem Hörer den letzten Schritt des Verstehens überlässt. Aber die funktionelle Identifizierung in der Parallelität des Bekennens und Verleugnens jetzt und im Gericht, vor Jesus und dem Menschensohn, ergibt nur Sinn auf der Basis der seinsmäßigen Identität.

Die Richter des Synedriums haben Jesus durchaus richtig verstanden, und Jesus hat sie auch nicht korrigiert, indem er etwa gesagt hätte: Aber ihr versteht mich falsch; der kommende Menschensohn ist ein anderer. Die innere Einheit zwischen der gelebten Kenose Jesu (Phil 2,5–11) und seinem Kommen in Herrlichkeit ist das durchgehende Motiv des Handelns und des Redens Jesu, gerade das Neue, „authentisch Jesuanische", das nicht erfunden wurde, sondern das Eigentliche seiner Gestalt wie seiner Worte ist. Die einzelnen Texte gehören in ihren Zusammenhang und werden nicht besser verstanden, wenn man sie daraus herausoperiert. Noch deutlicher als bei Lk 12,8f, wo eine solche Operation noch am ehesten einen Anhalt finden kann, ist dies bei dem zweiten Text: Lk 17,24ff. Denn da wird die Verknüpfung klar vollzogen. Der Menschensohn wird nicht da oder dort kommen, sondern wie ein Blitz von einem Ende des Himmels zum anderen für alle aufleuchten, so dass alle auf ihn, den Durchbohrten, schauen werden (vgl. Offb 1,7); aber vorher muss er – eben dieser Menschensohn – viel erleiden und verworfen werden. Passionsprophetie und Herrlichkeitsankündigung sind untrennbar ineinander verwoben. Es ist klar ein und derselbe, von dem beides gilt: eben der, der sich bei diesen Worten schon auf dem Weg zum Leiden befindet.

Auch in den Worten, in denen Jesus über sein gegenwärtiges Wirken spricht, begegnen wir den beiden Aspekten. Wir hatten schon kurz seinen Ausspruch bedacht, als Menschensohn Herr über den Sabbat zu sein (Mk 2,28). An dieser Stelle zeigt sich genau das, was Markus an anderer Stelle so beschreibt: „Sie erschraken über seine Lehre, denn er lehrte wie einer, der Vollmacht hat und nicht wie die Schriftgelehrten" (Mk 1,22). Er stellt sich selbst auf die Seite des Gesetzgebers, Gottes; er ist nicht Ausleger, sondern Herr.

Das wird noch deutlicher in der Erzählung von dem Gelähmten, den seine Freunde auf einer Trage vom Dach her dem Herrn zu Füßen gelegt hatten. Statt ein Wort der Heilung zu sprechen, wie es der Gelähmte und seine Freunde erwarteten, sagt Jesus als Erstes zu dem Leidenden: „Mein Sohn, deine Sünden sind dir vergeben" (Mk 2,5). Sünden zu vergeben, ist einzig Gottes Sache, halten die Schriftgelehrten diesem Wort zu Recht entgegen. Wenn Jesus dem „Menschensohn" diese Vollmacht zuschreibt, so beansprucht er, in Gottes eigener Würde zu stehen und aus ihr heraus zu handeln. Erst nach dem Zuspruch der Vergebung kommt das erhoffte Wort: „Damit ihr seht, dass der Menschensohn die Vollmacht hat, hier auf Erden Sünden zu vergeben", sagt er zu dem Gelähmten: „Steh auf, nimm deine Tragbahre und geh nach Hause" (Mk 2,10f). Es ist eben dieser göttliche Anspruch, der zur Passion führt. Insofern sind die Vollmachtsworte Jesu auf sein Leiden hingeordnet.

Kommen wir zur dritten Gruppe der Menschensohn-Worte Jesu: zu den Leidensvorhersagen. Wir hatten schon gesehen, dass die drei Passionsweissagungen des Markus-Evangeliums, die den Text wie den Weg Jesu selbst gliedern, mit wachsender Deutlichkeit sein kommendes Schicksal und dessen innere Notwendigkeit ankündigen. Sie finden ihre innere Mitte und ihren Höhepunkt in dem Satz, der auf die dritte Passionsankündigung und die ihr eng zugehörige Rede über das Herrschen und Dienen folgt: „Denn auch der Menschensohn ist nicht gekommen, um sich dienen zu lassen, sondern um zu dienen und sein Leben hinzugeben als Lösegeld für viele" (Mk 10,45).

Mit der Aufnahme eines Wortes aus den Liedern vom leidenden Gottesknecht (Jes 53) tritt hier ein anderer Strang alttestamentlicher Überlieferung in das Bild des Menschensohnes ein. Jesus, der sich einerseits mit dem kommenden Weltenrichter identifiziert, identifiziert sich hier mit dem leidenden und sterbenden Gottesknecht, den der Prophet in seinen Liedern vorhersieht. So wird die Einheit von Leiden und „Erhöhung", von Niedrigkeit und Hoheit sichtbar. Das Dienen ist die wahre Weise des

Herrschens und lässt uns etwas von Gottes Weise des Herrseins, von der „Herrschaft Gottes" ahnen. Im Leiden und im Tod wird das Leben des Menschensohnes ganz „Proexistenz"; wird er zum Retter und Heilbringer für die „vielen": nicht nur für die verstreuten Kinder Israels, sondern für die zerstreuten Kinder Gottes überhaupt (vgl. Joh 11,52), für die Menschheit. In seinem Tod „für viele" überschreitet er die Grenzen von Ort und Zeit, erfüllt sich die Universalität seiner Sendung.

Die Verschmelzung der danielischen Vision vom kommenden Menschensohn und der von Jesaja überlieferten Bilder vom leidenden Gottesknecht hat die ältere Exegese als das eigentlich Neue und Besondere von Jesu Idee des Menschensohnes, ja die Mitte seines Selbstbewusstseins überhaupt angesehen, und dies ganz zu Recht. Wir müssen freilich hinzufügen, dass die Synthese alttestamentlicher Überlieferungen, die Jesus im Bild des Menschensohnes vollzogen hat, noch weiter gespannt ist, noch weitere Stränge und Rinnsale alttestamentlicher Überlieferungen zusammenführt.

Da ist zunächst in der Antwort Jesu auf die Frage, ob er der Messias sei, der Sohn des Hochgelobten, Dan 7 mit Psalm 110 verschmolzen: Jesus sieht sich als den, der „zur Rechten der Macht" sitzt, wie es der Psalm vom künftigen Priesterkönig ansagt. Da ist des Weiteren in die dritte Leidensweissagung mit dem Wort von der Verwerfung des Menschensohnes durch die Ältesten, Hohenpriester und Schriftgelehrten (Mk 8,31) der Psalm 118 eingeschmolzen: das Wort von dem durch die Bauleute verworfenen Stein, der zum Eckstein geworden ist (v. 22); so ergibt sich auch eine Beziehung zum Gleichnis von den ungetreuen Winzern, in dem der Herr dieses Wort gebraucht, um seine Verwerfung und seine Auferstehung wie die künftige neue Gemeinschaft vorherzusagen. Durch die Verbindung mit dem Gleichnis erscheint auch die Identität zwischen dem „Menschensohn" und dem „geliebten Sohn" (Mk 12,1–12). Da ist schließlich der Strom der Weisheitsliteratur gegenwärtig: Weish 2 schildert die Gegnerschaft der „Frevler" gegenüber dem Gerechten: „... er prahlt, Gott sei sein Vater ... Ist der Gerechte wirklich Sohn Gottes, dann nimmt Gott sich seiner an ... Zu einem elenden Tod wollen wir ihn verurteilen" (Weish 2,16–20). Volker Hampel meint, dass Jesu Lösegeld-Wort nicht von Jes 53,10–12, sondern von Spr 21,18 und Jes 43,3 herzuleiten sei, was mir sehr unwahrscheinlich vorkommt (bei Schnackenburg, *Die Person Jesu Christi,* a. a. O., S. 74). Der eigentliche Bezugspunkt ist und bleibt Jes 53; andere Texte zeigen nur, dass es ein breites Bezugsfeld für diese grundlegende Vision gibt.

Jesus hat aus dem Ganzen von Gesetz und Propheten gelebt, wie er seinen Jüngern immer wieder sagte. Er hat sein eigenes Wesen und Wirken als die Vereinigung und Deutung dieses Ganzen angesehen. Johannes wird das in seinem Prolog so ausdrücken, dass er schreibt: Jesus selbst ist „das Wort". „Jesus Christus ist das Ja zu allem, was Gott verheißen hat", schreibt Paulus dazu (2 Kor 1,20). Im Rätselwort vom Menschensohn begegnet uns ganz dicht das Ureigene der Gestalt Jesu, seiner Sendung und seines Seins. Er kommt von Gott her, er ist Gott. Aber gerade so bringt er – im Annehmen des Menschseins – die wahre Menschlichkeit.

„Einen Leib hast du mir bereitet", sagt er nach dem

Hebräer-Brief (10,5) zu seinem Vater und wandelt dabei ein Psalmwort ab, in dem es hieß: „Das Gehör hast du mir eingesetzt" (Ps 40,7). Dort bedeutet es, dass der Gehorsam, das Ja zu Gottes Wort Leben stiftet, nicht die Brand- und Sündopfer. Nun nimmt der, der das Wort ist, selbst einen Leib an, kommt als Mensch von Gott her und zieht das ganze Menschsein an sich, trägt es in das Wort Gottes hinein, macht es zu „Gehör" für Gott und so zu „Gehorsam", zur Versöhnung zwischen Gott und Mensch (2 Kor 5,20). Er selbst wird das wahre „Opfer" als ganz in den Gehorsam und die Liebe Hineingegebener, liebend „bis ans Ende" (Joh 13,1). Er kommt von Gott und stiftet so das wahre Menschsein. Er ist so, wie Paulus sagt, gegenüber dem ersten Menschen, der Erde war und ist, der zweite, der endgültige (letzte) Mensch, der „himmlisch" ist, „Leben spendender Geist" (1 Kor 15,45–49). Er kommt, und er ist zugleich das neue „Reich". Er ist nicht nur einer, sondern er macht uns alle mit sich selber „zu einem Einzigen" (Gal 3,28), zu einer neuen Menschheit.

Aus dem von Daniel von ferne geschauten („wie ein Menschensohn") Kollektiv wird Person, aber die Person überschreitet in ihrem „für viele" die Grenzen des Individuums und umfasst „viele", wird mit vielen ein Leib und „ein Geist" (vgl. 1 Kor 6,17). Das ist die „Nachfolge", zu der er uns ruft: sich in seine neue Menschlichkeit und damit in die Gottesgemeinschaft hineinziehen zu lassen. Noch einmal Paulus dazu: „Wie der (erste Mensch, Adam) von der Erde irdisch war, so sind es auch seine Nachfahren. Und wie der, der vom Himmel kommt, himmlisch ist, so sind es auch seine Nachfahren" (1 Kor 15,48).

Das Wort „Menschensohn" ist Jesus selbst reserviert geblieben, aber die neue Vision des Einsseins von Gott und Mensch, die sich darin ausdrückt, durchzieht das ganze Neue Testament und prägt es. Um diese neue, von Gott kommende Menschlichkeit geht es in der Nachfolge Jesu Christi.

2

DER SOHN

Zu Beginn dieses Kapitels hatten wir schon kurz gesehen, dass die beiden Titel „der Sohn Gottes" und „Sohn" (ohne Zusatz) voneinander zu unterscheiden sind; sie sind ganz unterschiedlicher Herkunft und Bedeutung, auch wenn dann in der Gestaltwerdung des christlichen Glaubens die beiden Bedeutungen ineinanderrücken und verschmelzen. Da ich die ganze Frage schon in meiner *Einführung in das Christentum* ziemlich ausführlich dargestellt habe, darf ich mich hier bei der Analyse des Wortes „Sohn Gottes" kurz fassen.

Das Wort „Sohn Gottes" stammt aus der politischen Theologie des Alten Orients. In Ägypten wie in Babylon wurde der König als „Sohn Gottes" tituliert; das Ritual der Thronbesteigung gilt als seine „Zeugung" zum Sohn Gottes, die man in Ägypten wohl wirklich im Sinn einer geheimnisvollen göttlichen Herkunft, in Babylon anscheinend schon nüchterner als einen Rechtsakt, eine göttliche Adoption verstand. Diese Vorstellungen sind in Israel in doppelter Weise übernommen und zugleich vom Glauben Israels umgeschmolzen worden. Dem Mose wird von Gott selber aufgetragen, zum Pharao zu sagen: „So spricht JHWH: Israel ist mein erstgeborener Sohn. Ich sage dir, lass meinen Sohn ziehen, damit er mich verehren kann!" (Ex 4,22f). Die Völker sind die große Familie Gottes, Israel der „erstgeborene Sohn", als solcher in besonderer Weise Gott zugehörig mit alledem, was „Erstgeburt" im Alten Orient bedeutet. Beim Erstarken des davidischen Königtums wird nun die altorientalische Königsideologie auf den König auf dem Zionsberg übertragen.

In der Gottesrede, in der Nathan dem David die Verheißung des ewigen Bestandes seines Hauses vorhersagt, steht das Wort: „Ich werde deinen leiblichen Sohn als deinen Nachfolger einsetzen und seinem Königtum Bestand verleihen ... Ich will für ihn Vater sein, und er wird für mich Sohn sein. Wenn er sich verfehlt, werde ich ihn ... züchtigen. Meine Huld aber soll nicht von ihm weichen ..." (2 Sam 7,12ff; vgl. Ps 89,27f.37f). Darauf baut dann das Ritual der Inthronisierung der Könige von Israel auf, dem wir im Psalm 2,7f begegnen: „Den Beschluss des Herrn will ich kundgeben: Mein Sohn bist du, heute habe ich dich gezeugt. Fordere von mir, und ich gebe dir die Völker zum Erbe, die Enden der Erde zum Eigentum ..."

Dreierlei ist hier deutlich. Das Privileg Israels, Gottes Erstgeborener zu sein, wird im König konkretisiert; er verkörpert in Person die Würde Israels. Das bedeutet zweitens, dass die alte Königsideologie, die mythische Zeugung von Gott her, beiseitegeschoben und durch die Theologie der Erwählung ersetzt wird. Die „Zeugung" besteht in der Erwählung; im Heute des Inthronisierungsaktes verdichtet sich das erwählende Handeln Gottes, in dem er Israel und den es verkörpernden König zu seinem „Sohn" macht. Drittens aber wird sichtbar, dass die Zusage der Herrschaft über die Völker – von den Großkönigen des Orients übernommen – vollkommen unproportioniert ist gegenüber der tatsächlichen Wirklichkeit des Königs auf dem Zionsberg. Er ist nur ein ganz kleiner Herrscher mit einer labilen Macht, die schließlich im Exil endet und danach nur für kurze Zeit und in Abhängigkeit von den Großmächten wiederhergestellt werden kann. So musste das Königsorakel vom Zion eigentlich von Anfang an zu einem Wort der Hoffnung auf den kommenden König werden, das weit über den Augenblick und über das „Heute", das Jetzt des Inthronisierten hinauswies.

Die frühe Christenheit hat schon sehr bald dieses Wort aufgenommen und es in der Auferstehung Jesu verwirklicht gesehen. Nach Apg 13,32f sagt Paulus in seiner großangelegten Darstellung der Heilsgeschichte, die in Christus mündet, zu den in der Synagoge von Antiochien in Pisidien versammelten Juden: „Gott hat die Verheißung, die an die Väter ergangen ist, an uns, ihren Kindern, erfüllt, indem er Jesus auferweckt hat, wie es schon im zweiten Psalm heißt: Mein Sohn bist du, heute habe ich dich gezeugt." Wir werden die Rede, die uns die Apostelgeschichte hier überliefert, sicher als ein Muster der frühen Missionspredigt an die Juden ansehen dürfen, in der uns die christologische Lektüre des Alten Testaments durch die werdende Kirche begegnet. So finden wir hier eine dritte Stufe der Umgestaltung der politischen Theologie des Alten Orients: War sie in Israel und beim davidischen Königtum mit der Erwählungstheologie des Alten Bundes verschmolzen worden und im Gang der Entwicklung des davidischen Königtums immer mehr zum Ausdruck der Hoffnung auf den künftigen König geworden, so wird nun die Auferstehung Jesu als das erwartete Heute des Psalms geglaubt. Jetzt hat Gott seinen König bestellt, dem er in der Tat die Völker als Erbe übereignet.

Aber diese „Herrschaft" über die Völker der Erde hat keinen politischen Charakter mehr. Dieser König zerschlägt die Völker nicht mit eiserner Keule (Ps 2,9) – er herrscht vom Kreuz her, in ganz neuer Weise. Die Universalität vollzieht sich in der demütigen Weise der Gemeinschaft im Glauben; dieser König herrscht durch den Glauben und die Liebe, nicht anders. So kann nun auf ganz neue und endgültige Weise das Gotteswort verstanden werden: „Mein Sohn bist du, heute habe ich dich gezeugt." Das Wort „Sohn Gottes" löst sich aus der Sphäre politischer Macht und wird Ausdruck eines besonderen Einsseins mit Gott, das sich in Kreuz und Auferstehung zeigt. Wie tief dieses Einssein, dieses Sohn-Gottes-Sein reicht, kann allerdings von diesem alttestamentlichen Zusammenhang her nicht geklärt werden. Andere Ströme des biblischen Glaubens und des eigenen Zeugnisses Jesu müssen zusammenfließen, um dem Wort seine ganze Bedeutung zu geben.

Bevor wir zu der einfachen Selbstbezeichnung Jesu als „der Sohn" übergehen, die dem ursprünglich aus der politischen Sphäre stammenden Titel „Sohn Gottes" erst seine endgültige, „christliche" Bedeutung gibt, müssen wir aber die Wortgeschichte selber noch zu Ende führen. Denn zu ihr gehört es, dass der Kaiser Augustus, unter dessen Herrschaft Jesus geboren wurde, die altorientalische Königstheologie auf Rom übertrug und sich selbst als „Sohn des Göttlichen (Caesar)", als Sohn Gottes proklamierte (vgl. P. Wülfing v. Martitz, ThWNT VIII, S. 334–340, bes. 336). Wenn dies bei Augustus noch mit großer Vorsicht geschieht, so bedeutet der bald darauf einsetzende römische Kaiserkult, dass nun der volle Anspruch der Gottessohnschaft und damit der göttlichen Verehrung des Kaisers in Rom aufgenommen und für das ganze Imperium verbindlich wird.

So begegnen einander in dieser Stunde der Geschichte der Anspruch des Gottkönigtums des römischen Kaisers und der christliche Glaube daran, dass der auferstandene Christus der wirkliche Sohn Gottes ist, dem die Völker der Erde gehören und dem allein in der Einheit von Vater, Sohn und Geist göttliche Verehrung gebührt. Der an sich unpolitische Glaube der Christen, der nicht politische Macht fordert, sondern die rechtmäßige Obrigkeit anerkennt (Röm 13,1–7), stößt dadurch unvermeidlich im Titel „Sohn Gottes" mit dem Totalitätsanspruch der politischen Macht des Kaisers zusammen und wird allezeit mit totalitären politischen Mächten zusammenstoßen, in die Situation des Martyriums gedrängt – in die Gemeinschaft mit dem Gekreuzigten, der nur „vom Holz her" herrscht.

Vom Wort „Sohn Gottes" und von seiner komplexen Vorgeschichte streng zu unterscheiden ist das bloße Wort „der Sohn", das uns im Wesentlichen nur im Mund Jesu begegnet. Außerhalb der Evangelien erscheint es fünfmal im dem Johannes-Evangelium verwandten Hebräer-Brief (1,2.8; 3,6; 5,8; 7,28) und einmal bei Paulus (1 Kor 15,28); zurückgebunden an das johanneische Selbstzeugnis Jesu begegnet es fünfmal in 1 Joh und einmal in 2 Joh. Entscheidend ist das Zeugnis des Johannes-Evangeliums (dort finden wir das Wort 18-mal) und der von Matthäus (11,25ff) und Lukas (10,21f) überlieferte messianische Jubelruf, den man gern – und mit Recht – als johanneischen Text im Rahmen der synoptischen Überlieferung bezeichnet. Betrachten wir zunächst diesen messianischen Jubelruf: „In jener Zeit sprach Jesus: Ich preise dich, Vater, Herr des Himmels und der Erde, weil du all dies den Weisen und Klugen verborgen, den Unmündigen (Kleinen) aber offenbart hast. Ja, Vater, so hat es dir gefallen. Mir ist von meinem Vater alles übergeben worden; niemand kennt den Sohn, nur der Vater, und niemand kennt den Vater, nur der Sohn und der, dem der Sohn es offenbaren will" (Mt 11,25ff; Lk 10,21f).

Fangen wir mit diesem letzten Satz an, von dem her sich das Ganze aufschließt. Nur der Sohn „kennt" wirklich den Vater: Zum Erkennen gehört immer irgendwie Gleichheit. „Wär nicht das Auge sonnenhaft, die Sonne könnt es nie erblicken", hat Goethe im Anschluss an ein Wort von Plotin formuliert. Jeder Prozess des Erkennens schließt immer in irgendeiner Form einen Prozess der Gleichwerdung ein, eine Art von innerem Einswerden des Erkennenden mit dem Erkannten, der je nach der Seinsstufe des erkennenden Subjekts und des erkannten Objekts unterschiedlich ist. Gott wirklich zu kennen, setzt Gottesgemeinschaft voraus, ja Seinseinheit mit Gott. So wird hier vom Herrn selbst in einem Gebetsruf das Gleiche gesagt, was wir in dem nun schon oft bedachten Schlusswort des Johannes-Prologs hören: „Niemand hat Gott je gesehen. Der Einzige, der Gott ist und am Herzen des Vaters ruht, er hat Kunde gebracht" (1,18). Dieses grundlegende Wort ist – das zeigt sich nun – Auslegung dessen, was im Beten Jesu, in seinem Sohnesdialog erscheint. Dabei wird nun zugleich deutlich, was das ist: „der Sohn", was damit bedeutet wird: vollendete Erkenntnisgemeinschaft, die zugleich Seinsgemeinschaft ist. Die Einheit des Erkennens ist nur möglich, weil sie Einheit des Seins ist.

Allein der „Sohn" kennt den Vater, und alles wirkliche Erkennen des Vaters ist Beteiligung an der Sohneserkenntnis, Offenbarung, die er schenkt („er hat Kunde gebracht", sagt Johannes). Nur der erkennt den Vater, dem der Sohn es „offenbaren will". Aber wem will der Sohn es offenbaren? Der Wille des Sohnes ist kein Willkürwille. Das Wort vom Offenbarungswillen des Sohnes in Mt 11,27 führt auf den Anfangsvers 25 zurück, wo der Herr zum Vater sagt: „Du hast es den Einfachen offenbart." Wenn uns zuerst die Erkennenseinheit zwischen Vater und Sohn begegnet ist, so wird im Zusammenhang der Verse 25 und 27 beider Willenseinheit sichtbar.

Der Wille des Sohnes ist eins mit dem Wollen des Vaters. Das ist ja ein durchgehendes Motiv der Evangelien überhaupt. Im Johannes-Evangelium wird mit besonderem Nachdruck herausgestellt, dass Jesus ganz ein-willigt in den Willen des Vaters. Dramatisch wird der Akt der Ein-willigung und Verschmelzung von beider Willen in der Ölbergsstunde dargestellt, in der Jesus den menschlichen Willen hinaufzieht und hineinzieht in seinen eigenen Sohneswillen und so in die Einheit des Willens mit dem Vater. Die dritte Vaterunser-Bitte hat hier ihren Ort: In ihr bitten wir darum, dass das Drama des Ölbergs, des Ringens von Jesu ganzem Leben und Wirken sich an uns vollendet, dass wir mit ihm, dem Sohn, ein-willigen in den Willen des Vaters und so selbst Söhne werden: in der Willenseinheit, die Erkenntniseinheit wird.

Damit wird nun der Anfang des Jubelrufs verständlich, der zunächst befremdlich erscheinen mag. Der Sohn will in seine Sohneserkenntnis alle hineinziehen, die der Vater dort will: „Niemand kann zu mir kommen, wenn nicht der Vater es will, der mich gesandt hat", sagt Jesus in diesem Sinn in der Brot-Rede zu Kafarnaum (Joh 6,44). Wen aber will der Vater? „Nicht die Weisen und Verständigen", sagt uns der Herr, sondern die Einfachen.

Dies ist zunächst schlicht Ausdruck der konkreten Erfahrung Jesu: Nicht die Schriftkundigen, die beruflich mit Gott Beschäftigten erkennen ihn; sie bleiben im Dickicht ihrer Detailerkenntnisse stecken. Der einfache Blick auf das Ganze, auf die sich offenbarende Wirklichkeit Gottes selbst, ist ihnen durch all ihr Wissen verstellt – so einfach kann es eben nicht sein für den, der so viel von der Komplexität der Probleme weiß. Paulus hat dieselbe Erfahrung ausgedrückt und dann weiter reflektiert: „Das Wort vom Kreuz ist denen, die verlorengehen, Torheit; uns aber, die gerettet werden, ist es Gottes Kraft. Es heißt nämlich in der Schrift: Ich lasse die Weisheit der Weisen vergehen und die Klugheit der Klugen verschwinden (Jes 29,14) ... Seht doch auf eure Berufung, Brüder! Da sind nicht viele Weise im irdischen Sinn, nicht viele Mächtige und nicht viele Vornehme, sondern das Törichte in der Welt hat Gott erwählt, um die Weisen zuschanden zu machen. Und das Schwache hat Gott erwählt, um das Starke zuschanden zu machen ... damit kein Mensch sich rühmen kann vor Gott ..." (1 Kor 1,18f.26–29). „Keiner täusche sich selbst. Wenn einer meint, weise zu sein in dieser Welt, dann werde er töricht, damit er weise werde" (1 Kor 3,18). Was aber ist mit diesem „Törichtwerden", mit diesem „Unmündigsein" gemeint, das den Menschen für den Willen und so für die Erkenntnis Gottes öffnet?

Die Bergpredigt gibt uns den Schlüssel, durch den der innere Grund für diese merkwürdige Erfahrung sichtbar wird und damit zugleich der Weg der Bekehrung, des Offenwerdens für die Einbeziehung in die Sohneserkenntnis: „Selig, die reinen Herzens sind, denn sie werden Gott sehen", heißt es da (Mt 5,8). Es ist die Reinheit des Herzens, die sehend macht. Darin besteht jene letzte Einfachheit, die unser Leben auftut für den Offenbarungswillen Jesu. Man könnte auch sagen: Unser Wille muss Sohneswille werden. Dann können wir sehen. Sohnsein aber heißt Bezogensein; es ist ein Relationsbegriff. Es bedeutet das Ablassen von der Autonomie, die sich in sich selbst verschließt; es schließt das ein, was Jesus mit dem Wort vom Kindwerden sagt. So verstehen wir auch das Paradox, das im Johannes-Evangelium weiter ausgeweitet ist: dass Jesus einerseits sich ganz dem Vater als Sohn unterordnet und dass er gerade so ganz in der Gleichheit mit dem Vater steht; ihm wirklich gleich, eins mit ihm ist.

Kehren wir zum Jubelruf zurück. Dieses Gleichsein, das wir in Mt 11 in den Versen 25 und 27 als Einssein im Willen und im Erkennen ausgesprochen fanden, wird in der ersten Hälfte des Verses 27 mit der universalen Sendung Jesu verknüpft und so auf die Weltgeschichte bezogen: „Alles ist mir von meinem Vater übergeben." Wenn wir den synoptischen Jubelruf in seinem ganzen Tiefgang betrachten, zeigt sich, dass darin in der Tat schon die ganze johanneische Sohnes-Theologie enthalten ist. Auch dort ist Sohnsein gegenseitiges Sich-Erkennen und Einssein im Wollen. Auch dort ist der Vater der Gebende, der aber dem Sohn „alles" übergeben und ihn so eben zum Sohn, gleich mit sich selber gemacht hat: „All das Meinige ist dein, und all das Deinige ist mein" (Joh 17,10). Und auch dort reicht dann dieses Geben des Vaters in seine Schöpfung, in die „Welt" hinein: „So sehr hat Gott die Welt geliebt, dass er seinen einzigen Sohn gab" (3,16). Das Wort vom „Einzigen" verweist einerseits zurück auf den Prolog, wo der Logos als der „Einzige, der Gott ist" bezeichnet wird (1,18). Es erinnert aber andererseits auch an Abraham, der seinen Sohn, „den einzigen", Gott nicht vorenthielt (Gen 22,2.12). Das „Geben" des Vaters vollendet sich in der Liebe des Sohnes „bis ans Ende" (Joh 13,1), das heißt bis zum Kreuz. Das trinitarische Liebesgeheimnis, das im Wort „der Sohn" erscheint, ist ganz eins mit dem geschichtlichen Liebesgeheimnis, das sich im Pascha Jesu vollzieht.

Endlich hat auch bei Johannes das Wort „der Sohn" seinen inneren Ort im Beten Jesu, das freilich anders ist als das Beten der Kreatur: Es ist der Dialog der Liebe in Gott selbst – der Dialog, der Gott *ist*. So entspricht dem Wort „der Sohn" die einfache Anrede „Vater", die uns der Evangelist Markus in der Ölbergsszene in ihrer aramäischen Urform „Abba" aufbewahrt hat.

Joachim Jeremias hat in eingehenden Studien die Einzigartigkeit dieser Gottesanrede Jesu gezeigt, die in ihrer Intimität in der Welt Jesu unmöglich war. In ihr drückt sich die „Einzigkeit" des „Sohnes" aus. Paulus lässt uns wissen, dass die Christen aufgrund der ihnen von Jesus geschenkten Beteiligung an seinem Sohnesgeist ermächtigt sind zu sagen: „Abba, Vater" (Röm 8,15; Gal 4,6). Dabei ist klar, dass dieses neue Beten der Christen eben nur von Jesus her möglich ist, von ihm her – dem Einzigen.

Das Wort *Sohn* mit seiner Entsprechung *Vater – Abba* lässt uns wirklich in das Innere Jesu, ja in das Innere Gottes selbst hineinblicken. Das Beten Jesu ist der wahre Ursprung dieses Wortes „der Sohn". Es ist ohne Vorgeschichte, wie der Sohn selbst „neu ist" und doch Mose und die Propheten in ihm zusammenfließen. Der Versuch, aus nachbiblischer Literatur, zum Beispiel den *Oden Salomons* (2. Jahrhundert n. Chr.), eine vorchristliche,

„gnostische" Vorgeschichte des Wortes zu konstruieren und Johannes von ihr abhängig zu machen, ist unsinnig, wenn man einigermaßen die Möglichkeiten und Grenzen historischer Methode respektiert. Es gibt die Originalität Jesu. Nur er ist „der Sohn".

3

„ICH BIN ES"

In den Worten Jesu, die uns von den Evangelien überliefert werden, gibt es – überwiegend bei Johannes, aber (wenngleich nicht ebenso deutlich ausgeprägt und in geringerem Umfang) auch bei den Synoptikern – die Gruppe der „Ich-bin"-Worte, und zwar in doppelter Form. In der einen sagt Jesus ohne weitere Zusätze einfach: „Ich bin es", „dass ich es bin"; in der zweiten Gruppe ist das „Ich bin" durch Bildworte inhaltlich näher bestimmt: Ich bin das Licht der Welt, der wahre Weinstock, der gute Hirte usw. Wenn diese zweite Gruppe zunächst unmittelbar verständlich erscheint, so ist das Rätsel der ersten Gruppe umso größer.

Ich möchte daraus nur drei johanneische Stellen behandeln, in denen die Formel in ihrer ganz strengen und einfachen Gestalt erscheint, dazu ein synoptisches Wort, zu dem es eine klare Parallele bei Johannes gibt.

Die wichtigsten zwei Worte dieser Art finden sich in dem Streitgespräch Jesu, das an seine auf dem Laubhüttenfest gesprochenen Worte anschließt, in denen er sich selbst als Quelle lebendigen Wassers vorgestellt hatte (Joh 7,37f). Dies hatte zu Spaltungen im Volk geführt: Einige fragten sich nun, ob er nicht wirklich der erwartete Prophet sei, andere verwiesen darauf, dass aus Galiläa kein Prophet komme (7,40.52). Nun sagt Jesus zu ihnen: „Ihr wisst gar nicht, woher ich komme und wohin ich gehe ... Ihr kennt weder mich noch meinen Vater" (8,14.19). Er verdeutlicht das noch, indem er hinzufügt: „Ihr seid von unten, ich bin von oben; ihr seid von dieser Welt, ich bin nicht von dieser Welt" (8,23). Und nun kommt der entscheidende Satz: „Wenn ihr nicht glaubt, dass ich es bin, werdet ihr in euren Sünden sterben" (8,24).

Was heißt das? Wir möchten fragen: Was bist du nun? Wer bist du? Und in der Tat – dies ist die Antwort der Juden: „Wer bist du?" (8,25). Was heißt das nun – „dass ich es bin"? Die Exegese hat sich begreiflicherweise auf den Weg gemacht, Herkünfte dieses Wortes zu suchen, um es verstehen zu können, und wir müssen es auf der Suche nach Verstehen ebenfalls tun. Es wurden verschiedene Herkünfte genannt: die typischen Offenbarungsreden des Orients (E. Norden), die mandäischen Schriften (E. Schweizer), die aber viel jünger sind als die Bücher des Neuen Testaments.

Inzwischen hat sich weitgehend die Einsicht durchgesetzt, dass wir den geistigen Wurzelgrund dieses Wortes nicht irgendwo suchen dürfen, sondern in der Welt, in der Jesus zu Hause war, im Alten Testament und in dem Judentum, in dem Jesus lebte. Den umfänglichen Hintergrund alttestamentlicher Texte, den die Forscher inzwischen aufgezeigt haben, brauchen wir hier nicht zu bedenken. Ich möchte nur die zwei wesentlichen Texte benennen, auf die es ankommt.

Da ist zunächst Ex 3,14 – die Szene mit dem brennenden Dornbusch, aus dem heraus Gott den Mose ruft, der seinerseits diesen rufenden Gott fragt: Wie heißt du? Ihm wird als Antwort der rätselhafte Name JHWH gegeben, dessen Bedeutung der sprechende Gott selber auslegt mit dem gleichfalls rätselhaften Satz: „Ich bin, der ich bin." Die vielfältigen Interpretationen dieses Satzes brauchen uns hier nicht zu beschäftigen; es bleibt, dass dieser Gott sich einfach als der „Ich-bin" bezeichnet. Er ist schlechthin. Und das bedeutet natürlich auch, dass er *immer* da ist – für die Menschen, gestern, heute, morgen.

In dem großen Augenblick der Hoffnung eines neuen Exodus am Ende des Babylonischen Exils hat Deuterojesaja die Botschaft vom Dornbusch neu aufgegriffen und entfaltet. „Ihr seid meine Zeugen – Spruch des Herrn – und auch mein Knecht, den ich erwählte, damit ihr erkennt und mir glaubt, dass ich es bin. Vor mir wurde kein Gott erschaffen. Und auch nach mir wird es keinen geben. Ich bin JHWH, ich, und außer mir gibt es keinen Retter" (Jes 43,10f). „Damit ihr erkennt und mir glaubt, dass ich es bin" – die alte Formel *'ani'* JHWH wird nun verkürzt zu dem Wort *'ani' hu'* – ich er, ich bin es. Das „Ich bin" ist nachdrücklicher geworden und, obgleich das Geheimnis bleibt, auch deutlicher.

In der Zeit, in der Israel ohne Land und ohne Tempel war, war Gott nach den herkömmlichen Maßstäben ausgeschieden aus der Konkurrenz der Gottheiten, denn ein Gott, der kein Land hatte und nicht verehrt werden konnte, war eben kein Gott. In dieser Zeit hatte Israel vollends das Andere und Neue seines Gottes zu verstehen gelernt: dass er eben nicht einfach „sein" Gott war, der Gott eines Volkes und eines Landes, sondern Gott schlechthin, der Gott des Ganzen, dem alle Länder, dem Himmel und Erde gehören; der Gott, der über alle verfügt; der Gott, der nicht Verehrung durch das Darbringen von Böcken und Stieren braucht, sondern allein durch Rechttun wirklich verehrt wird.

Noch einmal: Israel hatte erkannt, dass sein Gott schlechthin „Gott" war. Und so hatte das „Ich bin" des

Dornbuschs neu seine Bedeutung gefunden: Dieser Gott *ist* einfach. Er stellt sich gerade als der, der ist, in seiner Einzigkeit vor in dem Wort „Ich bin's." Das ist gewiss zum einen Abgrenzung von den vielen Gottheiten, die es gab, aber vor allem ganz positiv das Erscheinen seiner nicht zu beschreibenden Einzigkeit und Einzigartigkeit.

Wenn Jesus sagt: „Ich bin es", dann nimmt er diese Geschichte auf und bezieht sie auf sich. Er zeigt seine Einzigkeit: In ihm ist das Geheimnis des einen Gottes persönlich anwesend. „Ich und der Vater sind eins." Heinrich Zimmermann hat mit Recht betont, dass Jesus mit diesem „Ich bin" nicht *neben* das Ich des Vaters tritt (TThZ 69, a. a. O., S. 6), sondern auf den Vater verweist. Aber gerade so spricht er auch von sich selbst. Es geht gerade um die Untrennbarkeit von Vater und Sohn. Weil er der Sohn ist, darf er die Selbstvorstellung des Vaters in den Mund nehmen. „Wer mich sieht, sieht den Vater" (Joh 14,9). Und umgekehrt: Weil dies in der Tat so ist, darf er das Offenbarungswort des Vaters als Sohn in den Mund nehmen.

In dem ganzen Streitgespräch, in dem der Vers steht, geht es eben um das Einssein von Vater und Sohn. Zum rechten Verstehen müssen wir uns vor allem auch an das erinnern, was wir über das Wort „der Sohn", sein Verankertsein im Dialog von Vater und Sohn bedacht haben. Dort hatten wir gesehen, dass Jesus ganz „relational", in seinem ganzen Sein nichts als Beziehung zum Vater ist. Aus dieser Relationalität heraus ist der Gebrauch der Dornbusch- und Jesaja-Formel zu verstehen; das „Ich bin" steht ganz in der Relationalität zwischen Vater und Sohn.

Nach der Frage der Juden – auch unserer Frage – „Wer bist du?", verweist Jesus zunächst auf den, der ihn gesandt hat und von dem her er in die Welt hinein spricht. Er wiederholt noch einmal die Offenbarungsformel, das „Ich bin es", das er aber nun in die künftige Geschichte hinein ausweitet. „Wenn ihr den Menschensohn erhöht haben werdet, dann werdet ihr erkennen, dass ich es bin" (8,28). Am Kreuz wird seine Sohnschaft, sein Einssein mit dem Vater erkennbar. Das Kreuz ist die wahre „Höhe". Es ist die Höhe der Liebe „bis ans Ende" (13,1); am Kreuz ist Jesus auf der „Höhe" Gottes, der die Liebe ist. Dort kann man ihn „erkennen", kann erkennen, dass „ich es bin".

Der brennende Dornbusch ist das Kreuz. Der höchste Offenbarungsanspruch, das „Ich bin es" und das Kreuz Jesu sind untrennbar. Hier finden wir nicht metaphysische Spekulation, sondern hier zeigt sich Gottes Realität mitten in der Geschichte, für uns. „Dann werdet ihr erkennen, dass ich es bin" – wann ist dieses „dann" verwirklicht? Es verwirklicht sich immer wieder in der Geschichte, beginnend am Pfingsttag, an dem die Juden von der Predigt des Petrus „mitten ins Herz getroffen" wurden (Apg 2,37) und nach dem Bericht der Apostelgeschichte 3000 sich taufen ließen, sich der Gemeinschaft der Apostel anschlossen (2,41). Es verwirklicht sich vollends am Ende der Geschichte, von dem der Seher der Geheimen Offenbarung sagt: „Jedes Auge wird ihn sehen, auch alle, die ihn durchbohrt haben ..." (Offb 1,7).

Am Ende der Streitgespräche des 8. Kapitels erscheint noch einmal das „Ich bin" Jesu, nun nach einer anderen Richtung hin ausgeweitet und gedeutet. Immer noch steht die Frage im Raum: „Wer bist du?", die zugleich die Frage einschließt: „Woher kommst du?" Damit kommt nun die Herkunft der Juden von Abraham zur Sprache und letztlich die Vaterschaft Gottes selbst: „Abraham ist unser Vater ... Wir stammen nicht aus einem Ehebruch, sondern haben nur *einen* Vater – Gott" (8,39.41).

Der Rückverweis der Gesprächspartner Jesu über Abraham hinaus auf die Vaterschaft Gottes gibt dem Herrn Gelegenheit, seine eigene Herkunft noch einmal ganz deutlich zu klären, in der sich in der Tat das Geheimnis Israels ganz erfüllt, das die Juden mit dem Überschreiten der Herkunft von Abraham her in die Herkünftigkeit von Gott selbst angedeutet hatten.

Abraham, so zeigt uns Jesus, weist nicht nur über sich hinaus auf den Vatergott – er verweist vor allem voraus auf Jesus, den Sohn: „Abraham, euer Vater, jubelte, weil er meinen Tag sehen sollte. Er sah ihn und freute sich" (8,56). Auf die Einrede der Juden hin, dass Jesus Abraham gar nicht gesehen haben könne, erfolgt nun die Antwort: „Noch ehe Abraham wurde, bin ich" (8,58). „Ich bin" – wieder steht das einfache „Ich bin" geheimnisvoll aufgerichtet da, aber nun definiert durch den Gegensatz zum „Wurde" Abrahams. Der Welt des Kommens und des Vergehens, der Welt des Werdens und Versinkens steht das „Ich bin" Jesu gegenüber. Rudolf Schnackenburg weist mit Recht darauf hin, dass es sich hier nicht nur um die Zeitkategorie handelt, sondern „um einen fundamentalen Seinsunterschied ... der Anspruch Jesu auf eine ganz einmalige, menschliche Kategorien überschreitende Seinsweise" ist klar formuliert *(Johannesevangelium* II, a. a. O., S. 61).

Kommen wir nun zu der von Markus überlieferten Geschichte über das Wandeln Jesu auf dem Wasser im Anschluss an die erste Brotvermehrung (6,45–52), zu der es eine weitgehend übereinstimmende Parallele im Johannes-Evangelium gibt (6,16–21). Zimmermann hat den Text sorgsam analysiert (TThZ 69, a. a. O., S. 12f). Ihm wollen wir im Wesentlichen folgen.

Nach der Brotvermehrung veranlasst Jesus die Jünger, das Boot zu besteigen und nach Betsaida zu fahren; er selber zieht sich „auf den Berg" zurück, um zu beten. Die Jünger kommen mit ihrem Boot mitten auf dem See bei starkem Gegenwind nicht voran. Der betende Herr sieht sie und kommt ihnen über die Wasser entgegen. Der Schrecken der Jünger, die Jesus über die Wasser gehen sehen, ist begreiflich; sie schreien und „waren ganz durcheinander". Jesus aber spricht ihnen gütig zu: „Habt Mut! Ich bin's. Fürchtet euch nicht!" (6,50).

Auf den ersten Blick wird man dieses „Ich bin es" als einfache Identifikationsformel fassen, mit der Jesus sich zu erkennen gibt und den Seinen damit ihre Angst nehmen will. Aber ganz geht diese Auslegung doch nicht auf. Denn nun steigt Jesus ins Boot, der Wind legt sich; Johannes fügt hinzu, dass sie nun ganz schnell ans Ufer gelangten. Das Besondere ist, dass die Jünger jetzt erst recht erschraken: Sie waren ganz und gar außer sich, drückt sich Markus drastisch aus (6,51). Warum eigentlich? Die Furcht der Jünger ist jedenfalls mit der ersten Angst, ein Gespenst zu sehen, nicht behoben, sondern steigert sich erst vollends im Augenblick, da Jesus das Boot besteigt und plötzlich Windstille eintritt.

Es ist ganz offenkundig die typisch „theophanische" Furcht, die Furcht, die den Menschen überfällt, wenn er sich der Gegenwart Gottes selbst unmittelbar ausgesetzt sieht. Wir sind ihr schon begegnet am Ende des reichen

Fischfangs, wo Petrus nicht etwa freudig dankt, sondern bis in den Grund der Seele erschrickt, Jesus zu Füßen fällt und sagt: Geh weg von mir, ich bin ein sündiger Mensch (Lk 5,8). Es ist der „Gottesschrecken", der die Jünger überfällt. Denn Gehen über die Wasser ist Gottes Sache: „Der den Himmel ausspannt, er allein, der über den Wogen des Meeres einherwandelt", heißt es im Buch Ijob über Gott (9,8; vgl. Ps 77[76],20 LXX; Jes 43,16). Der Jesus, der über die Wasser geht, ist nicht einfach der vertraute Jesus – in ihm erkennen sie plötzlich die Gegenwart Gottes selbst.

Und ebenso ist die Stillung des Sturms ein Vorgang, der über die Grenzen menschlichen Vermögens hinausgeht und auf Gottes eigene Macht verweist. So sagen denn auch in der klassischen Geschichte vom Seesturm und seiner Stillung die Jünger zueinander: „Wer ist dieser, dass ihm sogar Wind und Wasser gehorchen?" (Mk 4,41). In diesem Zusammenhang hat auch das „Ich bin" einen anderen Klang: Es ist mehr als die Selbstidentifizierung Jesu; das geheimnisvolle „Ich bin es" der johanneischen Schriften scheint doch auch hier anzuklingen. Kein Zweifel jedenfalls, dass die ganze Begebenheit als Theophanie, als Begegnung mit dem göttlichen Geheimnis Jesu dasteht, weshalb sie ganz logisch bei Matthäus mit der Anbetung (Proskynesis) und dem Wort der Jünger schließt: „Wahrhaftig, du bist Gottes Sohn" (Mt 14,33).

Kommen wir nun zu den Worten, in denen das „Ich bin" durch ein Bildwort inhaltlich konkretisiert ist; es gibt bei Johannes sieben solcher Bildworte; dass es gerade sieben sind, ist kaum ein Zufall: Ich bin das Brot des Lebens – das Licht der Welt – die Tür – der gute Hirte – die Auferstehung und das Leben – der Weg und die Wahrheit und das

Leben – der wahre Weinstock. Schnackenburg macht mit Recht darauf aufmerksam, dass wir diesen großen Bildern noch dasjenige der Wasserquelle hinzufügen dürften, wofür es zwar kein eigentliches Ich-bin-Wort gibt, aber doch Worte Jesu, in denen er sich als dieser Quell vorstellt (4,14; 6,35; 7,38; vgl. auch 19,34). Einige dieser Bilder haben wir im Johannes-Kapitel bereits eingehend bedacht. So mag es genügen, hier auf die gemeinsame Bedeutung dieser johanneischen Jesus-Worte kurz zusammenfassend zu verweisen.

Schnackenburg weist darauf hin, dass all diese Bildworte „Variation des einen Themas [sind], dass Jesus gekommen ist, damit die Menschen das Leben haben und es in Fülle haben (10,10). Er gibt nur die eine Gabe des Lebens, und er kann sie geben, weil in ihm das Gottesleben in ursprünglicher und unerschöpflicher Fülle anwesend ..." ist (*Johannesevangelium* II, a. a. O., S. 69f). Der Mensch braucht und ersehnt letztlich nur eines: Leben, das volle Leben – das „Glück". An einer Stelle nennt Jesus bei Johannes dieses eine Einfache, auf das wir warten, die „vollkommene Freude" (16,24).

Dies Eine, um das es in den vielen Wünschen und Hoffnungen des Menschen geht, ist auch ausgedrückt in der zweiten Vaterunser-Bitte: Dein Reich komme. Das „Reich Gottes" ist das Leben in Fülle – gerade weil es nicht nur privates „Glück", individuelle Freude ist, sondern die zu ihrer rechten Gestalt gekommene Welt, die Einheit von Gott und Welt.

Der Mensch braucht letztlich nur eines, in dem alles enthalten ist; aber er muss durch seine vordergründigen Wünsche und Sehnsüchte hindurch erst erkennen lernen, was er wirklich braucht und was er wirklich will. Er braucht Gott. Und so können wir nun sehen, dass hinter all den Bildreden letztlich dies steht: Jesus gibt uns das „Leben", weil er uns Gott gibt. Er kann ihn geben, weil er selbst eins ist mit Gott. Weil er der Sohn ist. Er selbst ist die Gabe – er *ist* „das Leben". Eben darum ist er seinem ganzen Wesen nach Mitteilung, ganz „Proexistenz". Gerade dies erscheint am Kreuz als seine wahre Erhöhung.

Blicken wir zurück. Wir haben drei Worte gefunden, in denen Jesus das Geheimnis seiner selbst zugleich verbirgt und entbirgt: *Menschensohn, Sohn, Ich bin es.* Alle drei Worte zeigen seine tiefe Verwurzelung in dem Wort Gottes, der Bibel Israels, dem Alten Testament auf. Aber erst in ihm erhalten all diese Worte ihren vollen Sinn; auf ihn haben sie sozusagen gewartet.

In allen drei Worten erscheint die Originalität Jesu – sein Neues, das nur ihm Eigene, für das es keine weiteren Ableitungen gibt. Alle drei sind daher nur in seinem Mund möglich – zentral das Wort *Sohn*, dem die Gebets-Anrede *Abba – Vater* korrespondiert. Keines der drei Worte konnte daher, so wie es steht, einfach ein Bekenntniswort der „Gemeinde", der sich bildenden Kirche werden.

Den Inhalt aller drei Worte mit dem Zentrum „der Sohn" hat die werdende Kirche in das Wort „Sohn Gottes" hineingelegt, das sie damit von seiner mythologischen und politischen Vorgeschichte definitiv löste. Auf dem Boden der Erwählungstheologie Israels erhält es nun eine ganz neue Bedeutung, die von Jesu Reden als der Sohn und als der „Ich bin" vorgezeichnet ist.

Diese neue Bedeutung musste in vielfältigen und schwierigen Prozessen der Unterscheidung und des Ringens vollends geklärt und gegen mythisch-polytheistische wie gegen politische Deutungen gesichert werden. Dazu diente dem Ersten Konzil von Nizäa (325 n. Chr.) das Wort „gleichwesentlich" *(homoousios)*. Dieses Wort hat nicht den Glauben hellenisiert, ihn nicht mit einer fremden Philosophie befrachtet, sondern gerade das unvergleichlich Neue und Andere festgehalten, das in Jesu Reden mit dem Vater erschienen war. Im Bekenntnis von Nizäa sagt die Kirche immer neu mit Petrus zu Jesus: „Du bist Christus, der Sohn des lebendigen Gottes" (Mt 16,16).

LITERATURHINWEISE

Wie im Vorwort ausgeführt, setzt dieses Buch die historisch-kritische Exegese voraus und bedient sich ihrer Erkenntnisse, will aber selbst diese Methode überschreiten auf eine eigentlich theologische Auslegung hin. Es beabsichtigt nicht, in die Dispute der historisch-kritischen Forschung einzutreten. Ich habe daher auch auf jeden Versuch irgendeiner Art von Vollständigkeit in der Literaturbenutzung verzichtet, die ohnedies unerreichbar ist. Die benutzten Werke sind jeweils im Text in Klammern kurz genannt; die vollständigen Titel findet man in diesen Literaturhinweisen.

Zunächst aber seien noch einige der wichtigeren neueren Jesus-Bücher genannt.

- Joachim Gnilka, *Jesus von Nazareth. Botschaft und Geschichte.* Herders theologischer Kommentar zum Neuen Testament, Supplementband 3, Herder, Freiburg – Basel – Wien 1990.
- Klaus Berger, *Jesus*, Pattloch, München 2004. – Auf der Basis gründlicher exegetischer Kenntnis stellt der Verfasser wesentlich Gestalt und Botschaft Jesu im Dialog mit den Fragen der Gegenwart dar.
- Heinz Schürmann, *Jesus. Gestalt und Geheimnis.* Gesammelte Beiträge, hg. von K. Scholtissek, Bonifatius, Paderborn 1994.
- John P. Meier, *A Marginal Jew. Rethinking the Historical Jesus.* Doubleday, New York 1991ff – Dieses mehrbändige Werk eines amerikanischen Exegeten ist in vieler Hinsicht ein Muster historisch-kritischer Exegese, deren Bedeutung wie deren Grenzen darin sichtbar werden. Lesenswert die Rezension des 1. Bandes durch J. Neusner, *Who Needs the Historical Jesus?*, in: Chronicles, Juli 1993, S. 32–34.
- Thomas Söding, *Der Gottessohn aus Nazareth. Das Menschsein Jesu im Neuen Testament*, Herder, Freiburg – Basel – Wien 2006. – Das Buch versucht nicht, den historischen Jesus nachzuzeichnen, sondern stellt das Glaubenszeugnis der verschiedenen neutestamentlichen Schriften dar.
- Rudolf Schnackenburg, *Die Person Jesu Christi im Spiegel der vier Evangelien*, Herders theologischer Kommentar zum Neuen Testament, Supplementband 4, Herder, Freiburg – Basel – Wien 1993. – Diesem im Vorwort angesprochenen Buch hat Schnackenburg noch ein letztes, kleines und sehr persönliches Werk folgen lassen: *Freundschaft mit Jesus*, Herder 1995, in dem er allerdings „den Akzent weniger auf das Erkennbare … als auf die Wirkungen" legt, „die

Jesus in den Seelen und den Herzen der Menschen erzeugt", und so
– wie er sich ausdrückt – einen „Balanceakt zwischen Vernunft und
Erleben" (S. 7f) versucht.

In der Auslegung der Evangelien stütze ich mich überwiegend auf die
einzelnen Bände von *Herders theologischem Kommentar zum Neuen
Testament* (HThKNT), der leider unvollständig geblieben ist.
Reiches Material zur Geschichte Jesu findet man in dem sechsbändigen Werk *La storia di Gesù*, Rizzoli, Mailand 1983–1985 (hg. von
Virgilio Levi, wissenschaftliche Beratung: Martini, Rossano, Gilbert,
Dupont; verschiedene Autoren).
Die Abkürzungen entsprechen denen der 3. Auflage des *Lexikon für
Theologie und Kirche* (LThK), Herder, Freiburg – Basel – Wien 1993ff.

1. Kapitel: Die Taufe Jesu
– Paul Evdokimov, *L'art de l'icône. Théologie de la beauté,* Desclée, Paris 1972, S. 239–247. – Zur Ikonen-Theologie und den Väter-Texten.
– Joachim Jeremias, Artikel *amnos,* in: Theologisches Wörterbuch zum Neuen Testament, Band I, Kohlhammer, Stuttgart 1966, 342–345.
– Joachim Gnilka, *Das Matthäusevangelium. Erster Teil,* Herders theologischer Kommentar zum Neuen Testament I/1, Freiburg – Basel – Wien 1986.
– Romano Guardini, *Das Wesen des Christentums – Die menschliche Wirklichkeit des Herrn. Beiträge zu einer Psychologie Jesu,* Matthias Grünewald, Mainz / Schöningh, Paderborn 1991.

2. Kapitel: Die Versuchungen Jesu
Dieses Kapitel ist in großen Teilen identisch mit dem, was ich in meinem Buch *Unterwegs zu Jesus Christus* (Sankt Ulrich, Augsburg 2003) S. 84–99 zur Versuchung Jesu ausgeführt habe. Dort weitere Literatur.
Hier möchte ich nur noch auf Wladimir Solowjew, *Kurze Erzählung vom Antichrist,* übersetzt und erläutert von Ludolf Müller (Wewel, München 1986^6), verweisen.

3. Kapitel: Das Evangelium vom Reich Gottes
– Adolf von Harnack, *Das Wesen des Christentums,* Neuausgabe mit einem Geleitwort von Rudolf Bultmann, Klotz, Stuttgart 1950 (Erstauflage: Hinrichs, Leipzig 1900).
– Jürgen Moltmann, *Theologie der Hoffnung. Untersuchungen zur Begründung und zu den Konsequenzen einer christlichen Eschatologie,* Chr. Kaiser, München 1985^{12}.

- Peter Stuhlmacher, *Biblische Theologie des Neuen Testaments*; Bd. I *Grundlegung. Von Jesus zu Paulus*; Bd. II *Von der Paulusschule bis zur Johannesoffenbarung*, Vandenhoeck & Ruprecht, Göttingen 1992/1999.

4. Kapitel: Die Bergpredigt
- Jacob Neusner, *A Rabbi Talks with Jesus. An Intermillennial Interfaith Exchange*, Doubleday, New York 1993 (deutsch: *Ein Rabbi spricht mit Jesus. Ein jüdisch-christlicher Dialog*, Claudius, München 1997 [Neuausgabe: Herder, Freiburg – Basel – Wien 2007]). Ich zitiere nach der deutschen Ausgabe.
- Joachim Gnilka, *Das Matthäusevangelium*. Erster Teil, Herders theologischer Kommentar zum Neuen Testament I/1, Freiburg – Basel – Wien 1986.
- Karl Elliger, *Das Buch der zwölf Kleinen Propheten*, Band II (Das Alte Testament Deutsch, Bd. 25), Vandenhoeck & Ruprecht, Göttingen 1964[5].
- Erich Dinkler, *Signum Crucis. Aufsätze zum Neuen Testament und zur christlichen Archäologie*, Mohr, Tübingen 1967, S. 1–54 (zum Zeichen Tau).
- Bernhard von Clairvaux, *Sämtliche Werke lateinisch-deutsch*, hg. von Gerhard B. Winkler, Bd. V, Tyrolia, Innsbruck 1994, S. 394. – Vgl. zu diesem Text und seiner Vorgeschichte Henri de Lubac, *Geist aus der Geschichte*, deutsch von Hans Urs von Balthasar, Johannes-Verlag Einsiedeln 1968, S. 284ff.
- Zur Christentumskritik von Friedrich Nietzsche, über die eine weitläufige Literatur existiert, verweise ich auf Henri de Lubac, *Über Gott hinaus. Tragödie des atheistischen Humanismus* (deutsch von Eberhard Steinacker und Hans Urs von Balthasar), Johannes-Verlag Einsiedeln 1984, bes. S. 13–94.
- Für den Abschnitt *Kompromiss und prophetische Radikalität* verdanke ich die wesentlichen Anregungen zwei Beiträgen, die Professor Olivier Artus, Paris, 2003 und 2004 für die Päpstliche Bibelkommission erarbeitet hat (bisher ungedruckt). Zu der Dialektik zwischen den beiden Rechtsgestalten – kasuistisch und apodiktisch – verweist er besonders auf Frank Crüsemann, *Die Tora*, Chr. Kaiser, München 1992.

5. Kapitel: Das Gebet des Herrn
- Die Literatur zum Vaterunser ist unermesslich. Exegetisch orientiere ich mich vor allem an Joachim Gnilka, *Das Matthäusevangelium*. Erster Teil, Herders theologischer Kommentar zum Neuen Testament I/1, Freiburg – Basel – Wien 1986.

- Für die verschiedenen interdisziplinären Bezüge findet man erste Orientierungen bei Florian Trenner (Hg.), *Vater unser im Himmel*, Klerusblatt-Verlag, München / Wewel, Donauwörth 2004.
- Zum jüdischen Hintergrund: Meinrad Limbeck, *Von Jesus beten lernen. Das Vaterunser auf dem Hintergrund des Alten Testamentes*, Religiöse Bildungsarbeit, Stuttgart 1980.
- Michael Brocke – Jakob J. Petuchowski – Walter Strolz (Hg.), *Das Vaterunser. Gemeinsames im Beten von Juden und Christen*, Herder, Freiburg – Basel – Wien 1976.
- Aus dem reichen Schatz der geistlichen Auslegung nenne ich das zu wenig beachtete späte Werk von Romano Guardini, *Gebet und Wahrheit. Meditationen über das Vaterunser*, Werkbund, Würzburg 1960; Matthias Grünewald, Mainz / Schöningh, Paderborn 1988^3.
- Reinhold Schneider, *Das Vaterunser*, Herder, Freiburg – Basel – Wien 1947, 1979^6.
- Peter-Hans Kolvenbach SJ, *Der österliche Weg. Exerzitien zur Lebenserneuerung*, Herder, Freiburg – Basel – Wien 1988, S. 63–104.
- Carlo Maria Martini, *Non sprecate parole. Esercizi spirituali con il Padre Nostro*, Portalupi Editore, Casale Monferrato 2005.
- Von den Vaterunser-Auslegungen der Kirchenväter ist mir persönlich besonders lieb und daher öfter zitiert diejenige von Cyprian von Karthago (ca. 200–258), *De dominica oratione*, in: *Thasci Caecilli Cypriani Opera omnia*, CSEL III 1, S. 265–294.
- Zu Apokalypse 12–13 vgl. z. B. Gianfranco Ravasi, *Apocalisse*, Piemme, Casale Monferrato 2000^2, S. 108–130.

6. Kapitel: Die Jünger
- André Feuillet, *Études d'exégèse et de théologie biblique. Ancient Testament*, Gabalda, Paris 1975.
- Rudolf Pesch, *Das Markusevangelium. Erster Teil*, Herders theologischer Kommentar zum Neuen Testament II/1, Freiburg – Basel – Wien 1976.
- Heinrich Schlier, *Der Brief an die Epheser. Ein Kommentar*, Patmos, Düsseldorf 1958^2.
- Eugen Biser, *Einweisung ins Christentum*, Patmos, Düsseldorf 1997.

7. Kapitel: Die Botschaft der Gleichnisse
- Joachim Jeremias, *Die Gleichnisse Jesu*, Vandenhoeck & Ruprecht, Göttingen 1956^4.
- Adolf Jülicher, *Die Gleichnisreden Jesu*, Bände I und II, Mohr, Tübingen 1899 / 1910^2.

- Charles H. Dodd, *The Parables of the Kingdom*, Nisbet, London 1938[4].
- Helmut Kuhn, *„Liebe"*. *Geschichte eines Begriffs*, Kösel, München 1975.
- Pierre Grelot, *Les Paroles de Jésus Christ* (Introduction à la Bible, Nouveau Testament 7), Desclée, Paris 1986.
- Augustinus, *Sermones*, hg. von G. Morin (Neuausgabe hg. von Armand B. Caillau und Benjamin Saint-Yves) II 11, bei Morin S. 256–264. Deutsch bei: Aurelius Augustinus, *Das Antlitz der Kirche*, hg. von Hans Urs von Balthasar, Benziger, Einsiedeln 1942, S. 92–99.

8. Kapitel: Die großen johanneischen Bilder

Allgemein
- Rudolf Bultmann, *Das Evangelium des Johannes*. Kritisch-exegetischer Kommentar über das Neue Testament, Vandenhoeck & Ruprecht, Göttingen 1941.
- Martin Hengel, *Der Sohn Gottes*. Die Entstehung der Christologie und die jüdisch-christliche Religionsgeschichte, Mohr, Tübingen 1975.
- Martin Hengel, *Die johanneische Frage. Ein Lösungsversuch*, Mohr, Tübingen 1993.
- Rudolf Pesch, *Antisemitismus in der Bibel? Das Johannesevangelium auf dem Prüfstand*, Sankt Ulrich, Augsburg 2005.
- Henri Cazelles, *Johannes. Ein Sohn des Zebedäus. „Priester" und Apostel*, in: Internationale Katholische Zeitschrift Communio 31 (2002) 479–484.
- Peter Stuhlmacher, *Biblische Theologie des Neuen Testaments;* Bd. I *Grundlegung. Von Jesus zu Paulus;* Bd. II *Von der Paulusschule bis zur Johannesoffenbarung*, Vandenhoeck & Ruprecht, Göttingen 1992 / 1999.
- Ulrich Wilckens, *Theologie des Neuen Testaments* Bd. I, Teilband 4, Neukirchener Verlag 2005, bes. S. 155–158.
- Ingo Broer, *Einleitung in das Neue Testament* (Die Neue Echter-Bibel, Ergänzungsband 2/I), Würzburg 1998.
- Zum Johannes-Evangelium stand mir vor allem vor Augen der vierbändige Kommentar von Rudolf Schnackenburg in Herders theologischem Kommentar zum Neuen Testament (IV/1, IV/2, IV/3), Freiburg – Basel – Wien 1965–1975; Ergänzende Auslegungen und Exkurse (IV/4) ebd. 1984.
- Charles K. Barrett, *The Gospel According to St. John*, Westminster, Philadelphia 1978; deutsch: *Das Evangelium nach Johannes* (Kri-

tisch-exegetischer Kommentar über das Neue Testament, Sonderband), Vandenhoeck & Ruprecht, Göttingen 1990.
- Francis J. Moloney, *Belief in the Word. Reading John 1–4*, 1993; *Signs and Shadows. Reading John 5–12*, 1996; *Glory not Dishonor. Reading John 13–21*, 1998 (alle Fortress, Minneapolis).
- Raymond E. Brown, *The Gospel According to John*, 2 Bände, Doubleday, Garden City / New York 1966–1970.

Das Wasser
- Photina Rech, *Inbild des Kosmos. Eine Symbolik der Schöpfung*. 2 Bände, Otto Müller, Salzburg 1966.
- Rudolf Schnackenburg, *Die Johannesbriefe*, Herders theologischer Kommentar zum Neuen Testament, Freiburg – Basel – Wien 1963.
- Rudolf Schnackenburg, *Das Johannesevangelium, Zweiter Teil*, Herders theologischer Kommentar zum Neuen Testament IV/2, Freiburg – Basel – Wien 1971, bes. S. 209–218.
- Hugo Rahner, *Symbole der Kirche. Die Ekklesiologie der Väter*, Otto Müller, Salzburg 1964; bes.: Flumina de ventre Christi. Die patristische Auslegung von Joh 7,37.38, S. 177–235.

Weinstock und Wein
- Außer den oben genannten Kommentaren zum Johannes-Evangelium und dem Werk von Photina Rech möchte ich besonders hinweisen auf hilfreiche Beiträge von Peter Henrici, Michael Figura, Bernhard Dolna, Holger Zaborowski, in: Internationale Katholische Zeitschrift Communio 35 (2006), Heft 1.
- Zu Jes 5,1–7: Otto Kaiser, *Der Prophet Jesaja. Kapitel 1–12* (Das Alte Testament Deutsch, Bd. 17), Vandenhoeck & Ruprecht, Göttingen 1963, S. 45–49.

Das Brot
- Christoph Schönborn, *Weihnacht – Mythos wird Wirklichkeit. Meditationen zur Menschwerdung*, Johannes-Verlag Einsiedeln 1992[2], bes. S. 15–30.

Der Hirte
- Joachim Jeremias, Artikel *poimen ktl*, in: Theologisches Wörterbuch zum Neuen Testament, Band VI, Kohlhammer, Stuttgart 1959, 484–501.
- Karl Elliger, *Das Buch der zwölf Kleinen Propheten*, Band II (Das Alte Testament Deutsch, Bd. 25), Vandenhoeck & Ruprecht, Göttingen 1964[5], S. 168–177.

- Frits van der Meer – Hans Sibbelee, *Christus. Der Menschensohn in der abendländischen Plastik*, Herder, Freiburg – Basel – Wien 1980, bes. S. 21–23.

9. Kapitel: Petrusbekenntnis und Verklärung

- Rudolf Pesch, *Das Markusevangelium. Zweiter Teil*, Herders theologischer Kommentar zum Neuen Testament II/2, Freiburg – Basel – Wien 1977.
- Karl Jaspers, *Die großen Philosophen*, Band 1, Piper, München 1957, S. 186–228.
- Pierre Grelot, *Les Paroles de Jésus Christ* (Introduction à la Bible, Nouveau Testament 7), Desclée, Paris 1986, S. 174–205.
- Bernhard Welte (Hg.), *Zur Frühgeschichte der Christologie* (Quaestiones disputatae 51), Herder, Freiburg – Basel – Wien 1970; wichtig ist vor allem der Beitrag von Heinrich Schlier, *Die Anfänge des christologischen Credo*, S. 13–58.
- Jean-Marie van Cangh – Michel van Esbroeck, *La primauté de Pierre (Mt 16,16–19) et son contexte judaïque*, in: Revue théologique de Louvain 11 (1980) 310–324.
- Hartmut Gese, *Zur biblischen Theologie. Alttestamentliche Vorträge*, Chr. Kaiser, München 1977.
- Jean Daniélou, *Bible et Liturgie. La théologie biblique des sacrements et des fêtes d'après les Pères de l'Église*, Cerf, Paris 1951; deutsch: *Liturgie und Bibel. Die Symbolik der Sakramente bei den Kirchenvätern*, Kösel, München 1963, S. 336–350. – Dort zitiert: Harald Riesenfeld, *Jésus transfiguré. L'arrière-plan du récit évangelique de la transfiguration de Notre Seigneur*; Munksgaard, Kopenhagen 1947, S. 188F.
- Da dieses Buch der Gestalt Jesu gewidmet ist, habe ich im Zusammenhang des Petrus-Bekenntnisses bewusst auf eine Auslegung der Primatsworte verzichtet. Ich verweise dafür auf Oscar Cullmann, *Petrus. Jünger – Apostel – Märtyrer. Das historische und das theologische Petrusproblem*, Zwingli-Verlag, Zürich 1952.
- Rudolf Pesch, *Simon-Petrus. Geschichte und geschichtliche Bedeutung des ersten Jüngers Jesu Christi*, Hiersemann, Stuttgart 1980.
- Rudolf Pesch, *Die biblischen Grundlagen des Primats* (Quaestiones disputatae 187), Herder, Freiburg – Basel – Wien 2001.
- Joachim Gnilka, *Petrus und Rom. Das Petrusbild in den ersten zwei Jahrhunderten*, Herder, Freiburg – Basel – Wien 2002.
- Martin Hengel, *Der unterschätzte Petrus. Zwei Studien*, Mohr Siebeck, Tübingen 2006.

10. Kapitel: Selbstaussagen Jesu
- Ferdinand Hahn, *Christologische Hoheitstitel. Ihre Geschichte im frühen Christentum*, Vandenhoeck & Ruprecht, Göttingen 1966³.
- James M. Robinson, *A New Quest of the Historical Jesus*, SCM, London 1959; deutsch: *Kerygma und historischer Jesus*, Zwingli-Verlag, Zürich 1960 (zur Menschensohn-Frage: S. 122ff).
- Rudolf Schnackenburg, *Die Person Jesu Christi im Spiegel der vier Evangelien*, Herders theologischer Kommentar zum Neuen Testament, Supplementband 4, Herder, Freiburg – Basel – Wien 1993 (zum Menschensohn: S. 66–75).
- Rudolf Schnackenburg, *Das Johannesevangelium, Zweiter Teil*, Herders theologischer Kommentar zum Neuen Testament IV/2, Freiburg – Basel – Wien 1971, bes. S. 59–70 (Herkunft und Sinn der Formel *ego eimi*) und S. 150–168 („Der Sohn" als Selbstbezeichnung Jesu im Johannesevangelium).
- Heinrich Zimmermann, *Das absolute „Ich bin" in der Redeweise Jesu*, in: Trierer Theologische Zeitschrift 69 (1960) 1–20.
- Heinrich Zimmermann, *Das absolute ego eimi als die neutestamentliche Offenbarungsformel*, in: Biblische Zeitschrift NF 4 (1960) 54–69; 266–276.
- Zum Zusammenhang von biblischer und konziliarer Christologie verweise ich auf das grundlegende Werk von Alois Grillmeier, *Jesus der Christus im Glauben der Kirche*, Band 1: *Von der apostolischen Zeit bis zum Konzil von Chalcedon (451)*, Herder, Freiburg – Basel – Wien 1979.

ANHANG DES VERLAGS

ALLGEMEINE ABKÜRZUNGEN

a. a. O.	am angegebenen Ort (im dem jeweiligen Kapitel zugeordneten Literaturverzeichnis)
aram.	aramäisch
AT	Altes Testament
Bd., Bde. ...	Band, Bände
begr.	begründet
bes.	besonders
CSEL	Corpus scriptorum ecclesiasticorum latinorum, hg. von der Österreichischen Akademie der Wissenschaften, Wien 1866ff
De dom or	Cyprian, De dominica oratione (Über das Gebet des Herrn)
d. h.	das heißt
ebd	ebenda (bezogen auf den letzten angegebenen Literaturverweis)
f	und folgende(r)
ff	und folgende
griech.	griechisch
hebr.	hebräisch
hg.	herausgegeben
lat.	lateinisch
LXX	Septuaginta (griechische Fassung des Alten Testaments)
n. Chr.	nach Christi Geburt
NT	Neues Testament
PG	Patrologia Graeca, ed. J. P. Migne, 167 Bde., Paris 1857–1866
Reg	Regula Benedicti (Benediktsregel)
RGG³	Die Religion in Geschichte und Gegenwart, 3. Aufl., 5 Bde., Tübingen 1956–1965
s.	siehe / Sentenz
S.	Seite
ThWNT	Theologisches Wörterbuch zum Neuen Testament, begr. von G. Kittel, hg. von G. Friedrich, 10 Bde., Stuttgart 1933–1979
TThZ	Trierer Theologische Zeitschrift
v.	Vers / von
v. Chr.	vor Christi Geburt
vgl.	vergleiche
Vg	Vulgata (lateinische Bibelübersetzung)
z. B.	zum Beispiel
z. T.	zum Teil

ABKÜRZUNGEN DER BIBLISCHEN BÜCHER

Das Alte Testament

Der Pentateuch
Gen .... Das Buch Genesis
          (1. Buch Mose)
Ex .... Das Buch Exodus
          (2. Buch Mose)
Lev .... Das Buch Levitikus
          (3. Buch Mose)
Num .... Das Buch Numeri
          (4. Buch Mose)
Dtn .... Das Buch Deuteronomium
          (5. Buch Mose)

Die Geschichtsbücher
Jos .... Das Buch Josua
Ri .... Das Buch der Richter
Rut .... Das Buch Rut
1 Sam .... Das 1. Buch Samuel
2 Sam .... Das 2. Buch Samuel
1 Kön .... Das 1. Buch der Könige
2 Kön .... Das 2. Buch der Könige
1 Chr .... Das 1. Buch der Chronik
2 Chr .... Das 2. Buch der Chronik
Esra .... Das Buch Esra
Neh .... Das Buch Nehemia
Tob .... Das Buch Tobit
Jdt .... Das Buch Judit
Est .... Das Buch Ester
1 Makk ..... Das 1. Buch der Makkabäer
2 Makk ..... Das 2. Buch der Makkabäer

Die Lehrweisheit und die Psalmen
Ijob .... Das Buch Ijob
Ps .... Die Psalmen
Spr .... Das Buch der Sprichwörter
Koh .... Das Buch Kohelet
Hld .... Das Hohelied
Weish .... Das Buch der Weisheit
Sir .... Das Buch Jesus Sirach

Die Prophetenbücher
Jes .... Das Buch Jesaja
Jer .... Das Buch Jeremia
Klgl .... Die Klagelieder
Bar .... Das Buch Baruch
Ez .... Das Buch Ezechiel
Dan .... Das Buch Daniel
Das Zwölfprophetenbuch
  Hos .... Das Buch Hosea
  Joël .... Das Buch Joël
  Am .... Das Buch Amos
  Obd ...... Das Buch Obadja
  Jona ...... Das Buch Jona
  Mi .... Das Buch Micha
  Nah ...... Das Buch Nahum
  Hab .... Das Buch Habakuk
  Zef .... Das Buch Zefanja
  Hag .... Das Buch Haggai
  Sach ...... Das Buch Sacharja
  Mal .... Das Buch Maleachi

Das Neue Testament

Die Evangelien
Mt .... Das Evangelium nach Matthäus
Mk .... Das Evangelium nach Markus
Lk .... Das Evangelium nach Lukas
Joh .... Das Evangelium nach Johannes

Apg .... Die Apostelgeschichte

Die Paulinischen Briefe
Röm .... Der Brief an die Römer
1 Kor .... Der 1. Brief an die Korinther
2 Kor .... Der 2. Brief an die Korinther
Gal .... Der Brief an die Galater
Eph .... Der Brief an die Epheser
Phil .... Der Brief an die Philipper
Kol .... Der Brief an die Kolosser
1 Thess ..... Der 1. Brief an die Thessalonicher
2 Thess ..... Der 2. Brief an die Thessalonicher
1 Tim .... Der 1. Brief an Timotheus
2 Tim .... Der 2. Brief an Timotheus
Tit .... Der Brief an Titus
Phlm .... Der Brief an Philemon

Hebr .... Der Brief an die Hebräer

Die Katholischen Briefe
Jak .... Der Jakobusbrief
1 Petr .... Der 1. Petrusbrief
2 Petr .... Der 2. Petrusbrief
1 Joh .... Der 1. Johannesbrief
2 Joh .... Der 2. Johannesbrief
3 Joh .... Der 3. Johannesbrief
Jud .... Der Judasbrief

Offb .... Die Offenbarung des Johannes (Apokalypse)

Die biblischen Bücher

GLOSSAR

Agape
: Gemeinsames Mahl nach dem Gottesdienst.

Allegorie
: (Griech.: „anders reden") Gleichnisartiger Text, der eine symbolische Tiefendimension hat. Allegorese ist eine Schriftauslegung, die über den buchstäblichen Sinn hinaus eine theologische Tiefendimension des Textes erschließt.

Apokalypse
: Literarische Gattung frühjüdischer und frühchristlicher Schriften, die von der Endzeit handeln, vom Jüngsten Gericht und der Vollendung. Wenn einfach von „der Apokalypse" die Rede ist, so ist hier in der Regel das letzte Buch des Neuen Testaments gemeint, die Offenbarung des Johannes.

Apokalyptik
: s. „Apokalypse".

Apokryphe
: Antike Schriften, die von biblischen Themen, Ereignissen und Personen handeln, aber nicht in die Bibel aufgenommen wurden, weil sie nicht bei allen Gemeinden anerkannt waren.

Apologie
: Rhetorischer und literarischer Begriff für Reden und Schriften, die die Rechenschaftsablegung oder Verteidigung gegenüber Beschuldigungen oder Infragestellungen verfolgen.

Aramäisch
: Muttersprache Jesu; Sprache, die zur semitischen Sprachfamilie gehört, eng mit dem Hebräischen verwandt ist und zur Zeit Jesu in Palästina gesprochen wurde. Einige wenige Passagen des Alten Testaments sind aramäisch.

Augustinus
: 354–430, ist der überragende lateinische Kirchenvater; ab 395 Bischof von Hippo; wird als Heiliger verehrt und beeinflusste die abendländische Geistesgeschichte nachhaltig.

Basileia
: Griech.: „Königreich (Gottes)".

Bios
: (Griech.: „Leben") Biologisch belebte Welt als Teil des Kosmos.

Bund
: Alter Bund: Christliche Bezeichnung für den Bund zwischen Gott und dem Volk Israel. Durch den Sinai-Bund wird das Volk von Gott

auf die Tora verpflichtet. Neuer Bund: Jeremia verheißt den Neuen Bund, in welchem Israel die Tora auf das Herz geschrieben werden wird (Jer 31,31–34). Nach Paulus und Lukas hat Jesus beim Letzten Abendmahl den „Neuen Bund" in seinem Blut geschlossen. Der Neue Bund ist in der Sprache des Neuen Testaments der Inbegriff des von Jesus Christus geschenkten Heils, das von der Kirche aus Juden und Heiden angenommen, bezeugt und weitergegeben wird.

Canon Romanus
Das Hochgebet der römischen Messfeier; heute: Erstes Hochgebet.

Christologie
Das Sprechen von Jesus Christus als Sohn Gottes und Offenbarer des Vaters; die Lehre von der Anwesenheit Gottes in Jesus Christus.

Communio
(Lat.: „Gemeinschaft") Bezeichnet die Gemeinschaft des Menschen mit Gott und der Menschen untereinander.

Credo
Das Glaubensbekenntnis der Kirche.

Cyprian
Ca. 200–258, war von 249 bis zu seinem Märtyrertod Bischof von Karthago. Kirchenvater, der starken Einfluss auf Augustinus hatte.

Danielisch
Bezogen auf das apokalyptische Buch Daniel im Alten Testament.

Dekalog
(Griech.: „Zehnwort") Die Zehn Gebote; Erste Tafel des Dekalogs: das erste bis dritte Gebot (auf Gott bezogen); Zweite Tafel des Dekalogs: das vierte bis zehnte Gebot (auf die Mitmenschen und die Schöpfung bezogen).

Deuterojesaja
Zweiter Teil des Jesaja-Buches, Kapitel 40–55 (bzw. 66).

Deuteronomium
5. Buch Mose; konkretisiert den Bund in Gesetzgebung.

Dritter Orden
Hier: eine Gemeinschaft von verheiratet, ledig oder zölibatär lebenden Männern und Frauen, die die franziskanische Lebensweise außerhalb eines Klosters leben.

Ekklesia
Griech.: „Kirche".

Ekklesiologie
Lehre von der Kirche.

Emanation
(Lat. *emanatio*: „Ausfließen") Vorstellung eines stufenweisen und absteigenden Hervorgehens von Wesenheiten aus einer höheren

Quelle, wobei die Quelle in den entstandenen Wesenheiten in minderer Form erhalten bleibt.
Embolismus
(Griech.: „Einschaltung") Erweiterung des Vaterunsers bei der Eucharistiefeier; in der westlichen Kirche ist dies die Fortsetzung der letzten Bitte.
Enzyklika
Päpstliches Schreiben an die Weltkirche.
Ephräm
Ca. 306–373, Kirchenvater, größter Theologe der syrischen Kirche.
Eschatologisch
(Sprich: es-chatologisch, griech.: „die Lehre von den letzten Dingen betreffend") Aussagen, die die von Gott verheißene und vom Menschen erhoffte Vollendung der Geschichte und der Schöpfung betreffen.
Eschaton
(Sprich: es-chaton; griech.: „das Letzte") Die Letzten Dinge.
4 Esra
Auch „Pseudo-Esra"; apokryphe apokalyptische Schrift (Ende 1. Jh. n. Chr.), die in einige orthodoxe Bibelkanones aufgenommen wurde.
Essener
(Aram.: „die Frommen") Eine jüdische Reformgruppe mit stark asketischer Ausrichtung; zwischen 150 v. Chr. und 70 n. Chr. nachweisbar.
Eucharistie
(Griech.: „Danksagung") Feier des Todes und der Auferstehung Jesu („Heilige Messe"). In der Eucharistie wird kraft des Heiligen Geistes Jesus Christus selbst gegenwärtig.
Evangelist
Verfasser eines Evangeliums.
Evangelium
(Griech.: „die gute Botschaft") Die gute Nachricht, die von Gott durch Jesus Christus zum Heil der Menschen gegeben wurde. Evangelium bezeichnet die ganze Verkündigung des Wortes Gottes, im engeren Sinne eines der vier Evangelien des NT (Matthäus, Markus, Lukas, Johannes).
Exegese
Erforschung und Deutung der Heiligen Schrift mit wissenschaftlichen Methoden.
Exodus
Auszug des Gottesvolkes unter Gottes Führung aus der Knechtschaft in Ägypten.
Formgeschichte
Bezeichnung für eine mit den Namen von Martin Dibelius und Rudolf Bultmann verbundene Phase der historisch-kritischen Exegese,

in der vor allem die Überlieferungsgesetze der Jesustradition untersucht werden sollten. Die Ergebnisse der Formgeschichte werden heute kritisch beurteilt.

Gelobtes Land
Das dem Volk Israel verheißene (ausgelobte) Land.

Getsemane
(Aram.: „Ölkelter") Der Garten am Ölberg, wo Jesus nach Mk 14,32 verhaftet wurde.

Glaubenssymbol
s. „Symbol": ausformuliertes Glaubensbekenntnis.

Gnosis
(Griech.: „Erkenntnis") Im christlichen Sinn die Erkenntnis, die zum Glauben gehört und im NT dem vollkommen geistlichen Menschen zugeschrieben wird; bezeichnet im religionsgeschichtlichen Sinn eine variantenreiche Erlösungsreligion, in der seit dem 2. Jh. jüdische, christliche und heidnische Elemente zusammenfließen; Erlösung soll durch Erkenntnis der Göttlichkeit im Menschen erreicht werden.

Gottesknecht
Eine Gestalt im AT (Jes 42, 49, 50, 52–53), die von Gott auserwählt wird, um Israel zu retten, die Israel seine Sendung mitteilen und für die Offenbarung Zeugnis ablegen soll. Der Gottesknecht muss durch Leiden und Tod hindurchgehen, um schließlich von Gott erhöht zu werden. Darin erfüllt er die Funktion der Sühne und Stellvertretung für die Menschen. Das NT versteht Jesus Christus als den Gottesknecht.

Gottesknechtslieder
Unter diesem Namen werden vier Texte zusammengefasst, die im Buch Jesaja zu finden sind. Sie stellen den „Gottesknecht" vor.

Heidenchristen
Christen nicht-jüdischer Herkunft in der frühen Kirche des 1. Jahrhunderts.

Henoch, Äthiopischer
Sammlung apokalyptischer Texte mit unterschiedlichen Entstehungszeiten, deren älteste Teile aus dem 3. Jh. v. Chr. stammen; gehört zum Kanon der Äthiopischen Kirche.

Hermeneutik
(Griech.: „Lehre vom Verstehen") Hier ist die Theorie des Schriftverständnisses und der Schriftauslegung gemeint.

Herrengebet
Das Vaterunser.

Hieronymus
Ca. 347–419 (oder 420) Priester und Kirchenlehrer, der die bis heute

in der katholischen Kirche wichtige lateinische Bibelübersetzung anfertigte, die „Vulgata" (heute in einer neuen Übersetzung, der „Nova Vulgata").

Hippolyt
Ca. 170–236 (?), Kirchenschriftsteller; wurde zu Beginn des 3. Jh.s als „Gegenpapst" eingesetzt; in der Christenverfolgung durch Kaiser Maximus Thrax nach Sardinien verbannt, wo er starb.

Hohepriesterliches Gebet
Die Abschiedsreden Jesu sind mit einem Gebet für die Seinen verbunden (Joh 17); dieses Gebet wird „Hohepriesterliches Gebet" genannt, weil Jesus um die Heiligung der Jünger bittet, wie er sich selbst durch das Opfer seines Lebens für sie heiligt (Joh 17,19).

Hoher Rat (Synedrium)
Höchste jüdische politische und juristische Instanz zur Zeit Jesu.

Hybris
(Griech.: „der Übermut", „die Anmaßung") Selbstüberhebung, vermessene Auflehnung gegen Gott.

Inkarnation (des Logos)
Menschwerdung (der Selbstmitteilung Gottes).

Inspiration
(Lat.: „Einhauchung") Der Vorgang, dass die Heilige Schrift unter göttlichem Beistand geschrieben wurde und gelesen wird.

Irenäus
Ca. 140–200, bedeutendster Theologe des 2. Jh.s, Bischof von Lyon.

JHWH
Deutsche Umschrift des hebr. Gottesnamens („Tetragramm").

Johanneisch
Auf den Evangelisten Johannes zurückgehend.

Jom-ha-Kippurim
s. „Versöhnungsfest".

Judaismus
Pejorative Bezeichnung, mit der das Judentum als Legalismus abgewertet wird.

Judenchristen
Christusgläubige aus dem Judentum.

Justin
Ca. 100–165, wird auch „der Märtyrer" und „der Philosoph" genannt; Kirchenschriftsteller.

Kanon
Der historisch gewachsene Bestand der Texte, die als authentisches Gotteswort anerkannt wurden und heute die Heilige Schrift bilden.

Kanonische Exegese
Methode der Schriftauslegung, bei der der Exeget nicht Früh- oder Urfassungen biblischer Texte zugrundelegt, sondern die im Kanon überlieferte Textgestalt, wie sie uns heute in der Bibel begegnet.

Karmel
Bergrücken in Israel; kann auch ein Kloster der (nach dem Gebirge benannten) Karmeliten oder Karmelitinnen bezeichnen.

Katechese
Unterweisung im Glauben.

Kenose
(Griech.: *kenosis*) Selbstentäußerung; der freiwillige Verzicht des Gottessohnes auf die göttliche Herrlichkeit bei seiner Menschwerdung (Phil 2,6f).

Kirchenväter
Christliche Schriftsteller des Altertums, die in der Einheit des Glaubens und in der Gemeinschaft der Kirche bewährte Lehrer waren. Sie genießen eine besondere theologische Autorität; die Zeit der Väter endete im Westen im Jahr 633 und im Osten im Jahr 749.

Koine
(Griech.: „das Allgemeine") Bezeichnet das Altgriechisch, das zwischen ca. 300 v. Chr. und 600 n. Chr. gesprochen wurde. Das NT ist in Koine-Griechisch geschrieben.

Koinonia
(Griech.: „Gemeinschaft"); s. „Communio".

Konzil
Versammlung der Bischöfe der ganzen Weltkirche; zusammen mit dem Papst die höchste Lehrinstanz der Kirche; wenn ohne weitere Angaben von „dem Konzil" die Rede ist, ist in der Regel das letzte gemeint: das Zweite Vaticanum (1962–1965).

Konzilskonstitution
Ein von einem Konzil verabschiedetes, lehramtlich autoritatives Dokument.

Kreatur
Lat.: „Geschöpf"; auch: Schöpfung.

Laubhüttenfest
(Hebr. *sukkot*) Jüdisches Pilgerfest; wird in der Diaspora neun, in Israel acht Tage gefeiert und erinnert an den Schutz Israels durch Gott in der Zeit der Wüstenwanderung beim Exodus.

Levit
Leviten übernehmen in Israel priesterliche Funktionen; leiten sich von Levi, dem Sohn Jakobs, und Lea ab.

Logos
(Griech.: „Wort") Bedeutet philosophisch das ordnende Denken und die argumentativ begründete Wahrheitsaussage. Biblisch ist Logos das Wort Gottes, die Selbstmitteilung Gottes, durch die Gott die Schöpfung und die Geschichte gestaltet und lenkt, Leben erzeugt und wieder an sich nimmt. Letztgültige Selbstmitteilung des Wortes Gottes ist Jesus Christus (Joh 1,1–18).
Lukanisch
Auf den Evangelisten Lukas zurückgehend.
Makarismus
(Von griech. *makarios:* „selig") Seligpreisung.
Makkabäer
Jüdische Freiheitskämpfer gegen die Unterdrückung durch die Seleukiden; die alttestamentlichen Makkabäerbücher erzählen ihre Geschichte.
Mandäer
Gnostisch beeinflusste religiöse Bewegung mit ostaramäischer Kultsprache. Wurde von der Formgeschichte oft noch zum Vergleich mit dem NT herangezogen, gilt heute aber als jünger als das NT.
Melchisedek
Erster im Alten Testament erwähnter Priester im Rahmen der Abrahams-Erzählung; wird als „König von Salem" bezeichnet (Gen 14,18 ff).
Mischna
(Hebr.: „Wiederholung") Wichtigste Sammlung religionsgesetzlicher Überlieferung für das rabbinische Judentum; bildet den Kernbestandteil des Talmuds.
Modernismus
Unterschiedliche theologische Tendenzen um und ab 1900 mit dem Versuch, die christlichen Glaubensinhalte mit dem Zeitgeist zu vermitteln. Die „Modernisten" wurden besonders von Papst Pius X. scharf kritisiert und ihre Schriften z. T. indiziert.
Mosaisch
Im engeren Sinne auf Mose bezogen, kann jedoch auch im Sinne von „jüdisch" gebraucht werden.
Mystik
(Griech.: „die Lehre vom Verborgenen") Begriff sowohl für die innere Erfahrung des Menschen, mit Gott Gemeinschaft zu haben, als auch für die Reflexion und Interpretation dieser Erfahrung.
Naheschatologie
Erwartung der unmittelbar bevorstehenden Endzeit.
Nizäa
Name einer kleinasiatischen Stadt, in der im Jahr 325 das erste öku-

menische Konzil tagte. Zentral war die Formulierung der Lehre von der Wesenseinheit Gottes und Christi.

Observanzen
Rituelle Regeln; nach Religionen und Traditionen verschiedene kultische Bestimmungen.

Oden Salomons
42 anonyme, dem (Pseudo-)Salomo (vgl. Kön 5,12) zugeschriebene frühchristliche Gedichte.

Ökumene
In der Antike Ausdruck für die Weltgemeinschaft; heute vor allem gebraucht für die erst teilweise erreichte Einheit der Christen im Glauben.

Ontologie
Philosophische Lehre vom Sein und dem Seienden.

Origenes
Ca. 185–254, bedeutender Theologe und Kirchenschriftsteller, wurde aus der Gemeinde von Alexandria ausgestoßen.

Pantheismus
Griech.: „die Lehre, das All sei Gott und Gott sei das All".

Paraklet
Der Heilige Geist in seiner besonderen Eigenschaft als Helfer (vgl. Joh 14–16).

Parusie
(Griech.: „Anwesenheit", „Kommen") Im NT bezeichnet die Parusie das Kommen des Menschensohnes am Ende der Geschichte.

Pascha
(Sprich: Pas-cha) Geht auf hebr. *pesach* zurück, das sowohl ein Opfertier als auch die zentrale religiöse Feier des Judentums (Ex 12) bezeichnet. Im Pesachfest gedenkt Israel jährlich der befreienden Tat Gottes an seinem auserwählten Volk (Auszug aus Ägypten). Das Letzte Abendmahl Jesu wird von den Evangelisten als Pesachmahl dargestellt. Ostern ist das christliche Paschafest.

Passion
Das Leiden Jesu bis zum Tod am Kreuz.

Paulinisch
Auf den Apostel Paulus zurückgehend.

Pharisäer
(Hebr.: „die Abgesonderten") Wichtige religiöse jüdische Gruppe, die im NT häufig als Gegnerin Jesu figuriert. Die Pharisäer verschrieben sich der Treue zur Tora und zur Überlieferung, dem Erreichen von Gerechtigkeit und der Belehrung des Volkes.

Pneuma
Griech.: „Geist (Gottes)", „Heiliger Geist".
Pneumatisch
Auf den Geist Gottes bezogen, vom Geist Gottes bewirkt.
Presbyter
(Griech: „der Ältere") Vorsteher einer Gruppe oder Gemeinde, der mit besonderer Autorität ausgestattet ist.
Proexistenz
(Lat.: „Für-Sein") Theologischer Begriff, der die Existenzstellvertretung Jesu Christi für den Menschen bezeichnet; darüber hinaus auch ein christliches Lebensprinzip in der bedingungslosen Solidarität mit dem anderen.
Psalm
(Von griech. *psalmos*: „Saitenspiel"): Gattungsbezeichnung für eine Gruppe von 150 geistlichen Liedern, die im AT im Buch der Psalmen gesammelt sind.
Qumranrollen
Schriftrollen, die 1947 in der Nähe von Qumran im Westjordanland gefunden wurden. Die Rollen stammen aus der Zeit zwischen dem 3. Jh. v. Chr. und dem 1. Jh. n. Chr. und beinhalten Teile des AT, Kommentare zu biblischen Texten und weitere Schriften.
Rabbinen
(Hebr. „Meister", „Lehrer") Gelehrte der jüdischen Tradition, denen besonders die Pflege und Weitergabe der Halacha (des religionsgesetzlichen Textkorpus) obliegt. Sie gelten als die Redaktoren und z. T. als die Verfasser der Talmude.
Sadduzäer
Religiöse Gruppe in Israel, eine aristokratische Elite, deren Zentrum das Priestertum und der Tempeldienst waren.
Samariter
Samariter verehrten zwar den einen Gott, hatten aber ihre eigene Version der Tora und ihren eigenen heiligen Ort auf dem Berg Garizim. Da sie mit den Juden verfeindet waren, galt „Samariter" zu der Zeit Jesu als Schimpfwort.
Satrap
Im Perserreich der Titel für den Statthalter einer größeren Provinz.
Schechina
(Hebr. *skn*: „sich niederlassen", „wohnen") Ein jüdischer Begriff für die Gegenwart Gottes in seinem Volk, in seinen Heiligtümern und im einzelnen Menschen.
Scholastiker
(Lat. *scholasticus*: „Lehrer") Bezeichnet eine Gruppe von Theolo-

gen, die die im Mittelalter herausragende theologisch-philosophische Strömung begründeten und ausbauten. Die Scholastik folgte einer strengen Methode und Systematik; sie verband in ihrer Blüte augustinisches Erbe mit aristotelischem Denken.

Schriftsinn, vierfacher
Die antike und mittelalterliche Theologie verstand den biblischen Text auf vier Bedeutungsebenen: 1. wörtlicher Sinn, 2. allegorischer Sinn (dogmatische Interpretation), 3. tropologischer Sinn (ethischer Sinn), 4. anagogischer Sinn (eschatologische Bedeutung).

Septuaginta (LXX)
Griechische Übersetzung der hebräischen Bibel (des heutigen Alten Testaments) aus dem 3. Jh. v. Chr. bis 1. Jh. n. Chr.

Sikarier
(Von lat. *sica*: „Dolch") Untergruppe der Zeloten, die im 1. Jh. gegen die römische Besatzung kämpfte.

Sondergut
Teil eines Evangeliums, der keine Parallele in einem der anderen drei Evangelien hat.

Starez
In der Ostkirche ein erfahrener Mönch mit geistlicher Ausstrahlung, der als Ratgeber aufgesucht wird.

Sukkot
s. „Laubhüttenfest".

Symbol
Ausformuliertes Glaubensbekenntnis, Credo.

Synedrium
s. „Hoher Rat".

Synoptiker, synoptische Evangelien
Die Evangelien nach Matthäus, Markus und Lukas, die eine vergleichbare Komposition aufweisen, während sich das Johannes-Evangelium in vielfacher Hinsicht von diesen drei unterscheidet.

Talmud, Babylonischer
Zentrales religiöses Buch des rabbinischen Judentums nach der jüdischen Bibel. Wurde um ca. 600 n. Chr. in Babylonien abgeschlossen.

Tempelweihfest
Hebr. „Chanukka"; jüdisches Freudenfest, das acht Tage gefeiert wird und an die Wiedereinweihung des von griechisch-syrischen Truppen geschändeten Tempels im Jahr 165 v. Chr. erinnert.

Tertullian
Ca. 160–230, bedeutender lateinischer Kirchenschriftsteller.

Theophanie
(Griech.: „Erscheinung eines Gottes") In der christlichen Lehre die Selbstoffenbarung Gottes in Natur und menschlicher Vernunft.
Theotokos
(Griech.: „Gottesgebärerin") Titel für Maria, im Konzil von Ephesus 431 n. Chr. festgelegt; betont die Gottessohnschaft Jesu.
Tora
(Hebr.: „Weisung", „Anweisung", „Gesetz") Bezeichnet zunächst die gesamte religiöse Lehre, das „Gesetz" des Judentums; im engeren Sinne den Pentateuch, die fünf Bucher Moses.
Tremendum
Lat.: „das Furchteinflößende".
Trinitarisch
Auf die Dreieinigkeit Gottes bezogen; s. „Trinität".
Trinität
(Lat.: „Dreieinigkeit") Der eine Gott in den drei Personen – Vater, Sohn und Heiliger Geist.
Troparien
Kurze hymnische Lieder in der orthodoxen Liturgie.
Väter
s. „Kirchenväter".
Versöhnungsfest
(Hebr. *Jom ha-Kippurim*) Der allgemeine Sühne- und Bußtag Israels.
Vulgata
Lateinische Bibelübersetzung des heiligen Hieronymus; vom Konzil von Trient im 16. Jh. für authentisch erklärt.
Zebedaiden
Die Söhne des Zebedäus, Johannes und Jakobus d. Ä., Jünger Jesu.
Zeloten
Militärische und fanatische Widerstandsbewegung der Juden gegen die römische Besatzung.
Zion
Ursprünglich vorisraelische Stadt, später Synonym für ganz Jerusalem und besonders den Tempel.
Zoé
Griech.: „Leben".

REGISTER DER BIBELSTELLEN

Altes Testament

Genesis
1,1–2,4 113
1,2 49
3,8 79
22,2.12 395
28,10–22 208
28,12 74

Exodus
1,5 216
3,6 176
3,14 398
4,22 386
12,46 .... 320f
16,16–22 187
17,7 66
19,16–18 293
20,12 145
20,19 97
20,22–23,19 156
22,20f 157
23,9–12 157
24 .... 355f
24,16 355
33,2 41
33,7ff 361
33,11 .... 28, 309, 361
33,18ff 30
33,18.22f 310
34,29–35 358

Levitikus
11,44 137
19,2 137
19,18 234
23,43 362

Numeri
12 112
12,3 110
15,37–41 86
20,1–13 287
25,6–13 214

Deuteronomium
6,4f 86
6,5 234
6,13 74
6,16 .... 65f
8,3 .... 61f, 190
11,13 86
16,14 298
18,9–12 .... 26f
18,15 27, 155, 159, 278
18,18 309
32,8 216
34,10 ..... 28f, 278, 309

1 Samuel
15,22 140
28 27

2 Samuel
7,12ff 387

1 Könige
3,9 180
12,31 207
13,33 207
19,1–13 96

1 Chronik
22,9f 115

2 Chronik
1,11 180

1 Makkabäer
2,17–28 215

Ijob 196ff
9,8 404

Psalmen
1 .... 100, 119, 127
2,7f 347, 351, 387
2,9 388
15 125
17,14f 254
22,7 258
23 .... 318, 323, 330
23,2.5f 323
23,4 318
24 .... 124, 126
24,3 124
24,6 125
27,8 22
33,15 171
37,11 110
40 184
40,6–8 314
40,7 384
40,7–9 184
44 253
44,15–23 253
47 86
69,10 274
73 .... 253, 255
73,3–11 254
73,13ff 254
73,20 255
73,22 254
73,23 255
73,23.25.28 255
77[76],20 404
80 299

80,9–15 299	25,6 292	12,10 320
80,15–20 299	29,14 393	13,7 320
80,18 303	40,30 41	
89,27f.37f 387	43,3 383	*Amos*
91 .... 66f	43,10f 399	9,11f 39
91,11ff 56, 63, 74	43,16 404	
93 86	45,23 21	*Jona*
95,9 232	49,15 173	1,12 45
96 86	53 .... 197, 381, 383	
97 86	53,4–6 194	*Micha*
98 86	53,7 .... 47f	4,1–3 72
99 86	61,1 54	
104 291	66,13 173	*Habakuk*
104,14f 292		2,4 136
106,16 349	*Jeremia*	
110 .... 297, 347, 382	17 127	*Sacharja*
118 382	17,5–8 119	9 112
118,22f 302, 382	17,7 100	9,9f 111, 274
118,27 363		9,10 114
119 311	*Ezechiel*	12,10.11 319
	9,4 117	13,1 .... 289f, 319
Sprichwörter	9,9 117	13,7 319
9,5 311	34–37 318	14,8 290
21,18 383	34,13.15–16 318	
	34,14 323	*Maleachi*
Hohelied	37,15–17.21f 328f	3,1 41
2,15 298	47,1 289	
7,13 298	47,1–12 289	NEUES TESTAMENT
Weisheit	*Daniel* 86	*Matthäus*
2 383	7,4 375	3,14f 43, 209
2,16–20 383	7,13f 376	3,15 .... 43, 45f
2,18 59	9,23 121	3,17 49
		4,1 .... 54, 196
Jesaja	*Hosea*	4,2 58
5,1–7 298	6,6 140	4,3 58
6,9f 228	7 382	4,4 .... 62, 190
8,23 94	11,1–9 246	4,7 65
9,1 94	11,2 246	4,10 74
11,1f 54	11,6 246	4,11 74
11,6 .... 56, 72	11,8f 247	

4,12–25 .... 94, 95	12,28 87	1,13 .... 56, 74
4,15f 94	12,39f 258	1,14f 76
4,17 94	12,46–50 146	1,15 .... 87, 90
4,23 76	13,3 82	1,22 .... 134, 380
4,44f 170	13,24–30 88	2,5 380
5,1 95	13,44ff 88	2,10f 381
5,3 108	14,13–21 308	2,18f 296
5,3–12 104	14,22–33 348	2,22 218
5,5 .... 110, 238	14,33 404	2,27f 138, 374
5,6 121	15,32–38 308	2,28 380
5,8 .... 123, 393	16,13ff 209	3,13 206
5,9 114	16,13–20 334	3,13–19 206
5,11 .... 97, 120	16,14 368	3,14 207
5,17f 100	16,16 ..... 340, 349, 407	3,34f 149
5,17–19 133	16,17 342	4,1–20 223
5,17–7,27 132	16,22f 71, 346	4,3–9 82
5,20 .... 91, 133, 159	17,1 353	4,10 222
5,21–48 100	17,1–13 334	4,12 228
5,23f 192	17,2 357	4,26–29 82
5,44f 170	18,23–35 192	4,30–33 82
6,25 185	19,20 137	4,41 404
6,28f 108	19,21–28 334	6,32–44 308
6,33 .... 168, 179	19,30 238	6,37 186
7,9ff 170	21,4f 112	6,45–52 .... 402f
7,29 134	21,28–32 243	6,50 403
8,19 378	23,2 95	6,51 403
8,20 104	23,9 176	8,1–9 308
9,17 218	25,31–46 377	8,3 346
9,35 76	26,31 319	8,27 .... 336f
9,38 207	26,39 46	8,27–30 334
10,1 .... 209, 212	26,39.42 184	8,28 368
10,32f 379	27,16 69	8,29 340
11,10 41	27,40 59	8,31 382
11,12 88	28,16 67	8,31–9,1 334
11,25ff 390ff, 394	28,18 .... 67, 356	8,33ff 322, 341
11,25–30 141	28,19f 50, 68, 329	8,38 379
11,27 .... 392, 394		9,1 .... 364f
11,28–30 141	*Markus*	9,2 .... 353, 356
11,29 .... 104, 110	1,5 42	9,2–13 334
12,1–8 ....139f	1,9 43	9,3 357
12,8 374	1,11 364	9,5 361

9,6 361	7,27 41	15,31 .... 172, 249
9,7 278	8,1–3 217	15,32 245
9,12–13 .... 359f	8,3 218	16,1ff 224
10,19 100	9,7 .... 363f	16,9 362
10,38 45	9,10b–17 308	16,17 100
10,45 381	9,18 337	16,19–31 252
12,1–12 .... 230, 300, 383	9,18–21 334	17,20f 89
	9,19ff 166, 368	17,21 87
12,9 300	9,20 340	17,24ff 378, 380
12,12 300	9,22–27 334	18,9–14 91
12,17 38	9,23 335	19,30 111
12,35–37 297	9,28f 166, 353	22,31f 335
13,24–27 377	9,28–36 334	23,19.25 69
14,33 356	9,29 357	23,34 193
14,61 .... 269, 346	9,31 359	23,35 347
14,62 377	9,52f 236	24,25ff 72, 94, 365
	9,58 378	
Lukas	10,1–12 216	*Johannes*
1,5 37	10,21f 30, 391	1,4 324
1,76 41	10,25–37 234	1,14 363
2,1 37	10,27 .... 234f	1,16–18 278
2,14 116	10,30 240	1,18 .... 31, 264, 310, 391, 394
2,19 276	11,1 166	
2,26 347	11,9–13 185	1,29 .... 47, 321
2,51 276	11,13 .... 170, 307	1,30f 89f
3,1f 38	11,20 90	1,30–33 41
3,21 44	11,22 46	1,35.40 264
4,3 59	11,29f 258	1,45 278
4,18 54	12,8f 378, 380	1,47 87
4,32 134	12,16ff 224	1,51 .... 74, 208, 283
5,5 347	12,50 45	2 302
5,8 .... 347, 404	13,20f 82	2,1 293
5,10 215	14,62 371	2,1–12 293
5,39 219	15,1f 242	2,13–25 279
6,5 374	15,11 242	2,17 .... 216, 273f
6,12f 207	15,11–32 242	2,22 274
6,15 214	15,12 249	3,5 282
6,17ff 98	15,17 245	3,16 394
6,20ff 98, 101, 108	15,20 247	3,36 324
	15,22 358	4,14 .... 283, 405
6,24–26 127	15,29 249	4,23 165

4,34 ...... 150, 183, 312	10,10 ..... 288, 323, 329, 405	19,19f 370
5 284	10,11 .... 322, 324	19,26 264
5,1 279	10,14f 325, 327	19,34 ..... 285, 320, 405
5,46 278	10,16 329	19,35 .... 264, 273
6 .... 190, 309, 324	10,17f 325	19,36 .... 48, 320
6,1–15 308	10,22 277	19,37 320
6,4 279	11,25 324	20,2–10 264
6,14 309	11,45–53 257	20,28 352
6,16–21 403	11,52 ..... 304, 329, 382	21 321
6,26 312	12,1 279	21,7 264
6,28 313	12,3 292	21,15–17 321
6,33 312	12,15 112	21,15–19 335
6,35 .... 312, 405	12,16 274	21,19 322
6,44 392	12,21ff 215	21,24 264
6,51 .... 313, 325	12,24f 61, 229, 315, 336	
6,53 313		Apostelgeschichte
6,60 97	12,32 229	1,8 329
6,63 .... 190, 315	12,44f 274	1,8.21f 209
6,68f 335, 349	13 285	1,21f 344
6,69 340	13,1 .... 90, 103, 170, 305, 384, 395, 401	2,37 401
7 284		2,41 401
7,37ff 286f, 397	13,4f 285	5,29 38
7,38f 279, 288, 405	13,23 264	7,56 371
	13,25 264	13,32f 388
7,40 309	14,8f 171	
7,40.52 397	14,9 .... 32, 400	Römer
8 401	15 298	2,15 182
8,14.19 397	15,1 302	5,8 248
8,23 398	15,1–10 .... 293, 306	6 45
8,24 398	15,7 .... 69, 307	6,12 79
8,25 398	15,26 286	8,15 395
8,28 401	16,10 286	8,19 56
8,39.41 402	16,13 275	8,26 165
8,56 402	16,24 405	8,31–39 202
8,58 .... 277, 402	16,25 230	8,36 253
9 285	17,6 178	13,1–7 390
9,7 285	17,10 ...... 172, 249, 394	
10 322	17,26 307	1 Korinther
10,1f 321	18,15f 263f, 266	1,13 365
10,3f 321, 325	18,40 69	1,18f.26–29 393
10,7 321		3,18 393

4,9–13 102	*Philipper*	*2 Johannes*
5,7 48	2,5 .... 126, 166	1,1 268
6,17 384	2,5–11 379	
7,29ff 109	2,6–9 126	*3 Johannes*
8,4ff 210	2,6–11 21	1,1 268
10,3f 287		
10,13 199	*Kolosser*	*Offenbarung*
15,26 119	1,15 172	1,1.4 265
15,26–28 181	2,6 345	1,5 38
15,28 390	2,7f 345	1,7 .... 380, 401
15,45 315		2,5 302
15,45–49 384	*2 Timotheus*	2,17 162
15,48 384	2,13 302	2,21 290
		5,6 48
2 Korinther	*Hebräer*	7,9.13 358
1,19f 303	1,2.8 390	7,14 358
1,20 383	2,17f 55	12 200
4,4 172	2,18 196	12,10 196
4,8–10 102	3,6 390	12,17 168
4,11 102	4,15 .... 55, 196	13 200
5,20 .... 115, 250, 384	5,7 184	19,14 358
6,8–10 102	5,8 390	19,34 290
	7,28 390	21,9–14 208
Galater	9,11–24 31	22,1 290
1,11f 342	10,5ff ... 184, 314, 383f	22,10 197
1,11–17 343	11,26 187	
1,15f 342	13,12 258	
2,2 343		Apokryphen
2,7 342	*Jakobus*	
2,9 343	1,13 195	*Thomasevangelium*
2,20 .... 104, 126		(108) 291
3,28 .... 181, 384	*1 Petrus*	
4,6 395	1,19 48	*4 Esra* 13 376
5,1f 131		
5,13 .... 131, 151	*1 Johannes*	*Äthiopischer*
6,2 131	1,1f 273	*Henoch* 376
	4,7.16 103	
Epheser	4,19 241	*Oden Salomos* 395
3,14f 175	5,6–8 .... 285f	
6,10–12 211		

REGISTER DER EIGENNAMEN

Aaron 349, 356
Abel 243
Abihu 356
Abilene 38
Abraham .. 36f, 39, 58, 73, 86, 132f, 145, 148f, 176, 256f, 395, 402
Adam (erster Mensch) 37, 55f, 172, 177, 239, 246, 315, 384
Adam, Karl 10
Ägypten, Ägypter 28, 63, 113, 148, 176, 282, 386
Amos 157
Andreas 215
Anna 105, 122
Antiochien 388
Antiochus, König 214
Antonius (Mönchsvater) .. 107, 199
Arabien 343
Aristion 267
Artus, Olivier 157f, 411
Augustinus 51, 247, 288, 306, 413
Augustus, Kaiser 37f, 115, 389
Babel, Babylon 105, 148, 386
Balthasar, Hans Urs v. 411f
Barabbas 69, 350
Bar Jona .... siehe Petrus
Bar-Kochba 70, 350
Barnabas 343
Barrett, Charles K. 291, 294, 297, 303, 311ff, 324, 413
Benedikt v. Nursia 164, 165
Berger, Klaus 409
Bernhard v. Clairvaux 117, 411
Bethesda-Teich 284
Betsaida 403
Biser, Eugen 213, 412
Bloch, Ernst 82
Boismard, Marie-E. 266
Brocke, Michael 412
Broer, Ingo 270, 413

Brown, Raymond E. 414
Buber, Martin 179
Buddha 339
Bultmann, Rudolf 77, 82, 261f, 277, 410, 413
Caesar 115, 389
Caesar Augustus 336
Caesarea Philippi 336, 347
Caillau, Armand B. 413
Cangh, Jean-Marie van ... 353, 415
Cazelles, Henri 266f, 413
Clemens v. Alexandrien 330
Colson, Jean 266
Crüsemann, Frank 158, 411
Cullmann, Oscar 415
Cyprian v. Karthago 165, 185, 191, 198f, 201f, 288, 412
Cyrill v. Jerusalem 46
Damaskus 343
Daniel-Rops 10
Daniélou, Jean 354, 362f, 415
Dante 46
David 36f, 39, 115, 136, 139, 387
Delp, Alfred 62
Deuterojesaja 320
Dinkler, Erich 411
Dionysos 297f
Dodd, Charles H. 226f, 413
Dolna, Bernhard 414
Dschulnigg, Peter 268f
Elija .. 96, 214, 338, 357f, 360f, 368
Elisabeth 105, 122
Elischa 46
Elliger, Karl 111, 320, 411, 414
Emmaus 358
Emmausjünger 72f, 94
Endor 27
Ephesus 268, 302
Ephräm 288
Esau 243
Esbroeck, Michel van 353, 415

Essener 40
Euphrat 42, 281
Eusebius v. Caesarea 267
Evdokimov, Paul 46, 410
Feuillett, André 208, 412
Figura, Michael 414
Franz v. Assisi 107ff, 130
Franz Xaver 197f
Frau des Klopas 117
Galiläa 38, 94, 96, 135, 308
Gandhi, Mahatma 156
Genezareth, See v. 96
Gese, Hartmut .355, 361, 364, 415
Gnilka, Joachim 42, 49, 64, 105, 409ff, 415
Goethe, Johann Wolfgang 391
Golgotha 68, 290
Gregor v. Nyssa 363
Grelot, Pierre 242, 246ff, 251, 341f, 344, 347, 413, 415
Grillmeier, Alois 416
Guardini, Romano 10, 51, 410, 412
Habakuk 136
Hadad-Rimmon 319f
Hahn, Ferdinand 416
Hampel, Volker 383
Hannas 38
Harnack, Adolf v. 32, 80f, 143, 154, 410
Heidegger, Martin 82
Hengel, Martin 262f, 270ff, 413, 415
Henrici, Peter 414
Herodes d. Gr. 37f, 336, 338
Hieronymus 188, 288
Hippolyt 288
Homer 129
Horeb 58, 356
Hosea 157
Ijob 196ff
Irenäus v. Lyon 247, 265, 288
Isaak ... 73, 145, 148f, 176, 243, 357

Ismael 243
Israel 28ff, 48, 58, 60, 74, 95, 105, 112f, 135, 138, 140–157, 176f, 187, 250, 299f, 311, 328, 399
Ituräa 38
Jakob 73, 145, 148f, 176, 216, 243, 283
Jakobsbrunnen 183, 283
Jakobus, Apostel 215, 236, 356, 359, 361, 365
Jakobus, heiliger 195
Jakobus, Herrenbruder 343
Jaspers, Karl 339, 415
Jeremia 338f
Jeremias, Joachim 47f, 222–228, 235, 242, 256, 319, 395, 410, 412, 414f
Jerusalem 41, 43, 98, 112, 117, 135, 155, 235, 343, 359
Jesaja 56, 136, 157, 228, 299ff, 305
Jesus Barabbas 70
Johannes, Evangelist 50, 103, 111, 218, 260, 267, 272f, 275, 277, 284, 286, 290, 304, 314, 320, 344, 353f, 383, 396f
Johannes, Presbyter 267f
Johannes Chrysostomus ... 46, 186
Johannes, Apostel 215, 236, 264f, 343, 356, 359, 361, 365
Johannes d. Täufer 36, 40, 42f, 45, 47f, 76, 200, 338, 360, 368
Johannes-Jünger 296
Jom-ha-Kippurim 353
Jona 44
Jordan 36, 42f, 45f
Josef 105, 122
Josef (Holz Ephraims) 328
Josef, Sohn Jakobs 243
Josef v. Arimathäa 255
Juda 328
Judäa 37, 43, 98, 105
Judaisten 150
Judas d. Galiläer 39, 116

Jülicher, Adolf .. 222–225, 373, 412
Justin 288
Kafarnaum 190, 311
Kain 243
Kaiser, Otto 414
Kajaphas 38
Kalvaria 357
Karmel 199
Kephas .... *siehe* Petrus
Kolvenbach, Peter-Hans 168ff,
 186, 412
Konfuzius 339
Korinth 186
Kranz, Gisbert 316
Kuhn, Helmut 237f, 413
Laubhüttenfest 354, 361ff, 365
Lazarus . 127, 224, 234, 252ff, 257f
Lea 145
Levi, Virgilio 410
Lewis, Clive S. 316
Limbeck, Meinrad 412
Loisy, Alfred 78
Lubac, Henri de 210, 411
Lukas 36f, 54, 57, 98, 106, 111,
 115, 167, 214, 216ff, 258, 260, 275,
 307, 337, 344, 354
Lysanias, Tetrarch 38
Marcion 154
Maria 105, 117, 122, 275, 294f
Maria v. Magdala 117
Markus 42, 56, 76f, 214, 260,
 344, 354, 402
Martini, Carlo M. 412
Marx, Karl 240
Mattathias 214
Matthäus 36,49, 56–59, 69,
 76, 84, 106, 119, 132ff, 162, 165,
 167f, 209, 212, 214, 218, 258, 260,
 320, 341, 344, 354, 404
Matthias 209
Meer, Frits van der 330, 416
Megiddo, Ebene v. 319
Meier, John P. 409

Melchisedek 297
Messori, Vittorio 70
Micha 157
Moloney, Francis J. 414
Moltmann, Jürgen 82, 410
Morija 356
Morin, Germain 413
Mose 26, 28ff, 51, 58, 66,
 72, 95ff, 99, 110, 131, 134, 149,
 152, 176f, 278, 283, 287, 308ff,
 351, 355ff, 358ff, 364, 386
Mutter Teresa 130
Nadab 356
Nathan 387
Nathanael 208, 278, 283
Nazareth 43, 54, 94
Neusner, Jacob 99, 134, 136–147,
 150f, 153, 156, 350, 409, 411
Newman, John Henry 194
Nietzsche, Friedrich .. 128, 130, 411
Nikodemus 255, 282
Norden, Eduard 398
Origenes 70, 79, 89, 188, 288
Palästina 28
Pan (Banjas) 336
Papias v. Hierapolis 267
Papini, Giovanni 10
Paulus 45, 48, 56, 102f, 106,
 115, 122, 130ff, 148, 150f, 154,
 175, 199, 202, 210f, 217, 222, 250,
 287, 314, 342ff, 363
Pesch, Rudolf 210, 262, 360,
 365, 412f, 415
Petrus/ Simon Petrus/ Kephas/
 Bar Jona 71, 73, 116, 166,
 209, 215, 263, 265, 321f, 334,
 340–344, 348, 350, 353, 356f, 359,
 361ff, 365, 368, 370, 401, 404, 407
Petuchowski, Jakob J. 412
Pharisäer 40, 91, 105, 199,
 243, 257, 296, 318
Philippus 171, 215, 278
Philippus, Sohn Herodes' d. Gr. 336

REGISTER DER EIGENNAMEN

Philippus, Tetrarch 38
Philon v. Alexandrien 297, 324
Pinchas 214
Pisidien 388
Platon 120
Plotin 391
Pontius Pilatus 37f8, 69, 350f
Qumran 40
Rabbi Simlaj 136
Rahel 145f
Rahner, Hugo 414
Ravasi, Gianfranco 412
Rebekka 145
Rech, Photina 282f, 414
Riesenfeld, Harald 362, 415
Robinson, James M. 416
Rotes Meer 282, 359
Ruckstuhl, Eugen 268, 269
Sacharja 114, 319f
Sadduzäer 105, 351
Saint-Yves, Benjamin 413
Salomo 108, 115, 180
Sara 145
Saul 27
Schiloach, Teich 285
Schiloach, Quelle 287
Schlier, Heinrich 211, 412, 415
Schmidt, Karl L. 81
Schnackenburg, Rudolf .. 11ff, 286, 289, 383, 402, 405, 409, 413f, 416
Schneider, Reinhold 169, 181, 193, 412
Schönborn, Christoph 316, 414
Schürmann, Heinz 409
Schweitzer, Albert 82
Schweizer, Eduard 398
Sibbelee, Hans 416
Sidon 98
Simeon 105, 122, 347
Simon der Zelot 39, 214
Simon Petrus .... *siehe* Petrus
Sinai 58, 97, 183, 293, 355f, 364

Smith, Charles W. F. 225
Söding, Thomas 409
Sokrates 339
Solowjew, Wladimir ... 64, 70, 410
Stein, Edith 122
Steinacker, Eberhard 411
Stephanus 371
Strolz, Walter 411
Stuhlmacher, Peter 85, 268, 269, 411, 413
Tertullian 283
Theophil v. Antiochien 124
Therese v. Lisieux 106, 199
Thomas 352
Tiberius, Kaiser 37
Tigris 42, 281
Titus 343
Trachonitis 38
Trenner, Florian 412
Tschernobyl 56
Tübingen, Universität 64
Tyrus 98
Weise a. d. Morgenland 121
Weiß, Johannes 81
Welte, Bernhard 415
Wilckens, Ulrich 265, 413
Willam, Franz Michel 10
Winandy, Jacques 266
Winkler, Gerhard B. 411
Wülfing v. Martitz, Peter 389
Zaborowski, Holger 414
Zacharias 105, 122
Zebedäus 266, 267
Zimmermann, Heinrich 400, 403, 416

THEMATISCHES REGISTER

Abba 395, 406
Adoption, göttliche 386
Agape 238
Afrika 238
Allegorie 223f, 239ff, 247
Antichrist 64f, 70
Apostel 94, 98, 102, 122, 206–209, 214–218, 266–269, 335, 343f, 401
– Sendung der Apostel 210, 212f, 344
Aramäisch 222, 374, 395
Aristeasbrief 216f
Armut 105–107, 110f, 157ff, 186f, 218, 252f, 305
Atheismus 57, 122
Äthiopischer Henoch 376
Aufklärung 80
Auferstehung Jesu 45, 51, 103f, 144, 266, 282, 293f, 302, 304, 334, 352, 259, 388
Augenzeugenschaft 264f, 267, 269, 272
Autonomie 244, 394
Benediktiner 56
Bekenntnisformeln 345
Berg als Ort der Gottesnähe 96, 206, 356, 359, 365
Bergpredigt 95–130, 132–137, 143, 146, 150, 155, 159, 162, 183, 192, 225, 351, 356, 393
Berufung 207
Beten 32, 87, 162–165, 167–170, 174f, 195, 202f, 207, 307, 395
– Beten Jesu ... 32, 44, 48, 96, 166, 169, 184, 207, 219, 260, 337, 395
Bibelkommission, Päpstliche ... 13f
Böse, das 57, 116–118, 168, 180, 193, 198–203, 210, 213
Brotvermehrung 61, 67, 189, 295, 308f, 312, 349

Chaostheorie 211
Christentum, heutiges 154, 286
Christologie 21, 32, 77, 92, 120f, 129, 143, 148, 247f, 261, 302, 334, 338f, 340, 371
Credo ... *siehe* Glaubensbekenntnis
Dämonenfurcht 210, 213
Dei Verbum 13f, 16f
Dekalog 58, 74, 100, 125, 137, 155, 168, 176, 182, 183
– 3. Gebot 137–145, 148, 187
– 4. Gebot 137, 143, 145-151, 153
– 5. Gebot 192
Demut 107, 111, 292
Dionysos-Mythos 297f
Didache, Zwölf-Apostel-Lehre ... 317
Divino afflante Spiritu 13
Do ut des, Durchbrechung des Prinzips 238
Dornbusch, brennender 176, 178f, 348, 398–401
Dritte Welt 62
Dritter Tag (Theophanie) 293f
Einheit der Schrift 16–18, 230
Einssein Jesu mit dem Vater ... 249, 260, 327, 368, 389, 391, 400f
Emmausgang 72f, 94, 358
Embolismus 203
Empirismus 66, 232, 257
Entfremdung des Menschen . 240f
Entwicklungshilfe 62, 238f
Epiphanie 45f
Erfahrung, religiöse 339f
Erfüllung der Verheißung 31, 278, 289, 295, 319
Erhöhung 103, 229, 353
Erinnern, Erinnerung 270–276, 280, 287, 355, 362
Erlösung 33, 96, 200, 202f
Erwählung Israels .. 49, 80, 387, 406
Eschatologie 187f, 224–227

Esrabuch, viertes......................376
Ethos................................. 91f, 155
Eucharistie..........61, 114, 189, 191f,
   246, 285, 292, 295, 306, 313f, 325
– Eucharistische Frömmigkeit. 315
Evangelium........................ 76f, 276f
– historische Glaubwürdigkeit
   der Evangelien....... 13, 261, 264,
                                    269–272
Evolution 201
Exegese 15, 64f, 108, 154, 277, 398
– kanonische........................... 17f
– liberale................ 17f, 143, 225
– moderne... 16, 22, 81, 260, 284,
                                    289, 371f
– theologische 18
Existenz, menschliche 173, 183,
                                    231
Exodus 28f, 48, 58, 63, 103,
                         113, 282, 359
Exorzismus 210f, 212f
Feindesliebe 155, 170, 171
Franziskaner..............................109
Frauen im Umkreis Jesu 218
Freiheit................62, 131, 138, 151,
   243ff, 249, 251f, 326, 328, 374f
Freundschaft mit Gott ...29, 310, 351
Friede 56, 96, 111, 115f, 149
Fortschritt........................ 72, 224f
Gebet........................... *siehe* Beten
Gedächtnis der Kirche...273, 275–277
Gelähmter 279
Gemeinschaft der Glaubenden.....
                         163, 175, 186, 218
Gemeinschaft mit Gott 250,
                         328, 385, 391
Genuss, Streben nach 201, 243f
Gesetz und seine Erfüllung ... 131,
                         133, 153, 278f, 296
Glaube.........14, 119, 164, 201, 212,
                         270f, 313, 389
– und Macht............ 68f, 74, 346,
                         389, 390

– und Politik.. 38, 72, 84, 107, 145,
                         151, 390
– und Vernunft.. 18, 21f, 211, 368f
Glaubensbekenntnis.... 55, 369, 407
Gleichnis...........222–258, 260, 374
– vom barmherzigen
   Samariter............... 234–241
– vom reichen Prasser und vom
   armen Lazarus 127, 224,
                         252–258
– vom Sämann 82, 88, 223,
                         227f
– vom Sauerteig................82, 88
– vom Senfkorn 82, 88, 229
– vom Unkraut unter dem
   Weizen 88
– vom verlorenen Schaf....... 242,
                         318, 331
– vom verlorenen Sohn.. 242–252
– vom Weinstock .. 293, 302–307
– von den bösen Winzern ... 230,
                         383, 299–302
– von der kostbaren Perle....88,90
– von der selbstwachsenden
   Saat 82
– von der verlorenen
   Drachme 242
Glück........................101, 103, 405
Gnosis 261ff, 271, 277, 396
Gott, Gottesbild 10, 29, 65,
67, 73, 85, 97, 122f, 158, 162, 164,
   170, 173f, 178, 246, 251, 398f, 401
– Frage nach Gott.......57, 59, 125
– Vater ... 169–176, 246, 248, 392,
                         395, 400, 402, 406
Gottebenbildlichkeit des
   Menschen 33, 172
Gottesbeweis 59
Gotteserkenntnis 66, 73,
                         232f, 327, 391, 393
Gottesknecht 47, 48, 72,
                         120, 320, 359, 381f
Gottesschrecken............. 361, 403f

Gottessohnschaft Jesu 31, 32,
  50, 58, 65, 115, 172, 227, 230,
  269, 338, 345, 348, 351, 353,
  390, 394, 400f, 404, 406
Göttlichkeit Jesu 21, 92, 141,
  143, 147f, 153, 261, 310, 353
Gottvergessenheit .... *siehe*
  Welt ohne Gott
Hades 46, 256
Handeln Gottes 41, 64, 77, 85,
  90, 232, 292, 302, 355, 387
Heiden 250
Heidenchristentum 132, 150,
  342f
Heil 122f, 312
Heilen, Heilung 194f,
  212–214, 284, 380
Heilige 108, 291
Heiliger Geist 90, 131, 165,
  212, 219, 276f, 284, 307, 369
Heiliger Krieg 123
Hermeneutik, christologische ... 18
Herrschaft Gottes 86f, 89,
  180, 382, 388f
Hirtenamt 321f, 327f
Historisch-kritische Methode ......
  10–18, 21f, 222, 378, 396
Historischer Jesus 10, 20f,
  77, 143, 261
Historizität des Jesusgeschehens .
  14, 159, 272–277
Hoffnung . 21, 26–31, 39ff, 54, 63f,
  72ff, 82, 86f, 112ff, 116, 127f,
  152, 168, 200, 208, 280, 287–291,
  296f, 316f, 330, 338f, 349f, 355,
  359, 362, 373–377, 388f,
  399, 405
Homoousios 369, 407
Hochmut 66, 185, 198
Hochzeit von Kana ... 293–298, 305
Inkarnation, Menschwerdung .....
  13f, 178, 271, 286, 303f, 313–315,
  324, 327, 331, 363, 384

Inspiration der Heiligen Schrift ....
  15, 19, 219, 276
Israel
– ewiges Israel 135, 137, 140,
  146–148, 155
– neues Israel 94f, 143, 208
– Festkalender Israels 279f,
  353–355
– Privileg Israels 387
– Universalisierung des
  Gottesvolkes 49, 74, 95,
  112, 132, 148–153, 217, 382,
  399, 402
Jenseits 256f
Jesuanische, das authentisch 88,
  378f
Jesus
– Anspruch Jesu 134, 144, 147,
  152, 269, 309, 375, 381, 402
– Aussagen, Titel und Bilder
– – Brot des Lebens 189, 312
– – Christus 54, 346f, 351,
  368, 371
– – Geliebter Sohn ... 45, 50f, 383
– – Gotteszeichen, großes ... 258
– – Guter Hirt 317, 322, 325,
  327, 329–331, 397, 404
– – „Ich bin"-Worte 277, 280,
  303, 397f, 400–406
– – Kyrios 348, 351, 368,
  371, 380
– – Lamm Gottes 47–49, 279,
  294, 320f, 357
– – Lebendige Tora 142–144,
  206, 312, 364f
– – Lehrer 94–96, 225, 348
– – Licht vom Licht 358
– – Logos 189f, 274, 297,
  313, 324, 327, 329, 331, 394
– – Menschensohn 37, 86,
  141–144, 208, 258, 303f,
  345, 359f, 369, 371–384,
  401, 406

THEMATISCHES REGISTER   443

– – Messias 54, 69f, 94, 149, 340f, 345ff, 368–371, 382
– – Neuer Adam 172
– – Neuer David 36
– – Neuer Mose ... 28, 30f, 96–98, 110, 155, 178, 284, 287, 308
– – Neuer Jakob 74, 208
– – Neuer Salomo 115
– – Offenbarung Gottes in Person 357
– – Retter 11, 57, 382
– – Reich Gottes in Person 79, 227
– – Sohn 386, 389–391, 395f, 406
– – Sohn Gottes .. 262, 368f, 371, 386, 390, 406
– – Tür 321, 404
– – Wahrer Tempel 144, 279, 290, 302
– – Wahrer Weinstock 293, 302ff, 397, 405
– – Weltenrichter 377ff, 381
– – Wort Gottes 143, 189, 210, 324
– Beten Jesu ... 32, 44, 48, 96, 166, 169, 184, 207, 219, 260, 337, 395
– Einssein Jesu mit dem Vater.... 249, 260, 327, 368, 389, 391, 400f
– Frage nach Jesus ... 73, 139, 338, 398
– Geheimnis Jesu 92, 104, 141, 230, 257, 363, 365, 368
– Gottessohnschaft Jesu 31f, 50, 58, 65, 115, 172, 227, 230, 269, 338, 345, 348, 351, 353, 390, 394, 400f, 404, 406
– Göttlichkeit Jesu 21, 92, 141, 143, 147f, 153, 261, 310, 353
– Historischer Jesus 10, 20f, 77, 143, 261

– Königtum Jesu 54, 67f, 111f, 114f, 317, 351, 370, 389
– Liberaler Jesus 138f, 141
– Macht Christi 67f, 365
– Originalität Jesu .. 31, 209, 339, 373, 396, 406
– Proexistenz Jesu 382, 406
– Selbstoffenbarung Jesu 296
– Solidarität Jesu mit den Menschen 44, 55
– Sühnetod Jesu 194
– Stammbaum Jesu 36f
– Stunde Jesu 294f
– Taufe Jesu 23, 43, 45–47, 49, 54, 281, 286, 292, 364
– Prozess gegen Jesus ... 69f, 260, 263, 346, 351, 371, 377, 379
– Universalität der Sendung Jesu 37, 48f, 55, 329, 343, 376, 382f, 394, 401
– Verklärung Jesu 49, 166, 280, 334, 353–365
– Versuchung Jesu 54–60, 63–68, 71, 94, 196, 307, 349, 356
– Vollmacht Jesu 31, 98, 134, 152f, 338, 351, 372, 380f
– Wundmale Jesu 352
– Zentralität Jesu 137, 143
Johannes-Schule 268f, 271
Judentum und Christentum 31, 80, 87, 100, 131, 133, 135–155, 206, 218, 250f, 388
Jünger, Jüngerschaft 33, 95, 148, 101, 103f, 218, 263
Kaiserkult 76, 115, 200, 389f
Kapitalismus 129
Kathedra 95f
Kindheitserzählungen 23, 37, 115, 276
Kirche 20, 78, 59f, 80, 104, 107, 109, 114, 120, 144, 150, 154, 175, 203, 241, 273, 275, 283, 285,

295, 301, 304, 327, 337f, 343, 352, 373, 407
– Kirche als Leib Christi 191, 304
Kirchenväter...54, 58, 79, 189, 239, 241, 243, 245f, 250, 252, 272, 288f, 306, 317, 331, 410, 412
Kreuz, Kreuzestod Jesu 38, 40, 49, 58f, 67f, 97, 102f, 118, 130, 170, 193, 195, 216, 229f, 233, 279, 285f, 290, 302, 315, 320, 325, 336, 347, 353, 359, 363, 373, 401, 406
Kreuzesgeheimnis 193, 230, 282, 295, 306, 313, 349
Königsideologie, altorientalische... 317, 386–389
Königtum, davidisches........36, 39, 387f
Königtum Jesu 54, 67f, 111f, 114f, 317, 351, 370, 389
Königtum Gottes 86
Korn-Gottheit 316
Laizismus...............................152
Laubhüttenfest.......279f, 284, 286, 290, 298, 309, 354f, 361–365, 397
Leben in Fülle........ 244, 288, 323f, 329, 405
Lebensgefühl, modernes... 128, 201
Legalismus..............138, 142, 154
Liebe......... 126, 129, 136, 197, 241, 293, 299, 322, 389, 395, 401
– des Menschen zu Gott.......158, 164, 234, 307
– Gottes zu den Menschen.... 90, 162, 170, 191f, 195, 214, 233, 241, 251, 291, 302
– mütterliche Liebe Gottes..173f
– Nächstenliebe.....125, 158, 164, 234, 235, 237–239, 241, 256
Lieblingsjünger 265, 268
Logik der Neuzeit 301
Logos............... 189f, 274, 297, 313, 324, 327, 329, 331, 394

Macht Christi.................. 67f, 365
Macht Gottes..................... 96, 111
Manna.............187–190, 283f, 287, 309, 311f, 314
Martyrium 38, 202, 371, 360, 390
Materialismus 57
Marxismus.......... 60, 62, 180, 240
Mehrwert des Wortes..........15, 18
Mensch, Menschenbild....... 10, 33, 128f, 162, 167, 171f, 194, 196, 201, 240, 246, 326f
Menschenwürde...................... 160
Menschwerdung Gottes ......*siehe* Inkarnation
Messianische Hoffnung.....26, 287, 349, 376
Messias, Messianismus....... 54, 56, 69–73, 131, 287, 307, 341, 345, 350f, 360, 362–364, 376
Missionsauftrag.................50, 329
Monotheismus
– Monotheismus Israels ...26, 29, 73f, 86, 113, 132, 148f, 158, 174, 177, 217, 350, 399f, 402
– Philosophischer Monotheismus 217
Moral, christliche............ 128, 130
Moralismus 92, 286, 373
Mutter, Gott als 173f
Mutter-Gottheiten..................174
Mystik 30, 124, 126, 165
Nachfolge Jesu.... 90, 98, 103f, 109, 112, 120, 137, 142, 146, 172, 186f, 241, 291, 322, 334, 336, 384f
Nächstenliebe.......... 125, 158, 164, 234f, 237–239, 241, 256
Naherwartung...............82, 87, 89, 225f, 373
Namen Gottes 176–179, 310f, 398–400
Nizäa, Konzil von 369, 407
Not der Welt............60, 202f, 238f
Oden Salomons 395

THEMATISCHES REGISTER 445

Ölberg, Gang zum 183f, 319, 356, 392
Opfer Isaaks 357
Ostern 45f, 48, 314, 368
Ostkirchliche Liturgie 45f, 203
Palmsonntag 111f, 215, 229, 274, 315, 336
Paradies 56, 291
Passion 69, 285, 316f, 320, 324, 327, 334f, 353, 359f, 377, 380f
Petrus-Bekenntnis 23, 71, 166, 322, 334–337, 340f, 344f, 353f, 364, 368, 407
Petrus-Primat 344
Pfingsten 279, 401
Priester, Priestertum 207
Primat Gottes 62, 168, 179
Proexistenz Jesu 382, 406
Proklamation der Sohnschaft Jesu 49f, 364
Pro multis 382, 384
Prophet, Prophetentum 26–30, 39, 42, 51, 119, 121, 159f, 207, 228f, 234, 275, 300, 318, 320, 338, 351, 356, 358f, 368, 395, 397
Proselyten, Proselytismus 217
Prozess gegen Jesus 69f, 260, 263, 346, 351, 371, 377, 379
Qumran 40, 86, 104f
Rabbinen 95, 147, 222
Rationalität 211
Rebellion gegen Gott .. 56, 66, 244
Recht
– kasuistisches Recht ... 156–159
– apodiktisches Recht ... 156–158
Regula Benedicti 164
Reich Gottes 73, 77–82, 84f, 87–90, 92, 108f, 114, 118f, 122, 168, 179–181, 202, 210, 213, 226f, 282, 306, 365, 405
Reinigung 41f, 81, 123f, 126, 193, 197, 216, 296, 304–306, 320

Religion, Religionen 26, 84, 122f, 316
– Gemeinschaft d. Religionen. 83
– Therapeutische Religion ... 213
Religionsgeschichte 192, 297
Römisches Reich 37–39, 76, 115, 200f, 350, 389f
Sabbat 113, 138–144, 153, 292, 294, 372, 374f, 380
Salbung 54, 292
Satan .... siehe Teufel
Schechina 364
Sch^{e}ma Israel 86
Schlüsselgewalt 334
Schrift, Heilige
– Einheit der Schrift 16–18, 230
– Inspiration der Schrift 15, 19, 219, 276
– Schriftauslegung ... s. Exegese
– Vierfacher Schriftsinn 19
Schuld 191–194
Selbstoffenbarung Jesu 296
Seligkeit 103, 127
Septuaginta 217
Siebenter Tag 294
Siebzig, Zahl 216
Solidarität Jesu mit den Menschen 44, 55
Sonntag 141, 144, 154
Soziale Gerechtigkeit 107, 151, 159f
Stammbaum Jesu 36f
Stellvertretung 44, 194, 197
Sündenbekenntnis, Beichte 42f
Sündenfall 172, 246
Sündenvergebung 380
Sühnetod Jesu 194
Synedrium 257, 350, 379
Talmud, Babylonischer 136
Taufe 41–43, 45, 47, 50, 97, 282f, 285, 358
Taufe Jesu 23, 43, 45–47, 49, 54, 281, 286, 292, 364

Tauftheologie.......................43, 45
Tempel.........40, 63f, 87, 124f, 139f,
    266, 269, 274, 289, 302, 399
Tempelreinigung............273f, 290
Teufel 54, 63ff, 67f, 70,
    73f, 195f, 202, 307, 341
Theologie
– der Hoffnung 82
– johanneische 314, 394
– katholische 80, 82f
– liberale..................50, 80f, 154
– mittelalterliche.................. 240
– paulinische 45, 100, 106,
    311, 313f
– politische 154, 388
– protestantische.................... 80
Theologisierung 154, 189
Thomas-Evangelium................ 291
Tieropfer 314
Tora 91, 119, 131–133, 137,
    142–144, 146–148, 150–152, 156–
    160, 235, 262, 278, 299, 311f, 364
– neue Tora....131–134, 148, 150
Tradition, kirchliche 271f
Trauer, Traurigkeit..........116–118
Trinität............. 50, 327f, 368f, 395
Tun-Ergehens-Zusammenhang ....
    105, 253
Umkehr..... 42, 116, 129, 233, 244f
Universaler Heilswille Gottes......
    122, 148, 217, 228, 292
Universalisierung des Gottes-
volkes Israel............49, 74, 95, 112,
    132, 148–153, 217, 382, 399, 402
Universalität der Sendung Jesu.....
    37, 48f, 55, 329, 343, 376, 382f,
    394, 401
Vaterunser 99, 162f, 165–203,
    308, 310, 392
Verfolgung 118–120, 200–202,
    330
Verheißung..................29, 39, 101,
    112, 278, 301, 318, 329

Vergebung................. 192–195, 247
Vergeltung 192
Verklärung Jesu......... 49, 166, 280,
    334, 353–361, 363–365
Versöhnung 56, 115, 155, 192, 250
Versuchung............... 55, 57, 59, 70,
    154, 195–199, 201
– Versuchung Jesu 54–60,
    63–68, 71, 94, 196, 307, 349, 356
Vierzig, Zahl............................. 58
Vollmacht Jesu....31, 98, 134, 152f,
    338, 351, 372, 380f
Vulgata.................................... 188
Wahrheit.................... 57f, 73f, 107,
    116ff, 122f, 136, 165, 168, 182f,
    185, 192, 245, 255ff, 264f,
    270–279, 295, 298, 323f, 326, 404
Weizenkorn 61, 229, 292,
    315f, 336
Welt ohne Gott........57, 62, 64, 70,
    84, 116, 152, 179, 200f, 238, 301
Weltbild, modernes........... 64, 128
Widerstand 118, 121, 129
Wille Gottes 44, 50, 151f,
    180, 182–184, 198, 311, 392
Wohlstand 71–74, 255
Wunder............................213, 257
Wundmale Jesu 352
Zehn Gebote...........*siehe* Dekalog
Zeichenforderung 256f
Zentralität Jesu 137, 143
Zion................... 72, 292, 387f
Zwölf, Zahl 208
Zwölf Jünger............*siehe* Apostel

THEMATISCHES REGISTER   447

Editorische Hinweise des Verlags:

Zur Vermeidung von Brüchen im Lesefluss wurden auch Zitate an die gültige reformierte Rechtschreibung angeglichen.

Der Autor hat zahlreiche Bibelstellen aus dem Urtext selbst übersetzt. Der Wortlaut kann von der „Einheitsübersetzung" oder anderen Übersetzungen abweichen.

Titel der Originalausgabe: Jesus von Nazareth
Erster Teil: Von der Taufe im Jordan bis zur Verklärung
© Libreria Editrice Vaticana, Città del Vaticano 2007
© RCS Libri S.p.A., Milano 2007
Für die deutschsprachige Ausgabe:
© Verlag Herder GmbH, Freiburg im Breisgau 2007
ISBN 978-3-451-29861-5

© Libreria Editrice Vaticana, Città del Vaticano
© RCS Libri S.p.A., Milano
Für die deutschsprachige Ausgabe:
© Verlag Herder GmbH, Freiburg im Breisgau 2008
Alle Rechte vorbehalten
www.herder.de

Glossar: Johannes Sabel
Register: Dominik Baltes, Benedikt Barth
Umschlagkonzeption und -gestaltung:
R·M·E München / Eschlbeck
nach einem Entwurf von Finken & Bumiller
Satz und Typographie: Weiß – Graphik & Buchgestaltung
Herstellung: Clausen & Bosse, Leck

Gedruckt auf umweltfreundlichem, chlorfrei gebleichtem Papier
Printed in Germany

ISBN 978-3-451-06033-5